JN141465

PRINCIPLES
RAY DALIO

人生と仕事の原則
レイ・ダリオ

斎藤聖美［訳］

日本経済新聞出版

PRINCIPLES: LIFE AND WORK
by
Ray Dalio
Copyright © 2017 by Ray Dalio
Japanese translation published by arrangement with Ray Dalio
c/o Levine Greenberg Rostan Literary Agency
through The English Agency (Japan) Ltd.

40年以上にわたり私のすべてを築いてくれた、
私の伴侶バーバラへ捧ぐ

イントロダクション　　　　　　　　　　　　　　　5

PART I
私の生い立ち
16

1　冒険に誘われて　　　　　　　　　　　　　　21
2　一歩を踏み出す　　　　　　　　　　　　　　27
3　どん底の日々　　　　　　　　　　　　　　　43
4　試行錯誤の道　　　　　　　　　　　　　　　57
5　最高の恵み　　　　　　　　　　　　　　　　87
6　恩返し　　　　　　　　　　　　　　　　　　111
7　私の最後の年、そして最大の挑戦　　　　　　139
8　高所から振り返る　　　　　　　　　　　　　143

PART II
人生の原則
152

1　現実を受け入れて対応しよう　　　　　　　　154
2　人生で欲しいものを手に入れるために
　　5ステップのプロセスを使おう　　　　　　　190
3　徹底的にオープンになろう　　　　　　　　　206
4　人の頭の配線はそれぞれものすごく違う　　　228
5　効果的な意思決定の方法を学ぼう　　　　　　260
人生の原則　まとめ　　　　　　　　　　　　　　293
人生の原則の要約と見出し　　　　　　　　　　　298

PART III
仕事の原則
304

	仕事の原則の要約と見出し	306

適切なカルチャーを得る　346

1	徹底的に事実に基づくこと、 徹底的に隠し立てしないことを信頼しよう	352
2	やりがいのある仕事とかけがえのない人間関係を培う	368
3	ミスをするのはかまわないが、 そこから学ばないのは許されないというカルチャーを作ろう	378
4	同期をとる	386
5	信頼性は意思決定に重みを加える	400
6	どのように意見の相違を乗り越えるかを認識しよう	414

適材を得る　424

7	「誰」のほうが「何」よりも重要だ	428
8	正しく採用しよう、誤った人材を雇うとその報いは重い	434
9	つねに研修をし、テストをし、評価をし、人材を選別する	450

マシンを築き進化させる　474

10	目標達成のために、マシンを操作するように管理する	478
11	問題を把握し、容認しないこと	502
12	問題を分析して、根本原因を見つける	512
13	問題を回避するためにマシンの改善をデザインする	526
14	やろうと決めたことをやろう	548
15	仕事の進め方を決めるのにツールと決められた手順を使おう	554
16	頼むからガバナンスを甘くみないでくれ！	560
	仕事の原則　まとめ	569

	結論	573
	付記　ブリッジウォーターのアイデア本位主義のために作られたツールと手順	575
	参考文献	584
	謝辞	587

イントロダクション

　私の考えを伝える前に、私は、知っているべきことに比べたら知らないことばかりの「馬鹿なヤツ」だということをはっきり言っておこう。人生で成功と言えることがあったとしたら、私が何かを知っていたからというよりも、知らないことにどう対応するかを知っていたからだ。私が学んだいちばん重要なことは、いくつかの原則（Principles）に基づいて人生にアプローチすることだ。それは、何が事実で、それをどうするかを知るのに役立った。

　これから、この原則をお伝えしていこう。それは、自分がもっと成功するよりも他人の成功をお手伝いしたいと思う人生のステージにきたからだ。この原則は私や周りの人の役に大いに立った。だからあなたに伝えたい。ほんとうに原則が役に立つか、役に立つとしてどう使うか、すべてはあなたが決めることだ。

　原則は、人生で望むことを手に入れるための基本的な行動に役立つ基本的な事実だ。同様の状況下であれば、何度も繰り返し目標達成のために使うことができる。

　毎日、対応しなければならないことが嵐のようにやってくる。原則がな

ければ、人生でぶち当たるすべてのことに、初めて遭遇する経験であるかのように、いちいち対応せざるを得なくなる。そうする代わりに、状況をタイプ分けして、それらに対応する原則を持っていれば、もっとよい判断をもっと早くできる。その結果、もっとよい人生が送れる。よい原則のパッケージを持つのは、成功のレシピを持っているようなものだ。成功した人はみな彼らを成功に導いた原則を持っている。何に成功したいと思うかは、じつにさまざまだから、原則もさまざまだ。

　原則に基づくというのは、明確に説明できる原則を使って、一貫して動くことだ。残念ながらそうできない人が多い。また、原則を書き出して、人に伝えようという人は稀だ。これはまったく残念だ。アルバート・アインシュタイン、スティーブ・ジョブズ、ウィンストン・チャーチル、レオナルド・ダ・ヴィンチなどが、どのような原則に導かれていたのか知りたいものだ。そうすれば、彼らが何を求めていたのか、どのように達成したのかをよく理解できただろう。そして、異なるアプローチを比較することができたのに。政治家がどんな原則をもっとも重視しているのかがわかれば、投票するのに役立つ。私に影響を与える決定をする人すべての原則を知りたい。家族、コミュニティ、国家、そして世界各国の友人たち、みんなを結び付ける共通の原則を私たちは持っているだろうか？　あるいは、私たちを分裂させるような対立する原則を持っているのか？　それは何か？　具体的に言おう。原則をはっきりさせるのが今はとりわけ重要なときだ。

　本書を読んであなたがベストと思う原則を見つけ、できれば書き留めてほしい。そうすれば、原則を明確にでき、相互理解が深まるだろう。より多くの経験を重ねじっくり考えていけば、原則に磨きをかけていくことができる。それはよりよい決断をするのに役立ち、あなたはよりよく理解してもらえるようになるだろう。

自分自身の原則を持つ

　私たちはさまざまな形で原則にたどりつく。自分自身の経験や反省から。あるいは両親のような周りの人の原則を受け入れることもある。宗教や法体系のような総合的パッケージを適用することもある。

　私たちは誰しも自分の目標を持ち、異なる性格を持つから、それに合った自分自身の原則を選ばなくてはいけない。他の人の原則を使うのは必ずしも悪いことではない。だが、深く考えずに使うと、自分の目標や性格にそぐわない行動となるリスクがある。同時に、あなたも私と同様、知るべきことすべてを知ってはいないだろう。その事実を受け入れるほうが賢いというものだ。オープンに、冷静に、何をするのが自分にとってベストかと自分の頭で考え、それを実行する勇気を持てるのなら、あなたは人生を最大限謳歌することができるだろう。それができないのなら、それはなぜかを考えよう。人生で望むものを手に入れようとするときに大きな障害となる可能性があるからだ。

　そこで、私の最初の原則となる。

● **自分で考え、**
　1）何を望んでいるのか
　2）何が事実か
　3）2 に照らし合わせて 1 を達成するには何をすべきか、決めよう

　それを謙虚に、オープンな気持ちで行おう。そうすれば可能な限りベストな考えを得られる。原則を明確にすることは重要だ。原則は 1 日に何度も生活のあらゆる局面で影響を与えるからだ。新たな人間関係を築くとき、どう付き合うかは、あなたの原則とその人の原則で決まる。価値観と原則が同じであれば、仲良くやっていける。さもなければ、つねに誤解と

衝突に悩まされる関係になる。身の回りの人を考えてみよう。価値観は同じか？　そもそもその人の価値観や原則を知っているか？　人との付き合いでは、相手の原則がはっきりしないことが多い。これは組織においては問題だ。成功するためには、同じ原則を共有する必要があるからだ。だから、本書の文章1つひとつで私の原則が明確になるように努力した。

　どのような原則を選ぼうとかまわない。それが本物であれば。つまり、あなたのほんとうの性格と価値観を反映していればということだ。人生では山のような選択をしなければならない。自分の原則に照らし合わせて選択するだろうから、あなたはどのような原則に基づいて行動するかを周りの人はすぐにわかるようになる。最悪なのはまやかしだ。まやかしだったら人の信頼を失い、あなたも自尊心を失うことになる。だから原則を明確にし、「言行一致」させねばならない。整合性に欠けることがあれば、説明すべきだが、それを書き留めるのがいい。そうすれば、自分の書いた原則に磨きをかけることができる。

　私自身の原則をこれから伝えていくが、よく考えもせずにそれに従わないでほしい。それははっきりしておきたい。1つひとつ疑問を抱き、それから選んでいってほしい。そうすればぴったりの原則を得られるはずだ。

私はこの原則をどのように学んだか

　私は多くのミスを犯し、多くの時間を費やしてミスを振り返り考えてきた。そうやって原則を学んできた。私は好奇心旺盛で、自分の頭で考えて、大胆な目標を追いかける子供だった。私は目指すものを思い描いて興奮し、いくつか手痛い失敗をし、同じようなミスをしないで済む原則を学んだ。それを変え、改善して、さらに大胆な目標を描き、求めてきた。それを長いこと素早く繰り返し行ってきた。だから、人生は次のページにあるような連続に思える。

　成功の秘訣は、たくさん努力して上手に失敗することを知るということ

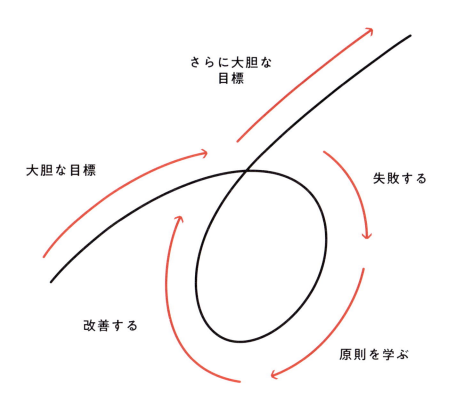

に尽きると思う。上手に失敗するというのは、コテンパンにやられて退場、とならずに、手痛い失敗を体験して、そこから学ぶことだ。

　私の性格、行動に合っていたから、このように学び、改善していくのは私にはベストだった。私は丸暗記が下手で、他の人の指示を受けるのが好きではなかった。だが、自分自身で物事を考えるのは大好きだった。丸暗記が嫌いだったから学校も大嫌いだった。だが、12歳のとき、証券市場での取引に夢中になった。市場でお金を稼ぐには、自分の頭で考え、市場のコンセンサスに逆らって賭けをし、当てなくてはならない。コンセンサスは市場価格に織り込まれている。どうしたって、大きく間違えることはある。だからどう上手にやるかは、成功に極めて重要なことだった。起業家として成功するにも同じことが言える。自分で考えて世間の常識に反して正しく賭けをしなくてはならない。だから、ひどく間違えることもかなりある。私は投資家であり起業家だから、間違うことへの健全な恐怖心を養ってきた。そして正しい賭けをする確率を最大限高める意思決定のアプローチを考えてきた。

● 信頼性を加味した決定をする

　辛い失敗のおかげで、「わかっている、私は正しいんだ」から、「私は正しいとどうすればわかるか」という態度に変わっていった。そのおかげで、大胆な行動とバランスをとるのに必要な謙虚さを得た。手痛く間違えるかもしれないという思いと、他の優れた人たちがなぜ異なる見方をするのだろうという好奇心から、自分の見方だけでなく、他人の目から物事を見るようになった。おかげで、多次元から物事を見ることができるようになった。最善の選択をするために人の意見をどう秤にかけるか、すなわち、どのように判断する人たちの信頼性を反映した意思決定をするかを学んだおかげで、私が正しくなる確率を高めた。それは、ワクワクすることだった。同時に、私は次のことを学んだ。

● 原則に従って運営する

　そして、その原則は論理が容易にわかるよう明確になっていて、言行一致となっているかどうかが一目でわかるようになっていることが必要だと学んだ。経験から、意思決定の基準をよく考え、書き記すことがいかに重要か身にしみた。だからそうする習慣を身につけた。時間とともに、原則のコレクションは、意思決定のレシピのコレクションのようになってきた。私の会社、ブリッジウォーター・アソシエイツの仲間とそれを共有し、実際に試してほしいと頼み、絶えず磨きをかけ進化させてきている。そして、次のことがいかに重要かを悟るところまできた。

● 意思決定をシステム化すること

　数式の形で意思決定基準を表現し、コンピュータに組み込むことでそれが可能だとわかった。2つの意思決定システム──つまり、私の頭の中と、コンピュータの2つ──を同時に走らせることで、コンピュータのほうが私よりも優れた判断ができると悟った。私よりもはるかに多くの情報を処理でき、しかも早く、感情を交えずにできるからだ。それにより、私たちは徐々に理解の度合いを増し、集団意思決定の質を改善することができた。そのような意思決定システム、とくに信頼性を加味したものは、信じがたいほどパワフルで、世界中の人がどんな決定をするにも、その方法をやがて大きく変えるのではないかと思った。原則による意思決定アプローチは、私たちの経済、投資、経営の決定を改善したに留まらない。生活のあらゆる局面でよりよい決定をする役に立っている。

　あなたの原則がシステム化／コンピュータ化されているかどうかはさほど重要ではない。もっとも重要なのは、あなたがあなた自身の原則を作り出し、理想的にはそれを書き出すことだ。もしあなたが誰かと一緒に働い

ているのなら、とくにそう言える。

　このアプローチと原則が、ロングアイランドの中流階級出身の普通の子供を、世間的に成功したと評価されるまでにしてくれた。私のおかげではない。2LDKの小さなアパートで起業し、「アメリカで5番目に重要な非上場企業」（フォーチュン誌）に育て、「世界でもっとも富裕な100人の1人」（フォーブス誌）の中に入り、「世界でもっとも影響力のある100人の1人」（タイム誌）とみられるまでになった。それにより、一段高いところから成功と人生を見るようになったが、それは想像していたものとはかけ離れたものだった。そして、やりがいのある仕事、かけがえのない人間関係を与えてくれた。それは私にとって世間でいう成功よりもずっと価値のあるものだ。そして、私とブリッジウォーターに夢にも思わなかったものを与えてくれた。

　ごく最近まで、ブリッジウォーターの社外の人にこの原則を伝えたいとは思っていなかった。世間で注目を浴びるのは好まないし、人にどんな原則を持つべきか話すのはおこがましいと思っていた。だが、2008年から2009年にかけての金融危機をブリッジウォーターが見事に予想すると、私はメディアの注目を集めるようになった。そして原則とブリッジウォーターのユニークな運営の仕方も注目されるようになった。マスコミで報道された話はだいたいが歪められ、センセーショナルに書かれていた。だから自分の目で見て判断できるように、2010年に、私たちの原則をホームページに掲載した。驚いたことに、それは300万回以上ダウンロードされ、私のもとには世界中からお礼の手紙が殺到した。

　私は、この原則を2冊の本に分けて紹介しようと思っている。「人生と仕事の原則」で1冊、もう1つは「経済と投資の原則」だ。

本書はどう構成されているか

　大人になってからは、ずっと経済と投資を考えてきたから、最初に「経

済と投資の原則」を書こうかと考えた。だが、「人生の原則」と「仕事の原則」から始めることにした。そのほうがもっと一般的だし、どんなキャリアの人にもうまく機能するのを見てきたからだ。人生と仕事の両方の原則が一緒になってよい結果が出るので、2つを1冊にまとめて、短い私の自伝を最初に書いた。それが「私の生い立ち」だ。

パートⅠ 「私の生い立ち」

　ここでは、私の経験をいくらかご披露しよう。重要なのは私の犯したミスのほうだが。それが、意思決定を導く原則を見つけるきっかけとなった。正直なところ、個人的な話をするのはいまだに複雑な思いがある。原則そのもの、そして時を超え、どの世界でも通じる因果関係から注意を逸らすかもしれないと気になるからだ。だから、この部分を読み飛ばしてもかまわない。読むのであれば、私の過去や個人的な話は適当に受け流し、原則の論理とメリットを見るようにしてほしい。それを考え、秤にかけ、そしてあなたとあなたの人生にどの程度応用するか考えてほしい。それが、あなたの目標達成に役立つかどうかを考えてほしい。

パートⅡ 「人生の原則」

　私がすべてのことに応用する全般的な原則は、「人生の原則」に書いてある。このセクションで、私の原則をじっくり説明し、それが世界で、私生活で、人間関係で、ビジネスで、政策立案で、そしてもちろんブリッジウォーターで、どのように適用されるかをお見せする。目標を達成し、賢明な選択をするために開発した5ステップのプロセスをお伝えしよう。さらに心理学と神経科学で得た洞察を述べ、私の私生活とビジネスにそれをどう適用したかを説明しよう。これが本書の中核の部分だ。この原則がほとんど誰にでも適用できることがわかるだろう。

パートⅢ 「仕事の原則」

「仕事の原則」で、ブリッジウォーターの普通とは異なるやり方を詳しく説明しよう。どのように原則とアイデア本位主義を融合したか、それが、やりがいのある仕事とかけがえのない人間関係を実現させるのにどう役立ったかを説明しよう。それには、徹底的に事実に基づき、徹底的に隠し立てしないことが肝となったことを理解してもらいたい。現場レベルでどう機能するか、どの組織でもより効果的になるにはどう適用したらよいかを説明しよう。私たちは、よい仕事をしたいと努力し、知らねばならないことに比べたら知らないことばかりだとわかって努力する人の集団だ。自分の頭でよく考え、感情的にならずに反対意見を述べていけば、信頼性を加味した意思決定方法に変わっていけると思う。その方法は、1人ひとりがするよりも効果的だし、賢明なやり方だ。集団の力は個人の力よりもはるかに強いから、「仕事の原則」は、それに基づく「人生の原則」よりもはるかに重要だと私は信じている。

この後の予定

この本の後に、アプリの形でインタラクティブな本を出すつもりだ。もっと体験型の学びができるように、動画で実体験するような形になると思う。もっとあなたのことを理解して、個人的なアドバイスができるように、そのアプリでインタラクティブな交流をする予定だ。

本書とアプリの後には、2部からなる「経済と投資の原則」を予定している。その中で、私の役に立った原則をお伝えしよう。この分野であなたのお役に立つと思う。

この2冊の本に書いたアドバイスの後にはもう語ることがない。私の人生でこれに関してはやり尽くしたことになるだろう。

自分の頭で考えよう！

1）何を望んでいるのか？

2）何が事実か？

3）それについて何をするつもりか？

PART I

私の生い立ち

時間は川のようなもの。
私たちを運び、現実と遭遇させ、
決断を迫る。
この川の流れは止められない。
そして、現実との遭遇を
避けることもできない。
可能な限り最善の方法で
臨むしかない。

子供の頃、現実に遭遇すると、周りの人（たいていは親だが）が導いてくれた。年を重ねるにつれ、私たちは自分で選択をするようになる。何を求めるか（目標）を選ぶ。それが私たちの行く道に影響を与える。医者になりたいと思えば、医学部に進学する。家族が欲しければ結婚相手を見つけるといった具合だ。目標に向かって歩むにつれ、問題に出くわす。間違いを起こす。そして自分の弱みにぶち当たる。自分を知り、現実を知り、新たな決断をする。人生で、私たちは何百万もの決断をするが、それは本質的には賭けだ。大きな賭けも、ささやかなものもある。どのように決断するのか考えておくのは意味のあることだ。それがやがて人生の質を決める。

　私たちはみんな、生まれたときから異なる思考能力を持つ。だが、意思決定のスキルは生まれつき身についていない。現実との遭遇で学ぶ。私がたどってきた道は私独自のものだ。ある両親のもとに生まれ、あるキャリアを歩み、ある同僚に出会った。しかし、その道を歩む過程で学んだ原則は、ほとんどの人に当てはまるものだと思う。なぜ私がその選択をしたのか、その結果はどうなったのか、私はそこから何を学んだのか、その結果決定方法をどう変えていったのか。私の話を読みながら、その根底にある

因果関係を見てほしい。あなたは何を望むのか、自分の望んだものを手に入れた人たちの例を探し、彼らが達成した背後にある因果関係のパターンを見定めるように。そして、あなた自身の目標達成に役立たせよう。

　私がどのような道をたどってきたか理解いただくために、ありのままに私の人生とキャリアをお話ししよう。私のしでかしたミス、弱み、そこから学んだ原則に重点を置くつもりだ。

CHAPTER 1

冒険に誘われて

1949〜1967年

　私は1949年に生まれ、ロングアイランド近くの中流階級の家庭に育った。父はジャズ・ミュージシャン、母は専業主婦。私は一人息子だった。普通の家庭の普通の子供だったが、普通より出来の悪い生徒だった。友達と遊ぶのが大好きで、小さい頃は、通りでタッチ・フットボールをしたり近所の家の裏庭で野球をしたりして遊んだ。大きくなってからは女の子の尻を追いかけていた。

　DNAが生まれながらの強みと弱みを決める。私の場合、もっとも目立った弱みは暗記に弱いことだった。（電話番号のように）論理的裏付けのないものは覚えられなかった。今でもできない。それと、私は誰かに指示されるのを好まなかった。私は好奇心旺盛で、自分で答えを見つけ出すのが大好きだった。だが、それは当時それほど目立ってはいなかった。

　私は学校を好きになれなかった。たくさん暗記させられるからというだけではない。先生が重要だと考えて教えることはほとんど興味を引かなかったからだ。学校でいい成績をとることは、母から褒められること以外に何の意味があるのかわからなかった。

　母は私を可愛がってくれたが、成績の悪いことを心配していた。母は私

が中学に上がるまで、遊びに出かける前に部屋で2、3時間勉強させようとした。だが、私はどうもその気になれなかった。母はいつも私のそばにいてくれた。私が新聞配達をしていたときには、新聞を丸めて輪ゴムで留めてくれた。母はクッキーを焼いてくれて、日曜の夜一緒に怖い映画を見ながら食べたものだった。母は私が19歳のときに亡くなった。当時私は二度と笑うことなど考えられないと思った。今は、母のことを思い出すと、微笑む。

　父はミュージシャンだったから夜遅くまで働いた。いつも午前3時くらいに帰宅した。だから週末は遅くまで寝ていた。そのために、私が小さいときは接することが少なかった。芝生を刈り、生け垣を切って整えるのは私の役目だったが、それをするように口うるさく言われる程度だった。こういう雑用を私は大嫌いだった。彼は責任感のない息子を抱えた責任感ある男だった。今考えると2人のやりとりは笑いたくなる。たとえば、あるとき父は草を刈るように言った。私は玄関のほうだけやって、裏庭のほうは後でやることにした。ところが、その後2、3日雨が降り、裏庭の草は背が伸びて鎌で刈らなくてはならなくなってしまった。ものすごく時間がかかったから、やり終わったときには、前庭のほうも草刈り機では手におえなくなっていた。

　母の死後、父と強い絆が生まれた。ことに私自身が家族を持つようになると2人の関係は濃くなった。私は彼が好きで愛していた。彼は、ミュージシャンによくあるような楽しい、気取らない人だった。彼の強い性格を私は尊敬していた。それは、大恐慌を生き抜き、第二次世界大戦と朝鮮戦争で戦った経験からきていたのではないかと思う。70代になっても、激しい吹雪の中をためらわず運転し、雪にタイヤを取られても平然とシャベルでかき出す姿を覚えている。クラブで演奏し、レコードを出して人生を過ごした後、60代半ばになると、高校と地元の短大で音楽を教える第二のキャリアの道を歩み始めた。81歳で心臓発作に襲われるまで、彼はそれを続けた。その後10年生きたが、頭はずっとしっかりしていた。

私は、したくないことには抵抗したが、何かに夢中になるともう止まらなかった。たとえば家の雑用をするのには抵抗したが、家の外でお金を稼ぐためには同じ仕事を喜んでやった。8歳のときから、新聞配達をし、車道から近所の家の車寄せまでの間を雪かきし、ゴルフのキャディをし、近所のレストランで下膳係と皿洗いをした。近所のデパートで品出し係もした。両親からやるように言われた記憶がないので、どうしてやるようになったのか、わからない。だが、小さい頃にこういった仕事を通じていくらか自分のお金を持ったおかげで、多くの貴重な教訓を学んだ。学校や友達と遊んでいては学べなかったことだ。

　私の若い頃、1960年代のアメリカは何か偉大なこと、崇高なことをしたいという向上心に溢れ、感動を求める気持ちに溢れていた。あのとき以降そんな空気はなくなってしまった。最初の記憶は、ジョン・F・ケネディだ。知的でカリスマに溢れる彼は、世界をよくしようと生き生きと理想を描いた。宇宙探索に乗り出し、権利の平等を打ち立て、貧困を撲滅しようとした。彼と彼の理想は私の考えに大きな影響を与えた。

　当時のアメリカは、世界の他の国と比べて絶頂期にあった。今は世界経済の20％にすぎないが、当時は40％を占めていた。ドルは世界の基軸通貨だった。そしてアメリカは支配的な軍事力を有していた。「リベラル」は迅速に公平に前進することを意味し、「保守派」は古臭い不公平なやり方にとらわれていることを意味した。少なくとも私や私の周りの人はそう考えていた。私たちの目に、アメリカは豊かで進歩的、うまく舵取りされていて、すべてのことを速やかに改善させる使命に燃える国に映った。私はウブだったかもしれないが、それは私だけではなかった。

　当時、誰もが株式市場のことを話していた。市況が好調で、投資家は儲けていた。12歳のときに、私はリンクスという地元のゴルフ場でキャディを始めたが、コースでプレーする人たちも例外ではなかった。私はキャディで稼いだお金で株式投資を始めた。最初に投資したのは、ノースイースト航空だった。聞いたことがある社名で1株5ドル以下だったのは同

CHAPTER 1　冒険に誘われて　23

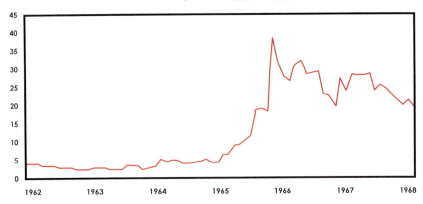

ノースイースト航空の株価

社だけだった。株をたくさん買えば買うほど儲けられるだろうと私は考えた。馬鹿げた戦略だったが、私はお金を3倍に増やした。ノースイースト航空は破産手前のところにあったが、他社が買収した。私はラッキーだったが、当時はそれがわからなかった。私は単純に株でお金を儲けるのは簡単だと考え、病みつきになってしまった。

当時、フォーチュン誌にはクーポンがついていて、それを切り取って送ると無料でフォーチュン500社の年次報告書をもらえた。私は全社の年次報告書を注文した。郵便配達のオジサンが不機嫌な顔をして、家の前までその報告書を運んできたのを今でもよく覚えている。これが私の投資関連図書収集の始まりだった。株式市場は上昇を続け、第二次世界大戦も大恐慌も遠い昔のことのように思われた。何の株でもいいから買って上昇するのを見るのが投資のように思われた。景気をコントロールすることは科学の域に入っているから、株は必ず上がるものというのが常識とされていた。実際、その前の10年間に株は4倍に上昇した。それ以上に上がった株もあった。

その結果、ドルコスト平均法（株を多く買えるかわずかしか買えないかを気にせず、毎月同じ金額だけ市場に投資する方法、定額購入法）の戦略

をとる人が多かった。もちろん、いい株を選ぶほうがいいに決まっている。そこで私もみんなもそうしようとした。新聞の最後の数ページに整然と印刷されている株は何千とあった。

　市場相手に遊ぶのが好きだったが、友達と遊ぶのも大好きだった。10代のときには偽の身分証明書を使ってバーに入り込んだ。今は音楽フェスティバルやスキューバダイビング旅行に友達と行くのが好きだ。私はずっと人に左右されないタイプで、何かを求めてリスクをとる傾向があった。株式市場に限らず、すべてでそうだった。失敗することよりも退屈したり平凡に終わったりすることのほうを恐れた。私にとってすごい、というのはひどいよりもいい。ひどいは平凡よりもいい。少なくとも生活にアクセントを与えてくれるからだ。高校の卒業アルバムで、友人はソローの一節を選んで私のことを語った。「仲間と歩調が合わないのなら、それは人と違うドラムの音を聞いているからだ。耳にする音楽に合わせて歩くがいい。どんなテンポでも、どんな音であっても」

　1966年、高校2年生のとき、株式市場はまだ活況で、私はお金を手にし、楽しみ、親友のフィルと学校をさぼってサーフィンに出かけるとか、普通の高校生が楽しむようなことをして過ごした。もちろん、当時は知る由もなかったのだが、その年は株式市場の天井だった。その後、市場について知っていると思っていたことは、ほとんどすべて間違いとなった。

CHAPTER 2

一歩を踏み出す

1967〜1979年

　この時代、私は自分の経験と周りの人の影響で、偏った見方をしていた。1966年、資産価格は投資家が描くバラ色の将来を反映していた。だが、1967年から1979年の間、景気の落ち込みによって価格は、大きく、予想もしなかったほど落ち込んだ。景気と市場だけではない。社会の空気も悪化した。将来は現在より少しよくなると多くの人は思っているが、この時期を経験したことで、たいていはまったく違うものになるということを学んだ。だが、1967年にはそのことを知らなかった。株はやがて回復するだろうと確信していたから、市場が下がっても私は買い続けた。そして、何がいけなかったのか、どう対処すればよいのかがわかるようになるまで損を出し続けた。株価は人の期待値を反映するから、予想よりも結果がよければ株は上がり、予想より悪ければ下がるということを徐々に学んだ。そして、人は直近の経験に引きずられることが多いことも学んだ。

　その秋、私は近くのC.W.ポスト大学に入った。といっても高校の成績が平均Cと悪かったので、仮入学だった。だが高校と違い、私は大学をとても気に入った。強制されるのではなく、関心のあることを学べるからだった。だから私はとてもよい成績を上げた。家を離れ1人で生活する

ことも楽しかった。

　瞑想を覚えたのも役に立った。ビートルズは 1968 年インドを訪問し、超越瞑想（TM）をマハリシ・マヘーシュ・ヨーギーの僧院で学んだことを知り、興味をそそられて私も学んだ。そして、とても気に入った。瞑想は私の人生に大いに役立った。穏やかに、偏見を持たずオープンな気持ちで、明晰に、創造的に考えることができるようになった。

　市場が好きだったので大学では金融を専攻した。外国語が必修でなかったことも理由の 1 つだ。そこで学校の内と外で、関心のあることを学ぶことができるようになった。ベトナム戦争で戦った、私よりだいぶ年上の男がクラスにいた。とても面白い男で、彼から商品先物市場について多くを学んだ。商品先物は、とても低い証拠金で取引ができ、投資金額が少なくてもレバレッジを利かせて投資できるところが魅力的だった。勝てば、もちろんそのつもりでやっていたのだが、もっと多く借りて、もっと多くのお金を稼ぐことができる。株・債券・通貨の先物市場は当時存在していなかった。商品先物はトウモロコシ、大豆、牛、豚といったほんとうの農産物商品だけを扱っていた。私はこれらの市場で取引を始め、学んでいった。

　私の大学時代はちょうど、自由恋愛、幻覚剤、過去の権威否定の時代に当たっていた。この時代を生きたことで、私も同じ世代の仲間も長く影響を受けた。スティーブ・ジョブズもその 1 人だ。私は彼に心情的に共感し、ファンになった。私と同様、彼も瞑想を行い、人から教えられるのを好まず、驚くような新しいものを思い描き、作り出すのが好きだった。決まりきったやり方に疑問を投げかけるのがその時代の風潮だった。ジョブズは、「1984 年」「クレージーなヤツがいる」というアップルの不朽の広告キャンペーンで存分にそれを見せつけてくれた。これは私の心に訴えた。

　国全体は困難な時代を迎えていた。徴兵制が拡大され、無言の帰還をする若い兵士の数が増え、ベトナム戦争は国を二分した。徴兵の順番は誕生日を基にくじ引きで決められた。友達とビリヤードをしながらラジオでくじの結果を聞いたことを覚えている。最初に読み上げられる 160 日ほど

の誕生日の者が徴兵されると推定されていた。だが、実際には366日すべてが読み上げられていた。私の誕生日は48番目だった。

戦争に行くことを怖いと思うほど私は賢くなかった。ウブで、自分の身に悪いことが起こるはずがないと思っていた。だが、行きたいとは思わなかった。まっしぐらに人生を生きていたから、それを止める2年間が永遠のように思えた。私の父はその前の2つの戦争の意義を信じ、戦ったのだが、頑としてベトナム戦争に反対し、私が戦争に行くのを必死で止めようとした。父は医者の診断を受けさせた。すると、私は低血糖症だとわかり、徴兵を免除された。後から考えると、些細なことで徴兵から外れたのは父のおかげだとわかる。今となると複雑な気分だ。責任を果たさなかったことに罪の意識を感じる一方、多くの人が戦争で苦しんだ体験をせずに済み、背後から私を守ろうとした父の努力に感謝の意を覚える。今日同じ状況に立たされたら、どうするだろう。わからない。

アメリカの政治も経済も悪化し、国中が元気をなくした。1968年1月のテト攻勢[*1]によってアメリカが戦争に負けていることが伝わってきた。その年、リンドン・ジョンソンは大統領の2期目に立候補しないことを決め、リチャード・ニクソンが大統領に選出された。それはさらに厳しい時代の始まりだった。同じ頃、フランス大統領シャルル・ド・ゴールは国内にある米ドルを金に兌換した。彼はアメリカが財政を支えるために貨幣の発行を増やすのではないかと恐れていた。ニュースを見、市場の動きを見て、全体像が見えるようになり、この2つの因果関係がわかるようになってきた。

1970年か1971年だったか、世界の市場で金の価格が上昇を始めるのに気づいた。それまで、私も大半の人と同様、為替レートには関心を持っていなかった。それまで通貨制度はずっと安定していたからだ。だが、通貨が次第にニュースで取り上げられるようになり、私の注意を惹くようになった。他国通貨はドルに固定され、ドルは金に対して固定されているこ

---

*1 北ベトナムによる、南ベトナムの100以上の都市への一斉急襲。

と、アメリカ人は（なぜだかわからなかったが）金の保有を禁じられていること、そして世界の中央銀行はドル紙幣を金に交換できるからアメリカが紙幣を多く発行してもドルの価値は損なわれないようになっているということを学んだ。政府高官はドルへの懸念、高まる金への関心を鼻であしらい、ドルは健全で金は単なる古めかしい金属だとした。金価格上昇は投機家の仕業で、市場が落ち着けば、彼らは火傷するだろうと政府は言っていた。その当時私は、政府高官は正直な人たちだと思っていた。

　1971年の春、ほぼオールAに相当する成績で私は大学を卒業し、おかげで、ハーバード・ビジネス・スクール（HBS）に入学することができた。HBSに入学する前の夏、私はニューヨーク証券取引所のフロアの仕事に就いた。真夏になる頃には、ドルの問題は限界点に達していた。ヨーロッパではアメリカの旅行客からドルを受け取るのを拒否しているというニュースが流れた。世界の通貨体制は崩壊を始めていた。だが、私にはまだそれがはっきりとわからずにいた。

　そして、1971年8月15日の日曜日、ニクソン大統領はテレビに現れ、アメリカはドルの金兌換の約束を反故にすると話した。ドルは急落した。政府高官はドルの切り下げはないと約束していたから、彼が話すのを驚愕しながら聞いた。ドルへの圧力に対する根本的な問題には触れずに、ニクソンは投機家を責め続けた。そして、ドルをサポートする動きをとっているかのように言葉を選んでいたが、その行動は正反対だった。「フロート制（固定制をやめてドルを変動させる）にする」とニクソンは言ったが、ドルはフロート（浮く）どころか、石のように海底に沈むに任せ、私には嘘に思えた。それから何十年と、直前まで政府高官が否定しておきながら、通貨切り下げに走るのを見てきた。だから、政府高官が通貨切り下げは行わないと言っても、私は信じないことにした。きっぱりと言うときほど、状況が深刻で切り下げが実施される可能性は高い。

　ニクソンが話すのを聞きながら、これはどういう意味を持つのだろうと考えた。要求に応じて金に兌換される今までの貨幣は、存在しなくなった。

それがよい兆候であるはずはない。ケネディに象徴された明るい未来の時代は明らかに消えてしまったと私は考えた。

　月曜の朝、大混乱を予想して取引所のフロアに向かった。確かに大混乱はあったが、私の予想していたようなものではなかった。株は下落する代わりに4％上昇した。1日の上げとしては、大きなものだった。

　何が起きているのか理解しようとして、その夏は過去の通貨の切り下げについて勉強した。そのとき起こっていたことすべて——金兌換をやめ切り下げをすると、株式市場は反応して急騰する——は以前にもあった。論理的な因果関係から考えたら当然のことだった。それを予想できなかったのは、過去に何度も起きていることだが、私のそれまでの人生では起きていなかったために驚かされたせいだとわかった。現実が教えてくれたのは、「他の人が他の時代に経験したことを理解しておかなくちゃダメだ。さもなければ、そういうことが自分の身に起こる可能性があることがわからない。そして、起こったときには、どう対処すればよいかわからない」。

　その秋、ハーバード・ビジネス・スクールに入学し、この地球上のあらゆるところからやってきて私の同級生となる桁外れに知的な人々と会い、私は興奮した。高い期待を抱いていたが、実際の経験はさらに素晴らしかった。エキサイティングでさまざまなものがある環境で、世界中からやってきた人たちと生活し、パーティをした。黒板の前には、これを覚えなさいと言って、テストをする先生は立っていない。その代わりに実際の事例を与えられ、読んで分析することを求められた。私たちはグループに分かれて、こういった状況で自分がその立場に立ったらどうするだろうと話し合った。これは、まさに私のための学校だ！

　金本位制の崩壊に続く貨幣発行増の波のおかげで、株式市場は急騰を続けた。1972年、株は再び時流に乗った。当時の流行はニフティ50だった。このグループにあった50社の株は急速に、安定的な利益を上げ、安全だと広く信じられていた。

　株式市場は好調だったが、私は商品市場での取引にもっと興味を持って

いた。そこでその春、メリルリンチの商品担当のディレクターに、夏の間インターンとして採用してほしいと頼み込んだ。彼はびっくりした。ハーバード・ビジネス・スクールの学生が商品に関心を示すことは滅多になかったからだ。商品市場はウォールストリートの証券会社の継子で目立たない存在だった。私の知る限り、それまで、ハーバード・ビジネス・スクールの学生が商品先物で働いたことはなかった。多くのウォールストリートの会社には商品先物の部署すらなかった。メリルリンチの商品部は小規模で、オフィスの脇のほうに押し込められていて、普通のスチール机しかなかった。

　数カ月後、私がHBSに2年生として戻ったとき、最初の石油ショックが始まった。何カ月も経たないうちに石油価格は4倍に上昇した。アメリカ経済は低迷し、商品価格は急騰した。そして1973年株式市場は急落した。再び、私は不意打ちを食らった。だが、振り返ってみると、論理的な順序でこれらのことは次々と起こっていったことがわかる。

　1960年代の過剰な財政支出を補うために1970年代にも国債発行が継続された。FRB（米連邦準備制度理事会）は歳出を賄うために金融緩和策で資金を拠出した。だが、金に裏付けされたドルの代わりに、価値の下がった紙きれで債務を返済しようとしたから、アメリカは実際には債務不履行に陥っていたようなものだ。マネーサプライを増加させたから、ドルの価値は急落した。そこで金融緩和がさらに進み、さらに財政支出が膨らんだ。通貨制度の崩壊によって引き起こされたインフレはさらに勢いを増し、商品市況をさらに押し上げた。それに対応して、1973年FRBは金融引き締め策に転じた。インフレと経済成長が強すぎるときに中央銀行が採る手だ。それにより株価は恐ろしいほど下落し、経済は大恐慌以来の惨状となった。とりわけニフティ50は影響を受け、ひどい下げとなった。

　その教訓は？　誰もが同じことを考えているとき——たとえばニフティ50は確実に儲かるとみんなが考えるとき——には、それは価格に織り込まれていて、誤った結果になるということだ。また、すべてのアクション

には（たとえば金融緩和）アクションにほぼ比例する結果がついてくる（この場合高インフレ）。それがおよそ同じ程度まったく逆の反応（金融引き締め）を引き起こし、市場は逆転する。

　繰り返し、繰り返し起こるのを見て、たいていのことは「いつものことだ」と思うようになった。たいていのことは因果関係から以前にも繰り返し起きている。もちろん、どれが起きているかをしっかり認識し、その因果関係を理解するのは難しいままだ。だが、たいていすべてのことはそのときには明確にはわからないが、振り返ってみると、不可避で論理的に見える。

　人は流行のものを追いかけ、流行していないものは避けるものだから、1973年以降株式投資は人気を失い、商品市場に人気が集まった。私の経歴そしてハーバードMBAの学歴のおかげで、私は大もてとなった。ドミニク＆ドミニクは中堅の100年の歴史を持つ証券会社だったが、私を商品部門のディレクターとして採用した。年俸2万5000ドルは、その年のHBS卒業生の中でもトップクラスだった。私の新しい上司は、商品市場に長く経験豊富な年配の男とペアを組み、2人で商品部門を立ち上げるように命じた。とても歯のたつ仕事ではなかったが、当時の私は傲慢で、それを認めなかった。その仕事が長く続いたら、かなり痛い目に多く遭っていたことだろう。だが、株式市場の悪化で、ドミニク＆ドミニクは私たちが大した仕事をする前につぶれてしまった。

　経済が破綻するなか、ウォーターゲートのスキャンダルが新聞の見出しの大半を占めるようになった。政治と経済が切っても切り離せない関係であること、そして経済が先行する場合が多いことを私はまたもや目にした。下方スパイラルにつられて悲観的になり、株を売る人が増え、市場は下落を続けた。これ以上悪くなることはないというところまできたが、みんな怖がって何もしなかった。それは1966年とまったく逆の動きだった。市場がピークをつけたそのとき、市場のコンセンサスは誤っていたことを私は目撃した。みんなが悲観的になり株を売るとき、その価格はものすご

く低くなる。そして状況を改善する行動がとられる。案の定、FRBは金融緩和に踏み切り、株価は1974年12月に底を打った。

　当時私は独身で、ニューヨークに住んでいた。HBS時代の友達とパーティをしたり、多くの女の子とデートをしたりして大いに楽しんでいた。私のルームメートはキューバの女性と付き合っていた。彼は彼女の友達とブラインド・デートを仕組んでくれた。相手はバーバラというスペインから来たエキゾチックな女性だった。彼女はほとんど英語を話せなかったが、問題ではなかった。私たちは別の形でコミュニケーションをとった。私は彼女にぞっこんとなり、2年後に2人は一緒に住むようになり結婚した。息子4人に恵まれ、素晴らしい人生を共に歩んできた。今でも彼女の素晴らしさに変わりはないが、大事な人なので、これ以上語るのはやめよう。

　証券会社で働きながら、私は自分個人の口座で取引をしていた。負けのポジションより勝ちのポジションのほうが多かったが、今思い出せるのは負けたことだけだ。大きな負けは豚肉だった。数日の間市場はストップ安を続けていた。下落が大きいため取引が停止されたという意味だ。後になって、『続マーケットの魔術師』を著したジャック・シュワッガーに、そのときの衝撃を私は下記のように語った。

> 　当時、わが社には大きな商品市況ボードがあり、それは価格が変動するたびにカチッと音がした。毎朝市場が開くと音が聞こえ、1日の下げ幅制限の200ポイント下落し、価格がそこに張り付くのを見て、その分またお金を失ったことを認識した。どこまで損失が膨らむかわからなかった。肌感覚でその経験を味わった。リスク管理の重要さが身にしみた。この痛みは二度と味わいたくなかった。誤ることへの恐怖心は大きくなった。そして、許容範囲を超える金額を失うような1つの賭け、いや複数の賭けでも、してはいけないということを学んだ。売買取引では、守りの姿勢をとりつつ同時に攻めていかなくてはならない。積極的に攻めなければ、儲

けることはできない。守りの姿勢がなければ、お金を手元に残すことができない。取引でお金を儲けた人は、誰でも一度は生きた心地のしない経験をしたことがあるはずだと思う。取引は電気を扱うようなものだ。電気ショックを受ける可能性がある。豚肉取引でもそれ以外の取引でも、私は電気ショックを感じ恐怖を味わってきた。

　ドミニク＆ドミニクが個人客対象のビジネスから撤退したのち、私はもっと規模が大きく成功を収めていた証券会社に移った。その会社は私が働いた短期間の間に、多数の会社を買収し、社名を何度か変更したが最終的にシェアソンの社名に落ち着いた。その間、サンディ・ワイルがずっと経営をしていた。
　シェアソンでは、商品先物と金融先物の両方を含む先物ヘッジ業務を担当させられた。先物を使って事業の価格リスクを管理しようとする顧客を助けるのが私の仕事だった。私は穀物と畜産市場でかなり専門性を磨いた。この仕事の関係でテキサス西部やカリフォルニアの農業地帯に行くことが多かった。私が付き合ったシェアソンのブローカー、畜産農家、穀物ディーラーはみな素晴らしい人たちで、彼らの世界に受け入れてくれ、安酒場や鳩狩り、バーベキューなどに誘ってくれた。一緒に働き、共に楽しい時間を持ち、彼らと第二の人生を築いた。シェアソンには１年少ししか居なかったが、彼らとの付き合いは数年続いた。
　仕事も一緒に働く人たちも大好きだったが、シェアソンの組織には馴染むことができなかった。私は自由奔放にしすぎた。たとえば、今となってはかなり馬鹿馬鹿しいことをしたと思うが、私はストリッパーを雇って、カリフォルニア穀物飼料取引業者協会の年次総会で私がホワイトボードに向かって講義をしている間に、体を覆っていたコートを脱ぐようにさせた。また上司の顔にパンチを食らわせたこともある。当然ながら、私はクビになった。
　だが、ブローカーも顧客も、そして私を解雇した人たちも私のことを好

いてくれた。そして私のアドバイスを引き続き受けたいと申し出て、さらにありがたいことに、お金を払ってくれると言ってくれた。そこで、1975 年、私はブリッジウォーター・アソシエイツを設立した。

ブリッジウォーターを始める

　実際には、再開したと言うのが正しい。HBS を卒業してドミニク＆ドミニクで商品市場の仕事に就いた直後、HBS の友人ボブ・スコットと小さなビジネスを立ち上げた。他の国の友達何人かと一緒に、あまり気合は入れなかったが、アメリカの日用品を外国に売ろうとした。「海域にかける橋」となるわけだし、響きがいいので、ブリッジウォーターという名前にした。1975 年にはこの日用品の会社は大したことをしていなかったが、会社はすでに登記されていたので、私はそれを使うことにした。

　2LDK の私のアパートをオフィスにした。アパートで一緒に暮らしていた HBS の友人が引っ越しして出て行ったので、彼の寝室をオフィスにした。ラグビー仲間の別の友達と始め、アシスタントとして素晴らしい若い女性を採用した。それがブリッジウォーターだった。

　私は大半の時間を市場の動きを追うことに費やした。そして、企業顧客の立場に立ち、私だったら市場リスクをどう扱うかを考え、説明した。もちろん、自分の口座での取引は続けた。友人と一緒に、顧客のために市場に勝つ手伝いをする使命を果たすのは、普通の仕事に就くより、ずっと楽しかった。生活費を賄うだけ稼げれば、私はハッピーだった。

　1977 年、バーバラと子供を持つことを決め、結婚することにした。マンハッタンのしゃれたアパートを借り、会社もそこに移した。当時ロシア人が穀物を大量に購入しており、私のアドバイスを求めてきた。そこで、新婚旅行と出張を兼ねて、バーバラと 2 人でソ連（USSR）に行った。大みそかの夜モスクワに到着し、雪の舞うなか、冴えない空港からバスに乗り、聖ワシリー大聖堂を通りすぎて大きなパーティにたどりついた。そこ

には信じられないほど人懐っこい遊び好きなロシア人がたくさんいた。

　出張ではつねに異国情緒溢れる場所に出かけ、面白い人々に会っている。それでお金が儲けられたらめっけものという気分だ。

市場をマシンとしてモデル化する

　私は畜産、食肉、穀物、油糧種子の市場にどっぷりつかっていた。実際に存在するものだし、株よりも歪んだ価値観に左右されることは少ないから、気に入っていた。「自分よりもっと馬鹿なやつ」が買い続けたり売り続けたりするから、株は割高になったり割安になったりする。だが、畜産物は消費者が払っていいと思う価格で肉屋のカウンターに並べられることになる。販売に至るプロセスを思い描くことができるし、その関係性を見ることができる。家畜は穀物（多くはトウモロコシだが）や大豆を食べる。トウモロコシと大豆は畑の作付の場所を取り合う関係だから、市場には緊密な相関がある。それらについて考え得ることはすべて学んだ。大手農作地域でそれぞれ何エーカー栽培され、どの程度の収穫高が期待できるのか。栽培シーズンにどの州でどのくらい週間雨量があると収穫高に影響するのか、収穫規模、維持費用、家畜の重量別生育状況、場所、体重増加率、頭部・脚・内臓などを取り除いた後の重量比率、小売粗利率、消費者の肉のカットの嗜好、シーズンごとの食肉生産量などをどう予想するのかを学んだ。

　これは、学校で学ぶことではない。現場で農業のプロセスがどうなのかを教えてもらい、どう関連して動くのか整理してモデルに構築していった。

　たとえば、どのくらいの牛、鶏、豚が飼育されているか、どのくらいの穀物を餌として食べるか、どのくらい早く体重が増加するかがわかれば、いつどのくらいの量の食肉が市場に出回るかを予測できる。トウモロコシと大豆がいつどの程度消費されるかもわかる。同様に、トウモロコシと大豆がそれぞれ何エーカーずつ栽培地に植えられたかを見れば、雨がその地

域にどの程度の影響を与えるか回帰分析をすることで、トウモロコシと大豆の生産量と収穫時期を予測することができる。すべて論理的な因果関係にあるきれいなマシンのように見える。これらの関係を理解することで、モデル作成の決定ルール（すなわち原則）にたどりつくことができる。

　この初期のモデルは現在利用しているものの足元にも及ばない。簡単に書き留め分析して、当時の私が賄える程度の費用の技術を使いコンピュータ・プログラムにしたものだった。最初、私は卓上計算機のヒューレットパッカードHP67で回帰分析をして、色鉛筆を使って、手でグラフを書いていた。そしてすべての取引をノートに記録した。パーソナル・コンピュータが世に出ると、数字をインプットすれば表計算の結果がグラフに変わるのを見られるようになった。牛・豚・鶏が生産工程のどこにあるかを知り、肉の消費額は他と比較してどうなのか、肉を食べる人は何に消費し、それはなぜなのかを知り、食肉加工メーカーと小売業者の利幅値が消費にどう影響するか（たとえばどの部位の肉を広告で売ろうとするか）がわかれば、マシンが、牛・豚・鶏の価格がどうなるかを教えてくれた。

　当初のモデルはものすごく基本的なものだったが、それを構築したり手を加えたりするのが大好きだった。それで十分金を稼ぐことができた。私が使った価格決定のアプローチは、大学の経済学の授業で学んだ販売数量で供給と需要を計測するものとは異なっていた。需要は（購買された数量の代わりに）消費金額で見たほうがはるかに実践的だし、買い手と売り手は誰か、なぜ買ったり売ったりしたかを見るほうがよいと思った。このアプローチを「経済と投資の原則」で詳しく述べるつもりだ。

　他の人が見逃した経済と市場の動きを見つけることができたのは、この異なるアプローチのおかげだ。そのとき以来、どんな市場でも（商品、株、債券、通貨、何であろうと）需要と供給を（需給の数量は等しくなると）伝統的に定義する人が見逃す不均衡を、私は見て理解することができた。

　複雑なシステムをマシンとみて、因果関係をその枠組みの中に見つけ、それに対応する原則を書き留め、コンピュータにインプットすれば、コン

ピュータが私の代わりに「意思決定」をしてくれる。それが通常のやり方となった。

　誤解しないでほしいのだが、私のアプローチは完全からはほど遠い。「間違いなし」と思った賭けで10万ドル損したことを、ありありと覚えている。当時、それが私の全財産だった。さらに辛かったのは、それによって私の顧客も損を被ったことだった。繰り返し頭に刻み込まれた辛い教訓は、何も確かなことはないということだった。これ以上安全な賭けはないように見えても、大きく傷つくリスクがつねに存在する。だから、何かを見逃している可能性があると思うに越したことはない。この教訓は私の意思決定アプローチを変えた。それはこの本のあらゆるところに出てくる。そして、それが私を成功に導いた要因だと思う。だが、完全に行動を変えるまでには、多くの過ちを犯してきた。

事業構築

　利益を上げるのはよいことだ。だが、やりがいのある仕事、かけがえのない人間関係を持つことははるかに素晴らしい。私にとってやりがいのある仕事とは、任務に没頭できるようなものだ。かけがえのない関係は、私が深く心にかけている人、私のことを深く大切に思ってくれる人との関係だ。

　考えてほしい。お金儲けを目的にするのは馬鹿げたことだ。お金自体には何の価値もない。何を買えるかでお金の価値は決まる。だがお金ですべてが買えるわけではない。ほんとうに望むものは何か、それがあなたの真の目的だ。そこから始めて、それを手に入れるためには何が必要かに戻って考えるほうが賢いやり方だ。お金は必要なものの1つだろう。だが、唯一ではない。そしてほんとうに欲しいものを手に入れるのに十分なお金を手に入れたら、もうお金はいちばん重要なものではなくなる。

　真に欲しいものは何かを考えるとき、ちゃんと比較できるように、相対

的な価値を考えるといい。私の場合、やりがいのある仕事とかけがえのない人間関係を、同じ程度欲しいと思った。お金はそれほど欲しいと思わなかった。基本的な生活を送るだけのお金があればいいと思った。素晴らしい人間関係とお金を比較すれば人間関係のほうがずっと重要なのは明らかだ。いくらお金をもらっても、かけがえのない人間関係と交換することはない。それ以上に貴重なものをそのお金で買うことができないからだ。だから、私の場合、やりがいのある仕事とかけがえのない人間関係が最重要な目標だった。今もそうだ。私がすることはすべてそのためだ。たまたまその結果お金も手に入ったということだ。

　1970年代後半に、私は市場をどうみるかを書いて顧客にテレックスで送るようになった。この「今日の注目点」(「穀物と油糧種子」「家畜と食肉」「経済と金融市場」)を始めた理由はとてもシンプルだった。私たちの主たる業務はリスク・エクスポージャーを管理することだが、顧客は電話をしてきて市場に関する私の意見を聞こうとした。この電話に答えるのは時間がかかる。そこで、毎日自分の考えを書き留めて、私の論理を理解してもらい、そこから彼らの考えを発展させてもらうほうが効率的だろうと考えた。これはよいけじめになった。毎日研究して真剣に考えざるを得なくさせてくれた。また、それはわが社の主要な広報活動の1つとなった。40年間に1万号ほどレポートを出したが、私たちの「今日の注目点」は世界中の顧客と政治家に読まれ、じっくり考えてもらい、議論されている。ブリッジウォーターの社員と共に私もまだ執筆している。みんなが読もうとしなくなるか、私が死ぬまで続けるつもりだ。

　顧客にこのように市場の見方とアドバイスを提供することに加え、私は彼らの代わりに買ったり売ったりしてエクスポージャーを管理することを始めた。月額固定料金の場合もあるし、利益の一定割合を受け取ることもある。この時期、わが社のコンサルティング顧客に巨大な牛肉購買者、マクドナルドとアメリカ最大の鶏肉生産者、レーン・プロセシングがいた。私は両者に巨額の利益をもたらした。とくにレーン・プロセシングには貢

献度が高かった。鶏を育て販売する本業から上げる利益よりも、穀物と大豆の投機で得た利益のほうが大きかったくらいだ。

　この頃、マクドナルドはチキンマックナゲットという新製品のアイデアを温めていた。だが、この製品を市場に出すと鶏肉価格は上昇し、利幅が縮まることを恐れて発売に踏み切れずにいた。コストが上昇し、彼らの利益が減少することを恐れて、レーンのような生産者は固定価格で売ることに同意しないだろう。

　この問題を考えているうちに、経済学的に考えれば鶏はひよこと餌からなる単純なマシンだということに気が付いた。鶏生産者が心配しなくてはならない変動費用の最たるものは、餌代だ。私はレーンにトウモロコシと大豆の先物を併せて使い、コストを固定させれば、マクドナルドに固定価格を提示できるだろうと話した。価格のリスクを大きく減少させて、マクドナルドはマックナゲットを1983年に発売した。その実現のお手伝いができて、最高の気分を味わった。

　同様の価格の関係を生育牛と食肉市場でも見出した。たとえば、家畜育成業者に、彼らの費用項目（育てる牛、トウモロコシ、大豆）と6カ月後に売るもの（餌で育てられた牛）との価格関係を上手にヘッジすることで大きな利幅を確保できることを示した。鮮肉の異なる部位を将来引き渡すとき冷凍肉価格よりもはるかに低い固定価格で売りつつ、大きな利幅を確保する方法を考えた。顧客はビジネスの運営方法、つまり「マシン」の働き方に深い理解を持つ。私は市場がどう機能するかをよく知っている。この知識を組み合わせて、双方に有利なようにすると同時に、市場全体の効率性を高めた。これらの複雑なマシンの動きをはっきり描き出す私の能力は、考えず衝動的に行動する人たちに比して大きな競争力となり、やがて業界の慣行を変えてしまった。そして、好きな仲間と一緒に働くのはいつも最高だった。

　1978年3月26日、初めての子供、デボンが生まれた。子供を持つとどういう経験をすることになるのかわからないのに、一度やったら引き返

すことはできない。だから、子供を持つかどうかは私にとって極めて難しい判断だった。結果として私にとって最高の決断となった。本書で家族のことはあまり詳しく書くつもりはないが、キャリアと同様、子育てには真剣に取り組み、その2つを結び付けた。私の心の中でこの2つがどのように交わり合ったか、一例だが息子の名前デボンは、牛の中でもっとも古い品種で、アメリカに最初に輸入された品種の1つだが、繁殖力が高いことで知られている。

CHAPTER 3

どん底の日々

1979～1982年

　1950年から1980年までの間、債務、インフレ、そして成長は、上昇と下落を繰り返し、どんどんその波の大きさを増していった。1971年にドルが金との兌換を停止してからはその動きがとりわけ激しくなった。1970年代には3つの波があった。最初の波は1971年にやってきた。それはドルの切り下げの結果だった。第二の波は、1974年から75年の間に起こり、インフレ上昇は第二次世界大戦以降最大のものとなった。FRBはマネーサプライを引き締め、金利を過去最高の高さに引き上げた。そのために株式市場と経済は低迷し、1930年代以降最悪の状態となった。第三の、そして最大の波は1979年から82年にやってきた。経済と市況は最高潮に達した後反転し、1929年から32年の大恐慌以来最悪の状態となった。金利とインフレは急騰し、市場は崩壊した。株式、債券、商品、通貨の市場はかつてないほど変動の激しい時期を迎えた。失業率は大恐慌以降最悪の数値となった。それは極端な混乱の時代だった。世界経済、市場にとって、そして私個人にとっても。

　1978年から80年には（1970年から71年、1974年から75年と同様に）異なる市場が同じ方向に動くようになった。個別の需給バランスの

変化ではなく、貨幣と信用の伸びの動きに影響されることが多かったせいだ。この大きな動きは、イラン革命に続くオイルショックによって増幅された。石油市場の乱高下から、石油先物市場が作り出され、私にとって取引の機会が増えた（それまで金利と通貨の先物市場があったが、私はそれにも賭けていた）。

すべての市場はこれらの要因で動いていたから、私はマクロ経済と過去のデータ（とくに金利と通貨のデータ）に没頭して、マシンがどう機能するか、理解に磨きをかけようとした。

1978年にインフレが上昇を始めたから、FRBは金融引き締めの行動に出るだろうと私は考えた。1979年7月頃には、インフレは手におえない状況となり、ジミー・カーター大統領はポール・ボルカーをFRB議長に任命した。2、3カ月後、ボルカー議長は、FRBはマネーサプライの伸びを最大5.5％に制限すると発表した。当時の私の計算では、5.5％のマネーサプライの伸びはインフレ・スパイラルを断ち切るだろうが、経済と市場を抑制し、破滅的な債務危機に導くと考えられた。

銀のジェットコースター

感謝祭の直前、私は当時世界一金持ちだったバンカー・ハントにダラスの石油クラブで会った。私の友人であり顧客だったテキサスのバッド・ディラードは、石油と畜牛で大きなビジネスをしていた。彼が私たちを2、3年前に紹介してくれ、それから私たちは定期的に会って、経済や市場、とくにインフレについて話し合うようになっていた。彼と会うほんの数週間前にイラン軍部はテヘランのアメリカ大使館に乱入し、52人のアメリカ人を人質にした。ガソリンを買うのに長い行列ができ、市場は極端な乱高下を見せた。危機感は火を見るより明らかだった。アメリカは混乱し、苛立ち、怒りを感じていた。

バンカーは債務危機とインフレ・リスクを私と同じように考えていた。

彼は過去 2、3 年、財産を金融資産から変えたいと思っていた。そこで彼は商品を買い出し、とくに銀に投資をした。彼はインフレ・ヘッジのつもりで、1 オンス 1.29 ドルで買い出した。インフレが進み、銀価格が上昇するにつれ、彼は買いに買いまくった。ついに彼は銀市場をほぼ独占した。そのとき、銀は 10 ドル近辺で取引されていた。FRB は引き締めに転じつつあり、短期金利を長期金利より高めに上げる（逆イールドカーブと呼ばれる）かもしれないから、そろそろ手じまうほうがいいのではないかと私は彼に言った。逆イールドカーブが生じるときは、インフレ・ヘッジ資産と経済が下落をする。だがバンカーは石油ビジネスにも従事しており、彼が話した中近東の石油生産者はドル下落をいまだに心配していた。彼らはハンターにインフレ・ヘッジとして銀を買うつもりだと話した。そこで彼は価格が上昇を続けるだろうと期待して、銀の保有を継続した。私は売却して手じまった。

　1979 年 12 月 8 日、バーバラと私の間に 2 人目の息子、ポールが生まれた。すべてが急激に変わりつつあったが、私はその緊張感が好きだった。1980 年のはじめには、銀は 50 ドル近くまで上昇し、金持ちのバンカーはさらに金持ちになった。銀が 10 ドルに上昇したとき、私はかなり大きく儲けたが、50 ドルまで待たずにチャンスを逃したことを悔やんだ。だが、手じまったからには少なくともお金を失うことはなかった。投資家は必ず経験することだが、あることが起きると思っていたのが起こらず、今は最高のチャンスなのか悲惨な間違いを犯すときなのか、わからないときがある。私は正しい判断をすることが多いが、早すぎるきらいがある。この場合もそうだと考えるようにした。だが、40 ドルもの上昇を見逃したのは自分自身許しがたかった。

　ついに下落のときがやってきた。1980 年 3 月、銀は 11 ドルを下回るところまで急落した。ハントは破滅的な痛手を負い、アメリカ経済全体も彼に引きずられて下落した。[*2] FRB は波及効果をコントロールするために

[*2] 彼が債務返済不能に陥り、とくに証券会社の追証を支払えなくなったことで、雪だるま式に債務不履行が引き起こされる恐れがあった。

介入を余儀なくされた。これらの出来事は、タイミングがすべてという教訓を、私の頭に刻み込んだ。市場から手を引いていてよかったと思った。だが世界一の金持ち、しかも私が共感する男が、破産に追い込まれるのはじつに衝撃的なことだった。だが、その後に起きたことを考えれば、ものの数にも入らないことだった。

チームを拡大する

　その年の後半、ポール・コールマンという素晴らしい男がブリッジウォーターに入社した。私たちは畜牛と牛肉の取引でよい友達になった。私は彼の知的能力と価値観に敬意を払っていた。そこで一緒にこの世界を支配しようと説得した。彼は素敵な妻と子供たちを連れてオクラホマ州ガイモンから移ってきた。私たち家族は互いになくてはならない存在となった。私たちは断片的な経験と勘に頼る方法で経営していた。私が住み生活していたアパートのオフィス部分はいつも散らかっていた。夕食を食べながら仕事をするから、前日食べたチキンの骨やらなにやらが机の上に散らかっていた。だから、顧客とのミーティングはいつもハーバード・クラブで行っていた。ポールは清潔なブルーのオックスフォードシャツとネクタイを散らかし放題のオフィスの中に隠しておいてくれたので、いつも着るものがあった。1981 年になり、郊外で家族を育てたいと考え、私たちはコネチカット州ウィルトンに移り、そこでブリッジウォーターを経営することにした。

　コールマンと私は、互いに相手のアイデアに疑問を投げかけ合い、最善の答えを求めた。それはつねに行ったり来たりの議論になったが、私たちはそれを楽しんだ。考えなくてはならないことが山のようにあるときにはとくにそうだった。私たちは市場、そしてその背後にある力について夜遅くまで議論した。そして翌朝結果が見られるよう、就寝前にデータをコンピュータにインプットした。

大声で不況を説く

　1979年から81年の間は、2007年から2008年の金融危機時よりも景気が悪く、市場はもっと変動が激しかった。この時期は過去に例のない変動の激しい時期だったと言う人もいる。次のページにある表は1940年以降の金利と金価格の変動率を示している。

　見ればわかるように、1979年から82年以前は比べものにならない。それは、過去数百年のなかでも極めて重要な時期だった。世界中の政治の動きは右に傾き、マーガレット・サッチャー、ロナルド・レーガン、そしてヘルムート・コールが権力の座にあった。「リベラル」は進歩的という意味を失い、「仕事をしないでも給料を払う」という意味になってしまった。

　FRBはにっちもさっちもいかない状態に陥っているように見えた。A) 通貨供給を増やして債務問題に対応し、経済が回るようにする（そのせいで、1981年にはすでにインフレが10％まで押し上げられており、債券を売り、インフレ・ヘッジ資産を買う動きになっていた）、あるいは　B) インフレ退治のために骨も砕けるほど厳しく引き締める（そうすれば債務者はものすごい打撃を受けることになる。債務は大恐慌以来の高い水準にあった）。インフレは着実に上昇を示し、景気は着実に悪化を続けるというさらに厳しい問題が出てきた。いずれもヤマ場に達しようとしているかのように見えた。債務は、返済しようとする借り手の所得よりも早く上昇していた。アメリカの銀行は巨額の資金を新興国に融資しており、その金額は資本金をはるかに上回るものだった。私は「今日の注目点」に、「次の恐慌がやってくる」と見出しをつけ、こう結論した。「債務の巨大さを考えると、恐慌は1930年代に見られたものと同程度、あるいはそれ以上にひどいものになるかもしれない」

　この見方は大いに議論を呼んだ。誰にとっても「恐慌」は恐ろしい言葉で、まともではない人かセンセーショナルな人しか使わなかった。思慮あ

米国庫短期証券レート

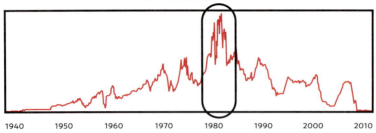

米10年財務省証券利回り

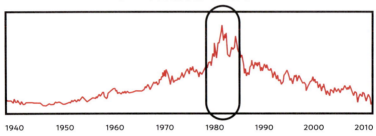

金価格

る人がまともに取り合う言葉ではなかった。だが私は債務と恐慌について1800年まで遡って研究し、計算をした。そこで新興国によって引き起こされる債務危機がやってくることに確信を持っていた。私は私の考えを顧客に紹介せずにはいられなかった。私の見方はあまりにも物議を醸すもの

だったので、他の人に私の考えの道筋をたどり、誤りがあれば指摘してほしいと頼んだ。誰も私の論理に瑕疵は見つけられなかった。だが、みんな私の結論を支持することははばかった。

インフレを加速させるか、デフレによる不況かのいずれかを選択するしかないと思っていたので、私はゴールド（インフレ加速時に強い）、そして債券（デフレによる不況時に強い）の2つを保有していた。そのときまで、ゴールドと債券は、インフレ期待が上昇するか低下するかによって、正反対の方向に動いていた。このポジションは他の資産を保有するよりもはるかに安全に思えた。現金はインフレ環境では価値を失う。株は不況時には暴落する。

当初、市場は私に不利なほうに動いた。だが銀やその他の取引の経験から、私はいつもタイミングが早すぎるきらいがあるのがわかっていたので、今回もまだ早すぎるだけで、これから間もなく起こるだろうと思っていた。それほど待たずにそれは起きた。1981年の秋、FRBの引き締め策は衝撃的な効果を示し、私の債券への賭けは利が乗るようになってきた。そして私の気が触れたかのような見方は、どんぴしゃりになってきた。1982年2月、FRBは財政危機を回避するために一時的に流動性を供給した。6月、流動性を求める奪い合いが強くなり、FRBは通貨を供給し、ポール・ボルカーは就任以来最高レベルまで流動性を増加させた。だが、それでも十分ではなかった。

最大の乱高下市場

1982年8月、メキシコは債務不履行に陥った。その頃になると、他にも多くの国が後に続くだろうということが誰の目にも明らかだった。これは大きな出来事だった。アメリカの銀行は資本の250％ほどをメキシコと同様のリスクを負う他国に貸し出していた。アメリカ国内の企業融資活動はほぼストップしてしまった。

私は、このような事態になるだろうと予見していた数少ない1人だったので、注目を浴びることになった。議会は危機に関する公聴会を開き、私に証言を求めた。11月、市場の人間なら必ず見るテレビ番組、「ルイス・ルーカイザーのウォールストリート・ウィーク」に特別ゲストとして招かれた。両方の場で、わが国は不況に向かっていると理由を述べながら、自信を持って断言した。

　メキシコが債務不履行に陥ったのち、FRBは経済破綻、債務不履行に対応して金融緩和に踏み切った。これによって株式市場は記録的な上げを演じた。それには驚いたが、それはFRBの動きに条件反射的に反応したものだと私は解釈した。1929年には15％の急反騰となったのち、当時最大の暴落が続いた。10月になると私は私の予測をメモにした。私の目には、75％の確率でFRBの努力が及ばず、経済が破綻するだろうと映った。景気刺激に成功しても、やがては失敗に終わる確率は20％と読んだ。景気救済に十分な刺激を与える可能性は5％あるが、それはハイパーインフレーションを引き起こすだろう。最悪の可能性に備えて、私はゴールドを買い、ユーロドルとのスプレッドを取るため短期国債の先物を購入した。それは信用問題が拡大することに賭けつつリスクを制限するためだった。

　私は完全に間違っていた。少し遅れて景気はFRBの努力に反応し、インフレを伴わずに回復を始めた。すなわち、インフレは抑制され、成長は加速したのだった。株式市場は強い上昇相場に転じ、その後アメリカ経済は18年間インフレを伴わず、史上最大の成長を謳歌した。

　なぜそんなことが可能だったのか。やがて私は理解するようになった。債務国から資金がアメリカに流れるにつれ、すべてが変わった。ドルが強くなり、デフレ効果がアメリカ経済に生じた。そのおかげでFRBはインフレを生じさせずに金利を下げることができた。これがブームに火を付けた。FRBが資金を融資したため、そして債権者委員会と国際金融改革組織、たとえばIMF（国際通貨基金）とかBIS（国際決済銀行）などが、債務

国が新規融資を受け債務を返済できるようにしたため、銀行は保護された。そうして、誰もがすべて順調であるというふりをしつつ、何年もかけて償却していくことができた。

　この時期は、野球のバットで何度も頭を殴られたような経験をした。完璧に間違った、しかも公衆の面前で間違ったことは、信じがたいほど屈辱的な思いであり、私はブリッジウォーターで築いてきたすべてを失ってしまった。私は、完璧に間違った見方を自信たっぷりにひけらかす、傲慢で嫌な奴だったと思う。

　8年間事業をしてきたのに、何も残すべき成果がなかった。間違った回数よりも正しかった回数のほうが多かったのだが、私は振り出しに戻ってしまった。

　あるとき、お金が底を突き、働いてくれている社員に給料を払うお金がなくなった。1人ひとり、辞めてもらうしかなかった。最後に2人の社員が残った。コールマンと私だ。コールマンも辞めるしかなかった。誰もが涙にくれるなか、彼の家族は荷物をまとめてオクラホマに戻っていった。ブリッジウォーターの社員はただ1人になった。私だけ。

　とてもとても大切にしていた社員を失い、独立して働く夢も失いかけ、ズタズタになる思いだった。お金が足りなくて、2台目の車が売れるまで、父に4000ドル借りなくてはならなくなった。私は岐路に立たされた。ネクタイを締めてウォールストリートで働くか。それは私の望む生活ではない。とはいえ、妻と幼い2人の子供を養わなくてはならない。私は人生の大きな転機に直面した。そして私の選択が私と私の家族の将来に大きな影響を与えることはよくわかっていた。

解決困難な投資の問題を乗り越えて道を探す

　市場で収益を上げるのは難しいことだ。優れたトレーダーで投資家のバーナード・バルークは、見事にこう言い当てている。「すべてを諦め、市

場の歴史と背景を余すところなく勉強し、全上場主要企業について医学部の学生が解剖をするかのごとく注意深く研究する。これらすべてのことができて、さらにギャンブラーの冷徹な神経を持ち、透視能力者の第六感を持ち、ライオンのような勇気を持っているのなら、わずかながらチャンスを得ることができるだろう」

振り返って考えてみれば、私を破綻に追い込んだ誤りは恥ずかしいほど明白だった。第一に私は極めて自信過剰で、感情的になっていた。いかに多くのことを知っていても、一生懸命働いても、ウォールストリート・ウィークで言ったようなことは言えない、ということを（再び）私は学んだ。私は「ソフト・ランディングはないでしょう。マーケットがどう機能するか私は知っていますから、絶対にあり得ないと言えます」と言ってのけたのだ。私はなんて傲慢だったのだろう。いまだにショックを受け、恥ずかしいと思う。

第二に、歴史を学ぶ価値を再認識した。実際に起きたことは結局のところ、「またか」というものだった。自国通貨建ての債務は政府の手でうまく再建できることを認識しておくべきだった。また中央銀行が協力して一斉に刺激策をとれば（1932年3月、大恐慌の底にあったときにしたように、そして1982年にも再びしたように）、インフレーションとデフレーションは互いにバランスをとることができるということを認識しておくべきだった。1971年のときと同様、歴史の教訓を認識することができなかった。そのことをいやというほどわかって、私は主要国の経済と市場を100年ほど遡り、すべての動きを理解しようとして、時間と空間を超えて当てはまる意思決定の原則を探り出し、注意深くテストするようになった。

第三に、マーケットのタイミングを計ることがいかに困難かを思い知らされた。私の均衡水準の長期予測は、賭けるに足るほど信頼できるものではなかった。賭けをしてから私の推測に達する（ことがあったとして）までの間には多くのことが起こり得る。

これらの失敗をじっと見つめて、もし再びひどくやられることなく前進しようと思うのなら、自分自身を客観的に眺め、変わらなくてはならないと気づいた。自分のやりたいことをやろうとするときに、私はいつも前のめりになってしまうが、それを上手にコントロールする方法を学ばなくてはいけないと悟った。

　素晴らしい人生を過ごそうと思えば、危険なジャングルを横切らなくてはならない。今いるところで安全に普通の生活を送ってもいい。すごい人生を求めてジャングルを横切るリスクをとってもいい。どうやって選択するか。考えてみてほしい。私たちみんな、何らかの形でその選択をしなくてはならないのだ。

　破綻した後も、私はリスクがあっても素晴らしい人生を送るほうを選ぶとわかっていた。そこで、考えるべきことは、殺されずに「危険なジャングルを横切る」にはどうすればよいか、ということだった。今考えれば、破綻したことは、私にとって最高の出来事だった。前のめりに突き進む性格をバランスさせる謙虚な姿勢を教えてくれたからだ。間違うことのとてつもない恐ろしさを知ったおかげで、「私は正しい」と思う代わりに「自分が正しいかどうか、どうすればわかるだろう？」と自問するように変わった。そして、この質問に答えるベストな方法は、私と同じ目標を抱きつつ、私と異なる見方をする独自の考えを持つ人を探すことだとはっきり認識した。よく考え抜かれた反対意見を聞き、その根拠を理解し、自分自身をストレステストにかける。こうすれば、正しくなる確率を上げることができる。

　言い換えれば、私は正しくありたいだけだ。正しい答えが自分のものであろうとなかろうと気にしない。そこで、私は私が見逃している点を指摘してもらおうと、思いっきり心を開くようになった。成功するためには次のことしか方法がないと悟った。

1.　私と意見を異にするとびっきり頭のいい人を探して、彼らの推論を

理解するように努力する。
 2. 自分の意見を持たないほうがよいときを知る。
 3. 時間を超え、どこにでも通用する原則を開発し、テストし、システム化する。
 4. アップサイドのチャンスを大きく保ちつつ、ダウンサイドのリスクを減らすようにリスクのバランスをとる。

　これらのことをしていったら、リスクに比したリターンは大きく改善した。同じ原則は人生の他の局面にも応用した。とても重要なことだが、この経験から、ブリッジウォーターをアイデア本位主義でやっていくことに変えた。私がリーダー、社員はフォローするという独裁政治ではなく、またみんなが平等の投票権を持つ民主主義でもない。よく考えて反対意見を述べることを奨励し、人の意見を検討し、メリットと比した重要性を計るような実力本位主義だ。
　相反する意見をみんなの前に出して検討する方法を導入したことで、人はどう考えるのか、勉強になった。大きな弱みは大きな強みの裏返しであることもわかった。たとえば、ある人はリスクをとりすぎるきらいがあるが、ある人はリスクをとらなすぎる傾向がある。細かいところに気を取られる人もいれば、大局観だけ考える人もいる。たいていの人はいずれかに偏る。普通は、自分の弱みをしっかり把握せず、自然にやってしまい、大失敗に至ってしまう。大失敗をしでかした後がいちばん重要だ。成功する人は強みを生かしつつ、弱みを補おうとする。成功しない人はそうしない。本書の後のほうで自分を変えるための戦略について書くが、ここでは自分の弱みを認識し、受け入れたときから変わることを覚えておいてほしい。
　その後、私が会った偉大な成功者は、同様の手痛い失敗を経験し、そこから教訓を得てやがて成功したことに気づいた。1985年にアップルをクビにされたことを振り返って、スティーブ・ジョブズはこう言った。「それは恐ろしく苦い薬だった。だが、患者である私はそれを必要としていた

と思う。ときどき人生は、レンガで頭の後ろになぐりかかる。信念を失ってはいけない。私がやり続けられたのは、やっていることが大好きだったから。それだけだった」

　並外れた成果を上げるには、極限まで自分を追い込まなくてはならない。極限にまでいくと、失敗する。そして、とてつもなく傷つく。失敗したと思う。だが、諦めない限りそれは失敗ではない。信じられないかもしれないが、痛みは徐々に消え、他に多くのチャンスがやってくる。そのときにはそうは考えられないと思うが、重要なのは、その失敗から得られた教訓を積み重ね、謙虚さを身につけ、徹底的にオープンになること。それで成功のチャンスは増す。そして突き進めばいい。

　私の最後の教訓はいちばん重要なものだと思う。というのも私の人生で繰り返し繰り返し適用したものだからだ。最初は、いちかばちかの選択に思えた。高いリターンを求めて大きなリスクをとる（そしてときどき大きくやられる）か、あるいはリスクを下げて低いリターンでよしとするか。だが、私はロー・リスクとハイ・リターンの両方を必要とした。どうすれば可能になるかを探すことを私はミッションとした。そして、２つの背反するものの間で選択に迫られたら、ゆっくり進むことを学んだ。そうすれば、可能な限り両方を手に入れる方法を考えることができる。まだ見つけていないよい道がいつだって必ずあるものだ。だから、そのときにはこれしかないと思う選択に満足せず、探し続けることだ。

　難しいことだったが、やがて両立させる方法を見つけた。私はそれを「投資の聖杯」と呼んでいる。それがブリッジウォーターの成功の秘訣だ。

CHAPTER 4

試行錯誤の道

1983〜1994年

　崩壊の淵から這い上がってきたものの、お金がなく、テキサスの見込み顧客を訪問するにも飛行機代が払えない状態だった。私が受け取るであろうコンサル料金は航空券の何倍もの金額になるとは思ったが、私は出張しなかった。それでも、徐々に顧客と収入は増え、新たなチームも加わるようになってきた。時とともに私の上昇気流は力を増し、下げの影響は耐えられる程度、勉強になる程度となった。私は会社を構築している（あるいは再構築している）と思ったことはなかった。やるべきことをやっているだけだった。

　コンピュータは私が入手したものでいちばん貴重なものだった。コンピュータは私が考えるのを助けてくれた。コンピュータなしでは、ブリッジウォーターはここまで成功できなかっただろう。

　最初のマイクロ・コンピュータ（のちにはパーソナル・コンピュータと呼ばれるようになるのだが）は1970年代の後半に市場に出てきた。それ以来、計量経済学者のように私はコンピュータを使った。統計データと計算能力を経済データに適用し、経済の仕組みがどう動いているのかを分析した。1981年12月にコラムにも書いたが、私は、「もし世界中の事実が

集計され、世界のすべての事象の関係が数学的に表現できるように完璧にプログラム化されれば、理論的には、将来は完璧に予測することができる」と信じていた（今も信じている）。

　だが、それは程遠い話だった。私のシステムは、価格がやがて均衡する地点について貴重なヒントを与えてくれたが、しっかりとしたトレーディング戦略を展開する手伝いまではできなかった。その賭けはいずれ利益を生むだろう、としか教えてくれなかった。たとえば、分析してある商品の価格は、そう、75セントであるべきだと考えたとしよう。現在それが60セントであれば、私は買いたいと思うが、75セントに上がる前に50セントに落ちるかどうかは予測できない。また、買いと売りのタイミングがわからない。たまには、といってもかなりの回数で、システムはまったく間違うことがある。そうなると私は大きな損失を被る。

「水晶の玉によって生きる者は粉々になったガラスを食べる運命にある」というのが当時よく引用した箴言だ。1979年から82年の間、私はいやというほどガラスを口にすることになった。そしていちばん重要なのは将来を知ることではなく、その時々に入手できる情報に対していかに適切な対応をとるかだと認識させられた。それには、莫大な経済と市場のデータを蓄積して結論を導き出す必要がある。そして、実際私はそうした。

　かなり早い時期から、マーケットでポジションをとると、私は意思決定に使った基準を書き留めておくようにした。そうすれば、ポジションを締めて取引を終えたとき、この基準がうまく機能したかどうかを振り返って考えることができる。もしこの基準をフォーミュラに（今はアルゴリズムと呼ぶのが流行っているが）落とし込み、過去のデータで実証してみれば、過去において私のルールがどの程度機能したかテストできると考えた。実際に行ったのはこうだ。いつものことだが第六感で始める。それを意思決定基準として論理的に表現し、システムに作り上げる。どんな状況になったら何をするかを描いてメンタル・マップを作る。それから過去のデータをインプットしてこのシステムで走らせ、どのような業績を上げら

れただろうかと見る。結果に応じて決定ルールを適宜修正する。

　できる限り昔に遡ってシステムをテストした。データのある国すべてで1世紀以上の期間やってみた。これにより経済・市場のマシンは時とともにどう動いたのか、それに対してどう賭ければよかったのかが非常によく見通せるようになった。こうすることは私自身の勉強になった。そして私の作った基準が時間を超え世界で通じるよう、磨きをかけるのに役立った。一度これらの関係を入念に吟味してしまえば、リアルタイムで入ってくるデータをシステムで走らせれば、コンピュータは私の頭脳のように、処理をして、意思決定をしてくれる。

　その結果、ブリッジウォーター独自の金利、株、通貨、貴金属のシステムが出来上がった。それを1つのシステムにまとめて、投資のポートフォリオを管理するようにした。私たちのシステムは経済の心電図となった。それが変われば、私たちはポジションを変更した。だが、コンピュータの推奨にただ従うのではなく、私自身の分析と並行して使い、2つを比較するようにした。コンピュータの結論が私のものと異なるときには、なぜなのかを分析した。多くの場合は私が何かを見落としていたためだった。こういう場合には、コンピュータが私に教えてくれた。だが、ときどきシステムが見過ごすような新しい基準を考える。そのときには私がコンピュータに教える番だった。私たちは互いに助け合った。コンピュータの処理能力は極めて大きいから、時間をかけずに私よりもはるかに効率的になった。これは素晴らしいことだった。チェスの名人が私の次の一手を練る手助けをしてくれるようなものだ。この名人は、私が理解して論理的だと信じる基準に従って動いている。違うのはその点だけだ。だから根本的に異なる考え方になることはない。

　コンピュータは多くのことを一度に「考える」ことに関して、私の頭脳よりもはるかに優れている。そしてもっと緻密に、迅速に、感情を交えずできる。そして、素晴らしい記憶を持っているから、私の知識そしてブリッジウォーターの成長とともに入社してきた人々の知識を見事に統合して

いった。パートナーと私は、結論を議論するのではなく、異なる決定基準について議論する。そして、意見の違いは、客観的に基準をテストすることで決着をつけた。当時急速にコンピュータのパワーが拡張されていったが、それは神様が次々と贈り物を授けてくれるように感じられた。ラジオシャック社が安価な携帯チェス・コンピュータを売り出したとき、私たちは「システム化されたアプローチをどうぞ。ブリッジウォーターより」というメッセージを添えて顧客に1台ずつ贈った。この小さなチェス用コンピュータはレベル9まであったが、レベル2で私を打ち負かした。顧客に戦わせて、コンピュータの意思決定を打ち負かすのがいかに困難か、彼らが理解するのを見るのは楽しかった。

　もちろん、システムを無視する自由はつねにあった。が、実行したのは2％あるかないかだった。9.11によるワールド・トレード・センタービル倒壊のようなプログラムされていない異例のイベントが起きたときにキャッシュ化するようなときだけだった。多くの場合、コンピュータは人間の頭脳より優れているが、想像力、理解力、論理を持たない。だからコンピュータと私たちは素晴らしいパートナーシップを組めるのだ。

　この意思決定システムはそれ以前に使っていた予測システムよりもはるかに優れていた。というのも、新たな展開に対する反応を取り込めたからだ。おかげで私たちはさらに広い可能性に対応することができた。タイミングのルールも取り入れていた。1987年1月に書いた「利益を生み出すことと予測をすること」の中で、私はこう説明している。

　　率直に言って、予測にはあまり価値がない。予測する人は市場で儲けていない。それは、確かなことは何もないからだ。予測するには、将来に影響を与えるさまざまなことすべてに確率をつける。すると、さまざまな確率を持つ広汎な可能性が得られる。可能性の高いこと1つに絞られるわけではない。市場の動きは経済の動きを反映している。経済の動きは経済統計値の中に反映されている。経済統計値と市場の動きの関係を勉強する

ことで、私たちは経済・市場環境の重要な転換、ひいては私たちのポジションを変えるきっちりとしたルールを開発した。言い換えれば、経済環境の変化を予測し、ポジションを変えるのではなく、変化にいち早く気づいて、その環境の中でもっとも業績を上げられる市場に資金を動かしているのだ。

　過去30年にわたりこのシステムを構築してきて、私たちは多くの種類のルールを採り入れてきた。それが売買取引のあらゆる局面で私たちのガイドとなってくれた。今では、リアルタイムのデータが出ると、1億以上のデータから情報を解析し、私にとって論理的に納得のいく、詳細な指示を他のコンピュータに出す。もしシステムがなかったなら、私は破産しているか、一生懸命頑張ろうとしてそのストレスで死んでしまっていることだろう。市場相手にここまでうまくやれていなかったことは確かだ。後に触れるが、経営判断に役立つ同様のシステムを現在構築中だ。意思決定をするうえでもっとも重要なことは、意思決定に使う原則を考えること。それを言葉に書き出し、コンピュータのアルゴリズムに書き、可能であれば過去データを使って実証する。リアルタイムでも利用して、人間の頭で考える意思決定と並行して使ってみることだ。
　いや、ちょっと先走りすぎた。1983年に戻ろう。

ブリッジウォーターを復活させる

　1983年後半、ブリッジウォーターには6人の社員がいた。それまで、私はマーケティングをしたことがなかった。口コミを通じ、あるいは、毎日テレックスで配信する「今日の注目点」の読者やメディアで私を見た人から仕事がやってきた。だが、私たちのリサーチに対する需要が伸びてきて、それを売れば、コンサルティングや売買取引から得る収益に上乗せできると考えた。そこで7番目の社員を雇った。ロブ・フリードという男

で聖書の訪問販売員だった。私たちは、プロジェクターと大量のスライドの重い荷物を引きずりながら各地を歩いて、月額 3000 ドルのリサーチ・パッケージを売り歩いた。それには、日次配信のテレックス、週次の電話会議、隔週および四半期ごとのリサーチ・レポート、四半期ごとの会議が含まれていた。翌年までにロブは何社かの企業と機関投資家のマネジャーを顧客に獲得した。ゼネラル・エレクトリック、キーストーン・カストディアン・ファンド、世界銀行、ブランディワイン、ルーミス・セイレス、プロビデント・キャピタル・マネジメント、シンガー・コーポレーション、ローズ・コーポレーション、GTE コーポレーション、ウエリントン・マネージメントなども顧客だった。

この時点で、わが社は 3 分野で事業を行っていた。手数料ベースのコンサルティング、成功報酬ベースの企業向けリスク管理、そしてリサーチ・パッケージの販売だ。私たちは、マーケットにエクスポージャーを持つあらゆるタイプの企業、金融機関、政府機関を対象とした。銀行、多角化した国際企業、市況産物生産者、食料生産者、電気・水道・ガスなどの公益企業などだ。たとえば、複数の国で運営している多国籍企業には為替のエクスポージャーが発生する。そのリスクに対応する計画立案のお手伝いをしたりした。

私のやり方は、自分がその企業を経営したなら使うだろうと思う戦略ができたと得心するまで、その会社の業務に没頭する。企業を論理的に細かく分割し、金融手法、とくにデリバティブのツールを利用して、それぞれの部門を管理する計画を立案する。もっとも重要なのは、中核事業から生じる利益と価格変動によって生じる投機的な損益を分けることだ。この作業をして「リスクに中立」なポジションはどういうものかを見せる。つまり、市場がどちらに動くか明確な考えがないときにとる、適切にヘッジされたポジションのことだ。このポジションから外れるのは、投機をしたいときに限るようアドバイスする。それも、よく計算して、中核事業に与える影響を十分理解したうえでするようにと言う。私たちがアドバイスした

企業にとって、このアプローチは目から鱗だった。それにより、明確に管理できるようになり、以前よりもよい結果を得られるようになった。時には、私たちに投機してほしいと言ってくる会社もある。その場合には利益の一定割合を報酬として受け取る。

　「リスクに中立」なベンチマーク・ポジションを作り、そこから外れるのは計算済みの賭けをするときだけというアプローチは、後に「アルファ・オーバーレイ」と名付けた投資管理スタイルの始まりだった。これによって、パッシブ（β、ベータ）とアクティブ（α、アルファ）のエクスポージャーが分離される。市場（たとえば株式市場）自体のリターンはベータと呼ばれる。アルファは賭けを仕掛けることで得られるリターンだ。株式市場よりも優れたパフォーマンスを上げる人もいれば、劣る人もいる。それをポジティブなアルファあるいはネガティブなアルファという。アルファ・オーバーレイでは、市場独自の動きに左右されない賭けをする。マーケットにこのようにアプローチしたおかげで、投資家として成功するには確信のある賭けをするだけではなく、その賭けをうまく分散することが重要だと学んだ。

　1980年代半ばに、わが社はアラン・ボンドを顧客としていた。大胆な起業家で、オーストラリア有数の資産家だった。一代で財を成した彼は、ヨットレースのアメリカズカップに当時132年の歴史で初めて、アメリカ人以外で優勝したことで知られている。バンカー・ハントと同様やがて賭けに失敗して、破産宣告する羽目に陥った。彼とそのチームが上昇気運にあるときにも、凋落のときにもアドバイスをしていた。だから悲劇が展開するのを目の前で見た。彼は、事業と投機を混同し、手遅れになってからヘッジをする典型的な例だった。

　ボンドはオーストラリアのビール醸造所などを購入するのに米ドルを借りた。オーストラリアよりもアメリカの金利のほうが低かったからだ。彼は認識していなかったが、米ドルは上昇しないと賭けていた。借りたお金は米ドルで返済する必要があった。1980年代半ば豪ドルに対して米ドル

は上昇した。ビールの売上は債務返済に十分なほど上がらず、彼のチームが私にアドバイスを求めてきた。私は通貨をヘッジしたらボンド社のポジションはどうなるか計算してみた。そうすると損失が固定化されて破綻することになるのがわかったので、とりあえず何もせず待つように、そして、豪ドルが強くなったとき、ヘッジをかけるようにアドバイスした。だが、彼らは通貨の問題は解消したと考えて、ヘッジしなかった。間もなく豪ドルは急落して最安値を更新した。すると彼らは緊急会議に出てほしいと依頼してきた。破滅的な損失を固定化する以外打つ手はなかった。そこで、彼らは再び手を打たなかった。だが、このときには豪ドルが急騰することはなかった。地球上でもっとも裕福で成功した男がすべてを失うのを見て、私は忘れることのできない衝撃を受けた。

　私たちは市場関連の単発コンサルティングも行った。1985年、仲のよい友人で凄腕のトレーダーだったポール・チューダー・ジョーンズと一緒に、ニューヨーク・コットン取引所で取引されていた米ドル先物契約（複数外国通貨のバスケットと米ドルの価格比を扱う取引可能なインデックス）の設計を行った。また、ニューヨーク先物取引所と一緒にCRB先物契約（複数の商品先物価格を指数化したもの。取引可能）を設計した。

　普通マーケットで働く人は投資商品を作りたがるものだが、私は興味を持たなかった。よく売れるからというだけで、以前から存在するものを作りたいとは思わなかった。私はただ市場で取引をして、顧客との関係を築き、彼らの立場だったら絶対にこうするということを顧客のためにするだけだった。だが私はまったく新しいことをするのも大好きだ。素晴らしく革新的なものだとなおさらいい。1980年代の半ばになると、いくつかのことがはっきりとした。第一に、私たちは金利と為替市場でよい判断をしてきた。わが社のリサーチを購読している機関投資家のマネジャーは収益を上げようと、私たちの判断に従っていた。第二に、私たちは企業の金利と為替のエクスポージャーをうまく管理していた。この2つのことがうまくできるなら、私たち自身が機関投資家として成功できるのではないか

と考えた。そこで、私は、世界銀行の年金基金を運営している人たち、とくに当時投資の責任者だったヒルダ・オチョアには熱心に売り込みをかけてみた。預り資産がゼロで実績がなかったにもかかわらず、彼女は500万ドルの米国債券運用基金を与えてくれた。

　それが大きな転換点だった。それが今日のブリッジウォーターの始まりだった。世銀に使った戦略は20年財務省証券とキャッシュの間でポジションを管理する方法だった。このポジションだと金利の行方に賭けるときレバレッジが利くからだ。金利に低下圧力がかかっていると私たちのシステムが示すと、20年債を買う。金利が上がっているとシステムが言うと、キャッシュポジションに留まる。じつにうまくやれたおかげで、他の大手機関投資家も資金を任せてくれるようになった。2番目に顧客となったのはモービル石油とシンガーだった。そして急速に他の顧客がやってきた。そして私たちは世界でトップクラスの米国債運用者となった。

中国の「閉ざされたドア」の背後に 危険を覚悟で進む

　コンサルティングで何がいいといって、旅行する機会を与えてくれたことだった。普通では行けない場所であればあるほど面白いと思った。この好奇心のおかげで、私は1984年北京に行くことになった。中国のイメージといえば大勢の群衆が赤い『毛沢東語録』を手に持って振る様だった。当時まだ「閉ざされたドア」だった中国の中に入れる機会は魅力的だった。私は香港に小さなオフィスを持っており、そこのディレクターがCITIC（中国中信集団）の顧問を務めていた関係で招待を受けた。CITICは出島のような存在で、世界の他の国とのビジネスを認められていた唯一の会社だった。北京は素晴らしく信じがたいほどのもてなしをしてくれる人でいっぱいだった。乾杯！と叫びながらマオタイを飲む伝統を教えてくれるなど最高の歓待を受けた。この最初の旅行には、妻と何人か

の人たちと一緒に行ったのだが、その後の三十数年、家族と私にじつに大きな影響を与えることになる。

　当時中国には金融市場がなかった。やがて、(CITIC を含む) 9 社の小さなグループが集まり、証券交易所研究設計聯合弁公室として知られる組織を作り、市場創設を始めた。始めたのは、1989 年、天安門広場の事件が起こる直前だった。市場の育成は資本主義的すぎるとみられ、この事件でこの動きは後退してしまった。彼らは小さなホテルの一室でほとんど予算のないまま運営していた。彼らのオフィスに上る鉄の階段の下に置かれた大きなゴミ箱をありありと思い出す。このような不安定な時代にリスクをとって行動した若い人たちに心から敬意を抱いた。そこで少額の寄付をし、ワクワクしながら私の知っていることを教えてあげた。彼らはゼロから、中国市場と政府の証券監督管理組織を作り上げた。

　1994 年、ブリッジウォーター・チャイナ・パートナーズという会社を設立した。その頃になると、中国は 21 世紀に世界最大の経済国になるだろうと私は確信していた。だが、中国に投資をしている人はほとんどいなかった。だからよい案件がころがっていた。私は機関投資家顧客にチャンスを紹介して資金を入れてもらった。アメリカ企業に中国の会社を紹介してノウハウを提供し、お礼にこれらの企業の株をもらった。言ってみれば、私は最初のアメリカベースのプライベート・エクイティ会社を中国に設立したようなものだった。

　合計で 700 億ドルの資産を運営する少人数の機関投資家顧客を中国に訪問させて、会社を作った。アメリカに戻り、私たちは合同で北京にマーチャントバンクを設立することに同意した。誰にとっても未踏の分野に踏み込むのは、多くの実験と学習が必要であろうとは予想していた。だが、その仕事の複雑さと必要な時間を過小評価していたことに気づいた。しょっちゅう夜中の 3 時に電話をして、私たちが関心を持った企業の怪しげな会計と疑わしい経営管理がどうなっているのか理解しようとした。日が昇る頃にはブリッジウォーターでの仕事が待っていた。

これを1年ほど続けて、ブリッジウォーターとブリッジウォーター・チャイナ・パートナーズの2つを経営するのは不可能と悟った。そこで私はドアを閉めた。アメリカの投資家は誰も儲けも損もしなかった。見た限り中国の会社に投資できるとは私には思えなかったからだ。もし私の持てる時間すべてを注いでいたなら、大きな成功を上げていただろう。だが、そうであればブリッジウォーターは今日の姿にはなっていなかった。この素晴らしい機会を見送ったわけだが、自分の選択に悔いはない。一生懸命、創意工夫をこらして働けば、ほとんどのことは手に入る。だが、すべてではない。もっと素晴らしいことを追求するために、素晴らしい機会を見送る能力、それが成熟ということだ。

　この機会からは遠ざかったが、中国は私と私の家族の人生の重要な一部となった。私たちは中国が大好きだ。とくに中国人が好きだ。1995年に妻のバーバラと11歳の息子マットと3人で相談して、マットが友人の虞夫人の家に住み、北京で1年間中国の学校に留学することを決めた。虞夫人は天安門事件の間、アメリカで私たちの家に滞在していた。マットは3歳のときに中国を訪れ彼女に会っている。中国の生活水準はマットがコネチカットで慣れ親しんだものとは大いに異なっていた。たとえば、虞夫人と彼女の夫のアパートでは週に2回しかお湯のシャワーが出ない。マットが通った学校は、真冬になるまで暖房がきかない。だから生徒はコートを着たまま教室で授業を受ける。マットは中国語を話せなかったし、クラスメートは誰も英語を話せなかった。

　これらすべてのことは、マットにとっての大きな冒険というだけに留まらなかった。まったく前例のないことで中国政府から特別認可が必要だった。私はマットのことを考えるととてもいいことだと思った。異なる世界を見て視野を広げることができる。バーバラには多少の説得が必要だった。彼女は小児精神科医のところに2、3回通った。だが、彼女も世界のあちこちで生活した経験があり、それが彼女にいかに役立ったか理解していたから、息子と別れることを歓迎したわけではないが、結局はこのアイ

デアを受け入れた。困難ながら人生を変える旅は、マットの価値観、そして人生の目標に深い影響を与えた。彼は中国と恋に落ちた（その年、体の一部が中国人になった、と彼は言う）。物質的な富の価値に比べ、他人の気持ちを思いやることの価値を学び、彼は特別な支援を必要とする中国人孤児を助けるチャイナ・ケアという慈善事業をわずか16歳で始めた。彼は12年間それを経営した（今も昔ほどではないが続けている）。コンピュータが新興国世界に何をもたらせるか新たな視点で想像し、エンドレスという彼の会社を通じて提供しようと努力している。私はマットから多くのことを学んだ。とくに慈善事業の喜び、そして素晴らしい個人的な人間関係を持つことの深い喜びを学んだ。年月を重ねて、私（そしてブリッジウォーター）は中国で多くの素晴らしい人とかけがえのない関係を築いた。そして中国の金融機関がヨチヨチ歩きのときから最新鋭の巨大組織に育つ手助けをしてきた。

　ブリッジウォーターが関与したのは中国だけではない。シンガポール、アブダビ、オーストラリア政府の投資基金、ロシアやヨーロッパの政治家たちが彼らのアメリカ代表を通じてコンタクトしてきた。私の得た経験、視点、お手伝いできたこと。これらすべてのことは、私のキャリアの中でも最大の満足を与えてくれた。

　シンガポールの人や組織にも興奮した。リー・クアンユーほど尊敬するリーダーは他にいない。他にも数人尊敬する世界的リーダーがいるなかで、こう言うのだから推して知るべきだ。彼はシンガポールを蚊だらけの辺鄙な場所から近代経済国家に変身させた。リーが逝去する少し前の2015年に、ニューヨークのわが家に彼を迎えてディナーをしたのはもっとも輝かしい瞬間だった。彼は世界経済についてディナーで議論したいと言ってきた。私は元FRB議長のポール・ボルカー（私のもう1人の英雄）、前財務長官のロバート・ルービン（彼の幅広い経験は視野を広げてくれた）、チャーリー・ローズ（私の知る面白い、真実を見抜く力を持つ人）を招いた。リー元首相の質問に答えるのと同時に、私たちは彼に世界の出

来事と世界のリーダーについて尋ねた。彼は過去 50 年の間にほとんどすべての世界のリーダーを個人的に知っていた。私たちは偉大な人とそうではない人とは何が違うのか、現在世界をリードしている人たちをどう思うか尋ねてみた。彼はアンゲラ・メルケルを西洋で最高のリーダーと評価し、ウラジーミル・プーチンも世界で最高のリーダーの 1 人と考えると言った。彼はリーダーは置かれた環境の中で判断されるべきだと説明した。そしてロシアの舵取りをするのがいかに困難とみているかを話し、なぜプーチンがよくやっていると考えているのか説明してくれた。彼はまた鄧小平との特別な関係を思い出して語った。彼は鄧小平がそれらのリーダーの中でも最高のリーダーだとした。

　面白い場所で面白い人々を知り、彼らの目を通じて世界を見るのがとても楽しい。彼らが金持ちか貧乏かは関係ない。パプア・ニューギニアで出会った先住民の目から人生を見るのは啓蒙的な体験だった。政治・経済界のリーダー、世界を変える起業家、先端をいく科学者の見方を知ることも同様だ。シリアのモスクで全盲の聖職者に会ったことは一生忘れない。彼はコーランと神との関係を話してくれた。このような出会いから、偉大な人間、ひどい人間というのは、富など通常使われる成功の物差しとは相関しないことを学んだ。その人の立場に立ちその人の目から物事を見ずに人を判断してしまうと、その人の置かれた状況を理解する妨げになるし、賢いことではないと学んだ。なぜ人が自分とは異なる見方をするのか理解しようとする好奇心を持ってほしいと思う。面白いことだし、価値あることだ。見方が豊かになればなるほど、何をすればよいか決める手助けになるだろう。

私の家族、大きな家族

　私の家族と同僚を含めた大きな家族、そして私の仕事はすべて私にとって非常に重要なものだ。仕事と家庭を両立させるのは、誰もがそうだとは

思うが、たいへんなことだった。私は両方で立派でありたいと願っていた。だからできる限り2つを組み合わせた。たとえば、出張に子供たちを連れていった。最初は長男のデボン、それからマットを中国人との会議に連れていくと、ホストはつねにとても親切だった。彼らは息子たちにクッキーとミルクを出してくれた。アブダビで私の顧客であると同時に友人である人たちが息子のポールと私を砂漠に連れていき、つぶしたばかりの山羊の丸焼きをご馳走してくれた。山羊の丸焼きを手で食べたことは忘れられない思い出だ。ポールは彼らからもらった土地の伝統的なガウンを着た。彼に感想を聞いた。彼は「床にじかに座って、パジャマを着て、手で食べる、それもいい人たちと。これ以上いいことないよ」と答えた。私たちはみんな笑った。長男のデボンは10歳くらいの頃、中国で絹のスカーフを1ドルで買ってアメリカに持ち帰り、クリスマス直前のショッピングモールで、20ドルで売った。彼のビジネス・センスの最初の兆しが見えたときだ。

　1980年代半ば、ブリッジウォーターの社員は10人ほどに増えた。そこで大きな古い農家を借りた。ブリッジウォーターがその一部を使い、私の家族が残りの部分を使った。それはものすごく気楽な家族のような雰囲気だった。誰もが車寄せに駐車した。台所のテーブルに集まって会議をした。うちの子供たちはトイレに座っているときもドアを開けたままにしていた。一緒に働く仲間は道で会うと手を振ってくれた。

　やがてその農場が売りに出されたので、敷地内にあった納屋を買って改修した。妻と子供（最終的には4人になった）、そして私は、納屋の中の小さな一区画に住んだ。完成していなかった納屋の干し草置き場は、床と壁の境目に電気ヒーターを設置してオフィスとして使えるようにした。それが最安の設置方法だったからだ。パーティをするのにそこは最高の場所だった。サッカーをしたり、バレーボールをしたり、野外バーベキューをしたりするのにたっぷりの土地があった。会社のクリスマス・パーティでは家族と共に大きなポットラック・ディナーをした。何杯か飲んだ後、サ

ンタが現れる。みんな彼の膝の上に座って写真をとり、誰が悪い子だったか、よい子だったかを知る。その夜はいつもダンスで終わった。毎年「だらしない日」があった。その日は誰もがだらしない格好をして会社に来るのだ。想像できると思うが、ブリッジウォーターはよく働き、よくパーティをして遊ぶ友達の集まりだった。

　ボブ・プリンスは1986年にブリッジウォーターに入社した。彼はまだ20代だった。それから30年以上が経つが、私たちはいまだに仲のよいパートナーで、共同投資責任者だ。最初からボブと私は、すごくいい感じで意見を戦わせることができた。今でもそうするのを楽しんでいる。いずれか1人が死ぬまで続けるだろう。彼はまた、顧客にとっても同僚にとっても優れた教師だ。徐々に彼は私の弟のようになった。そしてもっとも重要なブリッジウォーターを築く人材、柱になっていった。

　間もなく、ブリッジウォーターはほんとうの会社の体裁を整えるようになった。納屋では手狭になり、小規模なショッピングモールにある小さなオフィスに移転した。1980年代の終わりには20人ほどの社員がいた。だが、拡大していっても、一緒に働く人のことを従業員と思ったことはなかった。私は、やりがいのある仕事と、かけがえのない人間関係に満ちた人生を送りたいと思っている。そして同じ考えの人が私の周りにいてほしいと思っている。私にとってかけがえのない人間関係は、オープンで正直で互いに率直になれる関係だ。世間によくある、表面を取り繕い、丁寧さを装い、ほんとうに何を思っているのかを互いに言わないような関係には価値を置かない。

　どんな組織にも2通りの人がいると思う。ミッションのために働く人と、給料をもらうために働く人だ。私が必要とすることを同じく必要とする人に囲まれていたいと思っていた。それは、何でも理解して納得したいということだ。私は率直に話し、周りの人も率直に話してほしいと思っていた。私は自分がベストだと思うものを得ようと戦ってきた。彼らにもそれを望んだ。誰かが馬鹿げたことをしたと思ったら、私はそう言う。私が

馬鹿げたことをしでかしたらそう言ってほしいと思っていた。お互い、そのほうがいい。それが、強く生産的な関係だと思っていた。それ以外のやり方は、非生産的で道義に反するものだ。

経済と市場のさらに大きな紆余曲折

　1987年と88年はこういった大きな紆余曲折に満ちていた。おかげで、人生と投資に対する私自身そして私のアプローチを整えることができた。私たちは1987年10月19日の「ブラック・マンデー」を迎える前に株をショートした数少ない運用会社だった。この日、株式市場は1日の下げ率で史上最大の記録を残した。他社がひどくやられたなか、私たちは22％アップの成績を上げたため、多くの注目を集めた。マスコミはわが社のことを「10月の英雄」などと言ってもてはやした。

　当然、私はいい気分で1988年を迎えた。私はボラティリティの高い環境で育ったので、大きなうねりをつかまえてそれに乗っていくのが最善の方法だと学んでいた。私たちは独自の指標を使ってファンダメンタルの動きが変わるのを捉え、テクニカルトレンドを追うためのフィルターを使って、価格の動きは指標が示す動きと一致しているかどうかを検証した。両方が同じ方向を示せば、強いシグナルだ。逆であれば、シグナルは弱いかまったくないということになる。だが、1988年にはボラティリティがほとんどなかったので、テクニカルフィルターに振り回され、1987年の収益の半分以上が帳消しになってしまった。それは痛かったが、それにより大切な教訓を得ることができた。そして、そのおかげで、ボブと私はテクニカルトレンドを追うフィルターよりももっと価値を計測できリスク管理のできるものに替えるのを早めた。

　それまで、私たちのシステムはまったく個別に動いていた。あらかじめ決めておいた基準を超えると、すべてロングポジションからすべてショートポジションに変えた（世銀のために債券からキャッシュに入れ替えたよ

うに）。だが、自分たちの見方にいつも自信があるわけではないし、入れ替えをしょっちゅう繰り返すと取引コストが馬鹿にならない。ボブはいつもそれで頭にきていた。頭を冷やすためにボブがオフィスビルの周りを走っていたことが思い出される。そこで年末には、自信の程度によって賭ける金額を変更しやすいシステムに移った。これらの改善を重ねて、ボブはわが社のシステムが費用の何倍も稼ぐようにしてくれた。

　ブリッジウォーターの全員がボブと私と同じ見方をしたわけではなかった。システム化がうまくいくのか懐疑的な人もいた。普通の意思決定と同様、時折システムがうまく働かないときがある。そういったときには、とくに異を唱える人がいた。推進するには、多くの理由を並べて説得する必要があった。だが、彼らを説得できなかったとしても、それによって私の決意が変わったわけではない。明確に特定し、テストし、論理をシステム化するアプローチよりも、体系的ではない意思決定のほうが好ましいと私に指摘できなかったからだ。

　どんなに優れた投資家、投資アプローチであってもうまくいかないことはある。そういうときに信頼するのを止めるのはよくある間違いだ。うまくいったときに惚れ込みすぎるのも同じく過ちだ。人はたいてい論理的であるより感情的だから、短期的な結果に過剰反応しがちだ。環境が悪いと諦めて安値で売る、よければ高値で買う。私は、投資と人間関係とはまったく同じだと思った。賢い人は上げ相場でも下げ相場でも健全なファンダメンタルに留まる。気まぐれな人は感じたまま、ホットなときに飛びつき、そうでなくなると諦めるといった感情的な反応をする。

　相対的には冴えない投資業績ではあったが、1988年はブリッジウォーターにとってよい年だった。悪い業績をよく反省し、そこから学ぶことで、システムを改善した。悪いときによく考え反省することで最高の教訓を得られると思うようになった。それはビジネスに限らず人間関係でも同じことだ。上り調子にあるときには、下り調子のときに比べて多くの友達がいるように思われる。それは、誰もが負け組ではなく勝ち組と一緒にいたい

と思うからだ。真の友人は逆だ。

　悪い時期には多くの収穫があった。過ちから学べたというだけではない。よいときも悪いときもそばにいてくれる真の友人は誰かが学べたからだ。

ブリッジウォーターの次の足掛かり

　1980年代が終わろうとするときも、私たちは社員20人ほどのごく小さな会社のままだった。ボブは、88年にジゼル・ワグナーを紹介してくれた。その後、彼女は投資以外の分野で20年間私のパートナーとして経営してくれることになる。ダン・バーンステインとロス・ウォラーはそれぞれ1988年、89年に入社した。2人ともダートマス大学を卒業したばかりだった。当時もその後も、長く私は新卒採用を好んだ。経験はないが頭がよく、しっかりしていて、素晴らしい会社を作るミッションに賭けてくれる人材を採用することが多かった。

　私は経験をさほど高く評価しない。それより性格、クリエイティビティ、常識のほうを重視する。学校を出て2年でブリッジウォーターを設立した私の経験によるところが大きいと思う。また、どのようにするかの具体的な知識よりも、よく考え抜く能力のほうがずっと重要だという私の信念でもある。若い人は賢明な、しかもエキサイティングなイノベーションを作り出すように思える。昔のやり方を踏襲する年のいった人たちには、なんの魅力も感じない。とはいえ、経験の浅い人に責任を与えることがいつもうまくいくとは限らないことを付け加えておこう。後にお読みいただくが、経験を過小評価することは誤りだという手痛い教訓も得た。

　当初世銀から預かった500万ドルは1億8000万ドルとなり、さまざまな顧客のために運用をするようになっていた。だが、私たちはさらに機関投資家のビジネスを大きく獲得したいと思っていた。コダックの年金基金CIO（最高投資責任者）ラスティ・オルソンが運用の問題解決のため

にコンタクトしてくると、私たちはそのチャンスに飛びついた。ラスティは並外れた革新者で素晴らしい人だった。彼は1954年にコダックに入社し、72年に年金基金の担当となった。年金基金の世界で、彼はリーダーとして広く敬意を集めていた。私たちはしばらくリサーチ・レポートを彼に送っていた。90年に、彼は彼が抱いていた大きな懸念について私たちに意見を求めてきた。コダックの年金は株式投資の比重が大きかった。ラスティは資産価値が激減するような環境になったらどうしようと心配していた。期待収益を減らすことなくリスクをヘッジする方法がないかと彼は探していた。

　ラスティのFAXは金曜の午後に届いた。私たちはすぐさま行動に移った。このように著名で革新的な顧客を手に入れたら、すごいことになる。私たちは債券や金融工学について知見が深いから、コダックのためにユニークで大きな仕事ができると確信していた。それに私たちには業界で比肩するもののない実績があった。ボブ・プリンス、ダン・バーンステイン、そして私の3人は、週末休むことなく働き、コダックのポートフォリオとラスティの検討している戦略を分析した。そして、私たちの考えるところを長いメモに書いた。1970年代に鶏肉生産者のビジネスを分解してアプローチをし、その後多くの企業で同様の手法を実施してきた。それを同じ手法でコダック年金基金を構成要素に細かく分解し、「マシン」の理解を深めようとした。ポートフォリオ・エンジニアリングのアイデアの上にソリューションを描いて提案した。それはのちにブリッジウォーターのユニークな投資運用スタイルの中核となる。ラスティはボブと私をロチェスターに招いてくれた。そして、私たちは1億ドルの口座を手に戻ってきた。それがすべてを変えていった。信用が高まったばかりではない。必要としていたときに頼りになる資金源を得ることができたのだ。

「投資の聖杯」を発見する

　以前の失敗から、賭けにどんなに自信があっても、それでも間違うことがあることを学んだ。だからリスクを減らしつつリターンを下げないようにするには、適切に分散することが鍵だとわかった。もし（互いにバランスをとるような）適切に分散された質の高い収益の流れ[*3]のポートフォリオを構築できれば、他社よりも一貫性があり信頼できるリターンを上げるポートフォリオを顧客に提供することができる。

　何十年か前、ノーベル賞を受賞した経済学者ハリー・マーコウィッツは、一連の資産クラスとそれらの期待収益、リスク、相関関係（過去にそれらの資産が類似のパフォーマンスを示したかどうか）をインプットして、資産の「最適ミックス」を決めるモデルを作り出した。それは広く使われていた。だが、彼のモデルは変数を変更した場合の増分効果については何も教えてくれない。また、前提の不確実性にどう対処すべきかもわからない。その当時、私は私の想定した前提が誤っていたらどうなるだろうとものすごく不安になっていた。そこで分散についてシンプルに理解したいと思った。私はダートマスの数学科を卒業してすぐ1990年にブリッジウォーターへ入社したブライアン・ゴールドに、表の作成を頼んだ。異なる相関関係にある投資を徐々に加えていったら、ポートフォリオのボラティリティはどのように下がり、（リスクに比した収益で計る）品質改善が可能になるかを示すように指示したのだ。これについては、「経済と投資の原則」の中でもっと詳しく述べるつもりだ。

　このシンプルな表を見て、私はアインシュタインが特殊相対性理論で $E = mc^2$ を発見して受けたに違いない衝撃と同じくらいの衝撃を受けた。15から20種類くらいの相関関係のない一連の収益の流れがあれば、期待収益を下げることなくリスクを劇的に減らせることが見えたのだ。ごくシンプルだが、机上のみならず実践でこの理論が機能すれば、画期的なブ

[*3] 「収益の流れ」とは、ある決定ルールを執行することで得られるリターンのことを意味している。図表の中で時間の経過とともに動く投資の価値を表す線と考えてほしい。それを継続して価値を伸ばすか、売るかの決定をすることになる。

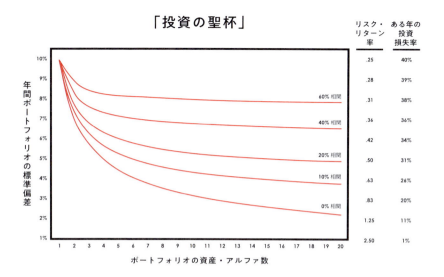

　レークスルーだ。私はそれを「投資の聖杯」と呼んだ。大きな富を生み出す道を示してくれたからだ。学習の過程で遭遇した重大な瞬間だった。

　私たちが発見した原則は、収益を求めるすべてのビジネスに、等しく適用できることがわかった。ホテルを所有している、技術系の会社を経営しているなど何でもいいが、事業は収益の流れを生み出す。相関しない収益の流れがいくつかあれば、たった1つの収益源に依存するよりもいい。いい収益源を選ぼうと努力するより、収益の流れをどう組み合わせるかを知るほうがずっと効果がある（もちろん、両方ともすべきだが）。当時（今でもそうだが）多くの運用会社は、このことを活用していなかった。彼らは単一資産クラスの中で投資をしていた。株式運用会社は株を、債券運用会社は債券を、という具合だ。彼らの顧客はその資産クラスの中である資産を多く持つか減らすか（たとえばマイクロソフトの株をS&P500インデックスの組み入れ比率より多く買うとか）して、S&P500インデックスを上回るリターンを期待して資金を預けていた。だが、単一資産クラスの中の個別銘柄は60％ほどが相関している。つまり、一緒に上がったり

下がったりすることが、2回に1回以上起きるということだ。「聖杯」のグラフでわかるように、60％相関する株式1000銘柄をポートフォリオに入れてもたった5銘柄選んだときと比べてさほど分散していない。グラフが示すようなバランスされた投資をすれば、こういう運用者を負かすのは簡単だ。

　投資の原則とそこから期待される結果を体系的に記録してきたおかげで、相関しない収益の流れが山のように蓄積されていた。1000くらいはあっただろう。私たちは異なる資産クラスで運用してきた。そして、ファンダメンタルな売買のルールをプログラム化しテストしていたから、少数の資産しか運用せず、しかもシステム的に運用していない通常の運用会社よりもはるかに質の高いものを選ぶことができた。

　ボブとダンとともに山のようなデータから最善の意思決定ルールを引き出した。そして、システムでその決定ルールを適用したら過去にどう機能したかを長期間遡ってテストした。

　その結果は驚くべきものだった。机上では、この新しいアプローチはリスク要因に比して3倍から5倍くらいリターンを改善すると出た。しかも、容認できるリスク量に基づいてリターンを調整できる。言い換えれば、私が以前味わったような完全にノックアウトされるリスクを低めつつ、他社よりもたっぷりと収益を上げることができる。私はそれを「キラー・システム」と呼んだ。私たちと顧客に素晴らしい結果を生み出すか、私たちが何か重要なことを見落としていて殺されるかのいずれかだったからだ。

　このアプローチの成功によって、人生のあらゆる局面で応用する原則を学んだ。バランスがとれ、よくレバレッジの利いた、相関関係のないいくつかのものに投資をすれば、容認しがたいダウンサイドにさらされることなく、高いアップサイドを得ること間違いなしということだ。

　この新しいアプローチに興奮したものの、私たちは慎重に進めた。投資の1割をシステムで行うところから始めたが、20カ月のテスト期間中19カ月で利益を生み出した。自信が深まったところで、私がよく知っている

投資家を選んで、100万ドルのお試し口座でこの戦略に投資してみないかと話すことにした。私の選んだ機関投資家たちなら、このくらいわずかな金額で頼めば、断りづらいはずだとわかっていた。この新しいプロダクトを当初は「トップ5％」と呼んでいた。私たちの決定ルールのベスト5％で成り立っていたからだ。後に、私は「ピュア・アルファ」と名前を変え、アルファのみで作られた戦略であることを打ち出そうとした。ピュア・アルファはベータを含んでいないから、市場の動きにつれて上下するバイアスがかかることはない。そのリターンは、他社を上回るよいパフォーマンスをどれだけ上げられるか、私たちの腕次第だった。

　わが社のまったく新しい「アルファ・オーバーレイ」のアプローチによって投資家は、自分たちの選択した資産クラス（S&P500株式市場、債券インデックス、商品市場など何でも）からのリターンに加え、私たちが全資産クラスにわたって投資するポートフォリオからのリターンを手に入れることができる。このアプローチは前例を見ないものだったから、ロジックを注意深く説明し、従来のアプローチよりも実際にはリスクがはるかに少ないことを見せた。また、累積収益がどうなると予想しているか、収益幅はどの程度を期待しているのかを示した。顧客にとっては、実際に飛

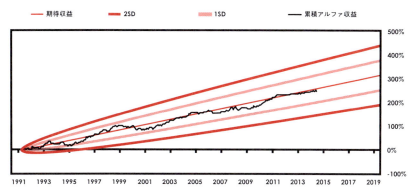

行したことはないが、紙上で見る限り他のものよりもはるかに優れて見える飛行機の設計図を見せられたようなものだった。乗る勇気のある人はいるのだろうか？

　概念を理解して、興奮しながら投資ルールを変更する顧客もいた。理解しない人、最先端のものは試さないとする組織もあった。正直なところ、試そうという人がいたことは身震いしたくなる思いだった。もう26年経つが、その新型飛行機は期待どおりに飛んでいる。26年のうち23年はプラスの収益を生み出した（残る3年では、わずかな損失が出た）。そして、総合すれば、他のどのヘッジファンドよりも大きな収益を顧客に提供することができた。ピュア・アルファの根底にある投資運用のコンセプトは、やがて業界を変えた。構想の段階から一般に受け入れられるまでには何年も学ぶ必要があった。そして、献身的なパートナーが身を粉にして働く必要があった。

わが社のキラー・システムを世に送り出す

　ピュア・アルファは、私たちの知る限りアクティブ運用で最高の方法である。だが、機関投資家のまとまった資金を運用しようとしても、このアプローチを試すのは、一握りの革新的な顧客だけだという現実を受け入れなければならなかった。だから顧客に私たちの方法を採用するよう説得を続けつつも、1990年代の終わりから2000年代の初めにかけて、ピュア・アルファはわが社の運用資産のわずか10％ほどを占める程度だった。

　債券運用口座では株や商品を取引できなかったが、私たちが発見してピュア・アルファで利用したポートフォリオ構築の原則を応用して、債券顧客により高いリターン、より低いレベルのリスクを提供した。外国の国債、新興市場の債券、物価連動債、社債、そして外債投資についてくる為替のエクスポージャーなどを含めたのだ。もっとも制約の少ない債券のポートフォリオでは、異なる50種類の投資をした。通常の債券運用者が取引す

る数よりもはるかに多い。そうすることが大きな強みとなり、さまざまな投資成績ランキングで毎年トップに立つことができた。

　ピュア・アルファは、顧客に紹介した革新的な設計商品の最初のものにすぎない。1991年には、運用会社として初めて、機関投資家に通貨オーバーレイを提供した。当時、機関投資家はポートフォリオの大部分をグローバルに外国株、外債で運用していた。国際的な投資をすれば分散できる点は貴重だが、管理できない通貨のエクスポージャーが増す。これは大きな問題だった。通貨のエクスポージャーは期待収益を上げることなくリスクだけを加えることになる。私たちは為替取引を何年もしてきて、ポートフォリオ構築に高い専門性を築いていたから、この問題を解決するのに優位な立場にあった。やがてわが社は世界最大の為替アクティブ運用会社となった。

　私たちはまた、新しい効果的な資金管理手法をいくつか編み出した。どれもきっちり設計どおりに動いた。いつもパフォーマンスをグラフにして顧客に渡した。グラフには累積収益の折れ線に予想される差異を明記した。意思決定プロセスをシステム化したおかげで、広範な条件下で意思決定のストレステストができたからだ。

過ちから学んだことをシステム化する

　もちろん、間違えることはあった。とはいえ、すべて想定の範囲内だ。よかったのは、間違うと、それを学習し改善する機会だとみる癖がついた点だ。もっとも記憶に残るミスは1990年代の初めに起きた。当時トレーディングの担当だったロスが顧客の取引を執行するのを忘れて現金のまま残してしまった。このミスがわかったときには、損は数十万ドルに膨れ上がっていた。

　恐ろしく高くついたミスだった。ロスをクビにしてミスは許されないというメッセージを伝えるような過激なこともできただろう。だが、人はミ

スを犯すものだ。そんなことをすれば人は自分のミスを隠すようになり、もっと大きなもっと高いエラーにつながる可能性がある。改善するにはどうすればよいかを学ぶために、問題や意見の相違は表面化すべきだと私は強く信じている。そこでロスと私は一緒にトレーディング部の「エラー・ログ」を作った。その後、何か悪い結果が出てくるたびに（取引が執行されなかった、思ったより高い取引コストを払ったなど）、トレーダーはそれを記録して私たちがフォローアップする。問題をつねに追跡し注意していたから、私たちの取引執行能力はつねに改善していった。

　問題を表面化し、根本原因を分析するプロセスがあるから、継続的な改善が確保される。

　その理由から、問題の記録はブリッジウォーター全体で実践すべきだと私は主張した。私のルールはシンプルだ。何かがうまくいかなかったら、それを記録に書き出す。重大さの程度を書き、誰の責任だったかを明確にする。ミスがあってもそれを記録に書き出せば、お咎めなしで済む。記録しなかったなら、厄介なことになる。こうすれば管理職に問題が持ち込まれる。問題を探し出そうとするよりもはるかによい。エラー・ログ（今は問題ログと呼んでいる）は、私たちの最初の管理ツールだった。その後、望ましい行動を強化するためには、ツールがいかに大切かを学んだ。そこで後に述べるが、いくつかのツールを作り出した。

　問題と意見の相違を表面化するこのカルチャーは、不快な思いや衝突を生み出した。とくに人の弱さを探る問題に関しては。間もなく、問題が沸騰した。

私の「解決困難な」人間関係の問題

　1993年のある冬の日、ボブとジゼルとダンが私を夕食に誘い出した。「レイが社員と会社のモラールにどういう影響を与えているか、フィードバックを話したい」とのことだった。彼らは最初にメモを手渡した。その

主旨は、私のやり方は会社の社員全員にマイナスの影響を与えているということだった。下記がそのメモだ。

レイが上手にやれること：
　彼は非常に聡明で革新的だ。彼は市場と資産運用について理解している。集中力があり、エネルギッシュだ。とても高い基準を掲げており、周りの人にもそれを望む。チームワーク、みんなの会社だという意識を構築し、社員がフレキシブルに働ける環境を作り、高い報酬を支払う。

レイがうまくやれないこと：
　無能に感じる、必要とされていない、屈辱的な思いをする、打ちのめされる、軽んじられたと思う、抑圧された、その他何にしろ嫌な気分になる。レイは社員にときどきこういう思いをさせる。それは、レイがストレスにさらされているときに起こる可能性が高い。こういうとき、彼の言葉や行動が、彼に対する反感を生み、長く尾を引く。このために、社員はやる気になるよりもやる気を失ってしまう。それによって生産性と環境の質が低下する。それは1人の社員に留まらない。会社が小規模でコミュニケーションがオープンであるために、誰かがやる気を失う、ひどい扱いを受ける、正当な評価を得ないなどという場合には誰もが影響を受ける。会社の将来は、レイの運用能力と人材管理能力に大きく依存している。彼が人事管理をうまくできないのなら、成長が止まり、私たち全員が影響を受けることになる。

　ううっ。私は傷つき驚いた。そういう影響を与えているとは想像もしていなかった。社員は大きな家族の一員だ。彼らが「無能に感じる、必要とされていない、屈辱的な思いをする、打ちのめされる、軽んじられたと思う、抑圧された、その他何にしろ嫌な気分になる」なんてことは望んでいない。どうして私に直接そう言ってくれなかったんだ。何が悪かったのか。

私の求める水準が高すぎたのか。ブリッジウォーターが万に一つの会社であり続けるには、並外れて優れた人たちが高い水準を持ち続けなくてはいけない。要求が厳しすぎたのか？
　これは、よくあることだ。岐路に立たされ、2つの正反対な選択肢から1つを選ばなくてはならない。1）問題や人の弱みを探して表面化し、率直に対処するために、徹底的に事実に基づいていくか、2）ハッピーで満足した社員を求めるか。2つの相反する選択に直面して、できる限り両立させたいときには、ゆっくり考えることだということを思い出した。まだ考え付いていないよい方法がいつも必ずあるはずだ。だから、それを探すことだ。そのときにはこれしかないと思えるが、そういう選択に甘んじてはならない。
　私の第一歩は、問題は何かを正確に理解し、どう対処すればよいかを知ることだった。そこで私はボブ、ジゼル、ダンに今どういう状況かを尋ねた。彼らや、私のことをよく知る人たちは、私のせいでやる気を失うことはないことがわかった。私に悪気がないことを知っているからだ。それを知らないと社員は辞めていってしまう。「こんなくだらないことに我慢するほどのお金をもらっていない」ということだ。
　彼らは、私が彼らとブリッジウォーターにとって最善のことを望んでいると知っている。そして、そのためには、私は彼らに対して徹底的に正直に接する。彼らも私に徹底的に正直であってほしい。それがよい結果を生むからというだけではない。互いに正直であるべきだと基本的に思っているからだ。そうするのは重要だと私たちは同意していたが、嫌な気分になる人がいるのなら、何かを変えなくてはならない。
　私が接する人たちは私を理解し、好いてくれる。大好きだと思ってくれる人もいる。あまり接触がない人たちは私の率直さに傷つく。私をもっと理解してもらい、彼らをもっと理解しなくてはならないことは明らかだった。そこで、人間関係に対処する原則がきっちり明確であることが不可欠だと気づいた。

そこから、原則を書き出すプロセスが始まった。それは何十年と続いて、「仕事の原則」に進化した。この原則は互いにどうあるべきかの同意書であり、発生した事態にどう対処するか、私の思いを反映したものだ。たいていのことは、形は多少違っても繰り返し起こるものだから、この原則は引き続き手を加えられていった。相互に同意することで、もっとも重要なのは次の3つだ。

1. 自分の考えを正直に話そう。
2. よく考え抜いて反対意見を言おう。理解すれば意見は変わるかもしれない。
3. 意見の違いが解消されなかったら、あらかじめ決められた方法（投票、決定権限を持つ人を明確にするとか）で決定して、嫌な思いを残さずに次に進めるようにしよう。

　どんな組織でも人間関係でも、こういったことは必要だ。また、組織の意思決定システムが効果を持つには、それを利用する人が公平だと信じる必要があると私は思っている。
　「仕事の原則」を書き出すこと、そして投資の原則と同じように、みんなが同じように考えることが相互理解に不可欠だった。なにしろ、徹底的に事実に基づき、徹底的に隠し事をしないという独特なやり方は、ユニークな結果を生んできてはいるが、それは、本能に反し、ある人にとっては難しいことだ。
　この率直なやり方で、やりがいのある仕事をし、かけがえのない人間関係を築くにはどうすればよいかを理解しようとして、その後何十年と、私は神経科学者、心理学者、そして教育者と話すようになった。おかげで私は多くのことを学んだ。それは要約すれば次のようなことだ。人間の頭には2つの部分がある。上部は論理を司り、下部は感情を司る。私はこれを「2人の私」と呼ぶ。その2つは互いに人間をコントロールしようと戦

う。その衝突をどう管理するかが行動を決めるもっとも重要なものだ。その戦いが、ボブ、ジゼル、ダンが取り上げた問題の最大の理由だった。人間の論理的頭脳は人の弱みを知るのはよいことだと理解する（人との付き合いの第一歩だからだ）。感情的な部分はそれを嫌がる。

CHAPTER 5

最高の恵み

1995〜2010年

　1995年の時点でブリッジウォーターは、社員42人、預かり運用資産41億ドルの会社に成長していた。その10年ほど前には私一人の会社に縮小したことを考えると、期待をはるかに超える状態だった。以前よりずっとよくなり安定はしていたが、私たちは設立当初と同じことをしていた。市場と戦い、周りに振り回されず独創的にどこに投資をするか考え、ミスを犯し、そのミスを顕在化させ、根本原因を分析し、新しいもっとよいやり方を考え、システムを使って変更を実施する。そしてまた新たなミスをするといった具合だ。反復し、革新的なアプローチをとり、私たちは1982年に私が作り始めた投資システムに磨きをかけてきた。その当時私たちは、数人の聡明な連中がコンピュータを使えば、大規模で設備の整った確立した会社を打ち負かすことができるんだと世の中に見せつけた。今や私たちが設備の整った確立した会社になっている。

　決定ルールの数も、システムに蓄積されたデータ量も増え、複雑になるにつれ、若いプログラマーを採用するようになった。彼らは大学を出たばかりだが、私たちの指示をプログラムに変換するのが私たちより優れ、頭

---

*4 このアプローチを私は「5ステップのプロセス」と呼んでいる。後にもっと詳しく説明する。

の切れる社員で、投資リサーチを手伝ってくれた。この優秀な若手の中に、グレッグ・ジェンセンがいた。彼は1996年、大学生のときインターンとしてブリッジウォーターにやってきた。彼はひと際目立っていたから、私は彼を私専用のリサーチ・アシスタントにしてしまった。その後何十年の間、彼は多大な貢献をしてくれた。そしてボブ・プリンスと私と共に共同最高投資責任者となり、共同CEOになった。彼は私にとって息子のような存在になった。

私たちはどんどん能力の高いコンピュータに投資をしていった。[*5] 性能の高いマシンにわが社のシステムを走らせることで自由になり、市場の日々の動きに振り回されず、もっと高いレベルで考えることができるようになった。そしてクリエイティブに今まで見られていなかった新たな関連性を見出し、顧客にイノベーションを提供することができた。

物価連動債を発明する

この頃、私はロックフェラー基金の運用をするデイビッド・ホワイトと食事を共にした。デイビッドは、基金のポートフォリオの収益率をアメリカのインフレ率5％より高くするために私ならどうするかを尋ねてきた。外国の物価連動債にレバレッジをかけ、為替の予約をしてヘッジをすれば、まさにそのとおりのポートフォリオができますよ、と私は答えた（当時アメリカには物価連動債がなかったので外債を使う必要があった。そして為替リスクをなくすためにはドルにヘッジをかけておく必要があった）。

その後考えて、新しいまったく異なる資産クラスを作ることができると気が付いた。そこで、ダン・バーンステインと私はそのようなポートフォリオをもっと詳細に研究してみた。私たちの分析によれば、思った以上の成績が上げられるとわかった。実際のところ、少ないリスクで株と同じ期待収益を上げ、しかも長期間債券と株と逆相関関係を持つように仕組める

[*5] パートⅡ「人生の原則」の「5　効果的な意思決定の方法を学ぼう」で、コンピュータを利用した意思決定システムに関するトピックをもう少し詳しく見ていく。

から、それは他に類を見ないユニークで効果的なものとなるはずだった。

　このリサーチを顧客に見せたところ、大好評だった。時を置かずして私たちは世界初のグローバル物価連動債運用者となった。1996年、アメリカ財務省副長官だったラリー・サマーズはアメリカで物価連動債を発行できないかと検討を始めた。その種の債券ポートフォリオを運用していたのは私たちだけだったので、彼は私たちを専門家として招いた。

　ダンと私はワシントンを訪問し、サマーズと財務省の幹部、さらに著名なウォールストリートの会社のトップたちと会った。私たちが遅刻して到着した（時間厳守は私の得意とするところではない）ところ、財務省の大きな会議室のドアはロックされていた。それで諦める私ではない。誰かが気づいてくれるまでドアをノックし続けた。それは大きな部屋で、中央にテーブルが置かれ、記者席が壁際に置かれていた。テーブルには1つの席しかあいていなかった。その座席の前にはダンの名札が置かれていた。事前の作業の多くをこなしたのは彼だったから彼が代表して話すことにしていたのだったが、私はそれを忘れていた。そこで記者席から椅子を持ってきてダンの隣に座り、テーブルに席を作った。ダンはその会議をまるで1990年代の私たちのようだったと言う。あの当時の私たちはズカズカと人の間に割り込んでいかねばならなかったからだ。ラリー・サマーズは、この市場を形成するのに私たちのアドバイスがたいへん貴重だったとその後言ってくれた。実際、財務省は私たちの推薦したストラクチャーに従って債券を作った。

リスク・パリティを発明する

　1990年代半ばになると、私は家族のために信託を設立するだけの蓄えを持つようになっていた。そこで、世代を超えて資産を維持するにはどのような資産配分がベストだろうと考えるようになった。投資家として運用していたとき、あらゆる種類の経済と市場環境を見、富があらゆる方法で

生み出され破壊されていくのを見た。資産に収益をもたらすものは何かを理解していた。だが、同時に、どんな資産クラスであっても、その価値の大半を失うときが来ることも知っていた。現金も例外ではない。インフレと税金を勘案すれば、現金は価値を失う最悪の投資だ。損失を生じさせる景気のブレを予測するのがいかに困難かも知っていた。私は生涯これをやってきた。相応に悪い時期も経験している。自分がいなくなった後、他人が景気変動をうまく予測するだろうと賭ける気にはならなかった。どんな経済環境でも——インフレが上昇しても下落しても、景気がよいときも悪いときも——うまくやってきた投資家を見つけるのはほぼ絶望的だ。それにそういう人が永遠に生きるわけではないから実現可能な道ではない。家族を守るために築いた資産が、私の死後、消えてなくなるようなことは望まない。ということは、どのような経済環境にでもうまくいく資産のミックスを作り出す必要がある。

　経済環境がどう動けば資産クラスがどう動くのかを私は知っている。その関係は何百年とほぼ変わっていないことも知っている。心配しなくてはいけないのは2つだけ。経済成長とインフレだ。両方とも上がる可能性も下がる可能性もある。そこで私は4つの異なる投資戦略を作れば——それぞれの戦略はある環境ではうまくいくようにして（インフレ上昇期に伸びる、インフレ下落時に伸びるなど）——受け入れがたいほどの損失が生じるリスクから守りつつ、長期間うまくいくようなバランスのとれた資産配分ミックスを築けると考えた。そのような戦略が変わることはないから、実質的には誰だって運用することができる。そこでボブとダンの助けを借りて、今後何百年間も安心して信託基金を預けられるようなポートフォリオミックスを作った。私はそれを「全天候型ポートフォリオ」と呼んでいる。どのような環境下でもうまくいくからだ。

　1996年から2003年の間、それに投資をした「顧客」は私一人だった。商品として販売しなかったからだ。だが、2003年に、長く顧客となっているベライゾンの年金基金理事長が、どんな経済環境でもうまくいくよう

な投資のアプローチを探していると言ってきた。ベライゾンが投資すると、他社も早々と後に続いた。それから10年もすると、800億ドル近くの資産を運用することになった。これもまた業界を変えるコンセプトだった。私たちの成功を見て、他の運用会社も彼らのやり方で追随した。今では一般的に「リスク・パリティ」投資と呼ばれるようになっている。

こぢんまりとしたブティックに留まるか、大きな金融機関になるか？

　業界を変革する投資商品を作り出した社員とカルチャーのおかげで、ブリッジウォーターはまさに羽ばたき始めた。2000年には、320億ドル以上の資産を運用していた。その5年前の8倍近い金額だ。社員数も2倍となったから、小規模なショッピングモールのオフィスから移って、サンガタック川の川沿いに作られた自然保護区にある大きな事務所に移った。成長を続けていたが、決して視界良好の旅というわけではなかった。事業構築をしながら投資運用をするのは、難しい仕事を2つ抱えているようなものだった。2つのまったく異なるスキルを磨く必要があった。そのかたわら、よき父、よき夫、友達でなければならない。これらの役割が要求するものは時に応じて変化していったから、私が必要とするスキルと能力も変わっていった。

　成長を続ける大きな事業と小さな事業を比べたら、大きな事業のほうが難しいと普通の人は思う。それは真実ではない。5人の組織から60人の組織になるのは、60人から700人の組織になる、そして700人から1500人へと成長するのと同じくらい困難なことだ。振り返ってみても、その節々で、いつが楽だったとか大変だったとか言うことはできない。たんに違うだけだ。社員がいないときには、すべて自分だけでしなければならなかった。学び、稼いで給料を払えるようになると、社員を管理する困難な仕事が待ち受けていた。同様に、市場と経済の変動と戦うこともつね

に変わり続ける。当時は考えなかったが、時間とともに上手になっていくとはいえ、高いレベルに上り続けていれば容易になるということはない。オリンピック選手だって、初心者が思うのと同じくらい難しいと思っているはずだ。

　すぐに私たちはまた別の重要な選択に迫られた。どういう会社になりたいのか？　このまま成長を続けるか、それとも今の規模のままでいるのか？

　2003年になると、ブリッジウォーターは、ブティック型の小規模な運用会社に留まるのではなく、本物の機関投資家に成長する必要があると思うようになった。それにはよい点が多くある。よいテクノロジーを持てる、セキュリティ管理がよくなる。優秀な人材を広く集めることができる。すべて、会社を安定させ、永続させることだ。それは、もっとテクノロジー、インフラなどに人材を採用することを意味する。そして、人を採用し、研修を受けさせ、サポートをするために人事部とITのスタッフをさらに増員する必要がある。

　ジゼルは、成長しないことを強く主張した。新たな人を多く受け入れれば、会社のカルチャーが脅かされる。採用、研修、そして人材を管理する時間と注意が必要となり、焦点が拡散してしまう。彼女の指摘には同意したが、全力を尽くそうとしない選択肢は好まなかった。岐路に立ったときにいつも感じることだが、いいとこどりをできるかどうかは、私たちの創造性と気質に対するテストでしかないと感じた。たとえば、テクノロジーの力を借りて人々の能力をフルに引き出す方法を考えられるのではないかと想像した。こういった問いに長い時間取り組んだあげく、私たちは前進することに決めた。

原則を肉付けする

　1990年代にボブ、ジゼル、ダンが「レイへのフィードバックメモ」を

見せてくれてから、投資の原則を書き出すのと同じように、働き方に対する原則をもっとはっきりと書き出すようにした。最初のうちは、共有する哲学という形式にしてメモやメールを書き、全社に流した。それから、何か新しいことが起きて決定を迫られるたびに、その決定の基準を考え、原則として書き留め、社員が、状況とその状況に対処した私の原則、そして私の行動との間のつながりがわかるようにした。どんどん、すべてが「あ、またか」と思えるようになっていった。採用、解雇、報酬決定、不正に対する対処など類似の例が過去にあり、対処する原則が存在する状態になっていった。明確に書き出して、原則をじっくり考え、磨きをかける、そしてそれをきちんと実行することによって、アイデア本位主義のアイデアを発展させることができた。

　原則の数は、当初は少なかったが、やがて増えていった。2000年代の半ばに、ブリッジウォーターは急成長を遂げ出した。そのため私たちのユニークなカルチャーを学び、適応しようとする新しいマネジャーが多数出てきて、私にアドバイスを求めるようになった。またブリッジウォーター以外の人から、どうすればアイデア本位主義を彼らの組織で作り出せるのか聞かれることが多くなった。そこで、2006年に、大まかな60の「仕事の原則」をリストにし、ブリッジウォーターのマネジャーたちに配布した。彼らに評価してもらい、議論してもらって納得してもらおうと考えた。「ラフな案だが、コメントを求めるために今みなさんにお届けします」とメモには書いた。

　それが、さまざまな状況に直面したときどう対処するか、他のブリッジウォーターのリーダーやマネジャーと考えを一にするために原則を作成し、継続的に進化させるプロセスの始まりだった。時間が経つと、会社を経営するうえで直面することはほとんど体験したから、大半のことをカバーする200〜300の原則が出来上がった。原則の集大成は、投資の原則と同様、意思決定の図書館のようになった。これが、「仕事の原則」に書いた原則の基になっている。

だが、指針を成文化し、教えるだけでは十分ではない。それを実践していかなくてはならない。会社が大きくなるにつれ、それをどうするかは進化していった。ブリッジウォーターの初期の頃、誰もが互いをよく知っていた。だから徹底的にガラス張りにして透明性を保つことは容易だった。出たい会議に出席し、インフォーマルに意見を交わすことができた。だが、会社の規模が大きくなると物理的に不可能になった。これは大きな問題だった。何が起きているのか全部を知らずに、アイデア本位主義で生産性の高い仕事ができるのか？　透明性がなければ、何が起きても、自分の都合のよいようにバイアスをかけてしまう。密室の中でそうすることも出てくる。問題は隠されてしまい、顕在化して解決しようとならない。真のアイデア本位主義にするためには、透明性が確保されて社員が自分の目で見られるようにしなければならない。

　そうするために、個人の健康、あるいは売買取引やその決定ルールに関するわが社独自の情報といった極めて例外的な場合を除き、ほとんどすべての会議は録画され、誰もが見られるようにした。最初のうち、経営会議の録画を編集しないまま全社に出した。だが、それでは社員の時間的な負担が大きすぎた。そこで録画を編集する小規模なチームを作り、もっとも重要なことに焦点を絞った。その後、質問を加え「バーチャル・リアリティ」の事例研究を作り、研修に利用できるようにした。時を重ね、これらの録画は新入社員の短期集中研修に使われるようになった[*6]。また、今起きていることに対処するのに原則をどう結び付け利用するのかを見るための手段となっていった。

　このオープンなやり方のおかげで、誰が、何を、なぜしたのかについて、とても率直な議論をするようになり、異なる考え方を深く理解できるようになった。このことは、人の頭脳はいかに異なって機能するのかを示してくれ、たいへん勉強になった。少なくとも、かつて絞め殺したいと思っていたような人を正当に評価できるようになった！　さらに、異なる思考ス

[*6] デジタル技術の進歩とともに、コンテンツの記録と配信の方法を革新し続けている。

タイルを理解しないマネジャーは、部下が異なる状況でどう対応するかを理解できないことに気が付いた。これは自分が扱う機械がどう動くかを理解しない現場監督みたいなものだ。そうわかってから、私たちは人がどう異なる考え方をするかを学ぶ手段として、精神測定のテストを研究するようになった。

精神測定テストを見つける

　私の子供が小さいとき、スー・クインランという優秀な心理学者にテストをしてもらった。彼女の評価は正鵠を得たもので、子供たちがこの先どのように成長していくのか、素晴らしい道案内となってくれた。そのテストのプロセスが非常に役立ったので、私は、一緒に働く人たちはどういう人間なのかを知るのに最適なテストは何かを彼女に手伝ってもらい見つけようとした。2006年に、私はマイヤーズ−ブリッグス・タイプ・インディケーター（MBTI）という性格テストを初めて受けた。そして私の選好がじつに正確に記述されていると思った。

　大局的な概念に注目する傾向の「直観型の人」と、個別の事象や詳細に注意を払う「感知型の人」との違いなど、そこに書かれている違いが、ブリッジウォーター社内の衝突や意見の相違にものすごく関係していることがわかった。相互理解を深める一助とするために、私は他のテストも探してみた。最初のうちはなかなか進歩が見えなかった。私の会った心理学者たちが違いを探ることに驚くほど神経質だったせいだ。だが、やがて何人かの優れた人に会うことができた。とりわけ、ボブ・アイチンガーという心理学者は素晴らしかった。彼は非常に役に立つテストをいくつか教えてくれた。

　2008年のはじめ、ブリッジウォーターのマネジャーにMBTIのテストを受けさせた。その結果には、びっくりさせられた。テストが説明するとおりの考え方を実際にする人がいた。テストを受けた人にどのくらい当て

はまっていたか、1から5のスケールで採点をしてもらったら80％以上の人が4か5の点を付けていた。

野球カードを作る

　MBTIのデータやその他のテストを使って情報を得た後も、成果と社員の関係を結び付けることが難しいままだった。何度も何度も同じ人が同じ会議にやってきて、同じやり方をして、同じ結果に終わりつつ、なぜなのかを理解しようとしない（あることで誰かが他の人よりも優れている証拠を見ても、つねに看過して、双方とも能力は同じと想定する認知バイアスがあるという研究を最近目にした。まさにそのとおりだった）。創造的ではないと知られている人が創造性を求められる仕事を割り当てられる。細かいところに気を配らない人がきめ細やかさを求められる仕事に就かされる、などなど。社員のタイプをもっと明確に、目に見える形で見せるデータを作る必要があった。そこで、社員の統計データを書いた「野球カード」を作ることにした。仕事を与えるとき、それを見て参考にすればよいというアイデアだ。優れた野手だが打率1割6分の選手を三番打者に持ってこないのと同じように、大局観を捉えるのが得意な人を細部に注意を払う仕事に割り当てないということだ。

　当初、このアイデアは多くの抵抗にあった。野球カードは正確ではないだろう、作るのに時間がかかりすぎる、不公平に人を分類するだけのことだろう、と心配したのだ。だが、時間が経つと、社員がどういうタイプかをオープンに研究するアプローチに対する社員の態度が180度変わった。この情報をオープンにしてみんなが見られるようにすると、制約的というより自由度が高まるとみんなが思うようになった。それが通常のやり方になってくると、家族が家で自然に振る舞うように、会社でもありのままの自分でいられる一種の快適さを感じるようになったのだ。

　こういう運営の仕方は特異だから、多くの行動心理学者がブリッジウォ

ーターにやってきて、どんなものか見ようとした。彼らの評価をぜひ読んでもらいたい。驚くほど好意的に書かれている。[*7]ハーバード大学の心理学者、ボブ・キーガンはブリッジウォーターを「ビジネスで優れた成果を求めることと、個人の自己実現を求めることは相互排他的である必要はない。事実、互いに必要だということを実証している」と評した。

　当時、私の個人的な事情で、心理学や神経学に惹かれていたことも説明しておこう。家族のプライバシーを保つために本書では家族のことにあまり触れていない。だが、息子のポールのことは関連があるので話しておこう。彼もそれについてはオープンだ。

　ニューヨーク大学ティッシュ芸術学部で映画製作を学んだ後、彼は仕事に就くためにロサンゼルスに行った。ある日、アパートを探す間宿泊していたホテルのフロントに行き、コンピュータを壊してしまった。彼は逮捕され刑務所に入れられた。そこで彼は守衛にひどく殴られた。最終的に、彼は躁鬱病と診断され、私の監督下に置かれることになり、病院の精神科病棟に入れられた。

　それから3年間ポール、バーバラ、そして私は彼の躁のピークと鬱の底との間を行き来する山あり谷ありの生活と、医療制度のなんだかんだに翻弄されることになる。極めて優秀で思いやりのある心理学者、精神分析医、神経学者と議論を重ねた。痛みや必要性ほど学びに駆り立てるものはない。私にはこの両方がたっぷりあった。崖っぷちでぶら下がっているポールの腕をつかんでいるような思いだった。1日、そしてまた1日、私は彼の腕をつかんでいられるのか、彼が私の手から滑り落ちるのではないかわからずにいた。何が起きているのか、どうすればよいのか、彼の介護をしてくれる人たちと真剣に働いた。彼を助けてくれた人たちと彼自身の素晴らしい性格のおかげで、ポールはこれをやり抜いた。奈落の底に陥らなかったら、これほどよい状態にはならなかっただろう。彼は必要な強さを身につけ、伸ばした。かつて、ポールは荒れ狂っていた。1日中外にいて、

[*7] ロバート・キーガン、エドワード・ヘス、アダム・グラントの本は、参考文献一覧にあげた。

だらしなく、マリファナを吸い、酒を飲んだ。だが、今は薬を飲み、瞑想し、早く就寝し、ドラッグやアルコールからは遠ざかっている。彼は溢れるばかりの創造性を持っていたが、自制心に欠けていた。今や両方ともふんだんに持っている。その結果、彼は以前にも増して創造的になった。幸せな結婚をして2人の男の子の父となった。映画製作者として成功し、躁鬱病に悩む人を助ける社会運動をしている。

　躁鬱病であったことをまったく隠し立てせず、躁鬱病に悩む人の役に立とうとする彼の固い決意に、私は刺激を受けている。彼の最初の映画「Touched with Fire（火に触った）」は、多くの称賛を得た。そして躁鬱病で命を落としたかもしれない多くの人たちに、彼らが必要とする希望を与え、道を示した。彼が躁のピークにあり、私が彼を説得しようと必死になったときの実際の会話に基づいて映画のシーンを彼が撮ったときのことをよく覚えている。俳優がポールの最悪の状態を演じ、本物のポールが最高の状態で監督をしているのを同時に見ることができた。それを見て、それまでの彼の道のり──奈落の底から這い上がり、自分の経験で他人を助けようとする強い英雄に変身した姿を私の前に見せてくれるまでの道のりが走馬灯のように思い出された。

　地獄から這い上がるプロセスで、人はどのように、そしてなぜ物事を違った観点から見るのか、深い理解を得ることができた。思考は主に生理学的なもので、変えることができることを私は学んだ。ポールの激しい気分の変動は、ドーパミンなどの化学物質の分泌が彼の頭の中で一定しなかったからだ。そこで彼は影響を与える化学物質と行動や刺激をコントロールすることで変わった。クリエイティブな天才と狂気は紙一重だということを学んだ。洞察力を作り出す化学物質は歪みの原因になり得る。そして自分の考えにとらわれることはものすごく危険であることも学んだ。ポールが「狂っている」とき、それが他の人にとっていかに奇妙に聞こえても、彼は自分の論理的ではない議論を信じていた。躁鬱病の人には極端な形で出るが、ほとんどの人が似たようなものだということを見てきた。人は頭

脳をコントロールして劇的によい効果を生み出すことができることも学んだ。これらのことをしっかり把握したおかげで、もっと効果的に人と接することができるようになった。このことは、パートⅡ「人生の原則」の「4　人の頭の配線はそれぞれものすごく違う」でもっと詳しく説明しよう。

ブリッジウォーターを盤石な最先端を行く会社にする

　2008年6月の年次総会で、ブリッジウォーターは当時もそしてその後もつねに「ひどいと同時に素晴らしい」会社であることをこの目で見てきたと私は話した。ブリッジウォーターを大手投資機関として確立させる方向で5年ほど急成長を続けた後、また新たな一連の問題にぶち当たった。とくに目新しいことではない。ブリッジウォーターを始めてから、私たちはいつも何らかの問題を抱えていた。いつも大胆な新しいことをして、ミスを犯し、急速に進化していたからだ。たとえば、会社を築いている間にテクノロジーは急激に変化した。計算尺からスプレッドシートのソフトに、そして先進的なAI（人工知能）へと変わっていった。あまりにも早く変化し、すぐに新しくもっとよいものがやってくるのがわかっているから、すべてを「ちょうどよく」しようと努力するのは意味がないように思われた。そこで私たちは軽くて融通の利く形でテクノロジーを構築した。それが当時は道理に適っていると思われた。だが、同時にいろいろとこんがらかってきてしまい、きちんと整理する必要が出てきた。迅速に融通無碍に動くアプローチは、会社全体に共通することだった。だからいくつかの部署では成長とともにさまざまな無理が生じていた。時代の最先端を行くのは楽しいことだ。だが、盤石な形にするのには苦労した。とくに運用投資ではない業務のほうでは、苦労が大きかった。いくつかの方法で組織を作り直す必要があったが、容易なことではなかった。

2008年には、私は週に80時間くらい働いて2つのフルタイムの仕事をこなしていた。1つは投資を監督すること、もう1つは会社の経営を見ることだ。私には、両方とも十分うまくやっているとは思えなかった。私は、さらに広く言えば、会社は、全体的にエクセレントとは言えない状態に劣化していた。最初から、投資運用と事業経営を切り替えてやっていくものと受け入れていた。だが、大きな会社になったところで、事業経営のほうに以前に増して多くの時間がとられるようになり、私だけではさばけなくなっていた。私は、投資と経営の責任を果たすのに費やす時間動作研究をしてみた。投資運用と事業を自分が満足できるレベルで管理するには、私は週165時間働かなくてはならないことがわかった。それはどう考えても不可能だ。できるだけ多くのことを委譲したいと思ったから、私がしている仕事を他の人がうまくやれるだろうか、もしできるのなら、それは誰だろうと考えた。誰もが私の仕事の大半は委譲できないと言った。責任を委譲できる人を採用しトレーニングする仕事を、私が十分にやってきていなかったことは明らかだった。

　責任ある立場の人にとって最高の成功というのは、自分がいなくても他の人がうまく動いてくれる状態だ。その次のレベルの成功は、自分自身でうまくやることだ。最悪なのは自分自身でやってうまくいかない状態だ。自分の立場を振り返り、私とブリッジウォーターの驚異的な業績にもかかわらず、私はこの最高レベルの成功を達成していなかったことを自覚した。ブリッジウォーターが素晴らしい成功を収めていたにもかかわらず、私は、第二の成功レベル（自分でうまくやること）を達成しようともがいていたのだ。

　当時ブリッジウォーターには、14の部署があり、それぞれに部長がいて、738名の社員が働いていた。私は部長を監督していた。また、他の人がチェックしてくれなければ何がベストか自分だけで判断するのは難しいと思ったので、私は経営委員会を設立し、その監督もしていた。私は経営委員会に自分が報告すると同時に、経営委員会メンバーが会社の監督に

責任を持つような仕組みを作った。会社が優良企業になる責任を彼らに負ってもらい、それに私が手助けをするようにしたのだ。

2008年5月に、私は経営委員会の5人のメンバー宛にメールし、全社員にCCを入れた。「私は限界にきています。仕事の質も、仕事と家庭のバランスも容認しがたいほどになっている、ということをみなさんに知っていただきたいと思い、このメールを書いています」と書いた。

2008年の金融と経済の危機

限界まできていると認識するだけでは、私のところにやってくる仕事の流れをスローダウンすることはできなかった。歴史的な大混乱の時期に投資の分野では、とくに。

私は経験していなくても、他の時代、他の場所で発生したことのあるさまざまな事象が起きて、ひどく驚かされることがあまりにも多かった。1971年の通貨切り下げや、1980年代の債務危機などがそれだ。だから私は経済と市場の原則を、時間と空間を超えたものにした。すなわち、私の経験に留まらず、すべての重要な経済、市場の動きを理解する必要があり、私たちが使う原則は過去のすべての時代、すべての国で通用するものでなければならないということだ。

その結果、2000年代のはじめ、システムに「不況基準」を採り入れた。債務危機や不況のリスクが高まることを示す事象が起こり出したら、どういう行動をとるべきかを特定したものだった。2007年、この基準が、債務バブルは崩壊寸前にきていることを示した。債務借入コストが予測キャッシュフローを上回ったのだ。金利はほぼ0％だったから、中央銀行はそれまでの景気後退期のようには金融緩和策をとって、この下げ局面を上げに転じることはできない。これは、過去に不況を招いた構造そのものだ。

私の頭と心は、1979年から82年の経験に飛んだ。私はそれから30年分の知識を蓄え、自信過剰からはほど遠くなっていた。経済の動きは明

らかに見えたが、自分が正しいかどうか確信が持てなかった。82年には債務破綻が間違いなく景気を低迷させると思われたにもかかわらず、それは大間違いだった。

　この経験から、債務危機とその市場への影響を学ぶようになった。1980年代の南米債務危機、90年代の日本の債務危機、98年のロング・ターム・キャピタル・マネジメント（LTCM）の破綻、2000年のITバブル崩壊、そして2001年のワールド・トレード・センターとペンタゴンへの攻撃。こうしたイベントで研究を重ね、市場で取引をしてきた。ブリッジウォーターのチームの助けを借りて、私は歴史の本を読み、大恐慌からワイマール共和国の頃の昔の新聞を毎日読み、当時何が起きたのか、現在何が起きているのかを比較した。この作業で、私はもっとも恐れていたことを確認した。1930年から32年のときと同様、多くの個人、企業、銀行が重大な債務問題を抱え、FRBは金利を下げて打撃を緩和することができない事態が不可避と思えた。

　誤りを犯したくなかったから、私は、よくわかっている人たちに私の見方に何か抜けているところがないか尋ねた。主要な政治家にも、私の考えをたどり、ストレステストにかけてもらい、私が見た状況を認識させたいと思った。そこで私はワシントンDCに行き、財務省とホワイトハウスの人たちに話した。彼らは丁寧に接してはくれたが私の話にはぴんとこないようだった。なにしろ指標はいずれも景気好調と示していたときだ。多くの人は私たちの推論や計算に深く入り込まないまま会議を終えた。例外はラムセン・ベトファラード、副大統領ディック・チェイニーの国内政治担当次官補だった。彼は私たちが出した数字をすべて見て、懸念を示した。

　すべて筋が通っているし、誰も私たちの見解に反証を示さなかったから、私たちは顧客のポートフォリオを変更した。私たちの見方が正しい場合にアップサイドが大きく、ダウンサイドは少なくなるようにし、私たちが間違った場合のバックアップ計画も作成した。準備万端だったが、私たちが正しい場合の事態について、間違った場合と同じくらい心配した。世

界経済が滝つぼに流れる水の如く落下する様は、備えのない人たちに何を意味するか考えると恐ろしかった。

　1982年のときのように、様相が悪化し、状況がますます私たちの予想どおりに展開するにつれ、政治家は私たちに注意を向けるようになっていった。ベトファラードは私をホワイトハウスに呼び出した。ニューヨーク連銀総裁のティム・ガイトナーからも面談を申し込まれた。私はボブ、グレッグそしてボブ・エリオットという若いアナリストを連れてガイトナーとのランチ・ミーティングに臨んだ。数字を追って説明すると彼は文字どおり青くなった。どこから数字を入手したのか尋ねられて、公表数値だと話した。ただそれらをまとめて別の角度から見ただけだった。

　ガイトナーとのミーティングの2日後、ベアー・スターンズが破綻した。それはこれから起こることの前兆だというのに、おおかたの人も市場も懸念することはなかった。6カ月後の9月、リーマン・ブラザーズが破綻して初めて誰もがようやく事態を理解するようになった。そのときにはすでに急速に連鎖反応が始まっていた。すべての被害を食い止めることはできなかったが、政治家、とくにFRB議長ベン・バーナンキは賢明な対応をし、「美しい債務解消策」(債務負担を下げつつプラスの経済成長を遂げインフレを低く抑える方法)を作り出した。[*8]

　手短に言えば、私たちはこの時期市場の動きを予想し、損失を回避して、顧客のためにうまく舵取りをした。わが社の旗艦ファンドは2008年に14％のリターンを達成した。多くの投資家が30％以上の損失を出した年だ。間違ったらどうしようと心配してバランスをとったりせず、傲慢かつ愚かな賭けをしていたら、もっとよい成績を上げていたところだ。だが、後悔はしていない。そんな賭けをするのは賢明ではないと学習していたからだ。このときには、バランスを考慮しなかったら利益を上げられたが、そんなアプローチで投資をしていたら、長く生き残ることは不可能だっただろう。

[*8] 財務長官ヘンリー・ポールソンの動き、とくにシステム上重要な銀行に政府の資金を投入した動きもまた極めて重要だった。

2008年の債務危機は1982年と類似していた。それ以前にも同様のことが多く起きていた。今後も多く起こるだろう。手痛い過ちそしてそれが与えてくれた価値と原則を振り返り考えるのは楽しかった。次に大きなヤツが25年後くらい、いやいつになるかわからないがやってきて、不意を打たれ多大な痛みを伴うだろう。これらの原則が正しくアルゴリズムに書かれコンピュータに蓄積されていない限り、ということだが。

政策立案者の手助けをする

　私たちの経済・市場原則は他社と大きく異なる。そのおかげで異なる結果が得られている。この違いは「経済と投資の原則」で説明することにして、今は脱線するのはやめておこう。

　元FRB議長のアラン・グリーンスパンはこう言っている。「いちばん必要とするときにモデルは機能しなかった。JPモルガンは（リーマン・ブラザーズ破綻の）3日前にアメリカ経済の伸びは加速しているとしていた。彼らのモデルは機能しなかった。FRBのモデルも同様。IMFも……そこで私は自問自答した。いったい何が起こったんだ？」。ニューヨーク連銀総裁ビル・ダッドリーは、この問題をうまく言い当てている。「マクロ経済学者の経済予測、経済成長、インフレの見方には基本的な問題があると思う。大きなマクロモデルを見ると、金融セクターが抜けていることが多い。彼らは金融セクターが崩壊する可能性を認めないから、金融政策の勢いが損なわれているのではないか。したがって、この危機から得た教訓は、金融の人間はマクロ経済学者ともっと会話を進め、もっと堅固なモデルを構築すべきということだと思う」

　彼の言うとおりだ。私たち「金融の人間」は経済学者とまったく異なる目で世界を見る。私たちの成功を見て、政策立案者が以前より頻繁に接触するようになってきた。おかげで、アメリカや世界の経済政策を立案する高官とのコンタクトが多くなった。会話の内容はあまり言えないが、私た

ちの通常とは異なる経済と市場の見方をもっとオープンに受け入れるようになり、伝統的な経済の考え方に懐疑的になった。なにしろ、危機の前兆を見ることも、危機回避もできなかったのだから。

　彼らとの会話は一方通行であることが多い。機密情報で答えられない居心地の悪い立場に立つことがないように、私は何も質問しなかった。私は彼らの主義主張を気にせず、彼らを判断することもしなかった。医者が患者に接するように、もっとも効果的な影響を与えたいとだけ思った。

　彼らが私の助けを必要としたのは、投資家である私のグローバルなマクロ経済の見方が、彼ら政策立案者とは大きく異なっていたからだ。私たちは共に環境の産物だ。投資家は自分の頭で考え、まだ起きていないことを予想し、実際にお金を賭ける。政策立案者は異なる意見ではなく、全員一致の意見を求める環境にあり、実際に起きたことに対応するように教育されている。交渉はするが、賭けに出ることはない。投資家の場合、決定の成果がつねにフィードバックとなって出てくるが、彼らにはそれがなく、誰がよい決定をしたのか悪い決定をしたのか明らかではない。彼らはまた政治家でなければならない。最高に明晰な頭脳を持つ有能な政策立案者でさえも、対処している足元の問題から目を外し、他の政策立案者と戦わなければならない。それに彼らが舵取りをする政治のシステムは機能不全であることが多い。

　長期的には、経済的な仕組みは政治のシステムよりもはるかに強いが（能力のない政治家は取って代わられ、効果の上がらない政治システムは変更される）、この2つの間の相互作用がすぐさま景気循環につながる。それは見たくないものであることが多い。

すごい収益を上げる

　2010年のわが社の業績は過去最高だった。2つのピュア・アルファ・ファンドはそれぞれほぼ45％と28％、全天候型ファンドでは18％に近

いところまでいった。この好成績を上げたのはわが社だけだった。情報を取り込み処理するようプログラムされた私たちのシステムが、じつに見事に機能したおかげだ。このシステムは私たちの頭脳よりもずっとうまく機能した。すべての市場を見てその影響度を計り、ポートフォリオに組み込み、賭ける。システムがなかったら、こういった昔からの骨の折れるやり方で運用するしかなかった。投資運用マネジャーを多数採用し、監督しなければならない。彼らに全幅の信頼を置くわけにはいかないから、それぞれの担当者がどのように判断をしたのか理解しなくてはならない。つまり、彼らから何を期待できるのかを知るためには、彼らが何を、なぜそうするのかを理解しなくてはならない。しかも、１人ひとり異なる人間関係を管理しなくてはならない。そんなこと、やりたいとは思わない。私に言わせれば、そうやって投資運用し、組織を管理するのは時代遅れだ。GPSではなく地図を見るようなものだ。もちろん、システム構築は大変な作業だった。じつに30年以上かかった。

　運用資産が大きくなりすぎるとパフォーマンスが落ちる。自分で市場を動かしてしまうからポジションを動かすコストが高くなる。2010年に40％の収益を上げると、顧客のほうではもっと資金を入れたがったが、多額の資金を還元する必要が出てきた。金の卵を産むガチョウを殺さないように、大きくなりすぎないように私たちはいつも注意をしてきた。

　顧客は資金の還元を望まず、さらに伸ばすことを望んだ。パフォーマンスを損なうことなく運用金額を最大限にするにはどうすればよいか。以前は運用資金が多すぎることはなかったから、そんな問題は考えたことがなかった。しかし、今までのやり方を微調整して、新たなファンドを作り、流動性のもっとも高い市場に限って投資をし、ピュア・アルファと同じ運用をすれば、期待収益を下げず、期待リスク（ボラティリティ）が多少高まるだけだとわかった。

　この新しいアプローチをコンピュータに組み入れ、あらゆる国のあらゆる時代でどう動いたかバックテストをしてみた。そして顧客に詳細を説明

し、その論理をしっかり理解してもらった。AIは大好きだし、今まで恩恵を被ってきたが、そのようなことを発見しコンピュータに命令するのは人間にしかできないと思う。だから、適性のある人とコンピュータがチームを組んで働くことが、成功の鍵だと私は信じている。

　年末近く、「主要市場ピュア・アルファ」を立ち上げた。このファンドに顧客は150億ドル投資した。その後の収益は予想どおり、つまりピュア・アルファと同レベルになった（実際にはわずかながら上回った）。顧客は大喜びした。この新たな選択肢はとても人気を博したので、2011年には終了して新たな投資を始めることになった。

レーダーの下から上に出る

　成功は両刃の剣だ。金融危機を予測した後、望みもしないのに、ブリッジウォーターと私は世間の注目を浴びるようになって、このことを学んだ。私たちの異例なパフォーマンス、経済と市場の独特な見方、独特な社風。そのせいで私たちは好奇心の対象になった。マスコミと付き合わずに済むように私はレーダーの下に隠れていたかった。だがマスコミは私やブリッジウォーターのことを書き続けた。奇跡を起こしたスーパーヒーローの投資家、あるいは狂信的宗教団体のリーダー、時にはその両方としてセンセーショナルに描いた。

　成功して注目を浴びるのは不利なものだ。オーストラリア人は「背の高いポピー症候群」と表現する。畑で背の高いポピーは真っ先に刈られてしまうからだ。私は注目を浴びるのは好まなかった。とくにブリッジウォーターを狂信的宗教団体のような誤った表現をされるのは嫌だった。それが優秀な人材を採用するのにマイナスだと思ったからだ。だが、ブリッジウォーター社内が実際にはどう運営されているかをマスコミに見せなかったから、センセーショナルに扱われるのはやむを得ないことだとも思った。

　そこで2010年の後半、私の「原則」を公開することに決めた。何をし

ているのか、それはなぜなのかをきっちり説明してホームページに掲載し、社外の人が自由に読み、理解できるようにした。

　それは大変な決断だった。だが、結果はとてもよかった。ブリッジウォーター社外の多くの人が読み、役立ててくれた。300万人以上の人が「原則」をダウンロードした。それを自分の費用で自国語に翻訳した人もいる。「原則」を読んで人生が変わったという礼状を多数受け取った。

私のいなくなった後もブリッジウォーターが成功するように準備をする

　子供の頃から私は実際に行動することによって学んできた。やりたいことをやって、過ちから学び、改善し、長く生き残れるように努力した。素早く対応して持続できるようになったら、そこからさらに成功するよう頑張る。私は何かを考え出す能力には自信を持っていた。考えたいと思ってやっていったら、その能力がさらに伸びた。その結果、私と同じような人を採用するきらいがあった。迷わずに挑戦し、どうすればいいかを考え、やってしまう。そういう人たちは、性格がよく、常識があり、創造性に富み、共有するミッションを達成しようとするのなら、自由にさせて、どうすれば正しい判断ができるか考えさせれば成功の道を見つけ出すだろう。ああしろ、こうしろと細かく口出ししたら、うまくいかない。そうされるのを好まないからだ。それに、いちいち指図するようでは、彼らの力を生かして大きな仕事をすることができない。それに、人の指図を必要とする人と働きたいとは思わなかった。

　だが、1990年代頃から、感情的な壁があって、たいていの人は問題や弱点を直視できないことに気づいた。直視するほうが、曖昧な状況や困難な挑戦を受け入れるより、居心地悪く感じるようだった。常識、創造性があり、変わろうとする性格がバランスよくある人は滅多にいない。誰でも、そうなるまでには助けが必要だ。そこで私は原則を書き、その背景を説明

し、共有することにした。いいことが書いてあると思ってもらい、そう思わない人とオープンに議論するのに利用されればいいなと思っていた。そうすれば、やがて、ある状況にどう対応するかみんなが同じ考えになっていくだろうと考えた。

　だが、頭ではいいと思っても、それを実際の行動に移すには多くの人が苦労した。習慣や感情の壁が理性よりも強かったからだ。研修やバーチャル・リアリティの動画は大いに役立ったが、それでも十分ではなかった。

　いかに努力をして人材採用でふるいをかけ、研修をしてアイデア本位主義で働くようにさせようとしても、達成できない人が多いのは不可避だった。私のアプローチは、採用し、教育し、テストし、そして早いうちに解雇するか昇進させる。そうやって優秀な人材を見つけ、並の人材を排していく。このプロセスを、ほんとうに優秀な人の割合が私たちのニーズを満たすに十分な高さになるまで何度も何度も繰り返す。

　だが、こうするには、できない人を躊躇せず辞めさせる高い水準を持つ人が必要だ。採用して日の浅い人（昔からの人もいくらか）は、社員の人となりを知るためにいろいろ詮索するのをためらいがちだ。それでさらに状況は悪くなる。人に厳しくするのは厳しいことだ。

　当然、ブリッジウォーターに入社しようというのは冒険家タイプだ。どういう会社に入ろうとしているのかを知っている。うまくいかない確率が普通より高いことを知っている。それでも、成功したときのアップサイドは、うまくいかなかったときのダウンサイドに比して大きいから、リスクをとる。最悪、自分をよく知り、面白い経験を積んで他で職を得る。最高の場合、並外れたことを達成する並外れたチームの一員になれる。

　ブリッジウォーターのカルチャーの根幹をなす、事実に基づき隠し立てしないことに新規採用者が違和感を覚えなくなるまでには、通常18カ月から24カ月かかる。とりわけ自分のミスを認め、どう対処するか、適応するのに時間がかかる。適応できない人もいる。ブリッジウォーターに入社するのは、知力を問われる海軍特殊部隊に入隊するようなものだと言わ

れたことがある。ダライ・ラマのような人が運営する自己発見の学校のようだと言う人もいる。努力して達成した人は、適応するまでは大変だが、卓越の域に達し、素晴らしい人間関係を構築できるから楽しいと言う。適応しようとしない、あるいはできない人は辞めてもらう。ブリッジウォーターを卓越した場所に保つためには不可欠なことだ。

　長いこと、カルチャーを築き高い水準に保つのは私の責任だった。だが、2010年には60歳を迎え、ブリッジウォーターも35年間経営していた。あと10年は大丈夫だと思ったが、私のエネルギーを他に向けようと思った。市場にどっぷり浸かっていたいと常々思っていたが、家族や友人との時間を増やしたい、政策立案者の手助けをしたい、新たに熱中し始めたこと（海洋探査や慈善事業）、その他何でも興味の赴くことをやってみたいと思うようになった。そこで、CEOを退き、後継者のメンターとして手助けをし、投資での役割は従来どおりするが、会社経営をやめて浮く時間で、できる間に人生を楽しもうと考えた。

　どんな組織もそうだろうが、ブリッジウォーターの成功も社員とカルチャーに依存する。会社経営者は日々重要な選択を迫られる。どのような選択をするかで会社の性格、人間関係、成果が決まる。最終責任を抱えていたときには、重要な決断はすべて私が行ってきた。だが、その決定は誰か他の人の手に渡る。何十年もうまく機能してきた確立したカルチャー、みんなが同意する原則が出来上がっているとはいえ、やってみなければわからない。

CHAPTER 6

恩返し

2011～2015年

　人生は3つのフェーズに分かれているように思える。第一のフェーズは、誰かに依存して学ぶ時期。第二では、他の人が依存してくるようになり、働く。第三は最後のフェーズだが、他人から依存されず、働くこともなく、人生を自由に楽しむ。

　私は第二フェーズから第三に移りつつある。知的にも心情的にも、大切な人たちが私の力添えなしに成功することに興奮はしても、自分の成功には興奮しなくなってきた。

　私はブリッジウォーターで最高経営責任者として会社経営を監督し、最高投資責任者として投資運用を監督する、2つの仕事をしてきた。その2つの引き継ぎを始めた。市場相手の取引は止めるつもりはない。12歳のときから大好きなゲームで、死ぬまでやるつもりだ。だが、いずれの役割においても必要とされたいとは思わない。それでは会社にキーマン・リスクをもたらすことになる。

　創業者が率いてきたユニークなカルチャーの組織で第一世代が次の世代にリーダーシップを引き継ぐのは難しいと、私もパートナーも理解していた。とりわけ創業者が長くその座に就いていた場合には困難だ。2008年

にビル・ゲイツがマイクロソフトのCEOの役割から移ったのはよい例だが、似た例は多くある。

　私が悩んだ最大の問題は、経営からまったく離れるか、あるいはメンターとして残るかということだった。完全に離れれば、新しいリーダーは私に肩越しにのぞき込まれることなく、自分のやり方で成功の道を見つける自由を得る。友人はそうするように勧めた。「勝利宣言」をして、分け前を手に、次のところに移ればいいと。だが、継承がうまくいくかどうか私には自信がなかった。経験がなかったからだ。私は試行錯誤で物事を進める。とりあえずやって、ミスを犯したら、何がいけなかったのか考え、新しい原則を見つけ、ついには成功する。経営移管に関しても違うやり方をする必要性があるとは思わなかった。それに重い荷物をドンと渡すのは、CEOの責任を引き継ぐ人に対して申し訳ないと思った。シンガポールの建国の父で41年間リーダーを務めたリー・クアンユーはメンターとして残って移行を進めて成功したことを知っている。こうした理由から、私はメンターとして残ることにした。私はまったく話さないか、話すとしても最後に口を開く。だが、アドバイスが必要なときにはつねにそばにいる。パートナーたちはこのアイデアを気に入ってくれた。

　なるべく早く始めて、後継者が経験を得て調整できるようにしたほうがいいということになった。経営移管に関して知らないことのほうが知っていることよりも多かったから、慎重にやらなくてはいけないとわかっていた。何年か、たぶん2年か3年、ひょっとしたら10年かかるかもしれないと思った。だが長い間一緒に働いてきたから、どちらかといえば短期間で済むだろうと楽観的に考えていた。

　2011年の初日、私は、CEOの座を降り、グレッグ・ジェンセンとデイビッド・マコーミックが後任となる予定であることを全社に発表した。7月1日、経営の責任をグレッグ、デイビッド、そして経営委員会に渡した。同時に、「最長10年間の経営移管計画」を顧客に説明した。

シェーパーとはどういう人かを学ぶ

　当然、新経営陣はそれから18カ月ほど苦労した。エンジニアが、なぜ機械は最適状態で作動していないかを分析し改善するように、私たちも分析した。人となりが違えば違うことを好み、違う結果を生み出す。だからチームを編成するときには、目的達成のために、人々の特徴が適切にミックスされるように「エンジニアリング」してきた。そこで、私の特徴と他の人の特徴を比べて、何が欠けているかを見た。それを「レイがいなくなったら欠けるもの、レイ・ギャップ」と呼ぶことにした。私が辞めるからそうするのであって、ボブ、デイブ、グレッグが辞めるのなら彼らがいなくなって欠けるものは何かを検討しただろう。

　グレッグとデイビッドは、私が担ってきたさまざまな責任、彼らと私の対応の質の違いをリストにしてくれた。私がいなくなることで欠けるものは、「シェーピング（形を作ること）」にあるとみんなが賛成した。

　「シェーピング」「シェーパー（形を作る人）」はどういう意味かよくわかるように、例を挙げよう。スティーブ・ジョブズはその規模、成功の度合いからして、現代で最高の、もっとも象徴的な「シェーパー」と言っていいだろう。シェーパーは比類のない貴重なビジョンを描き、見事に構築する人だ。たいていは周りの懐疑心と反対を乗り越えて築く。ジョブズは美しくデザインされた製品で、コンピュータ、音楽、通信、動画、写真に革命を巻き起こし、世界最大の大成功を収める会社を築いた。イーロン・マスク（テスラ、スペースX、ソーラーシティ）、ジェフ・ベゾス（アマゾン）、リード・ヘイスティングス（ネットフリックス）なども産業界における「シェーパー」だ。慈善事業の世界では、ムハマド・ユヌス（グラミン銀行）、ジェフリー・カナダ（ハーレム・チルドレンズ・ゾーン）、ウエンディ・コップ（ティーチ・フォー・アメリカ）などが頭に浮かぶ。政治ではウィンストン・チャーチル、マーティン・ルーサー・キング・ジュニア牧師、リー・クアンユー、鄧小平。ビル・ゲイツは産業界でも慈善の世

界でもシェーパーだった。アンドリュー・カーネギーも同様だ。マイク・ブルームバーグは産業界、慈善、そして政治の世界でシェーパーだった。アインシュタイン、フロイト、ダーウィン、ニュートンは科学の世界の巨大なシェーパーだ。キリスト、ムハンマド、仏陀は宗教界のシェーパーだ。彼らはみな彼ら固有のビジョンを持ち、構築に成功した。

これらは偉大なシェーパーの例だが、いろいろな規模のシェーパーがいる。あなたも個人的に何人か知っているだろう。地元のビジネス、非営利企業、コミュニティのリーダー。変化をもたらし、永続的な組織を築く人たちだ。私の目的はブリッジウォーターの未来のシェーパーは誰かを見極めることだった。私からCEOの職を引き継ぐ人をサポートする人か、あるいは社外で探して連れてくるかだ。

2011年10月5日、シェーパーになるには何が必要かを考えていたとき、スティーブ・ジョブズが亡くなった。彼について私は「今日の注目点」の中で書いた。このコラムで投資に無関係なことを書くのは滅多になかったが、ビジョンを持ち、息をのむような素晴らしさでそれを実行する男として彼を尊敬していた。すぐに、ウォルター・アイザックソンがジョブズの伝記を出版した。私はジョブズとの共通点をいくつも見出した。とくにジョブズ自身の語る言葉を見てそう思った。その直後、著名な投資の業界誌aiCIO誌が「レイ・ダリオは投資界のスティーブ・ジョブズか」という記事を出した。その中でも多くの共通点が指摘されていた。私もジョブズと同様に事業をゼロから始めた（彼の場合はガレージで、私はアパートの一室で）。私たちは共に業界のやり方を変える革新的な商品を作り出した。2人ともユニークな経営スタイルをとった。ブリッジウォーターはしばしば投資界のアップルと呼ばれてきた。だが、はっきり言っておこう。私は、ブリッジウォーターも私も、アップルやジョブズの足元にも及ばないと思っている。

アイザックソンの本とその記事は、経歴、ゴール、新しいものを構築するアプローチに2人の共通点を指摘した。たとえば、2人とも反抗的、自

分の頭で考える、革新と卓越を求めて絶えず働く。私たちは瞑想をし、世界に足跡を残したいと考えていた。2人とも人にきつく当たるので悪名高かった。もちろん、大きな違いもある。私はジョブズが彼のゴール達成に使った原則を公表してくれたらよかったのに、と残念に思う。

　私はジョブズと彼の原則にだけ関心を持っていたわけではない。すべてのシェーパーの資質と原則を知りたいと思っていた。そうすれば、彼らの類似点と相違点を理解し、シェーパーの原型を作れる。何かを理解しようとするときに私はこのアプローチをとる。たとえば、不況についてしらみつぶしに研究して、時代を超えた典型的な不況はどういうものかを描き、不況の中の違いを理解した。私は経済、市場の動きに関するすべてに同様のことをしてきた。それ以外のほとんど何でもこの手法を使う。このアプローチのおかげで物事がどう動くかが理解できる。だからシェーパーを理解するために、同じようにした。

　私はジョブズやその他のシェーパーの資質についてアイザックソンと共に研究を始めた。最初は彼のオフィスでの個人的な会話だった。後にブリッジウォーターでの公式な公開討論会で話した。アイザックソンはアルバート・アインシュタインとベンジャミン・フランクリンの伝記も書いている。2人とも偉大なシェーパーだ。私は両方の伝記を読み、彼に2人の共通点は何かを尋ねた。

　それから私の知る偉大なシェーパーたちと話した。ビル・ゲイツ、イーロン・マスク、リード・ヘイスティングス、ムハマド・ユヌス、ジェフリー・カナダ、ジャック・ドーシー（ツイッター）、デイビッド・ケリー（IDEO）などだ。彼らはみな驚くべきコンセプトを思い描き、それを実現するために組織を立ち上げた。そして繰り返し長期間行ってきた。1時間ほどかけて彼らの個人的な価値観、能力、アプローチを評価してもらった。完璧ではないが、この評価は貴重なものになった（実際、わが社の人事採用や経営に応用し、磨きをかけてきている）。定型の質問に対するシェーパーたちの回答は、彼らの類似点と相違点を客観的、統計的に計測で

きる証拠となった。

　彼らには多くの共通点があった。彼らはみな自分の頭で考え、大胆な目標を達成するためには、何ごとも何ぴとも障害とはしなかった。どうすべきかがしっかりと頭に描かれていた。と同時に、それを現実世界でテストし、もっとよく機能するように変更することを潔しとした。彼らはものすごく立ち直りが早い。達成しようともがく苦しみよりも、ビジョンを達成したいという気持ちのほうが強いからだ。とても興味深いのは、普通の人よりも幅広いビジョンを持っている点だ。彼ら自身がビジョンを持っているからか、あるいは彼らは見られなくても、ビジョンを見ることができる周りの人からビジョンを得る方法を知っているからだろう。全員が大局と細部にわたる詳細の両方（そしてその中間にあるもの）を見る能力を持つ。そしてその異なるレベルから得る視点を体系化できる。普通の人はいずれかを見るだけだ。彼らは、創造的、体系的、そして実践的だ。前向きであると同時にオープンだ。何よりも、自分のしていることに情熱を持っている。彼らはエクセレントではない部下に我慢できない。世界に役立つ大きな影響を与えたいと考えている。

　イーロン・マスクを例にとろう。テスラが出た直後、彼自身で最初の車を見せてくれ、ドアを開けるキーフォブについて熱心に語り、テスラが将来の交通にいかに適合しているか、それがいかに地球に重要かという彼の包括的なビジョンを熱心に語ってくれた。その後、スペースX社はどうやって始めたのかを尋ねたとき、彼の大胆な答えにびっくりした。

　彼はこう答えた。「長いこと、地球規模で何か悪いことが起きるのは不可避だと思っていた。伝染病かもしれない、隕石が落ちてくるかもしれない。そうなれば、人間はどこかでやり直さなくてはならない。たとえば火星とか。ある日、火星プロジェクトの進捗状況を知ろうとしてNASAのホームページを見た。そして、近いうちに火星に行こうと考えてすらいないことを知った」

　「パートナーとペイパルを売却して、1億8000万ドルを持っていた」と

彼は続けた。「もし9000万ドル使って旧ソ連製のICBMをいくつか入手して、火星に送ったら、火星探索に刺激を与えられるんじゃないかと思ったんだ」

ロケットについての知識や経験を聞いたら、彼は何もないと言った。「本を読んだだけ」。これがシェーパーの考え方、行動方法なのだ。

目標を達成しようと異常なまでに入れ込むから、彼らを不快に思ったり、配慮に欠けると思ったりしがちだ。それがテストの結果に反映されている。十分ということがない。現状とこうあるべき姿とのギャップを経験し、それが惨事になることも、終わりのないモチベーションの源になることもある。彼らが達成しようとすることを誰も邪魔はできない。性格評価の質問項目の「他人のことを気にかける」というカテゴリーでは、彼らはみな評価が低かった。だが、額面どおりに受け取ってはいけない。

ムハマド・ユヌスを考えてほしい。偉大な慈善家である彼は、彼の人生を他人のために捧げてきた。彼はマイクロクレジットとマイクロファイナンスのアイデアを作り出し、ノーベル平和賞を受賞した。議会名誉黄金勲章、大統領自由勲章、ガンジー平和賞なども受賞している。それにもかかわらず、「他人のことを気にかける」の項目で彼は低い点をとった。成人後、ジェフリー・カナダはニューヨーク州ハーレムの100ブロック四方にいる貧しい子供たちの世話をすることに人生を捧げてきた。彼も「他人のことを気にかける」の項目で低い点だった。ビル・ゲイツは資産とエネルギーの大半を、生命を救い改善するために捧げている。彼の点数も低かった。言うまでもなく、ユヌス、カナダ、ゲイツは深く他人のことを心にかけている。だが彼らの受けた性格テストでは低い評価だった。なぜか？彼らと話し、評価のための質問を見直して、わかった。目標達成と他人を喜ばす（あるいは失望させない）の2つの選択肢があると、彼らは必ず目標達成を選ぶのだ。

この調査の過程で、シェーパーにははっきりと異なるタイプがいることがわかった。もっとも重要な違いは、何によってシェーパーとなったかに

よる。発明、経営あるいはその両方。たとえばアインシュタインは発明で新たな世界を築いたが、経営はしなかった。ジャック・ウエルチ（GEの経営者）、ルイス・ガースナー（IBMの経営者）は素晴らしい経営者であり、リーダーだったが、発明はしなかった。稀なケースはジョブズ、マスク、ゲイツ、ベゾスなどで、彼らは発明を生み出すビジョンを持ちつつ大きな組織を経営してビジョンを実現した。

　一見したところはシェーパーのような人が多くいる。素晴らしいアイデアを持ち、それを巨額のお金で売ることができるが、一貫して何かを築いているわけではない。シリコンバレーにはこの種の人が多い。彼らは「発明家」と呼ぶべきだろう。独自のビジョンに基づいて何かを築くのではないから典型的なシェーパーとは言えないが、素晴らしい組織のリーダーという人もいる。彼らは既存の組織に入り、その組織をうまく率いる。ほんとうのシェーパーは1つの成功から次の成功へとつねに動き、何十年とその成功を維持する。こういう人こそブリッジウォーターに欲しい人材だ。

　シェーパーを研究し、自分自身の資質を深く考えた結果、例外的な大成功を収めるために、見るべきものすべてを広範囲に見られる人はいないということをはっきりと悟った。他の人より広く見られる人がいるというだけだ。うまくやれる人は、広い視野を持ちつつ、異なる補完的な見方をする優秀な人と意見を戦わせて多面的な視野を得る人たちだ。

　この認識は、経営の責任を委譲するうえで重要だった。過去には、問題にぶち当たるとその原因を調べ、自分なりの方法でそれを回避するようにしてきた。だが、私と異なる考え方をする人は、異なる分析をして対処するだろう。私のメンターとしての仕事は、彼らがそれを上手にできるように手助けすることだった。

　世界の人口よりも人のタイプは数がずっと少ない。現実に起こる状況の数よりも、状況のタイプは数が少ない。だから適切なタイプの人と適切な状況のタイプを組み合わせることが重要になる。

　ゲイツとジョブズがそれぞれマイクロソフトとアップルを去ってそれほ

ど日が経っていなかったから、彼らの以前の組織をよく見て、ブリッジウォーターが私抜きで繁栄を続けるためにはどう準備をしたらよいか、理解しようとした。彼らの組織とブリッジウォーターのもっとも顕著な違いはカルチャーだ。問題や弱みを表面化し、ただちに対応するために、徹底的に事実に基づき、透明性を求めるアイデア本位主義を使うという私たち独自のカルチャーだ。

アイデア本位主義をシステム化する

　人間について研究をすればするほど、異なるタイプの人がいること、そして、同じタイプの人は同じような環境に置かれると同じような結果を生み出すことがわかってきた。言い換えれば、どういう人かがわかれば、彼らからどのような成果を期待できるかがわかる。そこで私は、適材適所となるように、さらに人物像のデータを多く集めて点描画を描く作業に精を出した。このエビデンスに基づくやり方は、責任と長所をマッチさせるアイデア本位主義のプロセスを推し進めると考えた。

　こういったことはすべて明白で常識のように私には思えたが、実践するのはもっと大変だった。引き継ぎ期間に入って１年経っても、多くの新しい（中には古い）マネジャーが社員の行動パターンを読めないでいることがわかった（つまり、人のタイプと彼らがもたらす結果を結び付けられずにいた）。どういう人材か厳しく詮索しようとしなかったから、いよいよ難しい状態になっていた。

　だが突破口が見つかった。よくよく見ていると、経営の意思決定は難しいのに、投資決定ではその問題がない。ビッグデータ分析などのアルゴリズムを使うとコンピュータは、市場で事象を関連付ける作業に役立った。同様に、コンピュータは人間よりもはるかに効率的に人材と職務責任を結び付けることに気づいた。システムには個人的なバイアスも克服すべき感情の壁もない。だから、分析された人はコンピュータが吐き出すデータに

基づく結論に怒るわけにはいかない。彼らはデータとアルゴリズムを見て自ら評価できる。そして希望すれば変更を提案できる。私たちは自分自身を客観的に分析するために、テストやアルゴリズムを開発しようとする科学者のようだった。

　2012年11月10日、メールで経営委員会に私の考えを投げた。件名は「優れた経営をシステム化する」だった。

> 　ブリッジウォーターの投資サイドの経営は引き続き順調だと思われるのに、その他の分野では（運営の方法を変えない限り）そうとは思えない。その違いは何かが見えてきた。投資のほうは、システム化されていて（システムの指示に従っているから）、人間がドジを踏むことは難しい。その他の分野では、人とその意思決定の質に大きく依存している。
> 　考えてほしい。ブリッジウォーターの投資判断が経営判断と同じように運営されたらどうなるか、想像してみよう（つまり、採用した社員の集団による意思決定に依存するのだ）。そうなったら、めちゃめちゃになる。
> 　投資判断は、システムを作り上げた少数の投資運用マネジャーがシステムの結論とその根拠を見て、自分たちで決定し、根拠を考える。機械がほとんどの仕事をこなし、私たちはコンピュータと関わり合って、質の高い仕事をこなす。不完全な人間に依存しない。
> 　経営はどう違うだろう。原則はあるが、意思決定のシステムはない。
> 　つまり、投資の意思決定プロセスが効果的なのは、投資原則が意思決定のルールに組み込まれ、それに従うようになっているからだ。経営の意思決定プロセスが効果的でないのは、経営の原則が経営の意思決定ルールに組み込まれていないからだ。
> 　そうである必要はない。（みんなの助けを借りて）投資システムを構築した経験があり、投資と経営の両方の意思決定をしてきたから、私は両方とも同じにできると自信を持って言える。唯一気になるのは、早く実行できるかどうか、その間何が起きるかという点だ。

グレッグとボブをはじめ、みんなと投資のシステムを作ったように、現在、グレッグたちとこの経営システムを開発している。野球カード、ドット・コレクター、苦痛のボタン、実験、職務分掌などにそれが見て取れるだろう。私の時間はあまり残されていないので、迅速に行動する必要がある。同時に、能力の不足する人を整理し、優秀な人を採用し引き上げるよう、第一線で、素手で戦っていかねばならない。

　アルゴリズムによる意思決定の優れた点は、因果関係に集中できる点だ。それにより、真のアイデア本位主義を育むことができる。誰もがアルゴリズムの使用する判断基準を見られ、開発に参加できるようにすれば、みんながシステムは公平だと同意し、コンピュータはエビデンスを見て、正しく人を評価して適切な任務と権限を与えると信頼する。アルゴリズムは本質的には、継続的に実行される原則そのものだ。

　経営システムが投資システムのように自動化されるのはまだ先のことだが、それによって作られたツール、とくに「ドット・コレクター」（「仕事の原則」に詳細を書いたが、社員に関する情報をリアルタイムで集めるアプリのこと）はすでに信じがたいほどの違いをもたらした。

　こういったツールはよい習慣、よい考え方を伸ばしてくれる。よい習慣は、原則に沿った形で繰り返し考えるところから生まれる。外国語会話を覚えるのと同じだ。よい考え方は、原則の背後にある根拠を研究するところから生まれる。

　この究極の目的は、私の大事な人たちが私抜きでさらなる成功を収めるようにすることだ。人生のマイルストーンを迎えるたびに、自分は人生のどのステージにいるか思い出させられるから、私にとっていよいよ差し迫った問題になってきた。たとえば2013年5月31日、クリストファー・ダリオが生まれて私はおじいちゃんになった。2013年の夏に深刻な健康問題の疑いが出た。結局は何事もなく済んだが、命に限りがあることを思い出させられた。私は市場を相手にするのがいまだに大好きだ。これは死

ぬまでやるつもりだ。だから、継承のスピードを速めて人生の第二から第三のフェーズに移るのが待ちきれない。

ヨーロッパの債務危機を予想する

　2010年のはじめ、ブリッジウォーターの同僚と私は、ヨーロッパに債務危機発生の予兆を見た。必要とされる国債発行金額、国債購入予想額を見て、南欧諸国は資金不足に陥るとみた。その結果生じる危機は2008年から2009年の危機と並ぶかそれ以上に深刻になるとみた。

　1980年、2008年のときと同様、私たちの計算では債務危機が目前にきていることは明らかだった。だが、間違う可能性もある。私が正しければ、これは大きなことになるので、政策立案者に会って警告を発すると同時に、もし彼らが違う見方をするのなら、訂正してほしいと思った。2008年ワシントンで出くわしたのと同じように、きちんとした説明なしに抵抗する人たちに出会った。今回はそれがヨーロッパというだけの違いだ。当時事態は安定していた。その状態が続くと信じる理由は何もないのに、大半の人は私の根拠に耳を貸そうとしなかった。IMFの高官と会ったときは、まだ嵐の前の静けさのときだった。彼は私の常軌を逸したような結論に疑念をはさんだ。彼は数字を見ようとはしなかった。

　アメリカの政策立案者が2008年の前にそうだったように、ヨーロッパも未経験の事態を不安に思うことはなかった。当時はうまくいっていたし、私の描いた図は人生で経験したこともないほどひどいものだったから、信じがたいと思ったのだろう。彼らはまた、資金の借り手や貸し手が誰なのか、彼らの借入能力、貸出能力が市場の変化でどう変わるか、細部にわたる理解力を持ち合わせていなかった。市場と経済がどう動くか、彼らの理解は学者のように単純化されていた。たとえば、彼らは投資家を、異なる理由で売買する異なるプレーヤーの混合体ではなく、単一の「市場」として見た。実際に市場が悪化すると、市場の信認を得れば、資金が

入ってきて、問題は消えると考えて行動した。信認があろうとなかろうと、投資家は、債務発行額をすべて購入するに足る資金も信用力も持っていないことがわかっていなかった。

　人間の体がみな同じように機能するように、国が違っても経済は同じように機能する。国籍に関係なく病気は感染する。経済の病気も同じだ。そこで、政策立案者は懐疑的だったが、目の前の事象を生理的に見るように会話をもっていった。類似のケースを使い、罹患した経済の病気の症状がどう発展するか説明した。そして、異なる段階で病気にどう対処すればよいか説明した。関連性、エビデンスなどについて、高度な議論を交わした。

　関連性が見えるようにしてあげても、政治の意思決定システムは機能しなかった。個々の国が行動を決定しても、EU の 19 カ国が合意をしなければならない。多くの場合、全員一致が求められるが、意見の相違を解決する明確な方法がない。それは大きな問題だった。すべきこと（通貨供給を増やす）は、ドイツの経済保守派にとっては好ましくない。その結果、ヨーロッパのリーダーたちが密室の中で長い会議に取り組んでいる間、危機は強まり限界点に達してしまうだろう。この権力争いは関係者すべてをイライラさせた。代表する国民のためにこれらの政策立案者が耐えなくてはいけないひどい行動の量たるや、筆舌に尽くしがたいほどだ。

　たとえば、2012 年 1 月、スペインの新大統領によって経済担当大臣に任命されて 2、3 週間経ったばかりのルイス・デギンドスに会った。彼の率直さ、知性、国のために喜んで犠牲を払う英雄的な行動に私は敬意を抱いた。スペインの旧政権は座を追われ、新政権が権力を握った。それはスペインの銀行が破綻しようというときだった。スペインの新政府はすぐさま IMF、EU、ECB（欧州中央銀行）（トロイカと呼ばれていた）の代表者との議論を迫られた。明け方まで議論をして、喉から手が出るほど必要とした金融支援を得るために、とうとう銀行制度のコントロールをトロイカの手に渡すような融資条件に署名を余儀なくされた。

　デギンドス大臣との会議はこの交渉の最初の、そしてひどく厳しい日の

翌朝に行われた。目は充血していたものの頭脳は冴えていた。彼は、辛抱強く率直に私の難しい質問にすべて答え、これらの問題に対処するためにスペインはどのような改革をすべきか、彼の考えを話してくれた。その後何年かの間、かなりの反対を押し切り、彼と彼の政府はこの物議を呼んだ改革を実行した。彼は称賛を得られなかったが、彼は気にかけなかった。彼は彼が生み出した結果に満足していた。私にとってそれは英雄的な行動だった。

やがて、ヨーロッパの債務国はさらに厳しい不況に陥った。ECB総裁、マリオ・ドラギは、2012年9月、債券買い入れの大胆な決断をした。この動きで切迫していた債務危機は回避され、ユーロは救済され、結果的にはECBに多くの利益をもたらした。だが、不況に苦しむ国の信用・経済成長をすぐさま刺激することはできなかった。ECBはインフレ率を2%にすることを求めたが、その目標を下回り失敗した。ECBは問題解決を期して、銀行に有利な条件の融資を申し入れたが銀行は乗ってこなかったために、違いが出るほどにはならなかった。私は、ECBがマネーサプライを増やし、債券買い入れによって市中に資金を投入しない限り事態は悪化をたどると思っていた。量的緩和は論をまたず必要なことに思えたので、私はドラギとECB高官を訪問して私の懸念を伝えた。

会議で、私はこのアプローチはインフレを誘発するものではない（インフレを加速するのは支出のレベル、すなわち資金プラス信用であり、資金量だけではないからだ）と伝えた。経済の仕組みがどう機能するかを私は力説した。その点で同意が得られれば、とくに債券買い入れで市中に資金が循環するという点で同意が得られれば、インフレと経済の成長への影響は同意が得られると思っていた。そのミーティングでも、また別のミーティングでも、私は、計算結果や因果関係について説明をして、その結果が理に適うかどうか一緒に評価してもらおうとした。

大きな障害となったのはユーロ圏に単一の債券市場が存在しないことだった。ECBは中央銀行の習いとして、1つの地域・国を有利に扱っては

ならないことになっていた。加盟国すべてで比例して国債を購入すれば規則を破らずに金融緩和ができるだろうと私の理論を披露した。ドイツは購入がもたらす金融緩和を必要ともしないし望んではいなかったが（ドイツ経済は相対的に順調でインフレ懸念が生じ始めていた）。

その18カ月で、ヨーロッパの経済政策立案者トップ数人と会った。いちばん重要だったのはドイツの財務大臣ウォルフガング・ショイブレとのミーティングだった。彼は極めて思慮深く私心のない人だと私には映った。ドイツとヨーロッパの政治がどう動くのかも観察した[*9]。いざとなれば、ECBはヨーロッパにとって最善のことをやらざるを得ない。つまり私の提案したように、金融緩和をして国債を買い入れる。それはECBの任務に一致する。南欧の債務国はそれに賛成票を投じるだろう。したがって異議が却下され、ユーロ圏を離脱するかどうかの判断に直面するのはドイツだろうと考えた。だが、ドイツのリーダーは、ドイツをユーロ圏の一部として強くコミットしているので、最終的にはそうならないだろう。

ドラギは2015年1月、ついにその施策を発表した。それは大きな影響を与え、必要であれば今後もさらに金融緩和を許す先鞭をつけることになった。市場は歓迎の反応を示した。ドラギが発表したその日、株は1.5%上昇した。ヨーロッパ各国の国債利回りはすべて低下し、ユーロは対ドルで2％下落した（それは景気刺激に役立った）。これらの動きがその後数カ月に及び、ヨーロッパ経済を刺激し、成長を助け、インフレ下落の動きを反転させた。

ECBの決定は明らかに正しいものだった。理由はシンプルだ。だが、その動きがいかに議論を呼んだかを見て、経済がどう動くのか世界に向けてシンプルな説明が必要だということに気づいた。誰もが基本を理解すれば、経済政策立案者は今後もっと迅速に、あまり不安をかき立てずに正しい施策を実行できるだろうと考えた。そこで、「How the Economic Machine Works（経済のマシンはどう動くのか）」という30分のビデオ

[*9] ドイツの政治は、どこでも同じだと思うが、反対勢力が互いに挑み合っている。決定は権力と交渉でなされるから、誰がどのような権力を持ち、何を交渉する用意があるのかを知っておくのが望ましい。ドイツが他と異なるのは、法律の細かい解釈にとてつもなく注意を払う点だ。

を製作し、2013年に発表した。経済の仕組みの説明に加え、経済の状態を知るのに役立つ定型書式を用意し、危機時に何をすべきか、何が起きるのかをアドバイスした。それは私が思った以上に大きな影響を与えた。8カ国語に翻訳され500万人以上の人が見てくれた。何人かの政策立案者は、自分の理解が深まり、選挙民対策や今後の方策を練るうえでも役立ったと、個人的に話してくれた。私はとても嬉しく思った。

　何カ国かの政策立案者と接して、国際関係がほんとうのところ、どう動くのか多く学んだ。それは普通の人が想像するのとは大きくかけ離れていた。個人からするといかがなものかと思うくらい、国家は自己中心的で配慮に欠ける行動をとる。国どうしが交渉をするとき、チェスの対戦相手、あるいはマーケットで自分の儲けを最大にすることだけを考える商人のように行動する。賢いリーダーは自国の脆弱性を理解し、他国の脆弱なところをついてくる。そして他の国のリーダーも同じように行動すると考える。

　自国や他国のリーダーと直接接触を持たない人たちは、マスコミの情報を基に考える。その結果、じつに考えの甘い不適切な意見を持つようになる。ドラマチックな話やゴシップのほうが、冷静で客観的な話よりも読者やサイト閲覧者を引きつける。また時には、思想的偏見を持つ「ジャーナリスト」が自分の考えを宣伝することがある。その結果、多くの人はマスコミのレンズを通じて世界を見て、誰がいい人で誰が悪い人かという見方をする。既得権や相対的な権力は何か、それらがどう動いているのかといった見方はしない。たとえば、自国は道徳的で、対立する国はそうではないという話を人は受け入れがちだ。たいていの場合、これらの国は異なる利害関係にあり、自国の利益を最大化しようとしているだけだ。協力がもたらす利益を計算し、今年何を与えたら、将来どのような利益がもたらされるかを考える長期的視野を持つリーダー。せいぜいよい結果が望めるのは、そういうリーダーの行動だろう。

　既得権の衝突は国際間のことだけではない。国内でも汚らわしい争いがある。何が事実なのか、何がすべての人にとってよいことなのかを見極め

ようとすることは滅多にない。政策立案者はそういうふりをするが。もっと典型的には、自分の有権者の利益のために行動する。高額所得者の支援を受ける政治家は、税金が高いと成長が抑制されると言い、低所得層の票を期待する政治家は逆のことを言う。みんなに全体像を客観的に見るようにさせることすら難しい。全体の利益を考えて動くようにさせるなど、とても考えられない。

　それでも、私は一緒に働いた政策立案者に敬意を持つようになり、彼らの辛い立場を気の毒に思うようになった。しっかりとした信念を持つ人たちなのに、節操のない環境で働かなくてはならない。政策立案者の仕事は、最高の環境でも難しい。危機時になると手が付けられない。政治はすさまじいものだ。マスコミの歪曲、明らかに誤った情報によってさらにひどくなる。ドラギ、デギンドス、ショイブレ、バーナンキ、ガイトナー、サマーズなど私の会った政策立案者は真の英雄だ。彼らは彼ら自身よりも、他人、そして自分がコミットしたミッションを優先する。不幸なことだが、大半の政策立案者は理想主義者としてキャリアを始め、幻滅を感じて去っていく。

　幸いにも私が学び、また私も多少のお手伝いができたと思う英雄の1人は、中国の王岐山だ。彼は正しいことを何十年と推進してきた。彼の人となりや、中国指導部のトップに上り詰めたプロセスは本書には書ききれない。簡単に言うと、王は歴史家であり、非常にレベルの高い思想家であると同時にじつに実践的な男だ。ものすごく賢く、かつ、ものすごく実践的という人は滅多にお目にかかれない。何十年と中国経済を形作ってきた優れたシェーパーであり、また汚職を排除した。彼は、真面目で、仕事をやり遂げる男として信頼されている。

　中国に行くたびに、私は彼と60分から90分ほど話す。世界で起きていること、それが何千年の歴史、変わることのない人間の本性とどう関わるのかを話す。それ以外にも、物理学からAIまで幅広いトピックで話す。私たちは2人とも、なぜ何度も同じ事象が繰り返し発生するのか、その

背後には何があるのか、それらに対処するために機能する原則は何か、機能しないものは何かということに強い関心を抱いている。

　私は王にジョーゼフ・キャンベルの名著『千の顔をもつ英雄』を献本した。彼は優れた英雄だし、その本が彼の役に立つのではないかと思ったからだ。ウィルとアリエル・デュラントの『歴史の大局を見渡す』という歴史の大きな動きを抽出した104ページの本、洞察力に富むリチャード・ドーキンスが進化について書いた『遺伝子の川』も贈った。彼はゲオルギー・プレハーノフの『歴史における個人の役割』をくれた。これらの本は、同じことが歴史の中で繰り返し、繰り返しどのように起こるのかを教えてくれた。

　王との会話はほとんどが原則のレベルだ。彼は歴史に教訓を見て、私たちが話す特定の事象もその視点から話す。「達成できない目標は英雄にとっては魅力だ」と話してくれたことがある。「有能な人は座ったまま将来を憂える。愚者は何も心配しない。もし対立が激しくなる前に解決されるのであれば、英雄は存在しない」。彼のアドバイスは、ブリッジウォーターの将来を計画するうえで役立った。たとえば、権力のチェックとバランスについて尋ねたとき、彼はユリウス・カエサルが元老院と共和国によって追放されたことを引き合いに出し、1人の人間の権力が体制の権限を上回らないようにすることがいかに重要かと話してくれた。私は彼のアドバイスを真摯に受け止め、ブリッジウォーターのガバナンス・モデルを改善した。

　いつも王と話すたびに、宇宙を支配する法則の統一コード解明に一歩近づいたような気がする。彼は現在と将来起こり得る事象について、時空を超えた視点で見る。

　このような人のそばにいて、私が何らかのお役に立っていると思うのは、じつにエキサイティングなことだ。

恩返し

　私は『千の顔をもつ英雄』を、王をはじめ何人かの私が英雄と見做す人々に贈呈した。この本を私は息子のポールから 2014 年に教えてもらった。キャンベルをテレビで 30 年以上前に見て、強い印象を持ったことを覚えていたが、本を読んだことはなかった。著書の中で、彼は異なる文化の多数の「英雄」を見ている。現実に存在した人も、神話の中の人もいるが、彼らの人生の旅を記している。英雄がどうして英雄になったのか、キャンベルの記述は、私のシェーパーに対する考え方と一致していた。それによって私の知る英雄について、そして私自身の人生のパターンに大きなヒントを得た。

　キャンベルにとって「英雄」とはすべてを正しく行う完璧な人間ではない。いや、まったく違う。「何か通常の範囲を超えて発見、達成、あるいは行動した人」で、「大義のため、あるいは他人のために自分を捧げた人」だ。私は人生でそのような人たち何人かと会ったことがある。キャンベルの本でいちばん興味深かったのは、彼らがなぜそうなったのかという記述だ。英雄は英雄として生まれたわけではない。1 つのことが次につながり、また次につながりとしていくうちに英雄になれたのだ。次のページに挙げた図表は典型的な英雄の軌跡を示す。

　通常彼らは普通の世界で普通の生活を送っている。それが「冒険の誘い」に惹きつけられる。そして戦い、誘惑、成功そして失敗に満ちた「試練の道」につながる。その過程で彼らは他の人に助けられる。それは旅の一歩先を歩む人たちでメンターとなってくれる人であることが多いが、そうでないこともある。また敵も味方も得て、一般通念と戦うことを学ぶ。その過程で、誘惑に出会い、父や息子と衝突し和解する。やりたいことを達成しようとする決意が強いから、戦いに対する恐怖感に彼らは打ち克つ。そして彼らを試し、教えてくれる「戦い」から、そして周りの人から受ける贈り物（アドバイスなど）から、「特別な力」（すなわちスキル）を

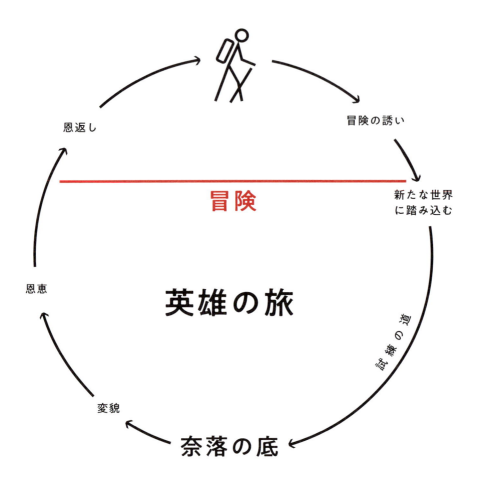

身につける。成功し失敗もする。だが、強くなり、さらに努力を続けていくうちに、失敗よりも成功の数が増えてくる。それが、さらに大きくさらに困難な挑戦をもたらす。

英雄は少なくとも１回は大きな失敗に巡り合う（キャンベルはそれを「奈落の底」「既知の世界を離れる」経験と呼ぶ）。それは彼らがもっと賢く、もっと固い決意で戦う回復力を持つかどうかのテストとなる。それがあれば、変化を遂げる（「変貌」）。そこで恐怖を経験することが彼らを守ることになる。だが、前進する積極性は失わない。勝てば報われる。戦いのさなかには気づかないが、英雄が得る最大の報いは、キャンベルの言葉で言えば「恩恵」である。旅を続けるうちに見つけた、成功するための特別な知識がそれである。

人生の後半に入ると、多くの戦いに勝ち、多くの報酬を得ることは英雄たちにとってそれほどエキサイティングではなくなってくる。それより得た知識を後続の人に伝えること、キャンベルの表現では「恩返し」のほうが楽しくなる。恩返しが済むと、英雄は生きるも死ぬも自由になる。それは、人生の第二段階から（死ぬまで人生を楽しむ）第三段階への移行だと私はみる。

キャンベルの本を読んでいると、シェーパーと同じく英雄にもさまざまな規模があることがわかる。大きなものも小さなものもある。現実の人間であり、何人かは私たちも知っている。また、英雄になることは、思われているほどいいものではない。さんざん叩かれるし、ひどく攻撃され、屈辱を受け、勝利の後に殺されることもある。いや、この英雄の役割を選ぶ論理を見つけるのは難しい。だがあるタイプの人がその道を歩み始め、歩み続けることはわかる気がする。

キャンベルの描く英雄の旅は、私の、そして私がシェーパーと呼ぶ人たちの人生の旅をうまく捉えている。私は自分を「英雄」[*10]と言い表すことはないし、自分が達成したことをキャンベルが書いた英雄と同列に置くこと

[*10]「英雄」や「シェーパー」と呼ばれる人は、普通よりよい人でもよい道を歩む人でもないことをはっきりさせておきたい。彼らが歩むような旅を望まないのはじつにもっともなことだ。いちばん大切なのは、自分の本質を知り、それに沿って生きることだ。

は絶対にしない。だが、英雄の旅を学ぶことで、私は自分自身の旅のどこにいるのか、次に何をすべきかをはっきりと自覚させられた。「恩返し」の章は、個人的に訴えるものがあった。キャンベルは私が何と格闘しいるのかはっきりと知っていたかのようだ。それをきっかけに考えたおかげで、私の人生は間もなく終わるが、後世に何を残すかのほうが重要だし、長く生き続けることを自覚した。そしてブリッジウォーターや私の家族を超えてはるかに多くの人に影響を与えることも認識した。私が持っているもので他人の役に立つものを引き継ぐ必要があることがはっきりわかった。とくに重要なのは本書に挙げた原則だが、私の資産もそうだ。

諺にあるように、お金を「墓場に持っていくわけにはいかない」。誰に何を与えるかを考えようと思ったのは、たんに私の年齢のせいや、上手にやるには時間がかかるというだけではなかった。直観的でもあった。時の経過とともに私が大切にする人や物も広がってきた。若いときには自分だけ。父親になると自分と家族だけ。もう少し大人になると、地域コミュニティに広がり、それからコミュニティを越えて今や世界の環境にまで広がっている。

慈善の問題と取り組む

「慈善事業」[*11]に最初に触れたのは 1990 年代の後半、50 歳に近づいた頃だった。当時、マットは 16 歳で中国語を話し、中国の孤児収容施設を訪問していた。彼は 500 ドルの外科手術で子供の人生を大きく改善できることを学んだ。私も友人も彼にお金を渡した。すると、友人のポール・チューダー・ジョーンズはマットに税金が免除される 501(c)(3) 財団を作ることを教えた。マットはまだ中学生だったが 2000 年にチャイナ・ケア財団を設立した。マットは私たち家族を孤児収容施設に連れていった。身体障害のある子供たちと接して私たちはすっかり虜になった。十分なお金

[*11] 私たちがしていることを「慈善事業」と呼ぶのはどうもしっくりこない。喜びを得られるから、私たちが心にかける人たちを手伝っているだけだ。友達を助ける喜びと同じだ。「慈善事業」というと、もっと公式なものに聞こえる。税法の定めに沿うかどうかで慈善を判断する人もいる。私たちの慈善事業へのアプローチは、人を見てお手伝いできることにワクワクするかどうかだけだ。

がなかったために、マットはどの子供は生き、どの子供は死ぬかを決めるのに悪戦苦闘していた。町で豪遊するか、子供の人生を救うかの選択に迫られたと想像してほしい。これはつねに直面する選択だ。この経験から、私たちは慈善への関与を強めた。2003年、私たちは財団を設立し、もっと組織的に支援することにした。家族の活動として一緒に慈善事業をしたいと思った。その結果は、素晴らしいものだった。

　どのようにお金を与えるかは、どうやってお金を作り出すかと同じくらい複雑な仕事だ。取り掛かった頃に比べればはるかに知識を蓄えているが、いまだに最善の決断をできるわけではない。家族と私は手探りで進むような気持ちでいる。どういうことに取り組んできたか、どのように考え方が変わってきたか、いくつかお話ししよう。まずは、どれだけ家族のためにお金を残し、身近ではないがもっと困窮している人たちにどれだけ与えるか、から始めた。

　大きな資産を得るずっと前から、私は息子たちが十分なヘルスケア、教育を受けられ、キャリアを始めるに当たって必要な支度金だけあればいいと思っていた。私自身の人生の軌跡に影響されてのことだ。私はゼロから始めて大金を得た。苦しみもがくことで私は強くなった。私が大事に思う人にも同じようにしてもらいたいと思った。そこで大きく稼ぐようになったとき、まとまったお金を他人に与えられると思った。

　やがて、いろいろな分野で手助けをする経験を積み、お金というのはものすごく足が速く、気にかけていることすべてに回すだけ十分なお金がないとわかった。さらに、初孫が生まれたとき、私は何代先まで守ってあげるように計画すればいいのだろうと考えるようになった。似たような立場の人と話して、巨万の富を持つ人ですら、やりたいことすべてに必要なお金がないと感じていることを知った。そこで他の家族はいくらを家族のために、いくらをどこに、どのくらいの頻度で与えているのかを研究した。私の家族はそれに対して最終的な答えを見つけていないが、私は個人的には半分以上を家族以外にあげるつもりでいる。

何に寄付をするかがまた別の大きな問題だった。バーバラはコネチカット州でひどくストレスを受けている公立学校の生徒を援助することに熱心だった。とくに「上の空の人、切り離された人」と呼ばれる生徒たちに関心があった。*12 彼女が資金を出して行った研究によると、22％の高校生がこの2つのいずれかのカテゴリーに入るという。これは衝撃的なことだ。彼らは大人になっても、社会に豊かな貢献をするというよりも、苦しみ、社会のお荷物となるだろう。彼女はこういう子供たちやその教師たちと直接接することが多いため、彼らのニーズを理解している。彼らのような生徒のうち1万人が冬のコートを持っていないことを知り、彼女はコートをあげなくてはと強く思った。彼女が見せてくれたものは私の目を覚まさせた。この「機会に富む国」で、衣服や滋養のある食べ物がそれほど不十分だなんて。私たち家族は機会の平等を信じている。それは人間の基本的な権利だ。平等な教育を受ける権利もその1つなのに、ひどく不平等だ。犯罪と投獄から計算した経済的コスト、そしてこの状況改善に投資をしない社会的コストも莫大だ。助けになりたいと思ったが、問題があまりに大きく、大きな影響を与えるのはじつに困難だということがわかった。

　私は自然との関わりが強い。とくに海だ。海は私たちの世界の最大の資産だ。地球の表面の72％を占める。居住可能地域と比較すれば99％となる。海洋を探索する科学者、そして彼らが訪れる信じがたいほど素晴らしい環境を見せてくれるメディアを支援するのはワクワクする。海洋探検は宇宙探検よりももっと重要だし、エキサイティングだということをはっきり知らしめ、海洋がもっと支援を受け、もっとまともに管理されるようにするのを使命としている。嬉しいことに、息子のマークは野生生物の映画製作者で、私と同じ情熱を持っている。そこで一緒にやっていこうとしている。

　マットが情熱を捧げているのは、安価で効果的なコンピュータを開発途上国に導入し、教育とヘルスケアを拡大し改善する方法としたい、という

---

*12 上の空の学生というのは、登校はするが勉強はしない。切り離された生徒は登校せず、消息把握の方法がない。

ことだ。ポールの場合はメンタルヘルスで、彼の妻は気候変動と戦っている。デボンは慈善事業よりも今は自分自身のキャリアに集中している。だが彼の妻は動物保護に熱心だ。私たち家族は中国で身体障害のある子供たちへの支援を継続している。中国人の慈善家に成功事例を教える学校も続けている。またストレスの高い環境に住む子供たち、PTSDに悩む退役軍人に瞑想を教えること、最先端の心臓研究、マイクロファイナンスなどの社会的企業なども支援している。他にも多数手がけている。

　私たちは慈善事業を投資とみている。私たちのお金に対して高い慈善のリターンが生み出されるようにしっかり見ている。そこで出てくるのがこのリターンをどう計るかという問題だ。ビジネスでは効果を計測するのがずっと楽だ。収益がどのくらい費用を上回ったかを見るだけでいい。そのために、私たちは持続可能な社会的企業を惹きつけるものを開発した。数多くの慈善投資が社会的にも経済的にも採算が合うと思われるのに、社会がその機会を見送るのは苛まれる思いだ。

　また、慈善事業の意思決定の質を確保するためには、私たちの組織をどの程度の規模にするか、ガバナンスコントロールをどうするかでも苦労した。この決定でも「仕事の原則」で説明するのと同じ方法をとった。つまり、意思決定に、様式化された原則と方針を定めるやり方だ。たとえば、きちんと見切れないほど多くの助成金の要求を浴びせかけられていたから、頼みもしないのにやってくる依頼は見ない方針を固めて、私たちが集中したい分野でスタッフが絞り込みに時間をかけられるようにした。私たちは継続的に原則と方針を改善している。慈善の分野で使える意思決定のアルゴリズムを構築したいと夢見ているが、今のところ手が届いていない。

　お察しのとおり、私たちは経験豊富で敬意を集める人たちのアドバイスをできる限り求めた。ビル・ゲイツそしてビルとメリンダ・ゲイツの活動を通じて知り合った人たち、ウォーレン・バフェットのギビング・プレッジはとても参考になった。ムハマド・ユヌス、ポール・ジョーンズ、ジェフ・スコル、オミダイア・ネットワークの人々、そしてTEDの人々は大

いに助けてくれた。学んだ中でいちばん重要なことは、慈善事業をするのに唯一正しい方法というのは存在しない、だが、間違った方法は山ほどある、ということだ。

一生を通じて蓄積したお金を与える、しかも上手に行うということは、楽しみでもあり、挑戦でもあり、今の私の人生ですべき適切なことだと考えている。

ブリッジウォーターが40周年を迎える

2015年6月、ブリッジウォーターは40周年を迎えた。大きなパーティを開いてこの素晴らしい節目をお祝いした。お祝いする理由は大いにあった。この業界でどの数字をとってもわが社ほど成功した会社はない。[*13] 設立当初から40年を迎えるまでわが社にいた主だった人たちは、立ち上がってスピーチをした。それぞれが彼らの目から見た会社の進化の様子を語ってくれた。この間に大きく変わったものがある。だが、変わらなかったものもある。重要なことは、徹底的に事実に基づき徹底的に互いに隠し立てしないことによって、仕事に、人間関係に卓越を求めるカルチャーを変えることなく保てたことだ。私たちはユニークで新しいことを試し、失敗し、失敗から学び、改善して再び試すということを繰り返し何度も何度もやってきて上昇スパイラルに乗ったということをみんなが語ってくれた。私が話す番になって、私は、ブリッジウォーターでつねにみんなに与えようとしていたこと、私が去った後にもみんなに望みたいことを話した。

　　異なる意見を戦わせて自分のために働き、物事やプロセスが理に適ったものになるようにする権利と義務を持つコミュニティ、それが本物の機能するアイデア本位主義です。みなさんには命令に従うのではなく、自分は間違っているかもしれない、弱さがあるということを認識しつつ、考えて

---

*13 その1月、10年以上ぶりに新商品を発売した。「オプティマル・ポートフォリオ」と名付けたファンドで、金利水準がほぼゼロのグローバル・マクロ環境に合うように、アルファとベータを組み合わせた。大成功で、ヘッジファンド業界の歴史で最大となった。

ほしい。そしてあなたが個人的には最高の答えだと思わなくても、最善の答えを見つけるお手伝いをしたい。私はみなさんに徹底的に率直であり、アイデア本位主義を提供したい。自分の頭だけで考えるのではなく、世界最高の頭脳にアクセスして、あなた自身、あなたのコミュニティにとって最高の決定ができるようにしたい。人生をフルに満喫するために、よく戦い、進化していってほしい。そのためにお役に立ちたいと思います。

　まだやり終えていない重要なこともあったが、当時私は移行をうまく締めくくれたと思っていた。その翌年がいかに困難な年になるか、想像もしていなかった。

CHAPTER 7

私の最後の年、そして最大の挑戦

2016～2017年

　40周年を迎える前から、経営の継承が思ったほど円滑にいっていないということをみんなが感じていたが、その後の何カ月かの間に、不意をつく形で問題が顕在化した。ブリッジウォーターの投資のほうはこの上なくうまくいっていた。だが、その他の領域、テクノロジーや人材採用などの領域では、悪化してきていた。

　私はもはやCEOではなかったから、会社経営は私の仕事ではなかった。会長として、私の仕事はCEOを監督すること、彼らがうまく経営しているかどうかを見ることだった。当時CEOだったグレッグ・ジェンセンとアイリーン・マレーは見るからにギリギリのところまできていた。会社がうまく運営されていないことにはみんな同意したが、どう対処するかでは意見が分かれた。意見の不一致は期待するところだ。誰もが自分で考えていちばんよいと思うことを述べるようにしてきたからだ。だから、意見の不一致を解決する原則とプロセスを用意しているのだ。

　そこで数週間の間、私たちは意見を交わした。主要な経営執行メンバーは経営委員会と株主委員会（ブリッジウォーターの取締役会に相当する）に意見を述べ、提案をした。彼らは代替案を検討し、最終投票をした。こ

のプロセスでなされたもっとも重要な決定は 2016 年 3 月に発表された。グレッグは共同 CEO の座から降りて、共同最高投資責任者の役割に専念する（ボブ・プリンスと私と一緒にその仕事をこなしていた）。そして私が一時的にアイリーンと共に共同 CEO となり、ブリッジウォーターが私抜きでうまく機能するように組織変更を実践することとした。

　私が CEO から外れてバトンを渡したときに誰も望まなかった結果ではあるが、まったく予想外というわけではなかった。相当前からこの課題は明らかになっていて、違う接し方を試していた。リーダーシップの移行は容易ではないとわかっていた。それに、私たちはいつだって、試し、失敗し、分析し、デザインし直し、また試すというやり方をとってきた。リーダーシップの変更でも同じやり方をするまでだ。

　それでもこれは辛かった。とくにグレッグと私にとっては。グレッグに共同 CEO と共同最高投資責任者の 2 つを渡したのは重荷すぎたとわかった。ブリッジウォーターの経営でこれほど後悔した過ちはない。私も会社も傷ついたからだ。グレッグにメンターとして接してきたが、20 年間近く、彼は私にとって息子のようなものだった。彼も私も、彼が会社を経営することを望んでいた。この失敗の痛みは、マスコミのセンセーショナルで不正確な報道によってさらにひどくなった。グレッグはとくに傷ついた。どの記事も、2 人の巨人が死闘を繰り広げたように報じた。実際のブリッジウォーターでは異なる意見を戦わせて仕事をこなすアイデア本位主義だというのに。

　それは、グレッグにとって、彼自身の「英雄の旅」の中で「奈落の底」に落ちる時期だった。私にとっても、そして社内の他のリーダーにとってもそうだった。辛かったからというわけではない。それによって私たちは変態を遂げ、大きく改善できたからだ。

　グレッグは私よりも 25 歳若い。彼の年には私は何をしていただろうとよく考える。そして、その後なんと多くを学んだことかと思う。グレッグは彼のやり方で素晴らしい成功を遂げると信じている。私たち 2 人とも

この出来事の後さらに強くなれたことを嬉しく思う。そして、私たちのシステムが問題を特定し、解決するのに今までどおりうまく機能したことをとても嬉しく思う。私たちはみな異なる見方をするが、この出来事で、アイデア本位主義による集団意思決定のプロセスは、1人では到底無理なよい結果を導くという信念を再確認できた。このようなプロセスがあり、強い絆があったおかげで、私たちは一緒にいることができた。

　またもや私は、自分が知っていることは知らないことに比べていかに少ないかを認識した。創業者－リーダーの役割を引き継ぐことがよくわかっていなかったと痛感した。私が知る優れた専門家何人かにアドバイスを求めた。経営の専門家、ジム・コリンズのアドバイスがいちばんよかったと思う。彼は「経営の継承を上手にするには2つのことが必要だ。有能なCEOを就任させること。そのCEOが有能でないとわかったら交代させる有効なガバナンス・システムがあることだ」。それが私の失敗したところだった。2回目には正しくやるつもりだ。そこで、今までとは別の観点からガバナンスを考えるようになった。

　簡単に言えば、ガバナンスは誰がリーダーであろうと組織が強くなるようにするチェック・アンド・バランスのシステムだ。私は創業者－起業家だったからブリッジウォーターを35年にわたり経営する間、私をチェック・アンド・バランスする正式なルールはなかった（私の意思決定をチェックするために経営委員会に報告するようインフォーマルなガバナンスのシステムは作ったが）。

　そのインフォーマルなシステムは私には有効だったが、私抜きではうまく機能しない。誰がトップに立とうとブリッジウォーターがユニークで価値基準に妥協を許さない組織であり続けるには、明らかに、新しいガバナンスのシステム、必要とあれば会社の経営陣を変える弾力的なシステムが必要だ。周りの人の助けを借りて、それに取り掛かり、今も継続している。

　1つの役割で成功した人が他の役割でも成功すると想定すること、そして、ある人のやり方が他の人にも通用すると想定することは間違いだと学

んだ。この困難な 1 年で、私は周囲の人について多く学んだ。デイビッド・マコーミックとアイリーン・マレーは、共有する使命へのコミットメントを示してくれた。他にも多くの人がコミットしてくれた。しないで済んだらと思う失敗もあった。だが、試行錯誤をして失敗から学ぶユニークなカルチャーからすれば、それは予想どおりだ。変更したことで、1 年経った 2017 年 4 月には臨時 CEO の座を去ることができた。

　以上のことを 2017 年に書いているが、私の人生の第二段階から第三段階に移る最後の年だと考えている。これまで私が身につけてきた知識を引き継ぎ終わって、ジョセフ・キャンベルが言うように、自由に生き自由に死ぬだろう。だが、死ぬほうはまだ考えていない。どのように自由に生きるかを考えて、ワクワクしている。

CHAPTER 8

高所から振り返る

　経験を振り返り、考え方がどう変わったかを見るのは面白い。

　仕事を始めたばかりの頃、市場であれ自分の人生に関わることであれ、あらゆる込み入った出来事に遭遇するたびに、死ぬか生きるかの大きな劇的な経験が私めがけてやってくるように思えた。

　時間が経ち経験を積むと、それらのことは「よくあることだ」と思えるようになり、冷静に分析してアプローチできるようになった。生物学者がジャングルで威嚇する動物に出会ったときのようだ。最初にどの種かを特定し、それまでに得た知識から予想される行動を想定して適切な対応をとる。私も、以前遭遇した状況と同種の事態に出くわすと、以前の対応から学んだ原則を考える。だがそれまでに経験のないことであれば、ひどく驚く。辛い、初めての遭遇を研究した結果、自分にとっては初めてであっても、いつかどこかで誰かの身に起こったことがあるものばかりだということがわかった。そこで私は歴史に敬意を抱き、現実はどう機能するのか理解したい、普遍的な対応の原則を築きたいという願望を持つようになった。

　同じことが何度も何度も繰り返し起こるのを見て、現実とは見事な永久運動機関だとみるようになった。原因が結果となり、それが原因となり新

たな結果を招き……と続く。現実とは、完全ではないにしろ、私たちが対応するよう与えられるものだと思うようになった。そうして、問題やフラストレーションを、文句を言うのではなく、生産的かつ効果的に取り扱えるようになっていく。私が遭遇した事象は、私の人格と創造性を試すものだったと思うようになった。やがて、私はこの素晴らしいシステムの中のいかにちっぽけな、短命な存在かと悟るようになった。システムとうまく相互に働く方法を知れば、それは私にとってもシステムにとってもよいことなのだ。

　こういう見方ができるようになると、辛い瞬間がまったく異なった形になった。欲求不満を抱えたり打ちのめされたりする代わりに、その苦痛は、私に何か大切なことを学びなさいと自然が教えてくれているのだと考えるようになった。辛いことがあると、どんな教訓を与えようとしているのかと考えるのがゲームのようになっていった。このゲームをプレーすればするほど、私は上手になり、辛くなくなっていった。そして、じっくり考え原則を作り、そしてその原則を使うことでやりがいを得られるようになった。私は、苦労を楽しむようになった。それは健全な態度だと思う。エクササイズをするのが楽しくなるようなものだ（それはできていないが）。

　若い頃、並外れた成功を達成した人を見て、彼らは特別だから成功したのだと思っていた。そういう人たちと個人的に知り合いになって、彼らはみな私や普通の人と同じように、ミスを犯し、自分の弱みと戦い、自分は特別だとか偉大だとか思っていないことがわかった。私たち以上に幸せだということはない。普通の人と同じように悪戦苦闘する。途方もない夢を実現した後ですら、栄光よりも苦労することが多い。私の場合もまったくその通りだ。何十年か前に見果てぬ夢と思っていたことを実現したが、私は今日でももがき苦しんでいる。やがて、成功の満足は目標達成からくるのではなく、上手に奮闘できたときに味わうものだと悟った。それを理解するために、何か大きな目標を頭に浮かべてほしい。巨額のお金を稼ぐこと、アカデミー賞を受賞すること、立派な組織を経営すること、スポーツ

で成功すること。何でもいい。すぐにそれを達成したと想像してみよう。最初は幸せだろうが、長くは続かない。何か違うことに取り組みたい気持ちになるだろう。若いうちに夢をかなえた人を見てほしい。子役のスター、宝くじを当てた人、若いうちにピークを迎えたプロのスポーツ選手。彼らは何かもっと大きい、素晴らしいことに取り組んでワクワクしない限り、幸せにはなれない。人生は山あり谷ありだ。上手に戦えば山が高くなるだけでなく、谷がそれほど辛くなくなる。私はいまだに悪戦苦闘している。死ぬまでそうだろう。私が避けようとしても、苦労が向こうからやってくる。

　悪戦苦闘し、学んだおかげで、私はやりたいことをやり、行きたいところに行き、会いたい人に会い、欲しいものを手に入れ、夢中になれるキャリアを手に入れ、そしてもっとも大切なご褒美として素晴らしい人間関係を得ることができた。裸一貫から巨額の富を得るまで、無名の存在からひとかどの存在になるまで、幅広く経験したから、私には違いがわかる。それも、トップから転落するのではなく、どん底から這い上がる経験をしたから（そのほうがいいし、それが私の考え方に影響を与えていると思う）、巨万の富を持つこと、トップに立つことで得られる追加の利益は人が考えるほど大きくないと言える。基本的なこと、すなわち、眠るためのベッド、よい人間関係、よい食べ物、よいセックスがもっとも重要なことだ。これらのことは、お金がたくさんあっても大きく改善するものでもないし、お金がなくてもそれほど悪い状況にはならない。トップに就いてから会う人が、どん底、あるいはその中間にいるときに会う人と比べてそれほど特別ということもない。

　もっとお金を持つことで得られる限界効用はとても早く目減りする。実際、たくさんお金を持つことは、そこそこ持つよりも悪い。お金が重荷になっていくからだ。トップにいれば選択の幅が広がる。だが、同時にもっと時間がとられるようになる。有名人になるのは、総合的に考えると匿名でいるよりも立場が悪い。他人に対する影響力が大きくなって得すること

はあるかもしれないが、比較して見れば、ごく些細なことだ。こういった理由から、成功に満ち溢れた強烈な人生は、リラックスした楽しい人生よりもよいとは言えない。だが、強いのは弱いよりもいい。悪戦苦闘は強さを与える。私の性格はこのとおり。私が人生を変えることはなかっただろう。あなたにとって何がベストか私には言えない。それはあなたが選ぶことだ。幸せな人々は自分の本質を見出し、それに適合した人生を送っているということは言える。

　私自身が成功したいという欲望は、他人の成功を手助けしたいという欲望に取って代わられ、今それに私は奮闘している。私の目的、あなたの目的、そしてその他すべての目的は、進化すること、そしてささやかながらも進化に貢献することだとはっきり言える。最初はそう考えなかった。欲しいものを求めていただけだった。だが、私も進化して、今この原則をあなたに見せ、あなたが進化するのを手伝っている。知識を引き継ぐことはDNAを引き継ぐことだと思う。それは個人よりも重要なことだ。個人の命を超えて生き続けるからだ。どうすれば上手に奮闘できるか、私が学んだことを引き継ぎ、あなたの成功に手を貸したいと思っている。少なくとも、あなたの努力ができる限り報われるように手助けをしたいと思っている。

PRINCIPLES

原　則

優れた原則は、
現実に対処するのに効果的だ。
私自身の原則を学ぶために、
私は多くの時間を費やし、
深く考えた。
だから、
ただ原則を伝えるのではなく、
その背後にある考え方を
お話ししよう。

世の中で起きることはすべて因果関係によるもので、時間とともに繰り返し、進化していく。ビッグバンで宇宙の法則と力が創造され、推進され、相互に影響し合う。銀河の構造、地球の地形、生態系の構成、経済と市場、そして私たち1人ひとり。すべてが一緒になって動く複雑な機械のようだ。私たちは循環器、神経などの異なるマシンで作られているマシンだ。私たちの考え方、夢、感情、その他私たちに固有な性格のすべてがそれによって作られていく。このマシンすべてが共に進化し、日々遭遇する現実を生み出している。

- **あなたに影響を与えるもののパターンを見よう。
　その因果関係を理解し、
　効果的に対応するための原則を学ぶためだ。**

　これをすれば、「よくあること」を引き起こす大本のマシンがどう機能するのかが理解でき、対応方法が頭の中に描き出せるようになる。この因果関係の理解が進めば、さまざまな出来事の本質的要素が浮かび上がってくる。どの「よくあること」に直面しているのかがわかり、それを切り抜け

るのに適した原則を直観的に適用するようになる。すると、現実のほうから、ご褒美を手渡すか懲らしめるかして、原則が機能しているかどうかをはっきりと知らせてくれる。そこで微調整することを学ぶ。

　遭遇する現実に対処するためのよい原則を持つことは、うまく対処するためにもっとも重要なことだ。すべての人が同じことに遭遇するわけではない。地球上の異なる場所にいる異なる人は、異なる困難に出くわす。それでも、私たちが遭遇する現実の出来事はたいてい何らかの範疇に入る。しかもその数はそれほど多くない。遭遇するたび（たとえば子供の誕生、失業、個人的な諍いなど）に書き留めて表にしてみれば、全部で200〜300項目くらいに収まり、あなたに固有のものはわずか、2、3というところだろう。試してみるといい。私の言っていることが正しいかどうかが確認できる。それに、考えるべきことで原則が必要なものの一覧表を作成することになる。

　私が成功したとしても、それは原則に従ったからで、何も私に特別なものがあったわけではない。誰でもこの原則に従えば、広く考えれば同様の結果を生み出せると考えていい。だが私の原則にそのまま従ってほしくはない。いろいろなところから原則を入手し、よく考えて、あなた自身のコレクションを作ってほしい。そして、現実が「よくあること」のサインを送ってきたら、頼れる原則となるようにまとめてほしい。

「人生の原則」も「仕事の原則」も3つのレベルに整理した。どのくらい時間があるのか、関心があるのかによって、表面的にざっと見てもいいし、深く掘り下げて読んでもいい。

1 高いレベルの原則。それは章のタイトルにもなっている。項番は１つの数字にしている。

1.1　中間レベルの原則は、それぞれの章に書かれている。
　　　項番は２つの数字。先頭の数字は、
　　　高いレベルの原則の数字で、
　　　次の数字は章に出てくる順番を示す。

a.　副原則は中間レベルの原則の下にくる。項番はアルファベットで示す。

　３つのレベルの原則の後にはすべて説明をつけた。ざっと全体を見られるように、「人生の原則」の最後と「仕事の原則」の初めに要約をつけた。高いレベルの原則とその説明文を読み、その次の原則と副原則の見出しを読むところから始めることをお勧めする。「人生の原則」は、すべて読んでほしい。「仕事の原則」はどちらかといえば参考書として書いた。

PART II

人生の
原則

1 現実を受け入れて対応しよう

現実はどう機能するのか、そして、それにどう対処すればよいかを理解するほど重要なことはない。このプロセスにどういう心構えで臨むかで大きな違いが出てくる。人生はゲームで、出くわす問題は解決しようとするパズルだと考えるといいと思う。パズルを解くと原則という宝石が得られ、将来同じような問題を回避するのに役立つ。この宝石を集めると意思決定がつねに改善され、どんどん上のレベルのゲームができるようになる。上に行けば行くほど、ゲームは難しくなるが、得られるものももっと大きくなる。
　ゲームをしている最中にはあらゆる感情がふつふつと湧いてくる。私を助けることも傷つけることもある。感情と論理がうまく折り合い、2つが一致したときにだけ行動すれば、私はよい決定をすることができる。
　現実がどう働くかを学び、私が創りたいものを描き出し、それを築き上げるのはものすごくエキサイティングだ。大きな目標に向かって背伸びすれば、失敗してもっと学ぶ可能性が高くなる。そこで、前進するために何か新しいことを考え出す。すばやく学ぶフィードバック・ループに入るのは爽快だ。サーファーが時には放り出されることがあっても波に乗るのが大好きなのと同じだ。誤解しないでほしいが、いまだに大失敗するのは怖

い。苦痛だ。だが、失敗から這い上がるし、失敗の反省からすべて学んできていると思って、その痛みを受け入れる[*14]。長距離ランナーが辛さを乗り越えて「ランナーズハイ」の喜びを経験するように、失敗の辛さを乗り越え、そこから学ぶ喜びを楽しむようになっている。練習すれば習慣を変えられる。そして「失敗から学ぶハイ」を経験できると思う。

1.1 超現実主義者になるように

　現実を理解し、受け入れ、現実とともに働くことは、実践的だし、美しいことだ。私は超現実主義者になったから、すべての現実、たとえどんなに厳しい現実でも、その美しさがわかるようになった。そして観念的な理想主義を見下すようになった。

　誤解しないでほしい。夢の実現を信じている。人生でそれ以上のものはないと思っている。夢を追い求めることが人生に味わいをもたらす。私が言いたいのは、偉大なものを作り出す人たちは、たんなる夢見る人ではないということだ。彼らは現実にしっかり根差している。超現実主義的であれば、夢を賢く選び、達成できる。私は次のことは真実だとつねに思っている。

a.　**夢＋現実＋固い決意＝人生で成功する**。成功を達成し、進歩を遂げる人たちは、現実を支配する因果関係をしっかり理解している。そして原則を持ち、欲しいものを手に入れるために原則を使う。逆も真だ。現実に根差さない理想主義者が作り出すのは問題で、進歩ではない。

　成功した人生というのはどういうものだろう。誰もがそれぞれ強い欲求を持っている。だから1人ひとりが何を成功とするかを決めなくてはならない。あなたが宇宙を征服したいと思っても、カウチ・ポテトになりたいと思っても、どうでもいい。私は気にしない。世界を変えたい人もいれ

[*14] 半世紀ほど定期的に行っている超越瞑想（TM）のおかげで挑戦に対してこういうアプローチをする平静心を得られた面もあると思う。

ば、世間となんとかうまくやって人生を楽しめばいいという人もいる。私たち1人ひとりが何に価値を置くかを決め、それを達成する道を選べばいい。

次のスケールで自分はどこに位置するか考えてみてほしい。考えるべきことをものすごくシンプルにした。あなたはどこ？

人生を楽しみたい　　　　　　世界に影響を与えたい

スケールのどちら側に寄るかだけでなく、できるだけ多く手に入れるためにどのくらい頑張って働くかも質問すべきだ。私はどちらもものすごくたくさん欲しかった。できる限り多く得るために喜んで頑張った。そして、2つともじつは同じことで、相互に強め合うものだとわかった。やがて、人生で多くのものを手に入れようとするのは、単に一生懸命働けばいいというものではないと学んだ。それより、効率的に働くことが大切だ。効率的に働けば私の能力を何百倍に増やすことができる。あなたが何を望むのか、そのためにどのくらい頑張るかはどうでもいい。あなたが決めることだ。時間をかけ努力して最大限のものを得るために、役に立ったことを私は伝えたい。

とても重要なことだが、次の事実からは逃れられない：

1.2　事実、もっと正確に言えば 現実を正確に理解することは、 よい結果を得るために絶対不可欠な基礎だ

たいてい人は、自分が望まないことだとそれが事実だと受け入れようとしない。それはいけない。悪いことを理解し対処するほうがよほど重要だ。いいことは何もしなくてもいい。

そうだろう？　もしそう思わないのなら、次のことから得るところはない。もしそう思うのなら、ここから始めよう。

1.3　徹底的にオープンになり、徹底的にさらけ出そう

　誰も生まれたときには何が事実かを知らない。事実を見つけるには、自分で見つけるか、他の人を信じて従うかしなければならない。重要なのはどちらの道がよりよい結果を生むかだ。[*15]私は次のことを信じている。

a.　徹底的にオープンになり、徹底的にさらけ出すことは、短時間に学び上手に変わるために不可欠だ。決定をして、結果を見る。その結果、現実をよりよく理解するようになる。学びは、このようなフィードバック・ループをリアルタイムで続けることから得られる。徹底的にオープンになれば、このフィードバック・ループが効率的になる。何を、なぜしているのかが、自分にも他の人にも明確になり誤解の余地がなくなるからだ。オープンになればなるほど、自己欺瞞がなくなる。そして周りの人があなたに正直なフィードバックをくれるようになるだろう。もし彼らが「信頼できる[*16]」人なら（誰が「信頼」できるかを知るのはとても重要なことだ）、多くのことを彼らから学ぶだろう。

　徹底的にさらけ出し、徹底的にオープンになれば、この学びのプロセスが加速される。それは難しいことでもある。ガードを固めず徹底的に自分をさらけ出せば、批判にさらされることになる。それを恐れるのは当然だ。とはいえ、自分自身を徹底的にさらけ出さなければ、学ぶことはできない。

b.　他人はどう思うだろうという不安に邪魔されないように。自分がベストだと思うことを自分のやり方でやればいい。その結果必ずフィードバックを受ける。そのときにはオープンな気持ちで受け止め、考えるように。

[*15] 自分自身のことを決めるのは自分がいちばん適していると想定してはならない。そうではないことが多いからだ。何を欲しいかを決めるのは私たちだが、どうすればそれができるかは他の人のほうがよく知っている。私たちには弱点がある。他の人には強みがあるし、もっと知識や経験があるかもしれない。たとえば、病気のとき、自分の考えよりも医者のアドバイスに従ったほうがいいだろう。本書で後ほど人の頭脳は1人ひとり違った形で配線されていて、配線具合で何を自分で決めるか、他人

徹底的にさらけ出すことを学ぶのは、人前でスピーチすることを学ぶのと同じだ。最初はぎこちないが、やっていくうちに違和感がなくなっていく。私の場合はそうだった。本書のように徹底的にさらけ出すのは本能的に居心地が悪いと今でも感じる。個人的なことをオープンにし、注目と批判を集めるようにしているからだ。それでもやるのは、それがベストだと学んだからだ。恐れてやらなかったら、自分が嫌な気分になるだろう。言い換えれば、徹底的にさらけ出すことのプラスの効果を長く経験してきたから、そうしないほうが落ち着かないようになったのだ。

　ありのままの自分でいる自由を得るだけではない。そうすることで、人を理解し、人が私を理解するのに役立つ。この理解があるとずっと効率的だし、楽しい。思っていることを隠さずオープンにしたら、どんなに誤解が減り、どんなに世界が効率的になるかを想像してほしい。そして、事実を知ることでどれほど私たちの距離が縮まって感じるようになることか。私は個人的な秘密のことを話しているのではない。相手をどう考えているのか、世界がどう動いているのかに関する意見について話しているだけだ。このような徹底的に事実に基づくことと、隠し立てをしない透明性が私の意思決定や人間関係改善にいかに強い力を発揮したか、私は直接見てきた。だから選択を迫られたら、私は本能的にさらけ出すほうを選ぶ。私は自己を律してやってきた。あなたも同じようにすることをお勧めする。

c.　徹底的な事実と隠し立てをせず透明であることを受け入れれば、もっとやりがいのある仕事、かけがえのない人間関係が得られる。 何千人という人がこのアプローチを試すのを見てきたが、これを実践すると多くの人は得るところが多く楽しいと感じ、他のやり方をするのが難しくなると言う。

　これには練習が必要だし、習慣を変えなくてはならない。通常18カ月かかると思う。たいていの習慣を変えるにはそのくらいかかるものだ。

　　に任せるかが影響されるということを書いた。どのようなときには自分で決めないほうがよいかを知るのはとても重要なスキルだ。これは自分で磨くことができる。
*16　信頼性のコンセプトは後に詳しく説明するが、簡単に述べておこう。信頼できる人は、繰り返し何かを成功させた人だ。そしてどのようにしたかを上手に説明できる人だ。

1.4　現実がどう機能するかを学ぶために、自然を見よう

　現実の法則はすべて自然によって与えられたものだ。人間はこの法則を作らなかったが、理解して利用することで、私たち自身の進化を促し、目標を達成できる。たとえば、空を飛ぶ、携帯電話の電気信号を世界に送信する能力は、現実の法則——物理学の法則など自然界を支配する原則——を理解し応用することから出てきた。

　私は自分に直接影響する現実——経済、市場、取引相手を動かすもの——を学ぶのに大半の時間を費やしているが、自然の中でも時間を費やす。自然を観察し、読書し、専門家と話してどう機能するのかを考えざるを得ない。どの法則は自然と人間界で同じか、何が私たち人間をユニークなものにするのかを観察するのは、面白いし、貴重だと思う。これは、私の人生に対するアプローチに大きな影響を与えた。

　まず、頭脳の進化によって、現実はこう働くのだと考える能力を人間が持ったことはすごいと思う。人間の顕著な能力は、高次元から現実を見下ろして理解したことを統合する能力だ。他の生物は本能に従って動くが、人間だけは自分から離れて、環境の中に置かれた自分を見ることができる。（自分が存在する前、そして後の時間も含め）時間の枠内で自分を見ることができる。ごく微細なものから宇宙まで、飛ぶ、泳ぐ、その他の自然の仕組みが相互に作用して全体を構成し、機能させ、時とともに進化していく。それを私たちはじっくり考えることができる。それは、頭脳の進化によって、はるかに進化した大脳新皮質を得ることができたからだ。おかげで、私たちは抽象的に、論理的に考えることができる。

　高次元の思考によって私たちは他の生物と比べてユニークな存在となるが、そのせいで混乱してしまうのも私たち人間だけのことだ。他の生物はもっと単純でわかりやすい一生を送る。人間のようにものの善悪を悩む必要がない。動物と対照的に、人は（頭脳の動物的部分である）感情と本能、そして（人間の発達した頭脳の部分からくる）論理的思考の折り合いをつ

けるのに苦労する。この格闘によって、人はこうありたいと思うことと現実の事実との間で混乱する。現実がどう動くのかを理解するために、このジレンマを見てみよう。

　何かを理解しようとするとき——経済、市場、天候、何でもいい——2つのアプローチが考えられる。

1. **トップダウン**　すべてを動かす法律・法則を見つけようとする。たとえば市場の場合、すべての経済と市場に影響を与える、需要と供給の法則など世界で通用する法則を学ぶ。生物の種の場合には、遺伝子情報（DNA）がすべての種にどう働くかに焦点を絞る。
2. **ボトムアップ**　特定のケースを研究し、それに合致する法律・法則を見つける。たとえば小麦市場に適応する法律・法則や、ガチョウと他の鳥を分けるDNA配列などだ。

　トップダウンで見るのは、自分自身を理解し、包括的な世界に通用する法則から現実の法則を理解する最善の方法だ。ボトムアップの見方をする必要がないとは言わない。世界を正確に見るには両方が必要だ。ボトムアップで個々のケースを取り上げ、適用できるのではないかと思う理論とその整合性を見る。整合性があれば、私たちの理論は使えるということになる。

　トップダウンで自然を見ると、人間の本性と呼ぶものは、じつは動物の本性だということがわかる。人間の頭脳は何百万年も前から他の種と共有する遺伝子的学習でプログラムされているからだ。共通のルーツと法則を持つから、人間と他の動物は同じような特性を持ち、同じ制約を受ける。たとえば男性と女性の生殖プロセスや、深さをはかるのに両目を使う、などは他の動物と同じだ。他にも動物王国に棲む多くの種と共有するシステムがたくさんある。同様に、私たちの頭脳には「動物」の部分があり、人間性よりも進化の歴史は長い。私たちに共通するこれらの法則はもっとも

普遍的なものだ。人間だけを見ていたらすぐにはわからない。

　1つの種、たとえばガチョウだけを見て普遍的な法則を理解しようとしてもうまくいかない。同様に人間を見て普遍的な法則を理解しようとしたら失敗する。人間は何百万もの生物の中の1つの種で、長年にわたって原子をつけたり離したりする何十億もの力の1つが発現したにすぎない。だが、たいていの人は蟻のように、自分と自分の蟻塚のことしか考えない。彼らは、世界は人間を中心に動いていると信じ、すべての生物に普遍的な法則に注意を向けようとしない。

　現実の普遍的な法則を見出し、それに対応する原則を見つけようとしてきて、自然の観点で物事を見るのは役立つと思った。人間は他の生物より知的に優れているが、全体から見れば岩に生える苔の知性しか持っていない。蚊を設計し作り出すことはできない。ましてや、宇宙にある他の生物やものを作り出すことはできない。そこで、自然は私よりも賢いという前提から始め、現実がどう働くのか、自然に教えてもらうことにしている。

a. **「こうあるべきだ」という考え方に固執しないように。現実はどうなのかを学び損なう。**偏見で客観性を損なわないように。よい結果を得るには、感情的ではなく、論理的でなければならない。

　自然界で、私（人間）が間違っていると思うことを観察したときには、私が間違っていると想定し、なぜ自然の摂理が正しいのかを理解しようとする。それで多くのことを学んだ。それによって、1）何がよくて何が悪いか、2）私の人生の目標は何か、3）重要な選択に直面したときどうすべきか、といったことに対する私の考え方は変わった。なぜかを説明するために簡単な例を挙げよう。

　何年も前のこと、アフリカに行ったとき、ハイエナの群れが若いヌーを倒すのを見た。私は理屈抜きに反応した。ヌーが可哀想だ、嫌なものを見てしまったと思った。だが、それはほんとうに嫌なことなのか、あるいは実際には素晴らしいことなのに嫌なことと偏見を持っていたからなのか？

そこで考えた。私が目撃したことが起きなかったほうが、世界にとってはよかったのか、悪かったのか。そう考えると、二次的結果、三次的結果が見えてきて、起きなかったら世界にとっては悪いことだと考えるようになった。自然は個別ではなく、全体最適になるようにできていると今は考える。だが、人は自分への影響で良し悪しの判断をしてしまう。私が見たのは自然の摂理で、全体がよくなるようになっていた。それは、人間が発明したプロセスよりもはるかに効果的だ。

　人は、自分や自分が共感できる人にとって悪いことを悪いと言い、はるかによいことを無視してしまう。この傾向はグループにも及ぶ。ある宗教はその信念はよく、他の宗教の信念は悪いとする。そして双方とも、自分が正しいと信じて、殺戮し合うことすらある。人は信念が相反したり、利害が衝突したりすると相手の立場に立って物事を見ることができなくなってしまう。それはよくない。理に適わない。自分に役立つものを好み、自分の害となるものを嫌うのは理解できる。だが、個人への影響だけで絶対的によい、悪いというのは筋が通らない。それは、個人が望むことは、全体にとってよいことよりも重要だと想定することだ。自然は、全体にとってよいものをよしと定義し、最適化するように思われる。そのほうが好ましい。そこで一般的な法則として次のことを挙げよう。

b. 「よい」というのは、現実の法則と整合性があり全体の進化に貢献するものでなければならない。**それがいちばん得るところが大きい。**たとえば、世界が評価するようなことをしたとしよう。あなたが報われることは間違いない。逆に、人、生物、ものでうまく機能せず進化を妨げるものであれば、現実は罰するだろう。[17]

　すべてについて、何が事実かと考えて、私は次のように信じるに至った。

---

[17] 親切だ、配慮があるとして「よい」とされているものの、望んだ結果を得られないことが多くある（たとえば、共産主義が「能力に応じて働き、労働に応じて受け取る」としていることのように）。自然はそれを「悪」と見なしているようだが、私は自然に同意したい。

c. 進化は宇宙で唯一もっとも偉大な力だ。永遠で、すべてを動かすのはただそれだけだ。[*18] 小は亜原子粒子から、大は宇宙全体まで、すべてが進化している。やがてすべてが死ぬか消える。だが、じつは進化のなかで形を変えるだけのことだ。エネルギーは消えない。形を変えるだけだ。同じものが、バラバラになり合体して異なる形になる。その背後にある力が進化だ。

たとえば生きとし生けるものの主な目的は、時を超えて生命を進化させるDNAの器となることだ。個人のDNAは太古の昔から存在し、DNAを伝えた人が死んだ後も、進化した形で生き続ける。[*19]

進化について考えて、生命以外の形でも進化は存在しDNAとは異なる媒体で伝えられることに気づいた。技術、言語などすべてが進化する。たとえば、知識はDNAのように、世代から世代へと伝えられ進化する。何世代にもわたるその影響は遺伝子配列よりもずっと大きいかもしれない。

進化はいいことだ。物事を改善に向けて適応させるプロセスだからだ。製品、組織、人間の能力も同様に時間とともに進化する。それはたんに、適応して改善するか、死ぬかのプロセスだ。この進化の過程は私にとって次のページのように見える。

[*18] 進化以外のものはやがて崩壊する。私たちも、すべてのものが進化の手段である。私たちは自分を個人とみるが、何百万年と生存した遺伝子の容器なのだ。遺伝子はこれからも私たちの体を利用し、捨てていくだろう。

[*19] 進化については、リチャード・ドーキンスとE.O.ウィルソンの本をお薦めする。1冊だけ選ぶとしたら、ドーキンスの『遺伝子の川』だろう。

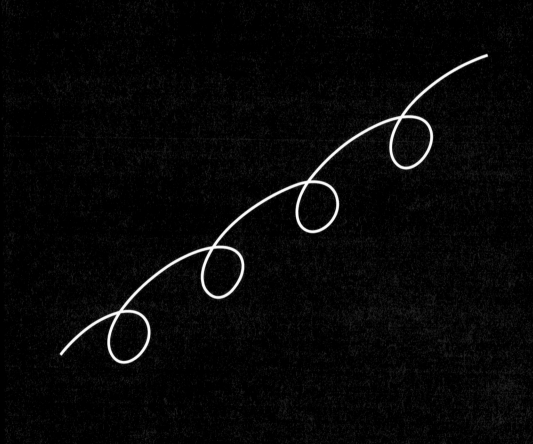

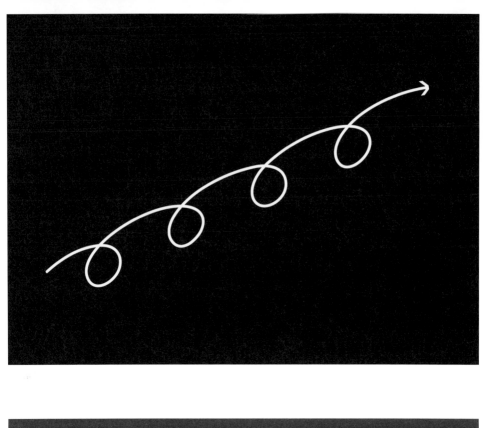
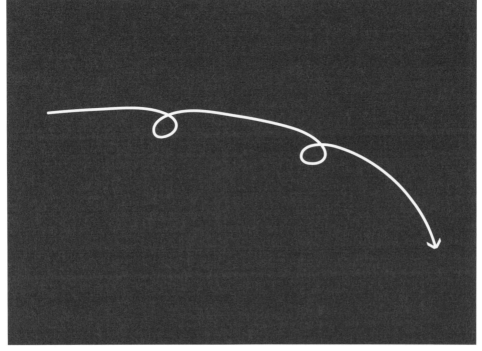

進化は、価値が低下するものに息吹を吹き込む適応／発明から成り立つ。苦痛な価値の低下が生じると、新たな適応、新たな発明が起こり、新しい製品、組織を作り出す。そして人間の能力は新たな高いレベルへと発展する（左の上図のように）。あるいは低下して死ぬ。その下の図のように。

　自分の知っている製品、組織あるいは人を思い浮かべてみれば、これが真実だとわかるだろう。世界にはかつて偉大だったが劣化して破綻したものが溢れている。自己改造して新たに一段高い偉大なものへと移っていくのはわずかだ。機械はいずれ壊れ、分解され、部品がリサイクルされて新しい機械に変わる。私たちも同じことだ。私たちはマシンに愛着を持つようになるから、時には悲しく感じる。だが一段上がって高所から見れば、進化のマシンが働く様は美しい。

　この観点から考えれば、完全というものは存在しないことがわかる。終わることのない適応のプロセスを刺激して動かすのは、目標だ。もし自然が、いや何でもいいが、完全だったら進化はない。生命体、組織、個人はいつもひどく不完全だが、改善することができる。だからミスを隠し完全を装うよりも、不完全なところを見つけて対応するほうが理に適っている。ミスから貴重な教訓を得て成功に向けて態勢を整え前進を続けるか、あるいは、何も学ばず失敗するかのいずれかだ。

　よく言い習わされているように：

d.　進化を、さもなくば死を。進化のサイクルは人間に限ったことではない。国家、会社、経済、何にでもある。当然、全体で見れば、自動的に修正されていくが、部分的にはそうとは限らない。たとえば、供給過多で、市場で廃棄が多すぎれば、価格が下がり、会社は倒産する。そして生産能力が減少し、供給が減り需要に見合うようになれば、サイクルは逆の方向に動き出す。同様に、景気が極めて悪化すれば責任を担う人は、必要な政治変革や方針変更をするだろう。さもなければ彼らは生き残れず、代わりの人がやってくる。このサイクルは連続して起こり、論理的に動き、自己

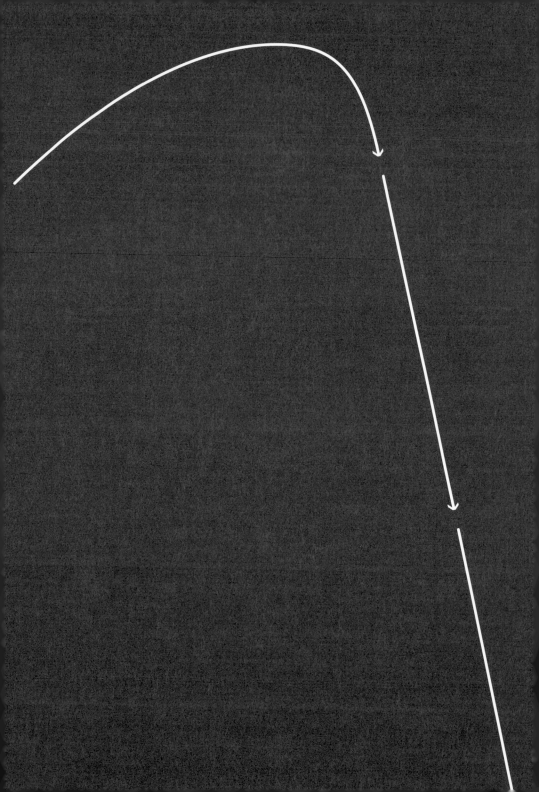

強化をもたらす。

　重要なのは、失敗し、学び、素早く改善することだ。つねに学び改善していれば、進化のプロセスは上昇の図のようになる。うまくやれなければ、左の図のようになる。いや、それよりひどくなるかもしれない。

　私は次のことを信じている。

1.5　進化は人生の最大の成果であり、最大のご褒美だ

　本能的にそうなっている。だから私たちはそれに惹かれる。言い換えれば、本能的に私たちはよくなりたいと望み、役に立つテクノロジーを生み出し、進化してきた。歴史を見ればすべての生物は絶滅するか他の種に進化していることがわかる。私たちに与えられた時間は短く、それを見ることは難しい。だが、DNAが20万年ほど前に進化して新しい形になった結果、人間と呼ばれるものが生まれたことは知られている。そして、人類は絶滅するか、より高いステージの何かに進化することも知られている。人間の作り出したテクノロジーが大量のデータを分析し、人間よりも速くそして上手に「考える」ようになり、進化のスピードが加速する可能性があると個人的には思っている。今よりも全知の存在にずっと近い高度な生物に進化するには何世紀かかるのだろう。その前に自滅しなければの話だが。

　個々の生命体は何が起きているのか理解せず、何かに導かれることもなく、それぞれが勝手に動いているにもかかわらず、全体として美しく動き進化している点で、自然はすごいと思う。私はこの分野の専門家ではないが、進化が、a) 個々の利益を追うことで結果的に全体が進化するようなインセンティブと相互作用を生み出し、b) 自然淘汰プロセスを生み出し、c) 迅速な実験と適応を生み出したからだと思われる。

a.　個々のインセンティブは集団の目標と一致しなければならない。自然

が作り出すインセンティブに応じて、個々が個々の利益を追求すると全体の進化がもたらされる簡単な例は、セックスと自然淘汰だ。セックスの目的は DNA の進歩なのだが、自然は素晴らしい喜びという形でセックスをするインセンティブを与えている。このようにして私たち個人は自分のしたいことをしつつ全体の進化に貢献している。

b. **現実は全体のために最適化している。あなたのためではない**。全体に貢献すれば見返りが得られる。自然淘汰によって、高い質が保持され、受け継がれていく（たとえば、優れた遺伝子、他を育成する優れた能力、優れた製品など）。その結果、全体はつねに改善のサイクルに置かれる。

c. **素早く試行錯誤を通して適応することは貴重**だ。自然淘汰の試行錯誤のプロセスは、誰も理解せず誰も指導しなくても改善をもたらしてくれる。同じことが私たちの学習にも言える。進化を育む少なくとも 3 種類の学習がある。1 つは記憶による学習（意識して得た情報を保存しておいて後に呼び出す）。2 つ目は、潜在意識での学習（経験で得る知識で意識しないが意思決定時に影響する）。そして 3 つ目はまったく考えることなく行う「学習」。種の適応のために配列を変える DNA の変化などだ。記憶による意識した学習がもっとも強いと以前は思っていた。しかし、経験や適応よりも進化の速度が遅いことがわかってきた。考えることなく自然が改善する例を挙げよう。人類はウイルスに打ち克とうと（ずっと頭脳を駆使して）努力してきたことを見ればわかる。ウイルスは頭脳を持たない。ウイルスは優秀なチェスの対戦相手のようだ。（異なる遺伝物質を異なる株の間で結び付けることで）ものすごく早く進化してしまう。世界の医療業界の優秀な人々がウイルス対策を絶え間なく考えているのにもかかわらず、彼らを出し抜いてしまう。このことを理解しておくのは、何が効き、何が効かないかを見るために、進化のプロセスを再現してコンピュータで多数のシミュレーションを走らせる時代には役立つ。

次章で、私の役に立ったプロセスを書こう。素早く進化するために役に立つと思う。だが、まず、あなたにとって何が重要で、何を求めていきたいのかを決めるに当たり、あなたの視点がとても重要だということを強調しておきたい。

d.　あなたはすべてであると同時に無の存在でもあることを認識するように——そして何になりたいのかを決めるように。 私たちはすべてであり無でもあるというのは大きなパラドックスだ。自分の目からすれば私たちはすべてだ。たとえば、自分が死ねば世界は消える。だから人にとって（そして他の生物にとっても）死ぬことは考え得る最悪の事態だ。そして出来得る限り最高の人生を送ることが何よりも重要なことだ。だが、自然の目で私たちを見下ろすと私たちには何の価値もない。私たち個人は70億人の1人でしかない。私たち人間種は、地球上に生息する生物1000万種のたった1つでしかない。地球は銀河系に存在する1000億ほどの惑星のわずか1つでしかない。そして銀河系は宇宙にある2兆ほどの星雲の1つでしかない。私たちの寿命は人間が出現してからの期間の3000分の1でしかない。それは地球が出現してから2万分の1の時間だ。言い換えれば、私たちは信じられないほどちっぽけで短命な存在だ。何を達成したとしてもその影響はたいしたものではない。同時に本能的に大きな存在でありたい、進化したいと思う。そしてわずかながら重要な存在になり得る。そしてこのわずかなことが足し合わされて世界を進化させるのだ。

　問題はどのように重要になり進化するかだ。他人（大きな規模で考えれば、彼らもやはり取るに足りない存在だ）にとって重要な存在になりたいのか、あるいは実際に達成することのない何か重要なものか。重要な存在になることがどうでもよいのであれば、この質問を忘れて人生を最後まで楽しめばいいのか？

e.　あなたが何になるかは、あなたの考え方次第。 人生でどこに行きたい

かは、あなたがどのように物を見て、誰と、何とつながっていたいのか（家族、コミュニティ、国、人類、生態系全体、何でも）による。自分よりも他人の利害をどのくらい優先させるかを決めなくてはならない。その他人とは誰のことなのかも決める必要がある。なぜなら、その選択を迫られる状況につねに遭遇するからだ。

そんなことを決めるのは衒学的に思われるかもしれないが、意識的か潜在的かはともかく、決めることになる。そしてそれはとても重要だ。

私は個人的には、自然の視点から私を見下ろし、全体のごくごく小さな部分であるという現実を受け入れることに、今はワクワクしている。私の本能的かつ知的な目標は、私がここに存在し、私が私でいる間に、ごくさやかでも進化し、進化に貢献することだ。同時に、私にとってもっとも大切なこと、すなわち仕事と人間関係だが、それが私をやる気にさせてくれる。私を含むすべてのものが分解され再構築されることもそうだが、現実と自然の働きは美しいと思うようになった。とはいえ感情的には、私が大切に思う人から別れることはなかなかよしとしづらいが。

1.6 自然の実践的な教訓を理解する

自然と進化がどう働くかを理解することは、さまざまな点で役に立った。何よりもまず、現実に上手に対処し、難しい選択をするのに役立った。そうじゃないだろうと思うのではなく、ほんとうはどうなのか解明しようという視点から現実を見るようになると、最初私にとって「悪い」ように見えるもの——雨の日、弱み、死ですら——は、私が個人的にこうあってほしいという先入観を持つからだとわかった。やがて、現実は私のためではなく全体最適のために作られているのだということを頭に入れていなかったから、当初私はそのように反応したんだと納得するようになった。

a. **あなたの進化を最大限にするように。**論理的、抽象的、そして大局的

にものを見る特異な能力は、大脳新皮質に組み込まれていると書いた。この頭脳の部分は人間でいちばん進化しており、私たちは自分のことをよく考え、自分の進化を推進することができる。意識的に記憶による学習ができるから、私たち人間は他の種よりも深く早く進化できる。世代交代を待たずに、生きている間に変わることができる。

　つねに学び改善しようとすれば、上達することが本質的に楽しくなる。早く上達すると気分爽快になる。人は幸せにしてくれる何か（おもちゃ、大きな家、お金、地位など）を得るために努力していると思うが、何かに上手になることで得られる長期的な満足に比べたら、それは足元にも及ばない。[*20]努力して手に入れた後、そのまま満足することは滅多にない。ものはたんに撒き餌でしかない。それを追い求めることで私たちは進化する。見返りが重要なのではなく、進化こそが私たちにとって重要なのだ。ということは、成功とは可能な限り上手に悪戦苦闘し進化することだ。すなわち迅速に自分や自分の環境について学び、改善しようとして変わっていくことだ。

　こうすることは収穫逓減の法則から、自然なことだ。[*21]お金を手に入れることを考えてみよう。多額のお金を稼ぐ人は、お金が余分に入ってもあまり嬉しくない、あるいは全然嬉しくない。何でも過剰だとそうなる。暴飲暴食もそうだ。知的に健全であれば何か新しいもの、あるいは古いものに新しい深みを見つけようとするだろう。そしてその過程でさらに強くなる。フロイトが言うように「人間にとって愛と仕事がすべて」なのだ。

　仕事といっても職業である必要はない。職業であるほうがいいとは思うが。個人を向上させる長期的なチャレンジであれば何でもよい。おわかりと思うが、やりがいのある仕事は、向上したいという人間の本質的な欲望と結び付いていると私は信じている。そして人間関係とは他人との自然な結び付きで、たがいに関わっていたいと思う、さらに広く言えば社会と関わっていたいと思うことだ。

[*20] もちろん、私たちは、人間関係、キャリアなど同じもので満足する、だが、その場合、異なる次元で新たな喜びを得ているからだ。
[*21] 何でも不足している状態から豊富な状態に動いた場合の限界効用は減少する。

1　現実を受け入れて対応しよう

b. 「苦は楽の種」を忘れないように。私たちは本質的に進化を望むとわかった。手に入れようとして成功しても、それが素敵なものであってすら幸せが長く持続することはないとわかった。そうわかると、進化する、そしてごくささやかながら進化に貢献するという目標に集中できるようになった。苦痛を好む人はいないが、自然が作ったものには目的がある。だから自然が与える苦痛には目的がある。それではその目的は何か？　それは私たちに注意を喚起し、導くことだ。

c. 強さを得るためには限界を超えて頑張る必要があるが、それは苦痛を伴う。それが自然の根本的な法則だ。カール・ユングはこう言った。「人には困難が必要だ。健康のために必要だ」。だが人は本能的に苦痛を避ける。体を鍛えること（重量挙げとか）でも、心を鍛えること（欲求不満、精神の不調、困惑、恥など）でも言えることだ。とくに自分の不完全さという厳しい現実に直面したときには言えることだ。

1.7　苦痛＋反省＝進歩

　苦痛を避けることはできない。とくに野心的な目標を追い求めているときには。信じようが信じまいが、正しくアプローチしていればそのような苦痛を感じるのはラッキーだ。それは進歩のために解決方法を探す必要があるというシグナルだからだ。精神的な苦痛を感じて、回避するのではなく反省するような行動をとれたら、迅速に学び進化できるだろう。問題、ミス、弱みから生じる苦痛な現実に真正面から向かい合うほうがはるかに効果的であるとわかれば、それ以外の方法をとりたいとは思わなくなると思う。そうする習慣を身につけるだけのことだ。[*22]
　たいていの人は辛いときに反省できない、そして痛みが通りすぎると他

[*22] 内省——自分自身、周りの世界、自分と世界との関係を見る能力——は、捉えにくいことを深く考え比較検討し、学び、賢い選択ができるということだ。内省を深めるために信頼できる人に苦痛の根本原因を尋ねると役に立つ。とくに逆の意見を持つ人で、正しいとされていることではなく、事実を求めることに対する思いを共有できる人であればよい。深く問題を反省できれば、その問題は小さくなるか消える。真正面から取り組むのを避けたときよりも、優れた対応方法が必ず見つかるからだ。

のことに注意を向けてしまい、教訓を与えてくれる反省をしない。苦痛のさなかに反省できれば（難しいとは思うが）、素晴らしい。苦痛が去った後に反省することを忘れなければ、それも貴重だ（巻末の「付記」に書くが、私は「苦痛のボタン」というアプリを作った）。

　あなたが直面する困難は、あなたを試し、強くする。失敗しないということは、限界まで頑張っていないということだ。限界を超えようとしなければ、可能性を最大限に生かせない。限界に挑み、時には失敗し、時には乗り越えて何かを得る。それは誰にもできることではない。だがそれができれば、それはゾクゾクするような経験でくせになる。人生にはそのような瞬間がある。それをもっと欲しいと思うかどうかはあなた次第だ。

　この辛い個人の進化の過程をやり抜く道を選べば、当然、もっともっと高いレベルに「上昇する」。嵐のようにやってくるものを乗り越えて登り、間近で見れば、そういったものは、実際よりも大きく見えるものだとわかるだろう。人生で遭遇することは、だいたいが「よくあることだ」。高く昇れば昇るほど、現実に働きかけて結果を出し、目標に向かっていくのが上手になる。複雑で不可能と思えたことがシンプルになる。

a.　苦痛を回避せず、向かっていこう。 自分に甘くならず、あるレベルの苦痛の中で働くことが気にならなくなれば、早いペースで進化できる。そういうものだ。

　何か辛いことに遭遇するたびに、人生の重要な岐路に立つことになる。健全で苦痛な事実を選ぶことも、不健全ながら心地よい妄想を選ぶこともできる。皮肉なことに、健全な道を選べば苦痛は喜びに変わる。苦痛はシグナルなのだ！　エクササイズをしない生活から、エクササイズするように切り替えるのと同じように、苦痛を受け入れ、そこから学ぶことで「向こう側に渡る」ことができる。

　「向こう側に渡る」というのは、次のことに病みつきになるということだ。

- 自分の弱みを見つけ、受け入れ、どう対処するか学ぶこと
- あなたの悪いところを指摘せず胸にしまっておくのではなく、正直に話してくれる人と好んで付き合うこと
- 弱いのに強い振りをせず、ありのままでいること

b. **愛の鞭を受け入れよう。**私の人生で人に与えたいと思うもの、とくに私が大事に思う人に与えたいものは、望むものを手に入れるために現実に対応するパワーだ。彼らに強さを与えるという目標のために、彼らが「望む」ことを否定することがある。そうすれば彼らは苦労して望むものを自力で獲得するパワーを身につける機会を得るからだ。困難は強くなるためで、欲しいものを与えてしまえば弱くなり、さらに助けを必要とするようになる。そう頭では理解しても、感情的には難しいことだ。[*23]

　もちろん、弱みを持ちたいとは誰も思わない。この世界で育ち経験を積んでいれば、私たちは自分の弱みを恥ずかしいと思い、隠そうとする。だが、人はありのままの自分でいるときがいちばん幸せだ。自分の弱みをオープンにできれば、解放され、上手に扱えるようになる。誰だって問題を抱えているのだから、それを恥ずかしいと思わないように。それを表面化すれば、悪い習慣を破り、よい習慣を身につけることができる。そして真の強さを身につけ、楽観的になれるだろう。

　生産的に適応し、上に向かって進化を遂げるプロセス——すなわち、求め、獲得し、さらに野心的な目標を追求すること——は、個人や社会が前進するときだけではない。必ず生じる失敗に対処するときにも同じだ。人生のある時点で、大きく挫折する。仕事で失敗する。家族の問題。愛する人を失う。大きな事故あるいは病気に見舞われる。想像していた生活が永遠に手の届かないものだと気づく。さまざまな形で何かがやってくる。そんなとき、苦しみ、もうやり続ける強さがないと思うかもしれない。だが、いつだってやれる。成功はその事実を認識するかどうかに依存する。その

[*23] 手助けしてはいけないと言っているわけではない。機会を与え、機会を生かして強くなるために必要なコーチングをすることで手助けすべきだと信じている。諺にあるように「天は自ら助くるものを助く」。だがそれは容易ではない。とくに大切に思う人に対しては。苦痛な経験から上手に学ばせるには、なぜそうするのかを明確に繰り返し、その論理と愛情を話すことだ。「私の生い立ち」に書いたが、これこそ私が原則を説明しようと思い立った理由だ。

瞬間にはそうは思えないだろうが。

　この理由から、そのときには破滅的だと思うような挫折をくぐり抜けた人は、変化に適応した後、それまでと同じくらい（いや以前よりも）幸せになることが多い。素晴らしい人生となるかどうかは、このような辛い瞬間にどのような選択をするかによる。早く適切に適応すればするほどよい[*24]。人生に何を望もうと、適応し素早く上手に行動して個人の進化のプロセスを進める能力が成功と幸せを決める。上手にやれたら、精神的な反応が変わり、辛いことを望むようになる。

1.8　二次的、三次的結果の重さを考える

　自然は高いレベルで結果を最適化することがわかってから、決定の一次的結果に重きを置き、二次的結果、さらにその後に続く結果を無視する人は滅多に目標にたどりつけないことが見えてきた。というのも、一次的な結果は、望ましさという点で二次的な結果と逆になることがよくあり、意思決定で大きなミスをもたらすことがあるからだ。たとえば、エクササイズの一次的結果（痛み、費やす時間）は普通望ましくないものだ。だが、二次的結果（健康になる、見た目がよくなる）は望ましい。同様に、おいしい料理は体によくないこともある。その逆もある。

　一次的結果は、ほんとうに望むことを犠牲にさせる誘惑となることがあまりにも多い。それが障害となることも多い。自然がひっかけの質問をして、一次的結果だけで決定をする人には罰則を与えるかのようだ。

　対照的に、ほんとうに望むことを選び、誘惑を退け、ほんとうに欲しいものから遠ざけようとする苦痛を克服する人は、人生で成功する率がはるかに高い。

[*24] 環境の変化を見て適応する能力は、学習し迅速に対応する能力というより、認知と論理的思考による。

1.9 結果の責任を取るように

　人生では決断をしなくてはならないことが多い。過ちから回復する機会も多い。うまく対処すれば素晴らしい人生を送ることができる。もちろん、コントロールの及ばないことで人生に大きな影響の生じることがある。生まれた環境、事故、病気など。だが、たいていは最悪の環境であっても、正しいアプローチをとればよくすることができる。たとえば、私の友人は水泳プールに飛び込み、頭を打って、両手両足が不自由になった。彼はこの状況にうまく対応し、幸せになっている。幸せへの道は多くあるからだ。

　私が言いたいのはこれだけ。人生でどんな状況にあっても、自分のコントロールの及ばないことをブツブツこぼす代わりに、自分の決定に責任を取れば成功し幸せを見つける可能性は高い。心理学者はこれを、「内的統制型」と呼ぶ。この型の人はそうでない人よりもつねに優れた結果を出すことが研究で示されている。

　だから、あなたのいる状況が好ましいものでなくても心配することはない。人生は、あなたが好むか好まないかなど気にしない。あなたが望むものとあなたがする必要のあることを結び付け、それをやり遂げる勇気を見つけるかどうか、それはあなた次第だ。次章で、5ステップのプロセスを話そう。これは、現実を学び進化するのに私にはとても役に立った。

1.10 高いレベルからマシンを見る

　高いレベルから見る私たち人間が持つ独自の能力は、現実、そしてその根底にある因果関係を理解するために使われるだけではない。自分自身、そして周りの人を見るのにも使える。高所に立ち、自分や他の人の状況を客観的に見る能力を「高次元の思考」と私は呼ぶ。高次元の思考により、因果関係が人生にどのような影響を与えているかがわかり、それによって望む結果を得ることができるようになる。

a. 自分をマシンの一部として動くマシンと考え、よい結果を生むようにマシンを変える能力があることを知っておこう。 あなたにはあなたの目標がある。あなたの目標達成のための方法を、あなたのマシンと呼ぼう。それはデザイン（やるべきこと）と人（やるべきことをする人）から成る。この「人」の中には、あなたやあなたを手伝う人が含まれる。あなたの目標が、敵から丘を奪うという軍事的なものだとしよう。あなたの「マシン」は、2人の偵察、2人の狙撃兵、4人の歩兵などでデザインされる。正しいデザインは重要だが、それは戦いの半分でしかない。それらのポジションに適切な人材を配置することが同じくらい重要だ。仕事をうまくこなすには異なる能力が必要だ。たとえば、偵察には足の速い人。狙撃兵は優れた射手。そうすればマシンは求める結果を生み出してくれるだろう。

b. 結果と目標を比較して、マシンをどう改良するかを決めればいい。 この進化と改善のプロセスは、前述した進化のプロセスとまったく同じだ。それは、目標達成のためにデザインや人員をどう改善するか、変更するかを見ることだ。図式的には、プロセスはフィードバック・ループで、次のページに描いた絵のようになる。

c. マシンのデザイナーである自分と、マシンを動かす自分とを区別するように。 与えられた状況（つまりマシン）のなかで客観的に自分を見て、マシンのデザイナー／マネジャーとして行動するのはとても難しいことだ。普通は、マシンの中のワーカーという視点にとらわれてしまう。この役割の違いを認識し、ワーカーであるよりも、人生のよきデザイナー／マネジャーであることのほうがずっと重要だということがわかれば、正しい方向に進んでいると思っていい。成功するには、「デザイナー／マネジャーである自分」は「ワーカーである自分」を客観的に見る必要がある。過度に信用してはならないし、できない仕事を任せてもいけない。この戦略

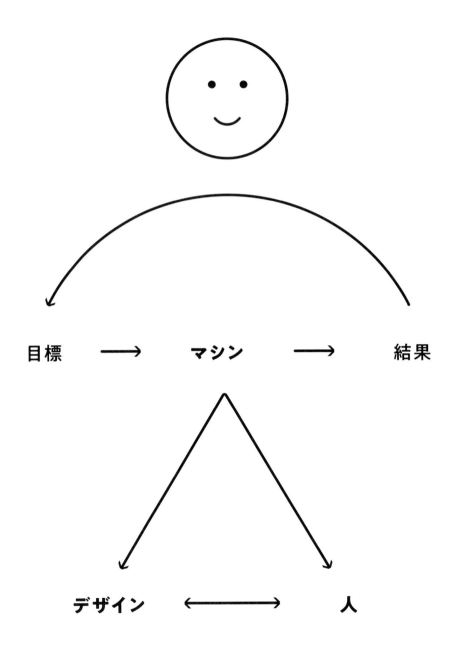

的視点を持たずに、たいていの人は感情的に瞬間的に動いてしまう。そういう人の人生は、次から次へと方向性なく動く、感情的な体験の連続となる。人生を振り返って望んだことを達成したと感じたいのなら、そのようなやり方をしてはいけない。

d. 人が犯す最大の過ちは、自分や周りの人を客観的に見ないことだ。そのために、自分や周りの人の弱みに何度も何度もぶち当たることになる。 こういう人は失敗する。頑固に自分の考えに凝り固まっているからだ。もしこれを克服したら自分の可能性を最大限に生かすことができるだろう。
　だから、高次元の思考は成功に不可欠なのだ。

e. 成功する人は、自分から一歩離れ、物事を客観的に見て、変化をもたらすことができる。 彼らは偏見に満ちた自分の考えにとらわれず、他人の視点で物を見ることができる。彼らは自分の強み、弱みを客観的に見ることができ、目標達成のために適材を適所に配するよう、他の人の人となりを見る。いったんこれを会得してしまえば、達成できないことはなくなる。現実を直視することを学び、使えるリソースをすべて使えばいい。たとえば、デザイナー／マネジャーの立場から見て、ワーカーとしての自分はあることをうまくできないとみたら、人生のデザイナー／マネジャーとしての役目はそのまま残し、ワーカーとしての自分を解雇して、代わりによい人を見つければいい。何かがうまくできないからといって腹を立てることはない。それがわかってよかったと思うべきだ。それを知り対応することで、望むものを手に入れるチャンスは高くなるからだ。
　すべてを最高にうまくできないからとがっかりしているのなら、あまりにもウブだ。すべてをうまくやれる人間なんていない。バスケットボールのチームメンバーにアインシュタインを入れたいか？　ドリブルやシュートをうまくできないからといって、彼のことを悪く思うか？　彼は恥ずかしいと思うべきか？　アインシュタインに能力がない分野を想像してごら

ん。そして彼が世界最高峰に立つ分野ですら、彼は優れた成果を出そうとどれだけ努力をしたか考えてみてほしい。

　他人が悪戦苦闘するのを見たり、自分が悪戦苦闘しているところを他人に見られたりすると、さまざまな感情が引き起こされる。同情、哀れみ、きまり悪さ、怒り、自己防衛など、エゴから出てくる感情だ。それらの感情をすべて克服し、奮闘することを否定的にとるのはやめよう。人生で最大のチャンスは奮闘のさなかにやってくる。この創造性、人格を試すものを最大限活用するかどうかは本人次第だ。

　自分の弱みに直面したとき、4つの選択肢がある。

1. 否定する（多くの人がやることだ）
2. 受け入れてそれを強みに変えるよう努力する（変わるかどうかは、能力次第だが）
3. 弱みを受け入れ、それを回避する方法を探す
4. あるいは、追求する目標を変更する

　どの選択肢を選ぶかは人生の方向を決めるのに極めて重要だ。最悪の選択は1番だ。否定すればつねに自分自身の弱みに傷つき、苦痛を覚え、どうにもならない。弱みを受け入れそれを強みに変えようと努力する第二の道は、うまくいけば最高の選択だ。だが、どう頑張っても上手になれないこともある。それに、変わるためには多くの時間と努力が必要だ。この道を選ぶかどうかを決める手掛かりは、努力しようとしていることが自分の資質（すなわち自然な能力）と合致しているかどうかだ。弱みを受け入れそれを回避する道を探す第三の道は、いちばん容易で通常もっとも実行可能な道だ。それなのに選択されることがもっとも少ない。追求する目標を変えてしまうことも素晴らしい道ではあるが、先入観をなくし、ぴったりのものを見つけたときに楽しめる柔軟な頭が必要だ。

f.　自分が弱い分野で強い人に助けを求めるのはとてもよいスキルで、たとえ何があろうと、大いに伸ばすべきだ。やるべきではないことをやるのを防ぐガードレールになってくれるからだ。成功した人はみな、これが上手だ。

g.　自分自身を客観的に見るのは難しいから、他人のインプットとたくさんのエビデンスが必要だ。私の人生は過ちだらけで素晴らしいフィードバックをたくさんもらった。高所からたくさんのエビデンスを見たからこそ、過ちに打ち克ち、望んだものを手に入れることができた。これを長いこと実践しているが、私はまだ自分を客観的には見られない。だから他人のインプットに依存し続けている。

h.　オープンな態度と固い決意があれば、ほとんど何でも欲しいものが手に入る。だから、望むものを諦めろとは絶対に言わない。だが同時に、追求しているものは自分の資質に合致するかどうかよく考えるように。資質がどうであれ、ピッタリの道がたくさんあるはずだ。だから１つにこだわらないように。１つの道が閉ざされたら、自分に合う別のよいものを見つければいいだけだ（「４　人の頭の配線はそれぞれものすごく違う」という章で自分の人となりを見極める方法をたっぷり学ぶと思う）。

　だが、多くの人は自分の弱みを直視する勇気も、このプロセスに必要な厳しい選択をする勇気も持たない。結局は、次の５つの決断になる。

1.　こうならいいのにと望むことを、実際に事実だと思い込まないこと
2.　よく見せたいと思わないこと。それより目標達成を考えよう
3.　二次的、三次的結果と比べて一次的結果を重視しすぎないこと
4.　苦痛が進歩を邪魔しないように
5.　悪い結果を責める相手は自分だけだ

BAD
「厳しい現実」を
直視しない

GOOD
「厳しい現実」を
直視する

BAD
よく見せたいと思う

GOOD
目標達成に心を砕く

BAD
一次的結果で
判断する

GOOD
一次的、二次的、三次的
結果を基に判断する

BAD
苦痛に邪魔されて進歩しない

GOOD
進歩を遂げるよう苦痛を上手に扱う方法を理解する

BAD
自分にも他人にも
責任を持たせない

―――――――――――

GOOD
自分にも他人にも
責任を持たせる

2 人生で欲しいものを手に入れるために5ステップのプロセスを使おう

個人の進化のプロセスは、前の章で記述したループをたどるが、5つの段階を経ると思う。この5つのことをうまくやれれば、成功は間違いなし。要約すれば次のことだ。

1.　明確な目標を持つ
2.　目標達成の障害となる問題を明らかにし、放置しない
3.　問題の根本原因を探るために正確に診断する
4.　それらの問題を回避するように計画を策定する
5.　その策定から結果が出るように実行する

　この5つの段階がまとまって、次のページの図のようなループになる。このプロセスをもう少し細かく見ていこう。
　まず、何を追求するかを決めよう。つまり**目標**だ。目標の選択によって方向性が決まる。目標に向かって進むと**問題**にぶち当たる。自分の弱みを直視せざるを得ない問題もあるだろう。その苦痛にどう対処するかは本人次第だ。目標達成を願うのなら、冷静に分析的に、問題を正確に**診断**し、それを回避する計画を**策定**し、結果を得るために必要なことを**実行**しよ

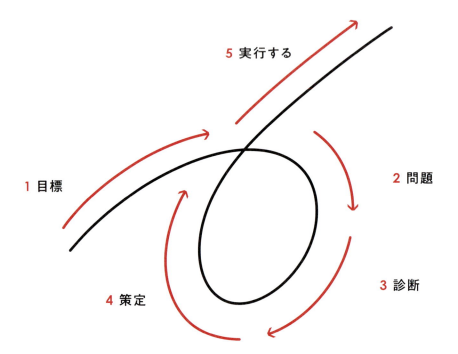

う。そして新たな結果を見て再びプロセスを進めることになる。迅速に進化するためには、これを早く、継続的に行い、目標を次々と高く設定しなければならない。

　成功するには５つのステップすべてを、１つずつ順番に上手にこなさなければならない。たとえば、目標設定では、目標設定だけをするように。どうやって達成しようかとか、何かうまくいかなかったらどうしようなどと考えない。問題を診断するときには、解決方法を考えない。診断だけすればいい。ステップを曖昧にしてしまうと、最善の結果は得られない。真の問題を見つける邪魔になるからだ。このプロセスは反復作業だ。１つひとつのステップをきっちりとやっていけば、次のステップに移りうまくやるための情報を得ることができる。

　このプロセスをするときには、頭をすっきりさせて、理性的に、自分を高所から見下ろして、容赦なく正直になることが重要だ。感情に打ちのめされそうだったら、一歩退き、はっきり考えられるまで時間を置くように。必要であれば冷静で思慮分別に富んだ人のアドバイスを求めよう。

　集中して効果を上げるためには、人生を武術あるいはゲームだと考えよう。困難を避け目標に到達するのが目的だ。ルールを受け入れたら、つねに欲求不満から生じる不快感に慣れるだろう。すべてを完璧にこなすことは不可能だ。過ちは不可避だ。この事実を認識し受け入れることが重要だ。過ちは犯すたびに何かを教えてくれる。だから学びに終わりはない。「それは容易じゃない」とか「公平には思えない」、さらには「それはできない」といった言い訳には何の価値もないこと、やり遂げれば報われることがやがてわかるだろう。

　さて、成功するためのスキルをすべて身につけていないとしたら？　心配することはない。誰もがそうなのだから。スキルがいつ必要なのか、必要なときにはどこで手に入れればよいかがわかっていればいい。練習を積めば、逆境にあっても、冷静に飽くなき集中力でゲームを戦えるようになる。欲しいものを手に入れる自分の能力にワクワクするだろう。

さて、5つのステップそれぞれをどうやっていくか見ていこう。

2.1 明確な目標を持つ

a. **優先順位をつける：何でも望むものは手に入れられるが、すべてを手に入れることはできない**。人生は巨大なバイキング料理みたいだ。食べきれないほどたくさんのおいしいものが出される。目標を選ぶときには、もっと欲しい、もっと必要だと思うものを得るために、何かを諦めることになる。ステップを始める前に、ここで失敗する人もいる。もっとよいものを選ぶためとはいえ、よいものを諦めるのは不安で、一度に多くの目標を追求しようとしてしまう。そしてごくわずかしか達成できない。何も達成できないこともある。すべての選択肢を見て、やる気をなくしたり、身動きがとれなくなったりする必要はない。幸せになるには、そんなにたくさんのものは必要ない。選択して、どんどん進めていこう。

b. **目標と欲望とを混同しないこと**。適切な目標は、ほんとうに達成しなければならないものだ。欲望は、目標達成を妨げるかもしれないものを望むことだ。通常、欲望は一次的結果だ。たとえば、健康な体作りを目標にしたとしよう。おいしいが健康的ではないものを食べたいというのが欲望だ。誤解しないでほしいが、カウチ・ポテトになりたいというのなら、それはそれでいい。望むことを目標にすればいい。だが、カウチ・ポテトになりたくないのなら、ポテトチップの袋を開けないほうがいい。

c. **目標と欲望を調整して、人生でほんとうに求めるものは何かを決めるように**。たとえば、情熱を例にとろう。情熱なしの人生は退屈だ。情熱なしに生きたいとは思わないだろう。だが問題は、その情熱で何をするかだ。情熱に身を任せて非合理的な行動をとるか、あるいは、やる気を出すのに利用して目標を追求するか。満足を感じるのは、欲望と目標の両方ともが

ちょうどよいレベルになるときだ。

d. 成功のシンボルと成功を間違えないように。 達成志向は重要だ。だが、1200ドルの靴やかっこいい車に取り憑かれる人は滅多に幸せになれない。ほんとうは何を求めているのか、そして何によって満足を得るのかを知らないからだ。

e. 達成できそうにもないからといって目標から外さないように。 大胆になろう。いつだって、可能なよい道はある。それを見つけ、勇気を持って進もう。達成可能と思うのは現時点の状況下でのことだ。目標に向かって動き始めたらたくさんのことを学ぶ。とりわけ他の人とさまざまな角度から検討すると、それまでに見たことのない道が見えてくる。もちろん、不可能なことはある。不可能に近いこともある。背が低いのにプロのバスケットボールチームでセンターになるとか、70歳なのに1マイル4分で走るとか。

f. 大きな期待から大きな能力が生まれる。 達成可能とわかっていることを目標にしてしまうと、目標が低くなってしまう。

g. a) 柔軟な態度と b) 自己責任を全うする気持ちがあれば、成功しないわけはない。 柔軟な態度があれば、現実（あるいは知識のある人）が教えてくれることを受け入れられる。自己責任を全うすることは不可欠だ。目標達成に失敗したら、それは自分の責任だとほんとうに思えば、創造性、柔軟性に欠けていた、あるいは決意が甘かったから失敗したなどと考える。すると、何とか手立てを探そうとさらにやる気になるはずだ。

h. 挫折にどう対処するかを知ることは、前進の方法を知るのと同じくらい重要だ。 滝に向かっているとわかっていても避けられないときがある。

人生には、そのような困難がつきものだ。そのときには、壊滅的な出来事のように思われる。ひどいときには、現在あるものを失わないようにする、損失を最小化する、あるいは取り返しのつかない損失に対応するといったことが目標になる場合もある。必ず報われると信じて、どんな場合にもでき得る限り最善の選択をすること。それがあなたの使命だ。

2.2 問題を明らかにし、放置しない

a. **苦痛な問題は、大声で注意を惹いて、改善のチャンスを与えてくれていると考えよう**。最初はそんなふうには考えられないが、遭遇するどんな問題もチャンスだ。だから、問題を表面化させることが重要だ。そうするのが好きな人はいない。自分や、自分が大切にしている人の弱さをさらけ出すときには、とくにそうだ。だが、成功する人はそうすべきだと知っている。

b. **原因が、見るのも不愉快な厳しい現実にあるからといって、問題対峙を避けないこと**。解決困難な問題を考えると、心配になる。だが、それを考えない（したがって対応しない）でいるとさらに心配になる。自分の才能やスキルの欠如から問題が生じると、恥ずかしく思う。それを克服すること。いくら強調しても足りないが、自分の弱みを認めることはそれに屈服することと同じではない。克服する第一歩だ。痛みは「成長の痛み」で、人格を試すものだ。それを乗り越えれば報われる。

c. **問題は具体的に特定すること**。異なる問題には異なる解決方法があるから、きっちり細かく見ること。スキル不足で生じた問題なら、追加のトレーニングが必要だ。生まれつきの弱点によるものなら、誰かに補佐を頼むか、役割を変える必要がある。つまり、経理が不得意なら、会計士を雇えばいい。誰かの弱点で問題が生じているのなら、必要な分野に強い誰か

に交代すればいい。そういうものだ。

d.　問題の原因をほんとうの問題と間違えないように。「十分に睡眠がとれない」というのは問題ではない。それは問題の原因だろう（あるいはその結果かもしれない）。思考を明瞭にするために、悪い結果を最初に特定するようにしよう。たとえば、「仕事がうまくいかない」というように。睡眠不足がその問題の原因かもしれない。あるいは原因は他にあるかもしれない。それを見極めるためにも問題が何かをはっきり知らなくてはならない。

e.　大きな問題と小さな問題を区別する。時間とエネルギーには限りがあるから、解決すれば大きなリターンが得られる問題を探して投資しよう。だが同時に、小さな問題もそれが何かの兆候ではないか確認するために、十分な時間を使おう。

f.　問題を特定したらそれを放置しない。問題を放置することはそれを特定できずにいるのと同じことだ。解決できないと思うからなのか、解決しようという気がないからなのか、あるいは、それが何であれ解決に必要なものをかき集められないからなのか。成功する気持ちがなければ望みはない。重大かどうかにかかわらず、どんなことでも悪い状況には厳しく、寛容にならないように。

2.3　問題の根本原因を探るために診断をする

a.　「どうするか」を決める前に「それは何か」に焦点を合わせるように。厳しい問題がわかるとすぐさま解決案を出そうと動くのは、よくやる間違いだ。戦略的思考には診断と計画の両方が求められる。よい診断を下すには、どの程度詳しくやるか、問題がどの程度複雑かによるが、通常15分

から1時間が必要だ。関係する人と話し、一緒にエビデンスを見て根本原因を特定する。原則と同様、根本原因は一見異なる状況と思われるときに繰り返し繰り返し現れる。それを見つけ、対処すれば何度も配当が得られる。

b. **直接的原因と根本原因を見分けるように。** 直接的原因は、通常、問題を引き起こす行動（あるいは行動の欠如）によるから、動詞で語られることが多い(電車に乗り遅れた。電車の時刻表をチェックしなかったからだ)。根本原因はもっと深いところにあり、通常、形容詞で語られる（電車の時刻表をチェックしなかった。私は忘れっぽいから）。ほんとうに問題を解決するには根本原因を取り除かねばならない。そうするには、症状と病気を見分ける必要がある。

c. **（自分を含め）どういう人か人物像を知ることで、彼らから何を期待できるかがわかる。** 必要な資質やスキルを持つ人材を周りに置いておきたいのなら、社員の人事考課に気乗りしない気持ちを克服しなければならない。自分自身に関してもそうだ。人は自分自身の過ちや弱みを認めたがらないものだ。それが見えていないからというときもある。だが、エゴが邪魔する場合のほうが多い。あなたの部下もあなたを傷つけたくないから、過ちを指摘するのはためらうだろう。みんな誰もがこれを克服しなくてはいけない。可能性を最大限に生かしている人とそうではない人との違いは、自分自身や他人を客観的に見て、障害となっている根本原因を理解しようとするかどうかの違いだ。これが何よりも大きい。

2.4 計画を策定する

a. **前進する前に一歩退いてみよう。** 今日に至るまでのこと（あるいはしたこと）を振り返ってみよう。それから、目標に到達するために今後何を

すべきかを描いてみよう。

b. 問題はマシンが作り出した結果と考えよう。高所からマシンを見下ろし、よりよい結果を生むように変更するにはどうすればよいかを考えて、高次元の思考の練習をしよう。

c. 目標を達成するには、通常、多くの方法があることを覚えておくように。その中から、うまくいくものを1つ見つければいいだけだ。

d. 計画を映画の脚本と考え、時間順に誰が何をするのか描いてみよう。最初は計画をざっと作ってみて（たとえば、「優秀な人材を採用する」というように）、それから微調整していこう。大局観を描いてから個別の課題に落とし込み、どのくらい時間がかかるのか考えよう（たとえば、「これから2週間のうちに、優秀な人材を探してくれる人材紹介会社を選定しよう」という具合だ）。これをやれば間違いなく、コスト、時間、人員など現実の世界の問題が表面化してくる。それでデザインにさらに磨きがかかる。そうやっていくうちに、マシンのギアが噛み合ってスムーズに動くようになっていく。

e. 誰もが見て、進捗状況をチェックできるように計画を書き出そう。これには、誰が何の任務をいつ行うかという細かなところまで書き出す。課題、説明、目標はみな別物だから、混同しないように。課題は説明を目標に結び付けるものだということを忘れないように。

f. よい計画を策定するのにはさほど時間がかからない。計画の概略を書き出し、磨きをかけるのは何時間かでできる。何日か、何週間かかけることもできる。このプロセスは重要だ。効果を上げるには何をすべきかが決まってくるからだ。実践のほうに気を取られ、計画にほとんど時間をかけ

ない過ちを犯す人が多すぎる。実行する前に計画を立てることを忘れないように！

2.5 最後まで実行する

a. **素晴らしい計画を立てても実行しなければ意味がない**。計画はやり遂げなくてはならない。それには自分の書いた筋立てどおりに行動する自制心が必要だ。達成しようとする目標と仕事の関係を忘れないように。それを見失っていると感じたら、立ち止まり「なぜやるんだ？」と自問するように。なぜやるかがわからなくなったら、目標を見失うこと必至だ。

b. **よい働き方の習慣はあまりにも過小評価されている**。上手に最後までやりおおせる人は、TO‐DO リストを作り、優先順位をうまくつけている。そしてその順番どおりに終えて、終了のチェックマークをつけるようにしている。

c. **明確な判断基準を作り、計画どおりに進んでいることを確かめる**。誰か別の人が客観的に測定し、進捗状況を報告するほうが理想的だ。目標値をクリアしていなければ、それはまた別の問題だ。分析して解決する必要がある。成功している人の中には、クリエイティブだが実践に強くない人も多い。彼らが成功するのは、信頼できる仕事をこなせる人と共生関係を持つからだ。

　これだけだ！
　5つのステップはすべて価値観から始まることを忘れないように。何に価値を見出すかで何をしたいのか、つまり目標が決まってくる。5つのステップは反復作業だということを覚えておこう。1つのステップを終えると、情報を得るから、他のステップを修正したいと思う可能性大だ。5つ

すべてを終了すると、新しい目標に向かってまた始める。もしこのプロセスがちゃんと機能していれば、目標は計画よりもゆっくりと変化する。そして計画は仕事よりもさらにゆっくりと変化する。

　最後の重要なポイントを言っておこう。「統合」と「具体化」に上手になること。最初の3つのステップ——目標設定、問題特定、診断——は「統合」だ（どこに行きたいのか、実際には何が起きているのかを知るという意味で使っている）。解決案を策定し、計画が実行されるようにするのが「具体化」だ。

2.6　解決策を見つければ、弱みは問題にならないことを覚えておこう

　このステップを全部うまくやるのは無理だ。それぞれのステップごとに異なるタイプの考え方をする必要がある。これらすべてをうまく思考できる人はいない。たとえば、目標設定（人生で何を求めるかを決めるとか）には、可視化とか優先順位付けとかの高次元の思考に優れている必要がある。問題を特定して放置しないためには、知覚が鋭く、統合に優れ、高い基準を維持する必要がある。問題を診断するには、論理的でさまざまな可能性を見る能力が必要だ。そして、厳しい会話をするのを厭わないこと。計画策定には可視化と実践力が必要だ。やると決めたことを実行するには自制心、よい働き方の習慣、そして結果重視の姿勢が必要だ。これらの能力すべてを持つ人を知っているか？　誰もいないだろう。だがすごい成功を達成するにはこの5つのステップをすべてうまくやらなくてはならない。じゃ、どうするか？　なんといっても、謙虚になること。そうすれば必要なものは他の人から与えてもらえる！

　誰にでも弱点がある。しでかすミスのパターンを見れば、だいたい弱点がわかる。弱点を知り、じっくり見ること、それが成功への道の最初の一歩だ。

a. **しでかすミスのパターンを見て、5 ステップのプロセスのどのステップで失敗しそうかを見つけよう。**他の人のインプットを求めよう。自分のことを完全に客観的に見られる人はいないからだ。

b. **誰でも少なくとも 1 つは成功を妨げる大きな問題を抱えている。それは何かを見つけて、対処しよう。**その大きな問題を書き出すように（たとえば問題特定、解決策の策定、結果を出すことなど）。そしてなぜその問題が存在するのかも書き出そう（感情に流される、適切な可能性を思い描けないなど）。普通は 1 つ以上大きな問題を抱えている。だが、いちばん大きな問題を取り除くか、回避できれば、人生は大きく改善する。それに向かって努力すれば、大きな問題にうまく対処できると思う。

　それを直すこともできるが、他人の力を借りてうまく対処することもできる。成功には 2 つの道がある。1）自分自身で必要なものを持つ。2）他の人から手に入れる。2 つ目の道には謙虚さが必要だ。謙虚であることは重要だ。謙虚さは自分自身が強くなるのと同じくらい、いやそれ以上に重要だ。両方あれば最高だ。以下にテンプレートを載せた。役に立つ人もいると思う。

2.7　自分自身そして他人のメンタルマップと謙虚さを理解するように

　自分が何をすればよいか、よくわかっている人がいる。よいメンタルマップがあるということだ。誰かに教えてもらったのかもしれない。たくさんの常識に恵まれているからかもしれない。いずれにせよ、他の人に比べて、多くの答えを自分の中に持っている人たちだ。同様に、他の人よりも謙虚でオープンな人がいる。自分で考えるよりもよい答えを探そうとするのであれば、謙虚であることは、よいメンタルマップを自分で持つよりも

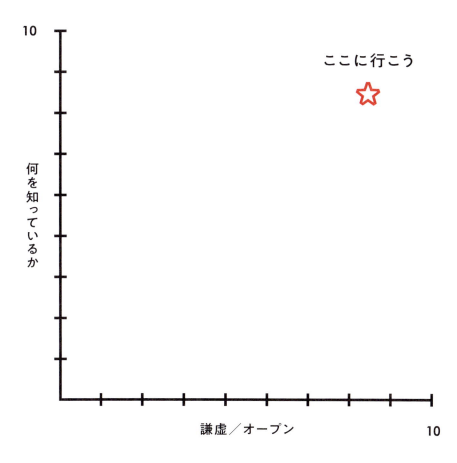

貴重だと言える。オープンな態度とよいメンタルマップがあれば、最強だ。

この簡単な概念を伝えるためにグラフを使おう。メンタルマップがどのくらいよいか（つまり、何を知っているか）を1から10のスケールでY軸に示す。どのくらい謙虚でオープンかをX軸に示す。それが上の図だ。

全員が左下の部分から始める。メンタルマップが少なく、心も狭い。たいていの人は残念なことに、そして傲慢なことに、このポジションのままで終わる。（もっとうまくやっていく方法を学んで）メンタルマップの軸

を上方に動くか、オープンになって右側に移る。いずれであっても、上手にやるための知識が増える。メンタルマップはよいのにオープンさのスコアが低いなら、悪くはないが素晴らしいとは言えない。価値あるものを多く見逃すことになる。オープン度は高いがメンタルマップが低いと、アドバイスを求める適切な人や視点を選ぶのに苦労するだろう。優れたメンタルマップを持ち、オープンな心の人は、両方持たない人に必ず勝つ。

　さあ、もっと効果を上げる道について、ちょっと考えてみよう。この図のどこに位置するか？　周りの人ならどこと言うか聞いてみよう。

　何が足りないのかがわかり、他人に手助けを求めるオープンさを身につければ、やれないことは何もないとわかるだろう。

　普通の人はたいていこれができない。次章でなぜなのか、そして是正するにはどうすればよいかを探っていこう。

3　徹底的に
　　オープンになろう

これはいちばん重要な章だと言えるだろう。人生で望むものを手に入れるのに障害となる 2 つのものを、どうすれば回避できるか説明するからだ。これらの障害は、私たちの頭の機能のせいで存在する。だから誰もが遭遇することだ。

3.1　2 つの障害を認識しよう

　よい決定を下すのを邪魔する 2 つの大きな障害がある。エゴと盲点だ。この 2 つは、自分のこと、自分の置かれた状況を客観的に見るのを難しくし、人から最大限の助けを得て最善の決定をする邪魔になる。人間の頭脳というマシンがどう機能するのかを理解すれば、なぜこういう障害があるのかがわかり、自分の行動をどう変えればよいのかがわかる。そして、もっと幸せに、もっと効果的に、もっと上手に人と触れ合うことができるようになる。

a.　**エゴという障害を理解しよう**。「エゴの障害」とは、意識下の防衛システムで、これがあるから自分のミスや弱みを受け入れるのが難しくなる。

愛されたいという欲求、愛する人を失う不安、生き残りたい欲求と生き残れない不安、ひとかどの人物になりたい欲求とどうでもいい人になる不安など、心の奥底に潜む欲求や不安は、扁桃体のような頭脳の原始的な部分に存在する。それは側頭葉の組織で情動反応を司る。頭のこの部分は意識的にアクセスできないから、それが何を望み、どうコントロールしているのかは理解不可能だ。それは物事をごく単純化して本能的に反応する。褒められたいと切望し、頭脳の高次元な部分では建設的な批判は役に立つと理解していても、批判を攻撃と判断して反応する。どのくらい優れているかの話題になると、自己防衛過剰になってしまう。

同時に、高次元の意識は大脳の新皮質にある。もっと正確に言えば、前頭前野と呼ばれる部分にある。これが頭脳でもっとも人間的な機能だ。脳の他の部分と比べて、人間では他の生物より大きい。ここで意思決定がはっきり意識される（いわゆる実行機能だ）。論理と推論も行われる。

b. **2人の「自分」がコントロールしようと戦う。**ジキル博士とハイドのようだが、高次元の自分は低次元の自分に気づいていない。この戦いはどこにでもある。注意して見れば、人間の頭脳の異なる部分が互いに口論しているのが見えてくる。たとえば、誰かが「自分自身に腹を立てている」とき、彼の前頭前野は扁桃体（あるいは、別の低次元の脳の部分）と口論しているのだ。[*25]「どうしてあのケーキを全部食べてしまったのだろう」との問いに対しては、「低次元の自分が分別ある高次元の自分に勝ったからですよ」というのが答えになる。

a) 論理的・意識的な自分と、b) 感情的・潜在意識的な自分とが互いに戦っていることが理解できれば、2人の自分が、他人、そして他人の中に潜む2人の「彼ら」に対応するのがどんなものか想像がつくだろう。そりゃ、もう、めちゃめちゃだ。低次元のほうは攻撃犬のようだ。高次元の自我が理解しようとしているのに、戦おうとする。これはとてもややっこ

[*25] 脳は高度に相互接続された器官で、思考、感情、行動を生み出すさまざまな仕組みを司る。説明に当たり、扁桃体が攻撃・逃避反応の唯一の原因とするような、通例の言い方をとったが、実際の神経構造ははるかに複雑だ。次章でもっと詳しく説明する。

しい。人は低次元の獣が存在することを知らない。それが人の行動を乗っ取ろうとしているとはよもや思わない。

　誰かが、あなたの意見に同意せず、どう考えているのかあなたに説明を求めたとき、どうなるかを見てみよう。そのような挑戦を攻撃とみるように頭は作られているから、あなたは腹を立てる。他の人の見方、とくに知的な人の見方に関心を持つほうが論理的な行動だとわかっていても、そうなる。行動を説明しようとしても筋が通らない。低次元のほうのあなたが高次元を超えて話そうとしているからだ。根深い隠された動機がコントロールしている。だから「あなた」が何をしようとしているのか論理的に説明するのは不可能だ。

　とても知的な人たちですらこのように行動する。悲劇だ。効果的な行動をしたいのなら、何が事実かを知りたいという欲求より、自分は正しいのだと証明したい欲求のほうが重要だと思わないようにしなくてはならない。知っている、優れているということにプライドが高すぎたら、学ぶことが少なくなる。質の悪い決定をし、可能性をフルに生かすことができない。

c.　盲点の障害を理解しよう。エゴの障害に加えて、誰もが盲点を持っている。自分の考え方のせいで物事を正確に見られない領域のことだ。聴覚の範囲、色の見え方が人によって異なるように、物事を見て理解する範囲もそれぞれ異なる。私たちは自分たちのやり方でものを見る。ある人は意識せず大局観を見て、細かいところに目がいかない。意識せず細かいところは見えるが大局観が見えない人もいる。直線的思考の人もいれば、違った角度から見られる人もいる。

　当然ながら、見えないものを評価することはできない。パターンを見て統合することのできない人は、パターンを見て総合的に見るのがどういうことかわからない。脳の機能の違いは身体の機能の違いに比べてはっきり見えない。色覚障害であれば、やがて検査でそれに気づく。だが、大半の

人は自分の考え方によって物が見えていないことに気づかない。さらに難しいのは、誰もが盲点を持っているにもかかわらず、盲点があることを認めたがらない点だ。誰かの精神的な弱みを指摘すると、身体的な欠陥を指摘されたかのように受け取られることが一般的だ。

　普通なら、他の人がどう見ているかまったくわからない。彼らが何を考えているかを探り出すのもうまくできない。自分の考えが正しいと相手に話すことに気を取られているからだ。すなわち、心を閉ざし、オープンではなく、思い込みが激しすぎるのだ。心を閉ざすことはとても高いものにつく。素晴らしい可能性や、人が教えてくれている危険な脅威を見過ごす原因となる。そして建設的な、命を救ってくれるような批判であっても受け付けなくなってしまう。

　この２つの障害の最終的な結果がどうなるかというと、意見の合わない２人はそれぞれ、自分が正しいと確信したまま、相手に腹を立てることが多い。これは論理的ではないし、最適ではない意思決定に導いてしまう。２人の人が正反対の結論に達したら、どちらか一方が間違っているはずだ。それが自分ではないことをはっきりさせたいと思わないか？

　人の考えから恩恵を得ようとしないのは、意見の相違のときだけではない。問題を解決しようとするときも同様だ。答えを見つけようとして、普通の人は自分の頭の中でグルグル考えるだけだ。手に入るのに素晴らしい考えをすべて取り込もうとしない。その結果、いつまでも自分が見えているものに向かって進み、盲点となっているところに何度もぶち当たる。やがて大失敗に陥り適応せざるを得なくなる。a) 自然には出てこない方法で動くよう脳に教える（たとえば、クリエイティブな人が、自制心と練習を積んで整理整頓を覚えるとか）、b) 補完する仕組みを使う（リマインダーをプログラムするとか）、c) 自分が弱い部分は強い人に助けてもらうとかして、人は適応する。

　考え方の違いは、破壊的ではなく、共生的かつ補完的になり得る。たとえば、クリエイティブな人によく見られる横展開するアプローチは、信頼

性に欠けることになりがちだが、直線的思考をする人はもっと信頼できる。感情的な人もいれば論理的な人もいる。複雑なプロジェクトで成功しようとしたら、補完的な強みを持つ人の手を借りなければ無理だ。

アリストテレスは悲劇を、それを直してさえいれば素晴らしい結果となっていただろう致命的な欠陥から生じる悲惨な結果と定義している。このエゴと盲点という2つの障害は致命的な欠陥だ。知的で勤勉な人が可能性をフルに生かした人生を送ることを妨げるものだ。

どうやってそれを克服するか、学びたいと思わないか？　できる。誰だってできる。どうやって、ということを次に述べよう。

3.2　徹底的にオープンになることを練習しよう

目が不自由だと知っていれば物を見る方法を見つけようとする。だが目が不自由だと知らなければ、問題にぶち当たり続ける。つまり、盲点があると認識し、オープンな気持ちで、他の人はもっとよく見えているかもしれない——そして彼らが指摘してくれる脅威と機会が現実に存在するかもしれない——という可能性を考えれば、もっとよい意思決定をすることができるだろう。

最適な選択肢を見ていないかもしれないと心底不安になれば、徹底的にオープンになろうという気になる。それは、エゴや盲点に邪魔されることなく異なる視点、異なる可能性を上手に探す能力だ。つねに正しくありたいという気持ちを、真実を学ぶ喜びに置き換えることが必要だ。徹底的にオープンになれば、低次元の自分にコントロールされず、高次元の自分がすべてのよい選択肢を考慮し、最善の意思決定をするようになる。この能力を身につければ——練習すればできることだ——もっと上手に現実に対応できるようになる。そして、人生をものすごく大きく改善することができる。

たいていの人は、徹底的にオープンになるというのはどういうことか理

解しない。彼らはオープンであることを、「間違いを受け入れる」ことだと言う。だが、頭の中にある意見に固執して、なぜ他の見方をするのかを理解しようとしない。徹底的にオープンになるためには：

a.　**最善の方法を知らないかもしれないと心底思い、「知らないこと」に対応する能力は、何であれ既知のことよりも重要であると認識すること。**まずい決定をしてしまうのは、自分が正しいと確信してしまい、他にもっとよい方法があることを認めようとしないからだ。徹底的にオープンな人は、適切な質問を考えて聡明な人にどう思うか尋ねることは、すべての答えを手に入れるのと同じくらい重要だと知っている。「知らない」状態でしばらくもがくことがなければ、素晴らしい意思決定はできないと知っている。「知らない」領域にあることは、知っていることよりも、はるかに大きく、はるかにエキサイティングだ。

b.　**意思決定は2段階のステップだと認識しよう。第一に、すべての関連情報を入手する。それから決定する。**すでに結論を出したことと整合性のない情報を嫌がる人が多い。それはなぜかを尋ねると、「決めたいから」という答えがよく返ってくる。反対の見方を検討すると、こうしたいと決定する能力が脅かされるとでも考えているようだ。とんでもない誤解だ。人の意見を聞いて検討しても、自分で考え決定する自由が減るものではない。視野を広げてくれるだけのことだ。

c.　**よく見せようと心配しない。目標達成を心配しよう**。人は答えがわからなくても、わかっているふりをしたがるものだ。なぜこんな非生産的なことをするのか？　優れた人はあらゆることに答えを持っていて弱みを持っていないと、一般に信じられているせいだ。馬鹿げたことだ。こんな考え方は現実にそぐわないばかりか、進歩の道を阻む。最善の決定をしたいと思う人は、自分が最善の答えを持っていると自信を持つことはない。そ

ういう人は弱みと盲点があると認識しているから、もっと学び、弱点と盲点を回避しようとつねに努力するのだ。

d. **インプットなしにアウトプットはあり得ない**。たいてい人は(学んで)インプットするよりも、(自分の考えを伝え、生産的になろうと)アウトプットすることに熱心なようだ。目標がアウトプットすることであっても、それは誤りだ。インプットなしではよいアウトプットにはならない。

e. **他の人の目を通して物事を見て別の視点を得ようとしたら、自分の判断をしばし止めなくてはならない。他人に共感して、初めて別の視点を正しく評価できる**。オープンであるということは、自分が信じないことに賛成することではない。非論理的に自分の見方に固執するのではなく、人はなぜそう考えるのかを検討することだ。徹底的にオープンになるためには、間違っているようだったらそう指摘してほしいと人に話すことだ。

f. **最善の答えを求めているのであって、自分で最善の答えを得ようとしているわけではないことを忘れないように**。答えは自分の頭の中にある必要はない。外で探してもいいのだ。ほんとうに客観的に見ていれば、自分で最善の答えを見つける可能性は小さいし、たとえ見つけても、他の人に試してもらうまでは自信を持てないとわかるだろう。だから、知らないことを知るのはじつに貴重なことだ。自分の視点で見ているだけだろうかと自問しよう。もしそうであれば、ものすごくハンディを負っていると自覚しよう。

g. **論争しようとしているのか、それとも理解しようとしているのか、はっきりさせよう。双方の信頼性を考慮したらどちらが適切か考えるように**。双方が同等の人であれば、論争してもいい。だが、一方の知識が明らかに上回るようなら、知識の少ないほうは生徒、もう1人は教師となってア

プローチするのが望ましい。これには、信頼性の概念を理解する必要がある。信頼性のある人とは、繰り返し何かを達成するのに成功した人──少なくとも3回は成功実績のある人で、どうしてそのアプローチをとったか上手に説明できる人と私は定義している。

　ある問題で、信頼性のある人──少なくともあなたよりも信頼性のある人（健康状態について医者と議論する場合などだ）と意見が異なる場合、彼らの考え方を理解するために質問をしているのだということをはっきりさせよう。逆にあなたのほうが信頼性が高いのなら、丁寧にその点に触れ、あなたに質問をするように仕向けるべきだ。

　徹底的にオープンになろうとするなら、これらの戦略のために2つのことを身につけよう。

3.3　思慮に富む反対意見を言う技の大切さを理解しよう

　2人の意見が対立したら、どちらかが間違っていると思っていい。それが自分かどうかを知るのは価値あることだ。だから、思慮に富む反対意見を言う技の大切さを理解し、身につけるべきだと思う。思慮に富む反対意見を言うのは、相手を説き伏せることが目的ではない。どちらの見方が正しいかを見て、どうするかを決めることだ。思慮に富む反対意見を交わすとき、双方とも、重要な視点を見逃さないようにと思って議論する。双方が相手の視点を理解しようとする。双方が「高次元の自分」になり、事実を把握しようとする。それはとても役に立ち、未知の可能性を生み出す。

　これを上手にやるためには、相手を理解しようとしているだけだと伝えること。意見を言うより質問の形を取ろう。落ち着いて感情に流されないように話し、相手にもそう仕向けよう。論争しているのではないことを忘れないように。オープンに事実を求めているだけなのだ。理性的になろう。

---

*26 1つの方法としてこういう言い方はどうだろう。「私がオープンに自分の考えを述べ質問するほうがいいですか？　それとも言わないほうがいいですか？」「互いに自分が正しいと説得しようとしているのですか？　それともオープンに互いの視点を聞き、何が事実で、それをどうするか考えようとしているのですか？」「私と論争するつもりですか？　それとも私の見方を理解しようとしているのですか？」

相手にも理性的になってもらおう。穏やかに平等な関係で敬意を持って接すれば、ずっとうまくいく。練習すれば上手にやれるようになる。

意見が一致しないからといって互いに腹を立てるのは、意味がない。意見が違っても脅威ではない。学びのチャンスなのだ。何かを学んで考えを変える人は勝者だ。頑固に学びを拒否する人は敗者だ。かといって相手の結論を鵜呑みにする必要はない。オープンに、同時に自分の意見もはっきりと言おう。自分の意見はしっかり持ちつつ相反する意見の可能性を探り、学んだ結果事実だと思えばそちらに動く。これを容易にできる人もいればできない人もいる。上手にできるようにするためには、反対意見を持つ相手に、その人の視点を自分の言葉で言い直して反復することだ。相手がそのとおりだと言えば、よし。これはよい訓練になる。また、「2分ルール」をお勧めする。双方が十分時間を使って考えを述べられるように、2分間は相手を遮らずに話させるルールだ。

こういうやり方をしたら時間がかかると心配する人がいる。異なる意見を調整するのには時間がかかるものだ。このやり方はよい時間の使い方だ。何に、誰に時間を使うか、優先順位をつけることが重要だ。反対意見を言う人は多い。そのすべてを検討するのは非生産的だ。すべての人にオープンに接するのは割に合わない。それよりも接することのできる人の中でもっとも信頼性のある人とアイデアを探ることに時間を使うべきだ。

袋小路に入ってしまったら、双方が敬意を払う人に、2人の間に入って議論をまとめてもらおう。よくやりがちだが、頭の中で思考が堂々巡りする――あるいは、収穫逓減の法則を超えて議論して時間の無駄遣いをする。これは非生産的だ。そうなったら相互理解のうえで生産的なやり方に移ろう。合意するとは限らない。意見が違うという点に同意してもいいのだ。

なぜ、このような思慮に富む意見の相違を話し合うことが行われないのだろう。人は本能的に異議を唱えるのを好まない。たとえば、2人でレストランに行き、1人がおいしいねと言ったとしよう。もう1人が本心でな

くても「そうね」と言うか、何も言わない可能性が高い。反対意見を言おうとしないのは「低次元の自分」が意見の相違を対立と解釈するからだ。だから徹底的にオープンになるのは難しい。対立が引き起こす反応を自分も相手もとらないよう意見を交わす技を学ぶことが必要だ。私はこのことをボブ、ジゼル、ダンのフィードバック――「レイは人を軽んじているように感じさせる」――から学んだ。

　思慮に富む反対意見を聞く代わりに、誤った意見にとらわれ、誤った決定をすることは人類の最大の悲劇だ。思慮に富む反対意見を言えるようになれば、意思決定が大きく改善されるはずだ。公共政策、政治、医学、科学、慈善事業、個人の人間関係など、すべての分野に言えることだ。

3.4　反対意見を言ってくれる信頼性のある人とさまざまな角度から見る

　専門家何人かに個別に質問をした後、みなさんでお互いに思慮に富む反対意見を出していただきたいと頼み、それを私は聞いて質問をする。こうすることで、私が正しい判断を下す確率が上がり、たいへん勉強になる。専門家が私の意見に反対するときや、専門家どうしで意見が分かれるときには、とくにそうだ。思いやりを持ちつつ反対意見を述べてくれる聡明な人は、最高の先生だ。黒板の前に立ち講義をする教授よりもずっといい。得た知識は、将来類似のことが起きたときのために原則に書き加え、磨きをかける。

　私には複雑すぎて理解するのに時間がかかるとき、私よりも信頼性があり知識のある人に決定を託す。だが、彼らの思慮に富む反対意見は聞きたいと思う。普通そうしない人が多いことに気づいた。判断するのに適任でないにもかかわらず、自分で決定をしたがる人が多い。彼らは低次元の自分に屈しているのだ。

　信頼性の高い人のさまざまな角度から見た意見を聞くアプローチは人生

に大きな影響を与える。私にとっては生死を分かつ違いをもたらした。2013年6月、ジョンズ・ホプキンス病院で私は定期人間ドックを受けた。そこで私は前癌症状のバレット食道高度異形成があると言われた。異形成は癌の初期段階で、食道癌に発展する確率は比較的高い。年間15％のケースだという。食道癌は死に至るものだ。だから治療をしないでいれば、3年から5年で癌にかかり死ぬだろう。このような場合には食道を切除するのが通常だが、私の場合何か特別な状態があって、それができないということだった。医者は様子見を勧めた。

　その後の何週間で、私は死に備えた計画を立てつつ、生きるために戦った。

　私は：

a.　**できる限りうまく最悪のシナリオを立てた**。この診断を受けて、大切な人たちが私なしでもやっていけるようにし、残りの時間で彼らと人生を楽しむ十分な時間がとれることをラッキーだと思った。生まれたばかりの初孫と触れ合う時間があるだろう。だが、あって当たり前と思うほどの時間はない。

　だがここまで読んでお察しのとおり、私は、たとえ専門家から最善だと言われても鵜呑みにせず、信頼性のある人から多面的な意見を聞きたいと思った。そこで私の家庭医であるグレーザー先生に頼んで、この病気の領域に詳しい4人の専門家にアポをとった。

　最初に訪問したのは、ある大手の癌専門病院の胸部手術の部長だった。彼女は私の状況は進行が早いと言い、最初の医者が言ったのとは異なり治癒できる手術があると言った。食道と胃を摘出し、少し残した食道と腸をつなげるやり方だ。手術で死亡する確率は10％、寝たきりになる確率は70％だと言った。だが生存の確率が高いので、彼女の提案は真剣に検討する必要があった。私は彼女に、最初に診断して様子見を勧めたジョンズ・ホプキンス病院の医者と話をしてほしいと思った。そこで、その場で

すぐ、もう1人の医者に電話をして相手の見方をどう思うか尋ねた。これは瞠目の経験だった。2人の医者は私が個別に会ったときにはまったく異なる意見を言っていたのに、2人が電話で話すと、意見の違いを少なくして相手を持ち上げるようにした。最善の回答を出そうとせず、プロとしての礼儀を前面に押し出したのだ。それでも2人の見方が違うことは明らかで、彼らの話を聞いて私の理解は深まった。

翌日、私は第三の医者に会った。世界的に有名な専門家・研究家で別の著名な病院にいた。彼は、3カ月おきに内視鏡検査をすれば問題がないと言った。彼は、これは体内に出た皮膚癌のようなもので、観察を続け、新たに成長して血流に転移する前に切除してしまえば、大丈夫だと言う。彼によれば、このような観察措置をした患者の結果は食道を切除した場合と変わりがないという。平たく言えば、患者は癌で死んでいないということだった。ときどき検査を受けて、ちょっと切除すること以外は正常な生活を送れるというのだ。

まとめると、48時間の間に、死の宣告から開腹手術、そして最後に多少不便になるが簡単な、異常があるかどうかを見て悪くなる前に切除する方法へとたどりついた。この医者は間違っているのか？

グレーザー先生と一緒にあと2人の世界的に有名な専門家に会った。2人は内視鏡検査をしてもいいだろうと言うので、私はそれに従うことにした。彼らは私の食道から組織を切り取り、病理検査のためにラボに送った。数日後、64歳の誕生日のちょうど1週間前、私は結果を受け取った。ショックだったとしか言えない。組織を分析したところ、高度異形成はまったくなかったのだ！

専門家ですら過ちを犯す。徹底的にオープンになり、立派な人の意見を多方面から聞いて把握することは割に合うということだ。他の意見を聞こうとしなかったら、私の人生はまったく違ったものになっていただろう。オープンに、信頼性のある人たちから多面的な意見を聞くことで、正しい決定を下す確率は大きく上昇するということを指摘しておこう。

3.5 注意して狭量な考え方と
　　　オープンな考え方の兆候を見よう

　心の広い人と狭量な人とを見分けるのは容易だ。彼らの行動がまったく違うからだ。狭量かどうかを見るヒントを挙げていこう。

1. **狭量な人は彼らの考えに異議を唱えられるのを好まない**。他の人たちがなぜ賛成しないのか好奇心を持つ代わりに、同意しないことでイライラする。彼らは間違うことをすごく嫌がる。質問をして他の人の視点を学ぼうとするよりも、自分が正しいと証明することに関心がある。
心の広い人は、なぜ反対なのか好奇心を持つ。誰かが反対しても腹を立てない。つねに自分が間違っている可能性があることを認識し、何か見落としていないか、間違っていないか、多少の時間を費やして人の意見を検討するのは意味があると考える。
2. **狭量な人は、質問をするよりも意見を言うことが多い**。信頼性があれば、ある状況では意見を述べてもいい。ほんとうに心の広い人は、私の知る信頼性が極めて高い人ですら、いつでも多くの質問をする。信頼性の低い人から、あまり自信たっぷりではない意見として話すけど、じつは間接的な質問のつもりなんだとよく聞くことがある。時にはそのとおりかもしれないが、私の経験で言えば、たいていは違う。
心の広い人は、心底自分が間違っているかもしれないと考える。彼らは純粋に質問する。彼らはまた相対的な信頼性に応じて、生徒、教師、同僚のどの役割をとるかを判断する。
3. **狭量な人は、人を理解しようとするより、自分が理解されようとする**。誰かが同意しないと、自分が相手の視点を理解していないのだと思う前に、自分の言ったことを理解していないとすぐに思ってし

まう。

心の広い人は、いつでも他人の目から物事を見なくてはと思っている。

4. **狭量な人は「間違っているかもしれませんが、私の意見はこうです」と言う。** これはいつも耳にする典型的なサインだ。偏見を持っていないと自分に言い聞かせつつ自分自身の意見を述べる、形だけのジェスチャーだ。もし「間違っているかもしれませんが」とか「信憑性に欠けるかもしれませんが」で発言を始めたら、質問で話を続けるべきだ。断言するのはやめよう。

 心の広い人は、発言するときと質問するときを心得ている。

5. **狭量な人は人に話をさせない。** 誰かが他の人に話す機会を与えないのなら、それは彼らが阻止しているからだ。阻止を回避するには、前述した「2分ルール」を徹底しよう。

 心の広い人は、自分が話すよりも人の話を聞くほうに関心を持つ。 他の人がどう考えるのか話すように仕向ける。

6. **狭量な人は頭の中で2つのことを考えられない。** 自分の意見があると他人の意見を頭から押し出してしまう。

 心の広い人は人の考えを頭に入れても、よく考える能力を失うことがない。 複数の相反する概念を頭の中で1つひとつ考え、相対的な長所を評価しようとする。

7. **狭量な人は深い意味での謙虚さに欠ける。** 謙虚さは挫折という犠牲を払って得られるものだ。挫折をして初めて、知らないことを知ることに注意を払うようになる。

 心の広い人は、自分が間違っているかもしれないという強く染みついた不安感からアプローチする。

心の広い人と狭量な人とを見分けられたら、心の広い人に囲まれていたいと思うようになるだろう。それにより効果的に意思決定ができるように

なるだけではない。ものすごく多くのことを学ぶ。意思決定に優れた人が数人一緒に働けば、優秀な人が1人でするよりもはるかによい結果を出せる。意思決定にとても優れた人でも、他の優れた人の助けを得ればさらに磨きをかけることができる。

3.6 徹底的にオープンになるにはどうすればよいかを理解する

今どのくらいオープンかは関係ない。これは学べることだ。オープンになる練習は：

a. つねに苦痛を利用して、質の高い反省をするようにしよう。ある考えに固執するあまり、それに反対する人や出来事があると心に痛みを感じる。指摘されたことが自分の弱点に関わるときには、とくにそうだ。このような心の痛みを感じるときは、間違っている可能性が高い。そして上手に質問する必要があるという合図だ。そのためには、まず心を落ち着かせよう。これは難しい。頭が締め付けられ扁桃体が動き出し、体がこわばる。苛立ち、怒り、カッとする。こういった感情が出てきたら自覚するように。狭量さを示すシグナルに気づけば、自分の行動をコントロールし、広い心を持つようにする合図に使える。つねにこうしていれば「高次元の自分」のコントロール能力を強められる。やればやるほど強くなっていく。

b. 広い心を持つことを習慣にしよう。人生は、たんに習慣の結果だ。怒りや欲求不満の感情を、心を落ち着かせスローダウンして足元の問題をよく考えてアプローチする合図として使っていれば、否定的な感情が出てくる頻度が減る。そして直前に書いた、心を広くする練習にそのまま移ることができるようになっていくだろう。

もちろんその瞬間に実践するのはとても難しい。「低次元の自分」の感

情はものすごく強いからだ。ありがたいことに、この「扁桃体乗っ取り」[*27]状態は長く続かない。だからその瞬間自分をコントロールできなくても、ちょっと時間を置き、高次元の自分がしっかりと反省する時間を作ればいい。尊敬する人にも助けてもらおう。

c.　**自分の盲点を知ろう。** 狭量なまま、盲点を抱えている分野で自分の考えを固めてしまったら、それは致命的だ。だから時間をとって、人が見えているのに自分には見えず、まずい決定をしてしまうのはどういう状況か、メモをしよう。周りの人、とくに自分が見逃すことを見ることができる人に助けてもらおう。リストを作り、壁に貼り付け、じっと見よう。人に相談せずに壁に貼られた分野で決定を（とくに大きな決定を）しようとしたら、大きなリスクをとることだと考えること。思いどおりの結果を得られると期待するのは非論理的だと思うこと。

d.　**何人かの信頼の置ける人が、間違っているよと指摘するのに、自分だけそれが理解できなかったら、たぶん偏見にとらわれていると思うこと。** 客観的になろう！　あなたが正しく他の人が間違っている可能性もある。しかし、戦闘モードから「質問」モードに切り替え、自分の信頼性と他の人の信頼性を比べよう。必要であれば、みんなが尊敬する中立的な人を入れて膠着状態から脱しよう。

e.　**瞑想する。** 私は超越瞑想（TM）をやっている。それが私の心を広げ、高次元の視点を持ち、平静と創造性を得るのに役立ったと思う。瞑想は心を落ち着かせてくれ、戦う忍者のように、混乱の最中でも平静に行動できるようになった。こういったことを身につけるために瞑想をしろとは言わない。ただ私や多くの人に役立ったことを伝え、真剣に検討したらどうかと言っているだけだ。

[*27] 心理学者、科学ジャーナリストのダニエル・ゴールマンがこの言葉を最初に『EQ ～こころの知能指数』で使い始めた。

f.　客観的エビデンスに基づいて行動するように、そして、人にもそうするよう勧めよう。事実をよく見て、客観的にエビデンスを比較検討してから結論を引き出すことを人は普通しない。代わりに、心の奥底にある潜在的意識が求めるもので決定し、それに合致するエビデンスだけをより分けてしまう。この潜在的なプロセスが進行中だと自覚することはできる。誰かに気づかせてもらうことも可能だ。決定する前に、自問してほしい。その決定を導いた明確な事実（つまり信頼できる人たちが異議を唱えることのない事実）を指摘できるか？　もしできないようなら、エビデンスに基づいていない可能性が高い。

g.　できる限り他の人もオープンになる手助けをしよう。考えを発表するとき冷静で理性的であれば、人は動物的・扁桃体的な「闘争・逃走反応」をしなくなる。合理的になろう。そして周りの人も合理的であると考えよう。相手が意見を言うときには、その見方を裏付けるエビデンスを提示するよう頼もう。口論するわけではない。事実を求めてオープンに調べていることを忘れないように。役立つと思って話を聞いているというところを見せよう。

h.　エビデンスに基づく意思決定ツールを使おう。これらの原則は低次元で動物的な自分をコントロールし、よりよい高次元の意思決定頭脳を働かせるために作られたものだ。

　低次元部分を頭脳から外し、その代わりに論理的に引き出された指示を与える意思決定のコンピュータと接続したらどうだろう？　投資のシステムではそうしている。もっと論理的だし、もっと多くの情報をもっと迅速に処理し、感情に流されることなく決定するから、このコンピュータの意思決定マシンはずっとよい成績を出すと考えてみよう。それを使おうと思うか？　キャリアを重ねていく過程で、私はまさにそのようなツールを作

り出した。それなしでは今の成功は得られなかったと確信している。将来的にはそのような「機械思考」のツールが発展し、知的な意思決定をする人は、それらをどう組み入れて考えるかを学ぶことになるだろう。それらについて学び、利用を考えるよう強く勧める。

i. **戦うのをいつやめ、いつ自分の意思決定プロセスを信頼するかを知る。**
自分の頭で考えること、そして信念のために戦うことは重要だ。しかし、戦うのをやめて、他の信頼できる人たちが最善とすることを受け入れたほうがよいときがくる。これは極めて難しい。だが、心をオープンにし、信頼できる人たちの一致した考えはあなたの考えよりもよいと信じたほうが賢明だし、結局はよい結果となる。彼らの意見を理解できないとしたら、それは彼らの思考方法が見えていないからだ。すべてのエビデンスも信頼できる人たちもあなたの意見に反対だというのに、自分がベストと思うことをやり続けるのなら、あなたは危険なほど傲慢だ。

　たいていの人は徹底的にオープンになれるものだ。が、なかにはなれない人もいる。間違っているのに、自分が正しいと思うほうに賭けて、何度も苦痛を味わい、それでも、オープンになれない人はいる。[*28] 徹底的にオープンになることを学ばない人は、もっとうまくやれるように変態を遂げる経験をしていない。私自身、破綻、とくに1982年の大きな破綻で打ちのめされて初めて謙虚になれた。オープンになったからといって自己主張を失うわけではない。実際には、正しい可能性が高くなるから、自信の度合いは高まる。大きな破綻を経験してからの私がそうだ。だからこそ、私はリスクを減少させてもっと成功することができたのだ。
　心底オープンになるには時間がかかる。すべての学習がそうであるように、これは習慣の問題だ。何度も何度もやれば、本能的にできるようになる。それ以外の方法に耐えられなくなる。前にも書いたが、これにはほぼ

[*28] 幾分かは、ダンニング・クルーガー効果と呼ばれるものの結果かもしれない。能力の低い人が自分は優れていると信じる認識の偏りのことだ。

18カ月を要する。長い人生で考えれば、どうってことのない時間だ。

挑戦に立ち向かうか？

　人生で唯一大きな選択は、事実を求めて戦う気があるかどうかだと思う。何が事実かを探すことは、幸福になるために不可欠だと心底信じるか？　何か間違ったことをしていてそれが目標達成の障害になっているとしたら、ほんとうにそれを探したいと心から思うか？　これらの問いに対する答えがノーであれば、自分の可能性をフルに生かすことはないと観念すべきだ。一方、挑戦に立ち向かい、徹底的にオープンになるつもりであれば、最初の一歩は自分自身を客観的に見ることだ。次章、人の頭の配線はそれぞれものすごく違う、でそれをやってみよう。

4 人の頭の配線はそれぞれものすごく違う

私たちの脳の配線方法はみんな違っているから、現実を異なる形で経験する。1つのやり方だけでは歪められてしまう。これを認め、そういうものだと思わなくてはいけない。何が事実か、それをどうするかを知りたいと思ったら、自分の脳を理解しなくてはならない。
　そう考えるに至り、私は多くの心理学者、精神医学者、神経科学者、性格テストをする人、その他この分野で信頼できる多くの人と話した。そして多くの本を読むようになった。私たちはみな異なる強さと弱さを持って生まれてくる。常識、創造性、記憶力、構成力、詳細への注意力などがみんな異なる。これらの違いを客観的に調べるのは科学者ですら気づまりな気持ちになる。だからといって必要性が減るわけではない。そこで私はこの研究を何十年にわたり行ってきた。
　その結果、私はためになる多くのことを学んだ。あなたのためにもなると思う。実際、経済や投資を理解するのと同じくらい脳について学んだことが私の成功に大きく寄与していると思う。この章で、私が学んだ驚くべきことをいくつかお伝えしよう。

なぜ私は神経科学を始めたのか

　ビジネス・スクールを卒業後2年でブリッジウォーターを始めたとき、初めて人事管理をしなくてはならなくなった。最初、有能な社員を得るには、トップクラスのビジネス・スクールを卒業したトップクラスの学生のような賢い人を採用すればいいと思った。だが、こういうタイプはたいていうまくいかなかった。「お勉強のできる人」は私が必要とする賢い人ではなかった。

　私は自分の頭で考え、創造性があり、概念的に考え、常識のある人と働きたかった。だが、こういう人を探すのは難しかった。たとえ探し当てても彼らの頭脳がいかに異なって働くかにショックを受けた。まるで別の言語を話しているようだった。たとえば、「概念的に考え話がわかりづらい人」の言語と、「事実に即して考え正確を期して話す人」の言語がまったく違うように思えた。当時は、これを「コミュニケーションの問題」とまとめていたが、違いはそれよりも深いものだった。それはみんなにとって苦痛だった。とくに一緒に大きなことを達成しようとしているときには。

　ずいぶん前のことだが、債券市場がグローバルにどう動くかをシステム化しようという野心的な研究プロジェクトを試みた。ボブ・プリンスがその担当だった。何をしようとしているのか概念的にはみんな同意していたのだが、プロジェクトは結果を得るまでには至らなかった。ボブとチームのメンバーと会い、目標は何か、どのように進めるか、合意に至った。だが、作業に取り掛かっても、進歩が見えなかった。問題は、概念的な人は何をすべきか曖昧な形で描き、事実に即して動く人にどのように実践するかを考えさせていたところにあった。彼らが実践できないと、概念的な人はいよいよ、事実に即して動く人たちは想像力がないと考え、事実派は、概念的に動く人たちは絵空事ばかり考えると思うようになった。さらに悪いことに、彼らは誰が概念派か事実派かわからずにいた。事実派は自分が概念派と同じくらい概念的だと考えた。逆も同様だった。要するに、袋小

路に入り込み誰もがそれは誰か他の人のせいだと考えていた。意見の対立する相手を、物事がよく見えていない、頑固だ、いや、たんに馬鹿だと考えた。

　このミーティングは誰にとっても苦痛だった。誰が何に強いのか弱いのか、はっきりしていなかったから、誰もが何についても意見を述べ、それをうまくまとめる方法がなかった。なぜこのグループはうまくいかないのか議論した。その結果、ボブがチームに選んだ社員は、彼自身の強みと弱みを反映していることがわかった。率直に、オープンに話したおかげで大きく一歩前進できたが、記録をとらず体系的に適切に変更しなかったから、同じ人が同じ類いの過ちを何度も何度も繰り返し犯していた。

　考え方、感情的な反応の違い、そしてそれにうまく対処する方法を持たなかったために、機能不全に陥っていた。それは明らかじゃないか？　じゃあ、どうするつもりだ？

　あなたにも、けんか腰の論争をしたことがあるはずだ。みんなが異なる見方をし、何が正しいか意見が一致しない状況だ。よい人たちなのに、よい意図を持っているのに、腹を立て、感情的になる。そうなるとイライラする。個人的な問題に発展することもある。多くの会社ではこの状況を避けるために、議論を抑え、いちばん権限のある人がけりをつける。私はそういう会社にしたくなかった。なぜもっと効果的に一緒に働けないのか、その原因を深く掘り下げ、表面化し、探る必要があると思った。

　ブリッジウォーターのおよそ1500人の社員は、みんなさまざまな仕事をしている。グローバル市場を理解しようとする人、技術開発をする人、顧客サービスをする人、健康保険などの社員向け福利厚生を担当する人、法的アドバイスをする人、ITや施設を管理する人などなどだ。これらの活動には、異なるタイプの人が一緒に働き、最善のアイデアを採り入れ、最悪のものを取り除く必要がある。社員が強みを引き立たせ、弱みを補い合うようにするのはオーケストラを指揮するようなものだ。上手にやれば最高だ。下手にやればひどいものになる。

「汝自身を知れ」「自分自身に誠実であれ」は脳について研究するずっと前から聞いていた基本的な理念だ。だが、どう取り掛かればいいのか、どう行動すればいいのか、人はどのように異なる考え方をするのかを知るまでは、わからずにいた。自分自身をよく知れば知るほど、何が変えられるのか、どう変えるのか、そして変えられないものは何か、それに対して何ができるのかといったことがよくわかるようになった。だから、あなたが1人でしようとしているのか、組織の一員として、あるいは役員としてしようとしているのかにかかわらず、何かをしようとするのなら人の頭はどう配線されているのかを理解する必要がある。

4.1 人の頭がどう配線されているのかを理解することで得られる力を知る

　本書のパートⅠで説明したが、人が異なる考え方をすることを理解した最初のきっかけは、私がまだ若い父親の頃、子供たちにスー・クインラン博士のテストを受けさせたときだった。結果にはびっくりした。当時子供たちがどう考えるか、私の観察を裏付けてくれたばかりか、将来どう成長するかを予想してくれたのだ。子供の1人は算数に困っていた。クインラン博士は、彼は数学的な論理思考のテストでよい点数を取っているから、小学校でやらされる退屈な丸暗記を我慢すれば、大きくなって高度な概念を知ったときには大好きになりますよと話してくれた。この本質を捉えたコメントのおかげで、新たな可能性が見えてきた。何年も後、私は社員や同僚の異なる思考スタイルを理解しようとして、彼女や他の人たちの力を借りた。

　最初に専門家がくれたアドバイスには、悪いものとよいものの両方があった。彼らは、事実に迫るよりも、人をいい気分にさせる（あるいは悪い気分にさせない）ことに関心があるように思えた。もっと驚いたのは、心理学者は神経科学についてあまり知らず、神経科学者は心理学についてあ

まり知らないということだった。双方とも人の脳の生理的な違いを能力や行動の違いに結び付けることを渋った。やがて、私はボブ・アイチンガー博士に出会った。彼は心理テストの世界に導いてくれた。マイヤーズ－ブリッグスなどの評価を使い、私たちはもっと明確に、データに基づいて異なる思考タイプを理解するようになっていった。

　私たちの違いは、コミュニケーションの問題ではなかった。逆だった。異なる考え方がコミュニケーション不足を招いていたのだ。

　専門家の話や私自身の観察から、メンタルな違いは生理的なものだということを学んだ。背の高い人や低い人、筋肉質な人やそうでない人といった身体的な特性によって、身体的にできることの限界が決まるのとまったく同じように、私たちの脳は本質的に異なり、何ができるかのパラメーターが決まってくる。身体と同様、脳の一部は外的経験によって著しく影響を受けることができない（エクササイズをしても頭蓋骨の恰好が変わらないのと同じだ）が、一部はエクササイズで強化できる（脳の可塑性についてはこの章の後半でもう少し触れる）。

　息子のポールが３年にわたって躁鬱病に苦しんだことで、私はこれを理解できた。彼の行動はぞっとするものだったし、イライラさせられた。しかし、それは脳の化学物質（正確に言えば大量の分泌セロトニンとドーパミン）のせいだとわかった。彼とこの辛い期間を共に歩む途中、病気でうまく思考できない彼を納得させようとしてイライラしたり腹を立てたりする経験をした。そのつど私は、彼の歪んだ論理は彼の生理的な状況によるものだから怒ることはないと自分に言い聞かせる必要があった。そして、そのような態度で彼に接した医者がいかに彼を明晰にさせてくれたかを見た。その経験で、脳がいかに作用するか多くを学んだ。そして、創造力に富む天才で狂気と紙一重の人がなぜ存在するのか学んだ。生産的で創造的な人の多くが躁鬱病に苦しんでいる。アーネスト・ヘミングウェイ、ベートーベン、チャイコフスキー、ヴィンセント・ヴァン・ゴッホ、ジャクソン・ポロック、バージニア・ウルフ、ウィンストン・チャーチル。心

理学者のケイ・レッドフィールド・ジャミソン（彼女は著書『躁うつ病を生きる』で自身の病気を赤裸々に書いている）もそうだ。私たちのマシンである脳がそれぞれ異なっているから私たちはみんな異なるのだと学んだ。そして、アメリカ人のほぼ5人に1人は臨床的に何らかのメンタルな病を患っているということを知った。

　すべて生理的なことであると理解すると多くのことがはっきりと見えてきた。以前は人が何でそんな選択をしたのだと腹を立てイライラすることがよくあった。だが、彼らは意図的に非生産的に行動しようとしているのではないことがわかった。彼らは彼らの脳によって見たとおりに動いているだけだ。また、彼らが間違っていると私には見えても、彼らもまた私をそう見ているということがわかった。互いに分別ある行動をするためには、高所から俯瞰して客観的になるよう相互理解をするしかない。意見の違いでイライラすることが少なくなっただけでなく、最大限効果的に働けるようになった。

　私たちは、レゴのようだ。それぞれのピースが脳の異なる部分の機能を反映している。すべてのピースが1つになって1人の人間が出来上がる。その人がどういう人かがわかれば、その人から期待できることは何かがよくわかるようになる。

a.　私たちはみなある特質を持って生まれてくる。それは使い方によっては役立つことも害になることもある。多くの特質は両刃の剣で、恩恵を与える可能性も害を与える可能性もある。特質が際立っていればいるほど、良きにしろ悪しきにしろ、生み出される結果も際立ったものになる。たとえば、ものすごく創造的で、目標に向かって突き進み、新しいアイデアを生み出すのに優れた人は、日々の生活の雑用を過小評価する嫌いがある。それだって重要なことなのに、長期的な目標に気を取られ、日々の些細なことに気を使う人を見下してしまう。同様に、細かいことをこなすのに優れ、現場の仕事を中心に働く人は、創造性を過小評価することがある。し

かもなお悪い場合には、効率性の観点から抑え込んでしまうことがある。この2人が組めばいいチームになる可能性があるが、互いの補完的なよさをうまく利用することが難しい。彼らの頭の動きのせいで、相手の考え方の価値を認めづらいからだ。

　人（そして自分）がどんな人間かを知らないまま、彼らに何かを期待するのはトラブルのもとだ。私は身をもってそれを学んだ。彼らの性格からして不可能なことを期待してコミュニケーションに欲求不満を持ち、何年も辛い思いをしてきた。彼らにとっても苦痛のタネだったことだろう。やがて、ブリッジウォーターで業務担当を決めるとき考慮できるよう、私たちの違いを認識して記録していく体系的なアプローチが必要だと認識するに至った。

　そこから私にとってとても貴重な経営管理ツールができてきた。本書の最初の部分で述べた野球カードだ。野球カードは野球選手の関連データを集めて、プレーヤーの強い点、弱い点をファンに知ってもらうものだ。同様に、ブリッジウォーターのプレーヤー全員のカードを作ったら役立つだろうと考えた。

　野球カードを作るに当たり、人々を表現する形容詞、たとえば「概念的」「信頼できる」「創造的」「断固としている」などを使う。同時に、「とった行動」あるいは「とらなかった行動」を書く。「他の人に責任を押し付けた」「結果を出した」など。それから性格テストで使う用語、「外向的」「決めつける」などを書く。いったんカードができたら、社員が相互に評価するプロセスを作った。各項目（たとえば「とても創造的」）で最高の点を取った人はその項目で他の人よりも高いウエイトを得る。ある領域で実績のある人は、その分野での信頼性、すなわち意思決定のウエイトを高く得る。こういった特性を各人の野球カードに記録することで、一緒に働いたことのない人でもどんな仕事を期待できるかがわかる。変化が見られたら、格付けも変わる。変わらなければ、もっと確信を持って仕事の期待値がわかるようになる。

このツールを導入したときには、当然、みんなはさまざまな理由から懐疑的あるいは不安に思った。カードが不正確なのではと心配する向きもあった。自分の弱みがはっきり外に出されるのは嫌だと思う人もいた。また、固定観念を持たれて成長が妨げられるのではないかという人もいた。実際に使うには複雑すぎると思う人もいた。同僚全員の創造性、決断力、信頼性などでランキングすることを強制されたらどう感じるか、想像してほしい。誰もが最初は怖気づいたと思う。

　だが、徹底的にオープンに記録し、みんながどういう人間かを考えることは必要だと思った。そして、このプロセスに良識ある態度でアプローチすれば、みんなの懸念に応えるようになっていくだろうと考えた。今日ブリッジウォーターでは野球カードが不可欠なものだと考えるようになっている。私たちはみんながどういう人なのか、誰が何について信頼できるかを理解するさまざまな支援ツールを他にも考案した。「仕事の原則」のところでもっと詳しく述べよう。

　私たちのユニークな運営方法、今まで蓄積してきたデータの宝の山は、世界的に著名な組織心理学者や研究者の注意を惹くようになったことは先に述べたとおりだ。ハーバード大学のボブ・キーガン、ペンシルベニア大学ウォートン・スクールのアダム・グラント、バージニア大学のエドワード・ヘスは大々的に私たちのことを取り上げてくれた。そして私は彼らから多くのことを学んだ。意図していたわけではないが、私たちの試行錯誤で発見するプロセスは、組織における人材開発で学界の最先端を行くものになった。キーガンは著書『なぜ弱さを見せあえる組織が強いのか』の中で、「一対一のミーティングの個人的な経験、技術的に統合された問題を議論するプロセス、野球カードから、会社全体で行う日次アップデート、問題ログまで、ブリッジウォーターは人材開発支援システムを作り上げた。社内のすべての人が、このシステムのおかげで、相手はどういうタイプの人なのかをはっきり知ることができる」と書いている。

　私たちが模索を始めたのは、ちょうど神経科学がブレイン・イメージン

グ、ビッグデータ収集・処理能力の急速な進化によって素晴らしい時代を迎えたときだった。私たちの理解は飛躍的に伸びた。すべての科学がブレークスルーによって根本的な変化を遂げようとしているときだから、今日事実とされていることの多くは、間もなく激変することだろう。だが、私たちの両耳の間にある思考マシンがどう機能するのかの理解はいかに役立つことか、いかに美しいものかはよくわかった。

　私が学んだことを少しお話ししよう。

　脳は私たちの想像以上に複雑なものだ。890億個の微細なコンピュータ（神経細胞と呼ばれる）があり、何兆もの配線（軸索と呼ばれる）と化学的なシナプスで相互に結び付けられる。デイビッド・イーグルマンは名著『あなたの知らない脳』でこう書いている。

> あなたの脳は神経細胞とグリアと呼ばれる細胞からできている。それは何百億という数だ。その1つひとつは都市のように複雑だ。細胞（神経細胞）はネットワークでつながっているが、その複雑さたるや、筆舌を尽くしても、人間の言語では語れない。新たな数学のようなものが必要とされる。神経細胞は通常近くにある1万ほどの神経細胞と結び付く。何十億と神経細胞があることを考えると、脳組織の1立方センチの中に天の川にある星の数ほどの接続があるということだ。

　人間が生まれるとき、脳は何十万年もの間に蓄積された学習結果でプログラムされている。たとえば、バージニア大学の研究者が言うには、多くの人は本能的に蛇を恐れるが、誰も本能的に花を恐れない。生まれたときの脳は、蛇は危険で花はそうではないと学んでいる。それには理由がある。

　すべての哺乳動物、魚、鳥、両生動物、爬虫類の脳には、グランド・デザインがある。それはほぼ3億年前に作られ、それ以来進化を続けている。車を見てみると、基本的部品の大半は共通なのに、セダン、SUV、スポーツカーなどいろいろな車種がある。同様に、脊椎動物の脳は同じ部品を

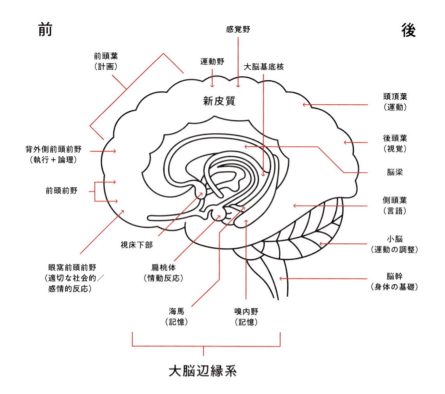

持ち同じことをするが、それぞれの種に特有な必要に適応してきている。たとえば鳥は高いところから餌（そして天敵）を見つける必要があるので、優れた後頭葉を持つ。人間は自らの優位性を過大に捉え、万物の長と考える。だが、他の生物も同じ主張ができるだろう。鳥は飛べるし、目がよい、そして本能的に磁気ナビゲータが備わっている。多くの動物は匂いに敏感だ。そして中にはとりわけ楽しいセックスをする動物もいる。

この「万物の脳」は底辺から進化してきた。すなわち低い部分は進化がもっとも古く、高い部分は最新のものだ。脳幹は人間や他の生物が生存するために、心臓の鼓動、呼吸、神経体系、そして覚醒や警戒の度合いなどの意識下のプロセスをコントロールする。その上にある層、小脳では、感

覚入力を筋肉と調節して、身体の動きをコントロールする能力がある。その次に大脳がくる。（習慣をコントロールする）大脳基底核やその他情動反応や一定の動きを司る大脳辺縁系がある。そして（記憶、思考、意識などがある）大脳皮質がある。大脳皮質の最新でもっとも進化した部分は、皺々の大量の灰色の物質で、腸のように見える。これは、新皮質と呼ばれ、学習、計画、想像その他の高度な思考が行われる。他の生物と比べると脳にある灰色の物質は相当高い割合を占める。

4.2 やりがいのある仕事、かけがえのない人間関係は、よいことだから選択されているわけではない。それは私たちの中に遺伝的に組み込まれている

　神経科学者、心理学者、進化論者はみな、人間の脳は社会的協力と楽しさを必要とするように組み込まれているという点で意見が一致する。私たちの脳はそれを求める。それがあると、もっとよく発展する。社会的な協力からかけがえのない人間関係ができると、より幸せに、より健康に、そしてより生産的になる。社会的協力はよい仕事をするのに不可欠だ。それは人間であることを特徴づける性格の１つだ。[29]

　レナード・ムロディナウは彼の名著、『しらずしらず——あなたの９割を支配する「無意識」を科学する』の中でこう書いている。「私たちは、他の生物と人間を区別するのはIQだと想定する。だが、重要な違いは社会的IQだ」。彼は、人間は他の人がどういう人間か、彼らがどのように行動するかを理解するユニークな能力を持つと指摘する。脳はこの能力を発展させるように組み込まれている。４歳になる頃にはたいていの子供は他人の心がどんな状況かを読むことができる。この理解力と協調性のおかげで、私たち人間は種として成熟している。ムロディナウはこう説明する。「自動車を製造するには、何千人もの人が必要だ。異なるスキルを異

---

[29] 多くのデータが、人間関係が最大の報酬であると示す。あなたの健康と幸福にとって、他の何にもまして重要だ。ハーバード大学の75年間にわたるグラントとグリュック研究の責任者、ロバート・ウォールディンガーがさまざまな社会経済的バックグラウンドを持つ成人男性を研究して、「欲しいだけのお金を得て、仕事で成功し、身体的な健康に恵まれていても、愛情ある人間関係がなければ幸せにはなれない。よい人生は、よい人間関係によって築かれる」と結論している。

なる土地で発揮し、異なる任務を果たさなくてはならない。鉄のような金属を地中から掘り出して加工する。ガラス、ゴム、プラスチックはおびただしい数の化学的物質から生成し、成型される。バッテリー、ラジエーターなど数えきれないほどの部品が製造される。電子システム、機械システムを設計しなくてはならない。それらすべてが広範囲で連動し、1つの工場で組み立てられる。今日では、朝の通勤の車内でとるコーヒーとベーグルだって、世界中の人の活動の成果だ」

　ピュリツァー賞受賞者のエドワード・O・ウィルソンは著書『ヒトはどこまで進化するのか』の中で、私たちの祖先がまだチンパンジーとホモサピエンスの中間のような存在だった100万〜200万年前頃から、脳は狩猟などの活動で協力ができるような形に進化していったのではないかと推測している。これが前頭前野にある記憶と論理的思考のセンターから、霊長類の仲間の脳をはるかに超えるものへと発展していった。集団は個人よりも力があるし、私たちの脳は大きな集団でも管理できるように進化していったから、集団間での競争は、個人間での競争よりも重要になった。そして、協力的な個人のいる集団はそうではない集団よりも優れた行動がとれるようになった。この進化により、利他主義、倫理観が発達し、良心、名誉の感覚が生まれてきた。ウィルソンは、人間は私たちを創造した極限的な2つの力の間で永遠に停止しているという。それは「罪に駆り立てた個人の選択と、美徳を推進した集団の選択」の2つだ。

　組織でこの2つの力（私欲と集団的利益）のいずれが勝つかは、その組織のカルチャーが決める。そしてその組織を作る人が決める。だが、集団的利益がベストであることは明らかだ。その組織だけでなくその組織を形成する個人にとってもベストだ。「仕事の原則」で説明するが、全体のパイを大きくしようとして一緒に働くことから得られるものは、私欲で得るものよりも大きい。「パイ」の大きさだけでなく、脳の中に組み込まれた心理的な報酬が大きい。そして、私たちはもっと幸せに、もっと健康になる。

今日まで脳がどう進化してきたかを知ることで、過去から将来を推定して、今後どこに向かうのか想像できるかもしれない。明らかに、脳は何も考えず自己中心である状態から、より抽象的で普遍的なものへと進化してきた。たとえば、私が述べてきた脳の進化のおかげで、私たちは高次元の全体的なレベルから私たち自身や環境を見る能力を得た（他の人よりも多く得る人もいる）。場合によっては、私たちが一部をなす全体の価値を私たちよりも評価できることがある。

　数年前、ダライ・ラマと話したとき、私たちが考え、感じるのは生理（言い換えれば脳の中で化学、電気、生物が機械のように働いているということだ）のおかげだというのが近代神経科学の見方だと彼に説明した。これは、精神性は、これらの生理学的構造によるもので、天空からやってくるものではないということだ。彼にそのことをどう考えるか、聞いてみた。一瞬のためらいもなく、彼は「そのとおりです！」と答えた。そしてウィスコンシン大学の神経科学専門の教授に明日会うので一緒に行きませんか、と誘ってくれた。残念ながら私は同行できなかったが、「スピリチュアル・ブレイン」というテーマについて書かれた本を彼に薦めた（みなさんにも薦めたい）。彼との会話で、私たちはスピリチュアルと宗教の間の類似性と相違性について議論をした。彼は、祈りと瞑想は脳に対して同等の効果があるように思えると言った。ともにスピリチュアルな感情を生み出す（自分を超えて全体と素晴らしいつながりを持つ）が、1つひとつの宗教は、スピリチュアルに共通な感情のうえに、それぞれ独自の迷信を持っていると付け加えた。彼の考えをここでまとめるより、もしもっと学びたいのなら、ダライ・ラマの著書『宗教を越えて』をお薦めしよう。

　私たちの思考は将来どうなるかを想像するに当たり、脳の機能を人間が変えることを考えるのも面白い。薬やテクノロジーでそうしているのだ。遺伝子工学の進歩を考えれば、いつか遺伝子工学が異なる種の脳の機能を異なる目的のためにうまく組み合わせることが可能になるかもしれない。たとえば、視覚を高めたいと思ったら、遺伝子工学のエンジニアが人間の

脳を操作して鳥の目のような視葉を育てることができるかもしれない。だが、そのようなことが近い将来起こるとは思えないので、こういったことは自分や他人とうまくやっていくのに役立つだろうか、というもっと実践的な質問に戻ろう。

4.3 偉大な脳の戦いを理解し、「あなた」が欲しいものを得るのに、どうコントロールするか理解しよう

　次から、あなたの脳が「あなた」をコントロールするために戦ういろいろな方法を見ていこう。神経科学者が一定の思考と感情を司ると信じている脳の部分について触れるが、実際の生理学ははるかに複雑で科学者もようやく理解し始めたところだ。

a.　意識は潜在意識と戦っていることを認識しよう。本書の前半で、2人の「自分」というコンセプトを紹介し、高次元の自分が低次元の自分を見下ろし、高次元の自分の望むことを低次元の自分がしっかりさぼらずにやるように監督していると説明した。私自身、そして他の人でもこの2人の「自分」が活動するのを見てきているが、なぜ2人が存在するのかを学ぶまでは、ほんとうに理解することはなかった。

　動物と同じで、私たちの意思決定を導くものは意識下にある。私たちがいろいろな選択をするような方法では、動物は、飛ぶ、獲物を狙う、寝る、戦うといったことを「決定」しない。たんに脳の潜在意識から出てくる指示に従うだけだ。このような指示が私たちの脳の同じ部分からも出てくる。進化のためになるからという場合もあるが、時には有害なものもある。私たちの意識下の不安や欲望が、愛情、恐怖、ひらめきなどの感情を通じてモチベーションとなり、行動へと駆り立てる。それは生理的なものだ。愛情は、たとえば、下垂体に隠された化学（オキシトン）のカクテルだ。

論理的な会話をするのが事実を得るために最善の方法だと私は想定してきたが、この脳に関する新たな知識を得て、人間の脳の大きな部分は論理的に動かないことを理解するようになった。たとえば、「あなたは私に公平に接してくれていないように思う」といったように「感情」について言及するとき、脳の感情的な潜在意識部分から出てくるメッセージについて言及していることに気が付いた。また人間の脳の潜在意識部分の一部は危険なほど動物的だが、意識よりも賢明で迅速に動く部分もあるということも理解するようになった。素晴らしいひらめきの瞬間は、潜在意識から「ポンと」現れることがよくある。リラックスして、ある脳の部分、だいたいは大脳新皮質だが、そこにアクセスしようとしていないときに、クリエイティブなブレークスルーが出てくることは誰もが経験のあることだ。「ちょっと考え付いたんだけど」というときは、潜在意識が意識に向かって何かを話しているということだ。トレーニングをすれば、このコミュニケーションの流れを開くことができる。

　多くの人は、意識だけが見えて、それを潜在意識につなぐことの恩恵に気づいていない。もっと多くのことを達成しようとすれば、意識の中にもっと詰め込み、もっと働かせればいいと信じている。だが、それは逆効果になることが多い。本能に反するように思えるかもしれないが、頭を空っぽにするのが進歩を遂げるのにはいちばんだ。

　これを知って、今なら、（シャワーを浴びているときのように）リラックスしているときにクリエイティブなアイデアが出てくること、そして瞑想がこのつながりを作るのに役立つことがわかる。これは生理的なことだから、クリエイティブなアイデアがどこかからやってきて私の意識の中に飛び込んでくるのを実際に感じることができる。それがどう働くのか理解するのは興奮することだ。

　だが、1つ注意しておこう。意識下からアイデアや指示がやってくると、私は即座に反応せず、意識して、論理的な頭でチェックすることを習慣としている。どのアイデアは効果が得られるか、なぜ私はそれに反応してい

るのかがわかるだけでなく、こうすることで、私の意識と潜在意識の間にさらにコミュニケーションを作り出せるからだ。このプロセスの結果をメモすると役に立つ。実際こうして私は原則を作ってきたのだ。

　この章から他に得るものがないとしても、潜在意識には注意してほしい。それは害となることも役立つこともある。そこから出てくるものをじっくり意識して考えること。そして周りの人の助けがあれば、もっと幸せに、もっと効果的になれるだろう。

b. 感情と思考の間でいちばん格闘が起きるということを知っておこう。

私たちの感情（重要なことだが、扁桃体にコントロールされ、意識下で動く）と理性的思考（重要なことだが、前頭前野でコントロールされ、意識的に動く）の間の戦いほど熾烈なものはない。この戦いが繰り広げられることを理解すれば、意識下から得るものと、意識して得るものとを調整するのがとても重要だということが理解できるだろう。

　あのいまいましい扁桃体は、小さなアーモンド形をした大脳の中に深く埋め込まれたもので、脳の中でとても力の強い部分だ。意識していなくても行動をコントロールしている。どのように機能するか。音でも目に映るものでも、たんなる虫の知らせでもいい。何かで腹が立つと、扁桃体は闘争・逃走反応の用意をするよう私たちの体にメッセージを送る。心拍数が上がり、血圧が上がり、息遣いが荒くなる。口論をしているとき、不安に対するのと同じような身体反応（たとえば心拍数が上がるとか、筋肉が緊張するとか）になることに気づくことがあるだろう。それを認識することで、（前頭前野にある）意識は、その指示に従わないことも可能だ。なにかとてもおぞましい事件、あるいは事件の連続に遭い、心的外傷後ストレス障害でも起きない限り、通常、この扁桃体のハイジャックはさっときて、さっと消える。このハイジャックの動きを知ると、条件反射のように反応したら過剰反応になる傾向があるとわかるだろう。また心理的苦痛を味わっていてもそれほど長くは続かないと知れば気が楽になるだろう。

c. **感情と思考を調整する。**人生は、脳のこの2つの部分の果てしなき戦いだ。扁桃体の反応はパッときて消えていくが、前頭前野からの反応はもっと緩やかに起こり、持続する。自ら進歩を遂げ目的を達成する人と、そうではない人との最大の違いは、なぜ扁桃体のハイジャックが起きたかをじっくり考えるかどうかだ。進歩する人は、じっくり考える。

d. **習慣を上手に選ぼう。**習慣は、脳内にある道具箱の中で、もっとも力の強いツールと言えよう。大脳の底にあるゴルフボールくらいの組織で大脳基底核と呼ばれるものによって習慣は身につく。それは私たちの行動をコントロールするのだが、根深く本能的なため、意識することがない。

　頻繁に何かを繰り返せば習慣となり、それによってコントロールされるようになる。よい習慣は「高次元の自分」が望むことをする。悪い習慣は「低次元の自分」によってコントロールされ、「高次元の自分」が望むことを妨げる。脳のこの部分がどう働くかを理解すればよい習慣を作ることができる。たとえば、ジムでエクササイズする「必要」があると思うような習慣を作ることができる。

　このスキルを伸ばすには、いくらか作業が必要だ。最初のステップは、そもそも習慣はどのように出来上がっていくかを認識することだ。習慣は、基本的には惰性だ。今やっていることをし続ける（あるいは今していないことをしないでいる）強い傾向のことだ。研究によればだいたい18カ月やり続ければ、ずっとやり続ける強い傾向がある。

　長いこと、習慣が人の行動をコントロールする力をあまり高く評価していなかった。ブリッジウォーターで「仕事の原則」を抽象的な形では合意するのに、守れない人がいるのを見てきた。友達や家族が何かを達成したいと思っているのに、いつもそれとは逆のことをしてしまうのを見てきた。

　その後チャールズ・デュヒッグのベストセラー『習慣の力』を読んで目から鱗の思いをした。ここで説明している以上に詳しいことを知りたいの

なら、この本を読むことをお薦めする。デュヒッグの考えの中心となるのは、3つのステップから成る「習慣のループ」の役割だ。デュヒッグによれば、最初のステップはきっかけだ。「脳に自動モードに入るよう指示を出し、どの習慣を使うかを命令するトリガーだ」。第二のステップは、ルーチンだ。「身体的、知的、感情的のいずれでもよい」。最後は報酬だ。それは脳にこのループは「将来のために覚えておく価値がある」と思わせるのに役立つ。反復はこのループを強化し、やがて自動的にできるようになる。期待と欲望が、動物のトレーナーのオペラント条件付けと呼ぶもののキーとなる。それは、陽性強化と呼ばれる、好ましい行動を褒め、同じ行動を繰り返させる訓練方法だ。犬のトレーナーは音（通常クリッカー）を使い、同時にもっと望ましいご褒美（通常食べ物）を与えて行動を強化する。それを続けると、犬は音を聞いただけで求められる行動をするようになる。デュヒッグは、人間の場合、「身体に興奮を与える食べ物や薬から、称賛や自己満足で味わうプライドなどの感情的な報酬まで」何でも報酬になり得ると言う。

　習慣は脳を「自動操縦」モードにする。神経科学の用語では、大脳基底核が大脳皮質に取って代わり、まったく考えなくても行動ができるようにする。

　デュヒッグの本を読んでわかったのは、もし本気で変わりたいのなら、いちばんよいのは、何の習慣を身につけ、何の習慣を取り除きたいのかを選び、実行するということだ。3つの悪い習慣を書き出してみよう。今すぐに。そして、その中から1つ選び、それを直すと誓ってみよう。できるかな？　ものすごく影響力があるはずだ。3つすべてを直したら、人生の軌跡は劇的に改善するだろう。あるいは、身につけたい習慣を選び、習慣にすることもいいだろう。

　私が身につけた習慣でとても価値のあったものは、苦痛を引き金にじっくりと考える癖をつけたことだ。この習慣を身につけたら、何が苦痛の原因なのか、それに対して何ができるのかを学べる。それは効果的に働くた

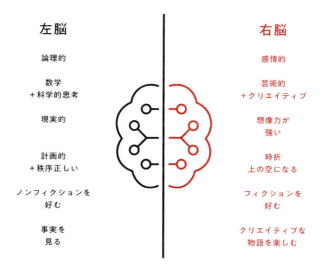

めに大きな影響を与えるだろう。

e. 「低次元の自分」に、正しい習慣を身につけるよう親切に粘り強く訓練しよう。 高次元の自分がコントロールを得るためには低次元の自分と戦う必要があると以前は考えていた。だがやがて、子供にこういうふうにするんだよと教えるように、意識下の感情的な自分に、愛情をこめ親切に粘り強く正しい習慣が身につくように教えるほうが効果的だとわかってきた。

f. 右脳と左脳の考え方の違いを理解する。 脳には意識する上部の部分と意識下の下部の部分があるように、2つの脳半球がある。*30 右脳派とか左脳派とか言うのを聞いたことがあるだろう。それは言い習わしだけではない。カリフォルニア工科大学のロジャー・スペリー教授はそれを発見してノーベル医学・生理学賞を受賞している。簡単にまとめると：

---

*30 これに関するよい本は、ダニエル・H・ピンクの『ハイ・コンセプト「新しいこと」を考え出す人の時代』、科学的な記事は、ウォール・ストリート・ジャーナル紙のロバート・リー・ホッツによる "A Wandering Mind Heads Straight Toward Insight" が秀逸だ。脳の大半の部分は2つの半球にあるが、脳の3分の1を占める、直近発達した大脳皮質で右脳と左脳の機能的差異のあることがわかってきた。

1. 左脳は連続的に論理的に考え、詳細を分析し、直線的分析に優れる。分析力に強い「左脳派」あるいは「線形」思考派は「聡明」であると言われることが多い。
2. 右脳はカテゴリー横断的に考え、テーマを見つけ、全体像を統合する。「右脳派」あるいは「水平的」思考派は世知にたけて、「頭の回転が速い」と言われる。

前ページの図は「右脳派」と「左脳派」の思考タイプの特徴を要約したものだ。

たいてい人はいずれか一方の脳で指示を受け、もう一方の脳から指示を受ける人の考え方を理解できない。経験では、左脳派は右脳派を「現実離れしている」「抽象的」とみる傾向がある。右脳派は、左脳派を「融通が利かない」とか「狭量」と評する。自分と他人がどういう傾向にあるかを知り、互いの考え方が貴重であると認識し、それに沿って責任分担すると素晴らしい結果が生まれるのを見てきた。

g. **脳はどのくらい変化できるのか、できないのかを理解する**。ここから重要な質問が出てくる。私たちは変わることができるのか？[*31] 私たちは誰でも新しい事実やスキルを学ぶことができる。だが、思考の傾向を変えることは学べるのだろうか？ 答えは、条件付きでイエスだ。

脳の可塑性は、脳の「ゆるやかな配線」を変えるものだ。長いこと、科学者は子供時代のある決定的に重要な時期をすぎると、脳の神経接続は固定され、変わることはまずないと信じていた。だが、最近の研究では、体を動かすエクササイズから瞑想を学ぶことまで広い範囲の訓練によって、脳の物理的生理学的変化を起こし、考える能力、記憶を形成する能力に影響を与えることができると考えられるようになってきた。１万時間以上瞑想し修行した仏僧を研究したウィスコンシン大学の研究者は、非常に高い

[*31] これは大きな問題だ。この問題だけに取り組んでいる多くの専門家がいるが、権威ある回答と言えるものはない。私の意見は当然信頼できるものではない。だが、何を変えられるかを知ることは自分を管理しようというとき重要なので、かなりこの脳の可塑性の問題を深く見てきている。私が学んだことは、経験と一致する。だからあなたにお伝えしていこう。

ガンマ波を仏僧たちの脳で測定した。この脳波は認知と問題解決に関連する。[*32]

　だからといって脳は無限に柔軟だというわけではない。ある一定の思考方法を選好する傾向があったとしても、別の方法で考えるように訓練できるし、時間とともに容易にできるようになっていく。だが、根底にある選好が変わることはまずないだろう。同様に、クリエイティビティを伸ばすように訓練はできるが、生まれつきクリエイティブなタイプでなければ、やれることには限界がある。それがまさに現実だ。だからそれを受け入れてどう対応するか学ぶしかない。利用できる対応のテクニックがある。たとえば、時間の観念を失いがちなクリエイティブだが、だらしのない人は、アラームを使う習慣を身につければいい。あるタイプの思考方法がうまくできない人は、それが上手な人の思考に頼ればいい。変わるのにいちばんよい方法はメンタルなトレーニングをすることだ。前述の習慣のループにあった活動を報酬に結び付け、学ぶことと有益な変化を得ることをこよなく愛するように脳の回線を「再配線」しない限り、運動のエクササイズと同様、苦痛なものとなり得る。

　自分の弱みを容認することは、自分は完全だという幻想にしがみつきたいと思う脳の本能に反する。本能的な防衛機能を減らすようなことをするには練習が必要だ。そしてオープンな態度を促進する環境で行うことが必要だ。

　「仕事の原則」で紹介するが、個人として、組織としてこの抵抗に打ち克つのに役立つツールやテクニックを開発した。自分を含め人が変わるのを期待するよりも、弱みを認め、しっかりとしたガードレールを作るほうが効果的だと思う。そのほうが早いし、成功への確率が高い。

[*32] ハーバード大学と提携してブレイン・イメージング研究をしたマサチューセッツ総合病院の研究者は、8週間の瞑想コースを受けた後、脳の形が変わることを見出した。研究者は学習、記憶、自己認識、思いやり、内省に関わる脳の部分で活動が増加し、扁桃体の活動が減少したことを認めた。

4.4　自分や他人の人物像を知る

　私たちに組み込まれたバイアスのせいで、自己評価（そして他人の評価）はひどく不正確になりがちだ。精神測定評価のほうがはるかに信頼できるし、人材採用のとき、そして雇用している間、人がどう考えるのかを理解する一助として重要だ。実際に会って話し、職務経歴や略歴を見ることに、精神測定評価が取って代わることはないが、従来の面接などの選別方法よりもはるかに効果的だ。人となりを把握するために、測定評価か従来の採用面接のどちらかを選ばなくてはならないとしたら、私は測定評価を選ぶ。幸い、その選択をしなくて済むが。

　私たちが使う測定評価は主に4つある。マイヤーズ−ブリッグス・タイプ・インディケーター（MBTI）、ワークプレース・パーソナリティ・インベントリー、チーム・ディメンジョンズ・プロフィール、そしてストラティファイド・システムズ・セオリーだ。[*33] だがつねに新しいものを試している（たとえばビッグ・ファイブとか）ので、この組み合わせはつねに変わる。組み合わせがどうであれ、どれも、人の思考や行動の選好を教えてくれる。また、新たな属性や専門用語を教えてくれるので、私たちが独自に見つけた属性を明確にし、詳しく説明するのに役立つ。そのうちのいくつかを書いておこう。私自身が経験し学んだものだから、評価会社が使う公式な表現とはいろいろな意味で異なる。[*34]

a.　内向的対外向的　内向的な人は心の中の世界に焦点を当て、アイデア、記憶、経験などからエネルギーを得る。外向的な人は外の世界に目を向け、人と一緒にいることでエネルギーを得る。内向的と外向的ではコミュニケーションスタイルも異なる。アイデアを「徹底的に話す」のが好きな（あるいは誰かがいなければ考えをまとめるのが難しい）友人がいたなら、その人は外向的と思っていい。内向的な人は、そういう会話を苦痛だと思う。

[*33] このテストはレベルをどう舵取りするか、どのレベルに自然に行くかを見るのに役立つ。
[*34] 実際にこの評価を試して自分の結果を見たいのなら、assessments.principles.com を見るように。

1人で考えて、考えがまとまってから人に話すことを好む。彼らが心地よく感じる形でコミュニケーションをとらせるのはとても重要だとわかった。たとえば、内向的な人はグループの前で話すよりも書くこと（メールとか）でコミュニケーションすることを好む。そして、重要な考えをあまりオープンにしようとしない傾向がある。

b. 直観型対感覚型　ある人は全体像（森）を見、ある人は細かいところ（木）を見る。マイヤーズ–ブリッグスのフレームワークでは、この見方は直観型と感覚型のどちらの傾向が強いかでうまく表現している。人が何に焦点を合わせているかを観察すれば、その人の選好がわかる。たとえば、読書していて、詳細を見る感覚型は、「their」とすべきところが「there」とミスタイプされているとキレてしまう。直観型はミスに気づきもしない。直観型はまず内容に注意を払い、細部のことは二の次になる。小文字のiの頭にあるドットがきちんと書かれていなければいけないし、小文字のtはきちんと横に線がひかれていなければならないような法的な文書を作成するときには当然、直観型ではなく感覚型の人を望む。

c. 思考型対感情型　客観的事実を論理的に分析して決定をする人がいる。与えられた状況において重要かつ判明している説明可能な事実をすべて考慮し、論理を使って最善の行動の道を決める。このアプローチは思考選好型のサインだ。かかりつけの医師が診断をするときにはこうあってほしいと思うタイプだ。感情選好型は人の調和を重視する。他人の感情を理解すること、人との接触、人間関係構築が求められる役割に向いている。たとえば人事部や顧客サービス部だ。評価テストを使ってこういった違いを知る前には、思考型と感情型の間の会話はじつにイライラさせられるものだった。今では違いが出てくると私たちは笑いとばす。彼らがどういう人間かわかっているし、型通りの方法で行動するのが見えるからだ。

d. **計画型対知覚型**　計画を立て、きちんと秩序立てて生活したいという人もいれば、融通無碍なのびのびとした生活を好む人もいる。[*35] 計画型（マイヤーズ–ブリッグスの用語では判断的態度と呼ぶ）は、計画を作り、その通り実行する。知覚型は自分の周りで起きていることに注意を向け、それに対応する。知覚的態度の人は、外から内へと向かって働く。何かが起こっているのを見てから遡って原因を理解し、どう対応するかを考える。彼らはまた比較して選べる可能性のあるものをなるべく多く見ようとする。あまりに多くて混乱することがよくある。対照的に計画型は内から外に向かって働く。最初に何を達成したいかを考え、どうやって広げていくかを考える。計画型も知覚型も相手を高く評価することはない。知覚型は新しいものを見ると方向をしばしば変更する。これは計画型にはどうも落ち着かない。彼らは意思決定に当たり前例を重視する。以前にある方法で行われているのなら、再び同じ方法ですべきだと考える。同様に、知覚型は計画型がガチガチで対応が遅く見えるので、不快に思う。

e. **創造タイプ対前進タイプ対改善タイプ対実行タイプ対融通タイプ**　素質や好みから人がどう感じるかがわかれば、彼らが上手にこなせる仕事を割り振ることができる。ブリッジウォーターでは、チーム・ディメンション・プロフィール（TDP）と呼ぶテストを使って、社員に望ましい役割を見つける。TDPでは5つのタイプに分類する。創造タイプ、前進タイプ、改善タイプ、実行タイプ、融通タイプの5つだ。

- **創造タイプ**は、新しいアイデアや独創的な概念を生み出す。彼らは体系化されていない、抽象的な活動を好み、イノベーションや通常とは異なるやり方を目指して頑張る。
- **前進タイプ**は、これらの新しいアイデアを伝え前進させる。彼らは感情や人間関係を楽しみ、人間的な要素をうまく管理する。彼らは働く

[*35] MBTIのスケールではこれらは「判断」と「知覚」としているが、私は「計画」を好む。判断というと他の意味合いが含まれるからだ。MBTIの用語では、「判断」は一方的に判断するという意味ではないし、「知覚」は敏感だという意味でもない。

熱意をかき立てるのに優れている。
- **改善タイプ**はアイデアを疑ってかかり、挑む。プロジェクトに欠陥がないか分析し、客観性と分析に焦点を合わせて磨きをかける。彼らは事実と理論を大切にし、体系的なアプローチで働く。
- **実行タイプ**は、**実践する人**と言える。重要な活動がきちんと実行され目標が達成されるようにする。彼らは細かい点や収益に注意を払う。
- **融通タイプ**は４つのタイプすべての混合だ。必要に応じてスタイルを適応させ、さまざまな角度から問題を見ることができる。

　それぞれのテストから学んだことを多面的な角度から把握すると、私が頭の中で考えていた社員の像がくっきりとしたり、疑問が出てきたりする。たとえば、MBTIの結果、「S」タイプ（詳細に気を配る）と「J」タイプ（計画的）とされ、TDPの評価では実行タイプと出た社員は、細かいところに気を配る右脳型で想像力のある場合が多い。つまり、彼らは曖昧なところが少なく、しっかり体系だった明確な仕事に向いているということだ。

f.　任務重視対目標重視　日々の任務を重視する人もいれば、目標を重視しどうやって達成しようか考える人もいる。この違いは、直観的と感覚的の違いにとてもよく似ていることに気づいた。目標に注意を払い、「可視化」を上手にする人は、時間とともに大局観を把握できるようになり、有意義な変化を遂げ、将来の出来事を予想するようになる可能性が高い。目標重視型は、日々の業務から一歩離れて、何を、どのようにやっているのか、じっくり反省する。彼らは新規に何か（組織、プロジェクトなど）を作ったり、変化の多い組織を管理したりするのに向いている。広い視野を持ち全体像を見ることができるから、ビジョンを持つリーダーになるタイプだ。
　対照的に、日々の業務を重視するタイプは、変化が少なく、きちんとした処理を求められる仕事をするのに向いている。任務重視型はすでに存在

するものを参考にしながら、徐々に変わる傾向がある。現状維持から離れるのに時間がかかり、突然の出来事に不意打ちを食らう可能性が高い。だが、彼らは信頼性が高い。高次元思考者よりも視野は狭いが、彼らの果たす役割も同様に重要だ。きっちり細かいところを見てくれる人と一緒でなかったら、本書を出版することも、何か価値あることを達成することも不可能だった。

g. ワークプレース・パーソナリティ・インベントリー　もう1つ私たちが使う人材評価テストはワークプレース・パーソナリティ・インベントリーだ。これはアメリカ労働省のデータに基づくテストで、粘り強さ、独立心、ストレス許容度、分析的思考などの観点から主な性格・特性を洗い出して、行動を予測し、社員に適合し満足度の高い仕事を予測する。このテストは、社員が何を大切にするのか、価値観の間でどうトレードオフをつけるかを理解するのに役立った。たとえば、達成志向が低く他人への思いやりが高い人は、自分の目標達成のために他人の感情を害するのを嫌がる。同様に、規則をきちんと守るのが不得意な人は、他人に左右されずに考える傾向がある。

　25から50くらいの特質を使うと、人物像を表現できることがわかった。どの特質にも（色調のように）強さの幅がある。その特質を理解し、正しくまとめれば、かなり完成度の高い人物像が描ける。私たちがテスト結果やその他の情報を使う目的は、まさにそのためだ。私たちはテストを受けた人と一緒に、その作業をすることにしている。そのほうが正確だし、自分を客観的に見られるのは彼らにとってたいへん役に立つことだ。

　いくつかの特質をまとめると、はっきりとした典型的なタイプを描き出すことができる。人生で繰り返し出会う典型的なタイプが、いくつか思い浮かぶことと思う。現実離れした実践的ではないアーティスト、きっちりした完全主義者、何かをやり遂げるために障害をものともせずに体当たりする人、何の苦もなくものすごく大きなアイデアを打ち出すビジョナリー

など。他にもシェーパー、ぺらぺらしゃべる人、失敗ばかりする人、オープンに学ぶ人、前進する人、クリエイター、コントロール不可能なことをやってのける人、ゴシップ好きな人、忠実な実行者、賢明な判断をする人などのリストが時間とともに出来上がっていった。

　はっきりしておきたいが、典型的タイプは、評価テストで浮かび上がる像よりも役立つ度合いは低い。正確ではなくて、単純な風刺画みたいなものだ。だが、チーム編成のときには役立つこともある。個々人は必ず表現される典型的タイプよりも複雑で、1つだけでなくいくつにも当てはまる。たとえば、現実離れしたアーティストが完全主義者であるかもしれないし、体当たりする人であるかもしれない。全部には触れないがシェーパーだけは書いておこう。ある程度私に当てはまるものだからだ。

h.　シェーパーとは構想を描き、それを具体化できる人だ。 本書の最初の部分で私が「シェーパー」と呼ぶ人についてかなり紙数を割いた。ユニークで貴重なビジョンを描き、人が懐疑的であっても、それを見事に構築する人という意味で使っている。シェーパーは全体像も詳細も正しく把握する。私にとっては、**シェーパー＝ビジョナリー＋実践的思考者＋固い決意を持つ人**、である。

　シェーパーに共有して見られる特質は、強い好奇心、納得のいくことをしたいという極めて強い欲求、反抗的と言えるほど自分ひとりで考える傾向、大きく型破りな夢を見る欲求、目的達成のためにあらゆる障害を乗り越える現実的な態度と決意を持ち、自分や他人の弱みと強みを理解して目標達成のためのチームを編成できる。さらに重要なのは、相反するような考えを同時に抱き、異なる角度から見ることができる。ものすごく賢い人たちに自分の考えをぶつけるのが大好きだ。全体像と細部を等しく重要だと捉え、両方を代わる代わる見ることができる。シェーパーとして現実の世界でこういうふうにできるように頭の配線ができている人はごく稀だ。だが彼らとて、他のことが自然にできる人たちと一緒に働かない限り、成

功はできない。他の人たちの考えと行動も絶対不可欠なのだ。

　頭の配線がどうなっているかを知るのは、人生の旅に必要な最初の一歩だ。自分の気質と自分の強い願望とに一貫性があれば、何をしようとかまわない。世界の富豪、権力者、敬愛される人たち、また、地球上の辺鄙な場所に住む極貧の恵まれない人とも一緒に過ごした経験から、最低限の生活レベルを超えていれば、幸福度と世間で成功の指標とされるものとは相関しないと断言できる。木材を使って仕事をすることで大きな満足を得る大工は、アメリカ大統領と同じくらい、いやそれよりもよい人生を送れる。本書から何か学ぶところがあるとしたら、誰もが強みと弱みを持ち、誰もが人生で重要な役割を果たしているということであってほしい。自然は何らかの目的を持って万物そして人を作った。いちばん必要な勇気は、他の人に勝つためのものではない。他の人がどう言おうと、自分自身に忠実でいるために必要な勇気だ。

4.5　何を達成しようとするにしても、それに成功するための鍵は、目的をサポートするよう適材適所の配置をすることだ

　プライベートでも職場でも、仕事を果たすためには、補完的な特性を持つ人が一緒に働く混合チームを組むのが最高だ。

a.　自分のしたいことを達成するために自己管理し、他の人を上手にまとめよう。 最大の課題は、思慮深い高次元の自分が感情的な低次元の自分を管理するようにさせること。それをする最善の方法は、自分にとって為になることをする習慣を意識して身につけることだ。人の管理で思い浮かぶ比喩は、オーケストラだ。シェーパー型指揮者は、結果を思い浮かべ、オーケストラの団員がそれを達成するように仕向ける。だが、自分では何も

しない（つまり、楽器を弾かない。もちろん楽器についてはよく知っているだろうが）。指揮者は各団員が何に優れ、何が不得意か、自分の責任は何かを知るようにさせる。個人として最高の演奏をするだけでなく、他の団員と協力して、各人を足し合わせた総和以上の出来栄えになるようにしなければならない。指揮者にとって難しく感謝されない仕事は、ソロでもオーケストラの一員としてでも演奏が下手な人を外すことだ。指揮者は、頭で思い描いたとおりに楽譜が演奏されるようにする。それがもっとも重要だ。「こういう音にならなくては」と言う。そしてそうなるようにする。「バス、全体が引き出されるようにして。ここでつながる。ここで心をこめて」。オーケストラの各部門にはそれぞれリーダーがいる。コンサートマスターや首席奏者だ。彼らは作曲家の、そして指揮者のビジョンが実現されるよう補佐する。

　このように考えることは大いに役立った。前に書いた債券のシステム化プロジェクトをこの新たな視点で見直すと、今あるものと必要とするもののギャップがよく見えるようになった。ボブは、解決したいと思っていた全体像を理解するのに優れた知的なパートナーだった。だが、解決までに必要とされるプロセスを描くのにはとても弱かった。また、彼の周りには適材がいなかった。彼は自分と同じタイプと働くのを好む傾向があった。だからプロジェクトの右腕となる人は、大きなアイデアをホワイトボードに描くのに優れた議論の相手にはなったが、アイデアを実現するために、誰が何をいつまでにしなくてはいけないか肉付けするのは下手だった。この右腕は、性格テストで「融通タイプ」とされていた。つまり、彼はボブが行きたい方向に向かうのには優れているが、ボブを正しい軌道に乗せるのに必要な、明確な独自の見方に欠けていた。

　進捗が見られないことが何度か続いた後、新たなツールを使って社員を理解し、それに基づいて行動することにした。ボブに新たな右腕を起用し、高度なアイデアとその実現に必要な個々の小規模なプロジェクトの間をうまく舵取りするスキルを持つ人に変えさせた。新たな右腕の野球カードを

前任者と比べると、彼女は自分で考え、体系的に考えるのに優れていた。それはボブの壮大なアイデアをどうするか明確に描き出すのに不可欠なスキルだった。この新たな右腕は、他のサポート人材も連れてきた。あまり概念的にならず、任務に必要な詳細部分や締め切りに注意を払うプロジェクトマネジャーもその1人だった。新しいチームメンバーの野球カードを見て、周到に準備し、具体的に完成に持ち込む分野、つまりボブが弱かった分野に火がついたのをすぐに見てとることができた。新しいチームが立ち上がり、うまく事が運び出した。目標達成に必要な「レゴセット」の全体をよく見て、それから足りないピースを探し出す。それでうまくできるようになったのだ。

　債券システム化は、社員のタイプを理解するのに率直でオープンなアプローチをとった恩恵を被ったプロジェクトの1つでしかない。誤解のないように言っておきたいが、頭の配線がどうなっているのか、私は、まだ知るべきことの表面をかすっただけでしかない。

　次章では、ここまで読んできたことをまとめ、意思決定に不可欠なエッセンスを書いていこう。自分で決めるべきこともあれば、誰かもっと信頼できる人に委譲したほうがよいものもある。何をしようとするにしても、自己認識を使って自分でするか委譲するか、どちらかを知ることが成功の鍵だ。

5 効果的な
意思決定の方法を
学ぼう

意思決定が仕事だから、どうすれば効果的な意思決定ができるか、ずっと勉強してきた。正しく判断する確率を上げ、求めているものを得るために、ルールやシステムをつねに探してきた。

　ひとつ重要なことがわかった。日々の意思決定のプロセスは、大半は潜在意識で行われ、広く思われているよりも複雑であるということだ。たとえば、自動車を運転しているとき前の車とどのくらい車間距離をとるかを考えてみよう。自動車を運転したことのない人ができるくらい、あるいは自動運転の車のコンピュータにプログラムできるよう、詳しくそのプロセスを説明してみてほしい。賭けてもいいが、できないと思う。

　すべての決定を上手に体系的に反復できるように、他の人も同じ環境下で同レベルの決定ができるように、そのプロセスを克明に仔細に説明することを考えてほしい。それは私が何とかやりたいと願っていることで、たとえものすごく不完全でも貴重だと思う。

　意思決定にたった1つの最善の方法というものはないが、よい決定をするのに一般的に通じるルールがある。それは、こういったことだ。

5.1　1）よい決定をできなくさせるのは有害な感情だ、
　　 2）意思決定は、まずは学び、それから決定するという
　　 2段階のプロセスだ、ということを念頭に置くように

　学習は、決定の前にすることだ。「1　現実を受け入れて対応しよう」で説明したように、脳は異なるタイプの学習を潜在意識や、丸暗記の保存場所に、あるいは習慣として記憶する。どうやって知識を得ようと、どこに保存しようと、重要なのはそれが現実を正しくしっかり表すかどうかだ。それが決定に影響する。だから学習するときには徹底的にオープンな態度で信頼できる人を探すこと。そうすればつねに報われる。だが、感情的な問題でこうすることができず、よい決定に役立つ学習を阻んでしまう人が多い。反対意見を聞いて害になることはないと覚えておこう。

　決定するということは、あることが「何なのか」を知り、その根底にある因果関係の仕組みを広く理解したうえで、検討して、「それをどうするか」という行動ステップを決めることだ。望みどおりの結果を得るにはどうするかを描くために、時系列に異なるシナリオを作る必要がある。これを上手にするには、一次的結果と二次的、三次的結果を比較検討して、すぐに出る結果だけではなく、将来的な結果も考慮に入れて決定すべきだ。

　二次的、三次的結果を考慮しないと、辛い、悪い決定になってしまう。あまりよいとは言えない第一次の選択肢が自分の偏見にぴったりの場合には命とりになる。最初に出てきたオプションがどんなによく見えても、質問をし、探りを入れずに飛びついてはいけない。この罠に陥らないように、私は自分にこう質問する。私は学んでいるか？　しっかり学んだからもうそろそろ決断してもいいタイミングか？　しばらくすると、自然に、オープンな態度で関連情報を収集できるようになる。そうすれば、悪い決定に導く最初の潜在的リスク、つまり最初に無意識のうちに決定してそれに都合のよいデータだけを集める過ちを回避できる。

　だが、どうすれば上手に学べるのか？

上手に学ぶ

　正確な現実の姿を得るには、2つのことに行きつく。正確に統合できること、そしてレベルの間をうまく舵取りするやり方を知ることだ。

　統合とは大量のデータを正確な1つの像に変えていくプロセスだ。統合の質が意思決定の質を決める。だから統合が上手な人と一緒に、自分の見方を多面的な角度から見るのは割に合う作業だ。たとえ自分でもう十分やったと思っても、これによって、よい統合を得る率が高まる。間違ったらどうしようという大きな不安があれば、普通は、信頼できる人の見方を拒絶することはないだろう。

　上手に統合するには、1）足元の状況を統合し、2）時系列に状況を統合し、3）レベルの舵取りを効果的に行う必要がある。

5.2　足元の状況を統合する

　毎日、数えきれないほどのことに直面する。それらを「ドット（点）」と呼ぼう。効果を上げるには、どのドットが重要でどのドットはそうではないかを見極める必要がある。必要なものだけに限定せず、ポケットにたまる糸くずのように、あらゆる類いの観察、意見を集めて溜める人がいる。彼らは「詳細不安症」で重要でないことを心配する。

　些細なことが重要になることもある。自動車のエンジンで小さなカタカタという音がする。それはプラスチックの破片かもしれないし、タイミングベルトが切れる前のサインかもしれない。詳細にとらわれずに、ほんとうのリスクは何かを迅速に正しく判断するために、高次元の視点を持つことが鍵となる。

　次のことを覚えておいてほしい。

a.　誰に質問するかを決めるのは重要なことだ。 情報に通じていて信頼で

きる人に質問すること。理解しようとしていることに責任を持っているのは誰かを特定し、それから質問しよう。情報を持っていない人の話を聞くのは、答えなしでいるよりさらに悪い。

b. **聞いたことをすべて信じてはいけない**。意見は掃いて捨てるほどある。誰もが意見を言いたがる。あたかも事実のように話す人が多い。意見と事実をはき違えないように。

c. **近くで見れば何でも大きく見える**。人生では、今日起きていることは後で振り返ったときよりもずっと大きく見える。だから立ち止まり、全体像を見るのは役に立つ。少し時間を置いて決定を遅らせることも時にはいいだろう。

d. **新しいものは、素晴らしいものより過大評価されている**。何の映画を見るか、何の本を読むかを選ぶとき、評価の定まったものに惹かれるか？ それとも最新で評判のもの？ 新しいものよりも素晴らしいものを選ぶほうが賢明だと私は思う。

e. **ドットを過大視しない**。ドットはある時点の1つのデータにすぎない。統合するときにはそれを忘れないように。大きなものを小さなものから抽出する必要があるように、そして全体的なパターンから現在起きているものを抽出する必要があるように、1つのドットを過大視せず、どのくらい学べるかを知る必要がある。

5.3 時系列に状況を統合する

　時系列にドットがどう結び付くかを見るためには、情報を集め、分析しタイプ別に分類しなければならない。それは容易ではない。たとえば、8

つのことが起きた日を考えよう。いいことも悪いこともある。この日を右のような図にしてみよう。イベントは頭文字で表し、その結果の質は高さで示した。

　1日をこのように見るには、結果をタイプ（頭文字）と質（高いほうがいい）で分類する必要がある。それにはそれぞれのおおよその評価を統合する必要がある（例をもう少し具体的にするために、アイスクリーム店を経営しているとしよう。Wは売上、Xは顧客満足度、Yはマスコミの反応、Zは社員のやる気などとしよう）。この例は比較的シンプルなものだ。1日に8つのことしか起きていない。

　右の図から売上がよかったことがわかる（Wがいちばん上にきている）。顧客満足の点では最悪だった（X）。客が多くて売上は出たが、待ち行列が長くなったのかなどと推測できる。

GOOD

BAD

さて、1カ月の平日はどんな具合か見てみよう。
混乱するだろう？

GOOD

結果の
よしあし

BAD

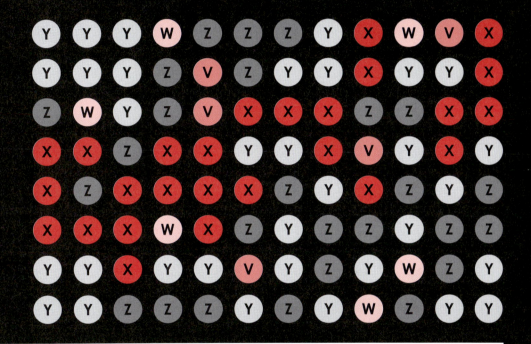

時間

下記の図は X だけを取り出して描いた。
見やすくなっただろう。

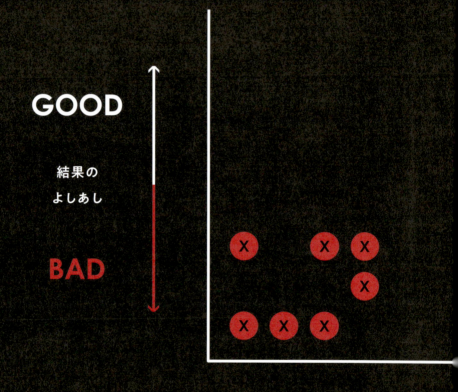

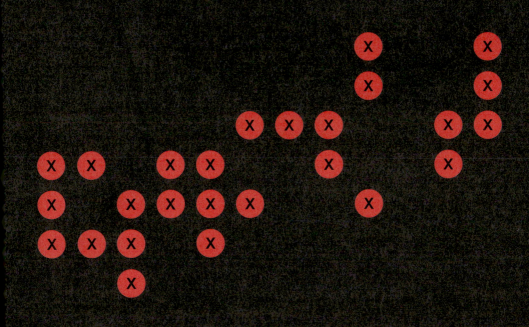

時間

このようなパターンを引き出すことができる人は数が少なく貴重だ。たいていの能力に言えることだが、時系列に統合する能力は、生まれつきの部分は少なく、上手でなくても練習すれば上手になれる。次の原則に従えば、成功の確率は上昇する。

a.　**変化率とレベル、そしてその関係を心にとめよう。**何かを改善する速度がどの程度であれば容認できるかを考えるとき、変化率と比したレベルが重要になる。これを見過ごす人が多い。「よくなってきている」と言うだけで、いかに低いレベルにあるのかに気づかない。容認できる時間内で変化率が上昇しているのかを見ない。テストの成績が30点台、40点台だった人が2、3カ月の間に50点台に上がったら、よくなっているというのは正しい。だが、ひどく低いままだ。人生で重要なことはすべて、基準を上回り、適切なペースでよい方向に向かう軌道に乗っていなければならない。次ページの図ではドットが時間を追ってどうつながっているかを示している。Aの軌跡は適切な時間内に十分基準値を上回っている。Bはそうではない。よい決断をするには、この2つのケースのどちらが現実に起きているのかを理解する必要がある。

b.　**おおよそでいい。**「おおよそ」の概念を理解し、近似値を使おう。私たちの教育制度は、正確さにとらわれていて、上手に近似値を出すことは十分に評価されていない。それが概念的思考を妨げる。38と12をかけたらいくらになるか、と聞かれると、多くの人は時間をかけて難しく計算する。12を10に切り下げ、38を40に切り上げ、400くらいとは答えない。アイスクリーム店の例で、ドットの間の関係を素早くざっと見る価値と、時間をかけてすべての観点を正確に見る価値を考えてみよう。時間を使うのは馬鹿げていると思うが、おおかたの人はそうする。効果的な決定をするのに、たいていのことは「おおよそ」で理解すれば済む。「おおよそ」で全体像を述べて、誰かが「いつもそうなるわけではない」と応じ

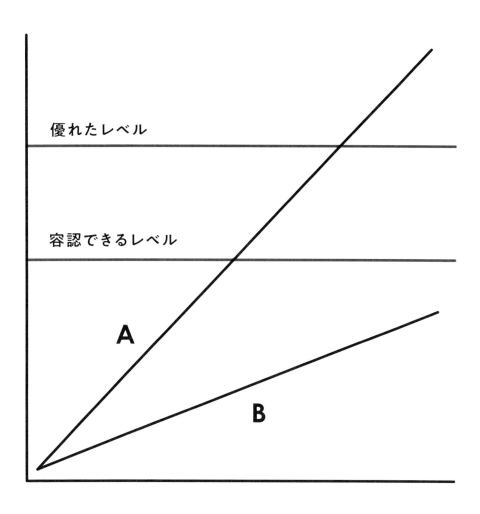

たら、本能的に、重箱の隅をつつくことになるなと思う。一般則ではなく、例外を議論することになる。そしてそうしているうちに一般則を見失ってしまう。ブリッジウォーターではこの時間の浪費を防ぐために、大学を出たばかりの新人がうまいこと言ってくれた。私はよく使っている。「誰かにそれが事実かと尋ねて、100％事実ではないと言われたら、おおよそ事実だという意味だ」

c. **80 対 20 のルール、そして鍵となる 20％は何かを覚えておくこと。**
80 対 20 のルールは、20％の情報か努力で 80％の価値を得るということだ（80％の努力をして最終的に 20％の価値を得るというのも事実だ）。このルールを理解して、よい決定をするのに必要なことをおおよそ学んだら、不必要な詳細にとらわれることがなくなるだろう。

d. **不完全論者になるように。**完全主義者は重要なことを犠牲にして、どうでもよい小さなことに時間を使いすぎる。決定をするのに通常は 5 つから 10 の重要な要素を考慮すれば足りる。これをしっかり理解することが大事だ。一定のところ以上になると、たとえ重要なことでも、限界的に得られるものが非常に少なくなる。

5.4 レベルの舵取りを効果的に行う

　現実といっても、異なるレベルがあり、それぞれが異なる貴重な視点を与えてくれる。統合して決定するときには、それらすべてを念頭に置いて、それらの間をどう舵取りしていくかが重要だ。
　グーグル・マップで自分の住む町を見るとしよう。建物が見えるくらいズームインしていったら、自分の住む町を囲むエリアが見えなくなってしまい、重要な情報がとれない。住んでいる町が水域と隣接しているとしよう。ズームインしすぎると、その水は、川なのか、湖か、海かわからなく

なってしまう。決定をするのに適切なレベルは何かを知っておく必要がある。

　私たちはつねに物事を異なるレベルで見ては、その間をうまく移動している。知っているかいないか、うまくやっているかいないか、対象は物体か、アイデアか、あるいは目標なのかは無関係だ。たとえば、価値観から、その価値観を実現するための日々の業務のレベルに移動するとしよう。この概略は次のようになる：

1 **高いレベルの全体像**：学ぶことの多い有意義な仕事をしたい
    1.1 **下位のコンセプト**：私は医者になりたい
    - **サブポイント**：医学部に行く必要がある
      - **サブ・サブ・ポイント**：理科系の科目でよい成績をとる必要がある
        - **サブ・サブ・サブ・ポイント**：今日は家にいて勉強しなくてはならない

　これをどの程度うまくやっているかを見るには、会話に注意するといい。話しているときには、レベルの間を行ったり来たりする傾向がある。

a.　会話がどのレベルにあるかを見るには、「基準以上」と「基準以下」の言葉を使うとよい。基準以上の会話は、主要ポイントについて話し、基準以下の会話は副次的なものである。論拠がごちゃごちゃになって混乱したときには、話し手が基準以下の詳細にとらわれ、それを主要ポイントに紐付けていない場合が多い。基準以上の会話は、秩序正しく正確に結論に向かっていくべきだ。基準以下には、主要ポイントについて例示するのに必要なときにだけ行くようにする。

GOOD

A → B → C → D → E → F → G → 統合する

1 1 1 1 1 1 1
2 2 2 2 2 2 2
3 3 3 3 3 3 3
4 4 4 4 4 4 4
5 5 5 5 5 5 5

順序どおり主要ポイントを扱っている

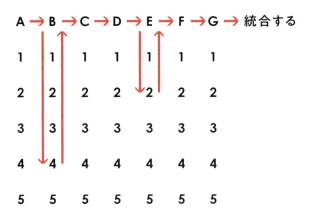

論理的順序で詳細を調べてうまくいっている

BAD

```
A → B   C   D   E   F   G
    ↓
1   1   1   1   1   1   1
    ↓
2   2 → 2   2   2   2   2
        ↓
3   3   3 → 3 → 3   3   3
                ↓
4   4   4   4 ← 4   4 → 4 →  統合
                ↓       ↗         されない
5   5   5   5 → 5   5   5
```

思いつきで脱線している

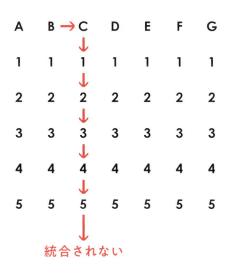

統合されない

話がまとまりのない細かいところにいっている

b. **決定は適切なレベルでなされなければならない。しかし、どのレベルでも整合性が保たれているように。**たとえば、健全な生活を望むなら、毎日朝食にソーセージ12本とビールをとるべきではない。つまり、どういう状況か完全な像を描くためには、異なるレベルで集めたデータをつねにつなげ調整する必要がある。一般の統合と同様、自然とこれを上手にできる人もいるが、誰でもある程度学ぶことができる。それを上手にするには、以下のことが必要だ。

1. すべてに複数のレベルがあることを覚えておく
2. 与えられたテーマでどのレベルを検討しているのか、意識しておく
3. 意識してレベルの間を移動するように。自由に動き回れる何の区別もない事実の山と見ないように
4. 前のページに載せたアウトラインを使って、思考のプロセスの流れを図に描く

以上のことを徹底的にオープンな態度でやれば、今見えているものだけではなく、自分には見えていないがたぶん他人には見えているものに目がいくようになるだろう。ジャズのジャムセッションにちょっと似ているところがある。どのレベルにいるかがわかれば、みんなが同じキーで演奏できる。自分の見方がわかり、他人のやり方も受け入れられれば、互いに甲高い音をぶつけ合うのではなく、一緒に素晴らしいコンセプトのジャズを演奏できる。さて、レベルを1つ上げて、決定について見ていこう。

上手に決める

長期的な最善解を導くために意思決定の論理を使うことは、1つの科学領域になっており、確率論、統計学、ゲーム理論などのツールを使う。これらのツールは役立つが、効果的な決定の基礎は比較的シンプルで、時代

を超越したものだ。実際、レベルはさまざまだが遺伝的に私たちの脳の中に記号化されている。野生動物を見れば、彼らは本能的に餌を探すのに使うエネルギーを最適化するために期待値を本能的に計算している。これを上手にする者が繁栄し、その遺伝子を自然淘汰によって伝えていく。下手な者は滅びていく。これを上手にできなくても人間は滅びないが、経済的に不利になる。

以前に説明したように、意思決定には大きく2つのアプローチがある。エビデンス・論理に基づくもの（高次元の脳からくる）と、意識下・感情に基づくもの（低次元の動物的脳からくる）だ。

5.5 論理、根拠、常識は、現実を統合し、それをどうするか理解するのに最高のツールだ

それ以外のものに頼るのは慎重に。不幸なことに、心理学者の行った多くのテストを見ると、大半の人はたいてい低次元の方法に従う。そして無意識のうちに質の劣る決定をしている。カール・ユングは「無意識を意識するまで、無意識があなたの人生を導き、あなたはそれを運命と呼ぶ」と言っている。複数の人が一緒に働くときには、エビデンスに基づき論理的に意思決定することがいっそう重要となる。さもなければ必然的にそのプロセスは、もっとも洞察力のある人ではなく、もっとも権力を持つ人に支配される。そうなれば決定は、不公平なだけでなく、次善のものになってしまう。成功する組織のカルチャーは、エビデンスに基づく決定が例外ではなく、行動規範となっている。

5.6 期待値の計算をして決定する

決定を賭けと考え、正しくなる確率と報酬、間違う確率と罰則という観点から見てみよう。普通、勝利に導く決定は、プラスの期待値を持つ。す

なわち、得られる報酬と確率をかけ合わせた数値が、罰則に確率をかけ合わせたものよりも大きくなる。最善の決定は最高の期待値を持つものとなる。

　正しい場合の報酬は100ドルで確率は60％、間違った場合の罰金も100ドルであるとしよう。正しい場合には報酬と確率をかけ合わせた60ドルになる。間違った場合の罰金を確率40％とかけ合わせれば、40ドルとなる。報酬から罰則を引けば、期待値が出る。この場合プラス（20ドル）になる。期待値を理解すれば、確率のいちばん高いものに賭けるのがつねによいとは限らないと理解できる。たとえば、成功は5回に1回のチャンス（20％）で10倍のリターン（1000ドル）があるとしよう。失敗した場合には100ドルの負担だ。期待値はプラス（120ドル）になる。勝ち目は低いが、損失に耐えられれば、これは賢い決定だ。これを何度も何度もやっていけば、やがて勝利の結果がもたらされるだろう。

　こういう計算を明示的にすることは普通ないが、つねに本能的にしている。たとえば、降雨確率は40％だとしても傘を持って出かける。どこかに行くときに、わかっていると思っても行き方をスマホでチェックする。それは期待値の計算をしてのことだ。

　間違ったときのコストが無視できるほどで、わずかなチャンスでも成功したときの報酬が大きければ、勝率が低くても賭けるほうが賢明なこともある。諺にもあるだろう。「聞くのはただ」

　この原則は私の人生に大きな違いをもたらした。何十年も前、最初の子供が生まれる頃、どこから見ても私たち家族に完璧と思える家を見つけた。問題は、それが売りに出ていなかったことだ。私が尋ねた人はみな、オーナーは売らないよと言った。さらに悪いことに、申請しても住宅ローンを受けられないだろうと思っていた。だが、オーナーに尋ねて何か方法がないか探ってみても失うものはないだろうと考えた。その結果、彼は家を売ることに合意しただけでなく、お金まで貸してくれると言ったのだ！

　同じ原則は、うまくいかなければ失うものが大きいときにも適用でき

る。たとえば、癌である確率は低いかもしれないが、何か症状が見られたら念のため検査をするのは意味がある。

　期待値の計算をするのに役立つと思うので、次のことを覚えておくように。

a.　正しくなる確率がすでに高かったとしても、その確率をさらに上げることには価値がある。正しくなる確率が50％を上回っていると決定する人が多い。彼らは、その率をさらに上げればどれだけいいかを考えない（もっと情報を得れば、正しくなる確率はほぼ確実に改善できる）。正しくなる確率を51％から85％に上げたときの期待値増（34％ポイント）は、正しい確率49％（たぶん間違っているという状態）から51％（少し正しい可能性が高い）に確率を上げたときの17倍だ。確率は、どのくらい間違うかを計るものだと考えるように。正しい確率を34％ポイント上げれば、賭けの3分の1は負けから勝ちに変わる。だから、正しいと確信していても自分の考えをストレステストにかけるのはやる価値があるのだ。

b.　賭けをしないほうがよいのはどういう場合かを知ることは、どんな賭けは賭ける価値があるかを知るのと同じくらい重要だ。採算に合うと確信できるものにだけ賭ければ、実績を大きく改善することができる。

c.　最善の選択は、反対意見よりも賛成意見が多いもので、まったく反対意見が出ないものではない。すべてのプラス面とマイナス面をきちんと評価せずに、何か——何であっても——悪いところがあれば反対する人に注意しよう。こういう人には意思決定の下手な人が多い。

5.7 追加情報を取る価値と決定しないコストを秤にかけて、優先順位をつけよう

　もっと情報を入手してから決定したほうがよい場合もある。すぐさま決定するほうがよい場合もある。何が起きているのか統合してみるときに、大きいものと小さいものを選別するように、決定を待つ限界費用ともっと情報を得る限界効用をつねに秤にかける必要がある。優先順位を上手につけられる人は以下のことを理解している。

a.　**「やらなければならない」ことはすべて、「やりたいこと」をやる前にすべきだ。**「やらなければならないこと」と「やりたいこと」を分けるように。そして「やりたいこと」を間違えて最初のリストに忍び込ませないように。

b.　**重要でないことをする時間がない場合が多い。重要なことをする時間がないよりはずっといい。**「これをやったらいいんじゃないか」と言うことをよく聞く。きちんとやらなければならないもっと重要なことから注意を逸らすだけの場合が多い。

c.　**可能性と確率を間違えないように。**何だって可能だ。問題は確率だ。すべてのことは、起こる確率はどうかで考え、優先順位をつけるべきだ。可能性と確率を正確に区別できる人は「実践的思考」に強い。可能性のなかで迷路に迷い込む「哲学者」タイプの対極だ。

素晴らしい意思決定者になる近道

　意思決定に優れた人は、これらのステップを丸暗記して機械的に行うことはしない。だが、ステップを踏んでいく。時間と経験から、たいてい反

射的にやるようになっているのだ。野球の選手がどうするか考えずにフライを捕るようなものだ。原則を1つひとつ記憶から引き出して、動きの遅い意識に持っていくとしたら、仕事をすべてうまくこなすことは不可能だ。だが、いくつか意識してやることもある。それはぜひやってほしい。

5.8 単純化する！

　関係のない細かいことは取り除き、本質的なものが際立ち、それらの間の関係がはっきりわかるようにする。よく、「複雑にするのは馬鹿でもできる。天才でなければ簡潔にできない」と言われる。ピカソを考えてみよう。ピカソは美しい具象画を早い時期から描けた。だが、描き続けていくうちに、削ぎ落とし続け、簡素化していった。誰もがそのように考えることはできない。だが、自然にできないからといって、できないというわけではない。クリエイティビティと固い決意が必要なだけだ。必要であれば他人の力を借りることもできる。

5.9 原則を使う

　原則を使うことは意思決定を簡素化し、改善する1つの方法だ。今ならもうわかっていると思うかもしれないが、繰り返し述べる価値があるだろう。すべて目の前に出てくるケースは「よくあること」だと認識し、「今回はどういうケースか」を見極め、よく考え抜かれた原則を適用して対処すればいい。これで決定しなければいけないことが大幅に減る（10万分の1くらいに減ると思う）し、もっとよい決定ができるようになる。これを上手にやる鍵は：

1. 決定に使う基準を考えられるようにスローダウンして考える。
2. 判断基準を原則として書き出す。

3. 結果を評価するときにこの判断基準を考える。次の「よくあること」がやってくる前に磨きをかける。

　それぞれのケースがどの「よくあること」かを見極めるのは、動物がどの種に属するかを見るのと似ている。1つずつやっていき、ピッタリの原則にマッチさせるのはゲームのようなものだ。だから楽しいし、役に立つ。もちろん困難でもある。多くの、私が言うところの「目の前のケース」はハイブリッドだ。目の前のケースが複数の「よくあること」を含んでいたら、いくつかの原則を秤にかけ、今回の異なるタイプの出来事はどう対処すべきだろうと、頭の中で描くことだ。そのために作ったのが、「コーチ」というツールで、役に立つと思う。それは巻末の「付記」で説明しておいた。
　自分の作った原則を使ってもいいし、他人のを使ってもいい。できる限りベストと思われるものを使えばいい。いつもそう考えていれば、原則で考えるエキスパートになる。

5.10　信頼性が意思決定に重みをつける

　とても信頼できる、よく考えて異なる意見を投げかけてくれる人と話して多面的な角度から考えることは、つねに私の学びを広げ、私の意思決定の質を高めてくれた。よい決定ができ、ワクワクするような学びを得ることが多い。ぜひ、やってみてほしい。
　上手にやるには、次のようなよくある過ちをしないように。1）論理的な範囲を超えて自分を過信しない。2）信用度合いで差別しないこと。
　他の人に異論をはさむ場合、その決定をするのに使う原則に同意できるかどうかから始めよう。この議論では、異なる原則の背後にある論理的思考のよい点を探すこともすべきだ。原則に同意すれば、目の前のケースに適用する。そうすれば、誰もが同意する結果にたどりつく。原則で合意が

得られなければ、それぞれの信頼性を加味して調整しよう。これはもっと詳細に「仕事の原則」で説明する。

　このような原則と信頼性を加味した意思決定は、素晴らしい。普通とは大きく違う、ずっとよいものとなる。大統領選出にこのアプローチを使うと想像しよう。よい大統領とはどういうものか、そのような決定をするのにもっとも信頼をおけるのは誰かと考えるのに、どの原則を使えばいいかを見るのは興味をそそられる。1人1票とするか、違う方法にするか？　違う方法であれば、どのように？　とても違う結果になることは確かだ。次の選挙で、通常のやり方と一緒にこれをやってみよう。違いが見えるはずだ。

　信頼性を加味した意思決定は、複雑に聞こえるかもしれないが、「誰の話を聞けばいいだろう」と考えるときには、いつでもやっていることだ。だが、そのことをもっとよく考えれば、もっと上手にできるはずだ。

5.11 原則をアルゴリズムに変換し、コンピュータと一緒に決定をするように

　それができれば、意思決定能力を新たな次元に持ち上げることができる。原則を過去の例に当てはめ、あるいはさまざまな状況シナリオに適用してみて、どう機能するか実験することができる。そうすることで磨きをかけることができる。そしてそうしなかった場合とは比べものにならないほど理解を深めることができる。また感情の要素を排除できる。アルゴリズムは、こうしていればよかったのにと言葉で表現するのと同じだが、コンピュータの理解する言語で書くところが違うだけだ。コンピュータ言語が話せなかったら、勉強するか、周りの人に翻訳してもらえばいい。今の子供たちはコンピュータ言語を学ぶべきだ。やがて、他の外国語と同じかそれ以上に重要になるからだ。

　コンピュータを分身としてパートナーシップを組み、互いに学び合い、

それぞれが得意とすることをやっていけば、1人で決定するよりもずっとパワフルになる。個人で決定するより、集団で意思決定をするほうがパワフルになれるが、コンピュータはその場合みんなを結び付けるリンクとして機能する。こうすることで、人間は進化していくことだろう。

システム化、コンピュータ化した意思決定

　将来、AIは生活のすべての面で意思決定に大きなインパクトを与えるだろう。すでに起こりつつある情報開示の新しい時代と組み合わされればさらにそれが強まる。現在、好むと好まざるとにかかわらず、人物像を語る大量のデジタルデータを得るのは容易になっている。このデータをコンピュータに入れれば、何を買うか、人生で何に価値を置くかなどがすべて予測できる。これは、恐ろしく響くかもしれない。だが、ブリッジウォーターで徹底的にさらけ出すこととアルゴリズムの意思決定とを組み合わせて30年以上使っている。そしてその結果は瞠目に値する。この種のコンピュータによる意思決定は、人間の脳が行っているのと同じくらいになるのではないかと思っている。

　AIの概念は新しいものではない。コンピュータを利用した意思決定を試し始めた1970年代には、もうすでに20年ほど使われていた（「人工知能」という言葉は、1956年にダートマス大学で開催されたコンファレンスで初めて使われた）。それから多くの変化があったが、根本的な概念は変わらない。

　コンピュータ化した意思決定がどう機能するか、ごく簡単な例をお話ししよう。自宅の暖房に2つの原則があるとしよう。温度が摂氏20度を下回ったら暖房をつけ、深夜から朝5時までは消す。この基準を意思決定の簡単な式に書くことができる。もし、温度が20度未満で、そして、時刻が深夜から朝5時の間ではない。その場合には、暖房をつける。このようなフォーミュラを多く集めれば、データを採り入れ、適用し、関連す

考える

↓

原則

↓

アルゴリズム

↓

素晴らしい決定

る基準を秤にかけ、決定を推奨する意思決定システムを作ることが可能になる。

　投資の意思決定基準をアルゴリズムで特定し、過去のデータを走らせる。あるいは「仕事の原則」をアルゴリズムに特定し、経営の意思決定の一助に使う。それは温度自動調節器をずっと大きく、複雑にしただけのことだ。これによって、情報に基づき感情に左右されない決定が、自分でやるよりも、ずっと早くやれるようになる。

　人はますますこのやり方をするようになり、コンピュータのコーディングは文章を書くのと同じくらい不可欠のものになるだろう。そのうち、意思決定のみならず、情報収集にも機械のアシスタントを使うようになるだろう。機械は仕事の手助けをしながら、私たちが何に価値を置くか、強みと弱みは何か、といったことを学習し、私たちが弱いところに強い人を自動的に探してきて、個別に対応したアドバイスをしてくれるようになるだろう。機械のアシスタントが他の機械アシスタントと話して、このように協力する日は、そう遠くないだろう。いや、すでに起こりつつある。

　テクノロジーを使ってシステムとつながり、あなたが取り組んでいる問題を入力したら、何をどうすべきか世界最高峰の思想家とシステムを通じて意見交換できるような世界を想像してほしい。間もなく可能になるだろう。コンピュータ化されたシステムが異なる視点を比較検討して、たいていの問題に最高のアドバイスを与えるようになるのはそう遠い将来ではない。たとえば、自分の性格からして、どんなライフスタイルやキャリアを選べばいいか質問できるようになる。あるいは、あるタイプの人とうまくやっていくにはどうしたらいいかを聞くことができるようになる。このようなイノベーションのおかげで、私たちは自分の頭から離れて信じがたいほどパワフルな集団思考の扉を開くことができるようになる。今、私たちはそれをやっているが、従来のやり方よりずっとよいと思っている。

　この種の見方は、AIが人間と競うような話になりがちだが、私は人間の知能とAIは協働する可能性が高いと思う。それが最高の結果をもたら

すからだ。コンピュータが想像、統合、創造といった人間の脳ができることをできるようになるには何十年とかかるかもしれない。いや、永遠にできないかもしれない。人間の脳には何百万年もの進化を通じて磨かれた能力が遺伝子的にプログラムされているからだ。コンピュータシステムの基礎となる意思決定の「科学」は、「アート」に比して価値が低いままだ。重要な決定はコンピュータよりも人間が上手にする。並外れた成功を遂げた人たちを見れば、それがわかる。ソフトウエア開発者、数学者、ゲーム理論を構築する人が手柄を得ているわけではない。普通の常識、想像力、固い決意を持つ人たちが成功を手にしているのだ。

　人間の知能だけが適切な解釈をして、コンピュータモデルにインプットすることができる。たとえば、コンピュータは大切な人と過ごす時間の価値と仕事に使う時間の価値を比較できない。個別の活動の限界効用が最適になる時間配分を計算することはできない。何に価値を置き、人生を誰と共に過ごしたいか、どのような環境にいたいか、これらを実現するのにどんな選択がベストか、わかるのは自分だけだ。さらに、私たちの思考の多くは私たちが理解しない意識下でなされるから、それをモデル構築するのは考えづらい。抽象的思考を経験したことのない動物が、それを定義して再現しようとするようなものだ。

　だが同時に、脳がコンピュータにかなわない点も多くある。コンピュータは人間よりもはるかに「決意」が固い。なにしろ、24時間、週に7日間働くことができる。はるかに大量の情報を処理することができる。人間の比にはならないほど、早く、信頼度高く、客観的に行うことができる。頑張っても考え付かないような何百万もの可能性を考え出すことができる。なかんずく重要なのは、集団思考やバイアスがかからない点だ。コンピュータは提案したことが不人気であっても気にしないし、パニックに陥ることもない。9.11以降の悲惨な日々、国中が感情に揺れ動かされていたとき、あるいは2008年の9月19日から10月10日にダウ平均が3600ポイント下落したとき、私はコンピュータを抱きしめたい気持ちに

なった。何が起きてもコンピュータはクールなままだった。

　人間とマシンの組み合わせは素晴らしい。人間の頭脳がテクノロジーと働くとき、私たちは前進できる。土地を耕して生計を立てていた経済から、今日の情報時代へと高めてくれた。だからこそ、常識、想像力、固い決意を持つ人で、何に価値を見出し、何を求めるかがわかり、さらにコンピュータ、数学、ゲーム理論を使える人が最高の意思決定者なのだ。ブリッジウォーターでは、運転手が自動車の GPS を使うようにシステムを使っている。ナビゲーション能力に取って代わるのではなく、補完するのだ。

5.12　深く理解しないまま AI を信頼することに注意

　深く理解しないまま機械学習によって生み出されたアルゴリズムの因果関係を受け入れる、もっと悪い場合、それに基づいて行動する。その場合、AI は危険になり得ると心配している。

　その理由を説明する前に、用語を明確にしておこう。「AI」と「機械学習」は大きく異なるのに、気軽に同義語のように使われている。コンピュータを利用した意思決定の世界で起きていることを 3 つのカテゴリーに分類しよう。専門システム、物まね、データマイニングだ（私が作ったカテゴリーであり、テクノロジーの世界で一般的なものではない）。

　専門システムはブリッジウォーターで使うもので、因果関係を論理的に理解したうえで特定の基準を用いて設計しており、異なる状況ではどのように異なるシナリオが出てくるかを見る。

　だがコンピュータは、基となる論理を理解しないままパターンを観察して、意思決定に適用することもできる。そのようなアプローチを私は「物まね」と呼んでいる。同じことが繰り返し発生し変化しない場合には効果的である。厳格なルールに制限されたゲームなどがその例だ。だが、現実の世界では変化するから、システムは簡単に現実と一致しなくなってしまう。

機械学習の主眼は、昨今データマイニングになっている。強力なコンピュータは大量のデータを取り込みパターン認識する。これは人気のあるアプローチだが、将来が過去から変化する場合にはリスクが高い。深い理解をせずに機械学習で作られた投資のシステムは、危険だ。ある決定ルールが広く信じられると、それが広く使われ、価格に影響を与える。言い換えれば、広く知られたアイデアは時間とともに価値を失う。理解していないと、過去に起きたことがほんとうに価値あるものかどうかわからない。たとえ価値があったとしても、その価値が消えたかどうかを知ることができない。もっと悪い状態もある。ある意思決定ルールが人気を博すと、価格を押し上げ、逆の戦略をとったほうが賢明という場合がよくある。

　コンピュータは常識を持たないことを忘れないように。たとえば、人間は朝に目を覚まし朝食をとるということを、コンピュータは目が覚めると人間は空腹になると誤解する可能性がある。確信のあまりないものに多く投資をするよりも、私は確信のある（理想的には相関のない）投資を数少なく行いたい。決定を裏付ける論理を議論できないものは我慢ならない。機械学習に盲信を置く人が多いのは、深く理解するよりもずっと簡単だからだろう。私にとって深く理解することは不可欠だ。とくに私の仕事では。

　物まねシステムやデータマイニングシステムという呼び方をしているが、それが使い物にならないと言うつもりはない。将来の範囲、そしてイベントの構造が過去と同じであれば、意思決定に極めて有効だと思う。十分な計算能力があれば、すべて可能な変数を考慮に入れることができる。チェスの名選手がある条件下で行った手や、特定の手術で名医が行った処理のデータを分析することで、チェスや手術のための貴重なプログラムが作成できる。1997年、コンピュータ・プログラムのディープブルーは、このアプローチで、チェスの世界王者、ガルリ・カスパロフを破った。だが、将来が過去と異なり、因果関係をよく認識できていなければ、このアプローチは失敗する。この関係を理解したおかげで、私は他の人が犯した過ちを犯さずに済んだ。もっとも顕著な例は、2008年の金融危機だった。

ほぼすべての人が将来は過去の延長と推定していた。論理的な因果関係だけに注目したおかげで、何がほんとうに起こっているのかを見ることができた。

　その点を考えると、私たちの脳は一定の形でプログラムされ、データを取り込み、指示を吐き出すコンピュータだ。私たちは頭脳として働くコンピュータと、ツールとして働くコンピュータの両方に論理をプログラムし、両方が一緒に働き、相互にダブル・チェックするよう働かせることもできる。そうできると素晴らしい。

　時間とともに種が変化することを説明する普遍的な法則を引き出そうとしているとしよう。理論的には十分な処理能力と時間があれば、可能だ。もちろん、コンピュータが生み出すフォーミュラは理に適ったものでなければならない。データマイニングで出てきた文字化けみたいなもの（原因ではない相関関係に基づくという意味だ）であってはならない。つねにルールを簡素化していき、間違いようがないと思うまでこれを続ければいい。

　もちろん、私たちの脳の容量も処理速度も限られているから、進化に関わるすべての変数を十分理解しようとしたら永遠に時間がかかってしまう。私たちの専門システムで使うものをすべて簡素化し、理解することはほんとうに必要なのか？　いや不要かもしれない。テストされたデータにない変化が起こるリスクは確かにある。だが、すべての種の、すべての時代における進化を説明できるようにデータマイニングに基づくフォーミュラができたとしたら、次のわずか10年、20年いや50年先、そのデータを信頼するリスクは、機能しているようでも十分理解されていないフォーミュラを持つことに比べれば、相対的に低い（少なくとも科学者が遺伝病を治すのに役立つ）。

　実際、理解しようとこだわりすぎているかもしれない。意識して考えることは、理解の一部でしかない。変化のフォーミュラを引き出して、何が次にくるか予想するのに使うだけで十分かもしれない。私自身は、因果関係を深く理解する興奮、リスク低下、教育的価値といったことのほうが、

理解しないアルゴリズムに依存するよりもはるかに魅力的だと思うので、そちらの道に惹かれる。だがこの方向に引っ張るのは、低次元の私の選好と習慣なのか、それとも私の論理と判断力なのか？　よくわからない。AI が最高の頭脳でこのことを探ることを楽しみにしている（そして、私の脳も探ってもらいたいものだ）。

　私たちは競争心が強いから、コンピュータが見つけてくる人間の理解を超える関係に、いよいよ大きく賭けをするようになっていくだろう。うまくいく賭けもあれば、裏目に出るものもあるだろう。AI は信じがたいほど早く目覚ましい発展を遂げるだろうが、それが私たちを崩壊に導くのではないかと恐れる。

　私たちはエキサイティングかつ非常に危険な新しい世界に向かっている。それが現実だ。そしていつものことながら、そうならないようにと願うのではなく、それに対処する備えをしておくほうがずっといいと信じている。

可能な限り
よい人生を送る
ためには、

1）何が最善の決断か知る

2）それをする勇気を持つ

人生の原則
まとめ

「人生の原則」では、左記の2つのことに役立った原則を説明した。ある種のことは繰り返し起こるから、相対的に少ない数であっても、よく考え抜いた原則があれば、現実でぶち当たるほぼすべての事象に対処できると思う。その原則をどこで手に入れようとかまわない。いつも使っていればいい。そして、磨きをかけ改善を続けることだ。

うまく機能する原則を手に入れるには、**現実を受け止め上手に対処すること**が不可欠だ。現実が違うふうに動いてくれればいいのにとか、違う現実だったらよかったのにと願うような、よくある落とし穴に入り込まないように。代わりに、現実を受け入れ上手に対処しよう。なんといっても与えられた状況を最大限活用することが人生だ。考えていることが誰にもわかるようにし、他の人のフィードバックをオープンに受け入れること。そうすることで、学びは飛躍的に伸びる。

人生の旅路で、辛い失敗を経験するのは避けられない。それにどう対応するかによって、個人の進化を刺激することも、損ねることもある。この宇宙の中で、進化は最大の力を持つもので、人間はみんな基本的には類似の進化をする。概念的には、たゆまぬ改善で上昇スパイラルを続けるか、フラットのままか、破滅に向かって下降するかのいずれかだ。どういうル

ープになるか決めるのは自分自身だ。

　進化の過程は、**欲しいものを手に入れる5ステップのプロセス**に描ける。目標を設定する、問題を明らかにし放置しない、問題を診断する、問題回避するよう計画を策定する、必要なことを実行する、の5ステップだ。覚えておくべきことは、すべてのステップを上手にできる人はいないが、他の人の助けを借りていいという点だ。異なる能力を持つ異なる人が一緒に働けば、強力なマシンを作って、成果を生み出すことができる。

　現実を直視するつもりであれば、それに伴う苦痛を受け入れて、目標に向かって5つのステップをやっていこう。それが成功への道だ。これができないのは、悪い意見を持ち続けているからだ。だが、それには高所から自分の状況を客観的に見下ろし、それを自分や他人がどう考えるか、比較検討すればいい。そうすれば容易に修正可能だ。だから、**徹底的にオープン**にならなければいけないということだ。

　これを上手にやるうえでの最大の障害は、人間のエゴであり、盲点である。エゴの障害は、有能でありたい、他の人にそう思ってもらいたいといった心の内の欲望である。盲点の障害は、主観的な目を通して物を見る結果だ。両方の障害とも真実の姿を見る妨げとなる。もっとも重要な対抗手段は、徹底的にオープンになること。最適な選択肢を見ていないのではという純粋な不安感があればその気になれる。それは、エゴや盲点に邪魔されずに、異なる視点、異なる可能性を探る能力だ。

　これをうまくやるには、反対意見を取り込む練習が必要だ。つまり、聡明な人の目から見たらどう映るかを知り、さらに深い理解を得るために、反対意見を言ってくれる聡明な人を探すプロセスだ。そうすれば、よい決定をする確率が上がるし、よい教育になる。徹底的にオープンになることを学び、思慮に富む反対意見を聞く練習をすれば、大きな学びを得ることができる。

　最後に、徹底的にオープンになるには、自分と他人の強みと弱みを正確に把握し評価する必要がある。そこで、脳がどう機能するか、自分の脳が

どうなのかを知る一助となるさまざまな性格テストが役に立ってくる。自分であるいは他人の力で、最善の結果を得るためには、**人の脳はそれぞれ大きく異なって配線されている**ことを理解しなければならない。

　要するに、可能な限りベストな形で決定する方法を学び、決定する勇気を持つことを学ぶには、a) 望むものを追い求め、b) 失敗して、徹底的にオープンな態度で反省し、c) さらに能力を磨き、不安をなくすように変化・進化することだ。パートⅡの最後の章「5　効果的な意思決定の方法を学ぼう」のところで、これらすべてをするのに使えるもっと詳細な原則を挙げ、ある状況下で正しい道を選ぶ方法について書いた。

　もちろん、1人でやってもいいが、徹底的にオープンになるコンセプトを理解したなら、1人でやるには限界があることがわかるだろう。よい決定をするには、多面的な分析をし、自分の弱みを客観的に見て補うために他の人の助けが必要だ。なんといっても、人生は周りの人、そして彼らとどう関わり合うかに影響されるのだ。

　同じことを望む人と一緒に働けば、望みを達成する力は、1人のときよりはるかに大きい。だが、グループで効果的に運営する方法はまだ話していない。それは「仕事の原則」でするつもりだ。

「仕事の原則」は、人と一緒に働くことについてだ。集団の力は個人の力よりもはるかに大きいから、これから述べていく原則はこれまでに触れた原則よりも重要と言えよう。実際、こちらを最初に書いて、それからブリッジウォーターの経営で暗黙のうちに使ったアプローチを納得してもらうために、「人生の原則」を書いた。私の「仕事の原則」は基本的には今まで書いた「人生の原則」を集団に適用したものだ。実際の実践的な信頼性を加味した意思決定システムが、1人で考えたことを効果的な集団意思決定に変えていくのを、1つひとつ原則ごとに紹介していこう。そのようなシステムはビジネスであろうと政府、慈善事業であろうと、どのような組織にも使えると思う。そしてもっと効果的で、組織に所属する満足感を得られると思う。

これらの原則が、
上手に格闘し、
人生の喜びを引き出す
手助けになってほしい。

人生の原則の要約と見出し

- 自分で考え、
  1）何を望んでいるのか
  2）何が事実か
  3）2に照らし合わせて1を達成するには何をすべきか、決めよう。
  それを謙虚に、オープンな気持ちで行おう。
  そうすれば可能な限りベストな考えを得られる。 7

「人生の原則」のイントロダクション
147

- あなたに影響を与えるもののパターンを見よう。
  その因果関係を理解し、
  効果的に対応するための原則を学ぶためだ。 149

パートⅡ 人生の原則
152

1 現実を受け入れて対応しよう 154
   1.1 超現実主義者になるように 156
      a. 夢＋現実＋固い決意＝人生で成功する。 156
   1.2 事実、もっと正確に言えば現実を正確に理解することは、よい結果を得るために絶対不可欠な基礎だ 157
   1.3 徹底的にオープンになり、徹底的にさらけ出そう 158
      a. 徹底的にオープンになり、徹底的にさらけ出すことは、短時間に学び上手に変わるために不可欠だ。 158
      b. 他人はどう思うだろうという不安に邪魔されないように。 158
      c. 徹底的な事実と隠し立てをせず透明であることを受け入れれば、もっとやりがいのある仕事、かけがえのない人間関係が得られる。 159
   1.4 現実がどう機能するかを学ぶために、自然を見よう 160
      a. 「こうあるべきだ」という考え方に固執しないように。現実はどうなのかを学び損なう。 162

- b. 「よい」というのは、現実の法則と整合性があり全体の進化に貢献するものでなければならない。それがいちばん得るところが大きい。 163
- c. 進化は宇宙で唯一もっとも偉大な力だ。永遠で、すべてを動かすのはただそれだけだ。 164
- d. 進化を、さもなくば死を。 167

1.5 進化は人生の最大の成果であり、最大のご褒美だ 169
- a. 個々のインセンティブは集団の目標と一致しなければならない。 169
- b. 現実は全体のために最適化している。あなたのためではない。 170
- c. 素早く試行錯誤を通して適応することは貴重だ。 170
- d. あなたはすべてであると同時に無の存在でもあることを認識するように——そして何になりたいのかを決めるように。 171
- e. あなたが何になるかは、あなたの考え方次第。 171

1.6 自然の実践的な教訓を理解する 172
- a. あなたの進化を最大限にするように。 172
- b. 「苦は楽の種」を忘れないように。 174
- c. 強さを得るためには限界を超えて頑張る必要があるが、それは苦痛を伴う。それが自然の根本的な法則だ。 174

1.7 苦痛＋反省＝進歩 174
- a. 苦痛を回避せず、向かっていこう。 175
- b. 愛の鞭を受け入れよう。 176

1.8 二次的、三次的結果の重さを考える 177

1.9 結果の責任を取るように 178

1.10 高いレベルからマシンを見る 178
- a. 自分をマシンの一部として動くマシンと考え、よい結果を生むようにマシンを変える能力があることを知っておこう。 179
- b. 結果と目標を比較して、マシンをどう改良するかを決めればいい。 179
- c. マシンのデザイナーである自分と、マシンを動かす自分とを区別するように。 179
- d. 人が犯す最大の過ちは、自分や周りの人を客観的に見ないことだ。そのために、自分や周りの人の弱みに何度も何度もぶち当たることになる。 181
- e. 成功する人は、自分から一歩離れ、物事を客観的に見て、変化をもたらすことができる。 181
- f. 自分が弱い分野で強い人に助けを求めるのはとてもよいスキルで、たとえ何があろうと、大いに伸ばすべきだ。やるべきではないことをやるのを防ぐガードレールになってくれるからだ。 183
- g. 自分自身を客観的に見るのは難しいから、他人のインプットとたくさんのエビデンスが必要だ。 183
- h. オープンな態度と固い決意があれば、ほとんど何でも欲しいものが手に入る。 183

2 人生で欲しいものを手に入れるために 5ステップのプロセスを使おう　190

2.1 明確な目標を持つ　194
- **a.** 優先順位をつける：何でも望むものは手に入れられるが、すべてを手に入れることはできない。　194
- **b.** 目標と欲望とを混同しないこと。　194
- **c.** 目標と欲望を調整して、人生でほんとうに求めるものは何かを決めるように。　194
- **d.** 成功のシンボルと成功を間違えないように。　195
- **e.** 達成できそうにもないからといって目標から外さないように。　195
- **f.** 大きな期待から大きな能力が生まれる。　195
- **g.** a) 柔軟な態度と b) 自己責任を全うする気持ちがあれば、成功しないわけはない。　195
- **h.** 挫折にどう対処するかを知ることは、前進の方法を知るのと同じくらい重要だ。　195

2.2 問題を明らかにし、放置しない　196
- **a.** 苦痛な問題は、大声で注意を惹いて、改善のチャンスを与えてくれていると考えよう。　196
- **b.** 原因が、見るのも不愉快な厳しい現実にあるからといって、問題対峙を避けないこと。　196
- **c.** 問題は具体的に特定すること。　196
- **d.** 問題の原因をほんとうの問題と間違えないように。　197
- **e.** 大きな問題と小さな問題を区別する。　197
- **f.** 問題を特定したらそれを放置しない。　197

2.3 問題の根本原因を探るために診断をする　197
- **a.** 「どうするか」を決める前に「それは何か」に焦点を合わせるように。　197
- **b.** 直接的原因と根本原因を見分けるように。　198
- **c.** （自分を含め）どういう人か人物像を知ることで、彼らから何を期待できるかがわかる。　198

2.4 計画を策定する　198
- **a.** 前進する前に一歩退いてみよう。　198
- **b.** 問題はマシンが作り出した結果と考えよう。　199
- **c.** 目標を達成するには、通常、多くの方法があることを覚えておくように。　199
- **d.** 計画を映画の脚本と考え、時間順に誰が何をするのか描いてみよう。　199
- **e.** 誰もが見て、進捗状況をチェックできるように計画を書き出そう。　199
- **f.** よい計画を策定するのにはさほど時間がかからない。　199

2.5 最後まで実行する　200
- **a.** 素晴らしい計画を立てても実行しなければ意味がない。　200
- **b.** よい働き方の習慣はあまりにも過小評価されている。　200

	c.明確な判断基準を作り、計画どおりに進んでいることを確かめる。	200
2.6	**解決策を見つければ、弱みは問題にならないことを覚えておこう**	**201**
	a.しでかすミスのパターンを見て、5ステップのプロセスのどのステップで失敗しそうかを見つけよう。	202
	b.誰でも少なくとも1つは成功を妨げる大きな問題を抱えている。それは何かを見つけて、対処しよう。	202
2.7	**自分自身そして他人のメンタルマップと謙虚さを理解するように**	**202**
3	**徹底的にオープンになろう**	**206**
3.1	**2つの障害を認識しよう**	**207**
	a.エゴという障害を理解しよう。	207
	b.2人の「自分」がコントロールしようと戦う。	208
	c.盲点の障害を理解しよう。	209
3.2	**徹底的にオープンになることを練習しよう**	**211**
	a.最善の方法を知らないかもしれないと心底思い、「知らないこと」に対応する能力は、何であれ既知のことよりも重要であると認識すること。	212
	b.意思決定は2段階のステップだと認識しよう。第一に、すべての関連情報を入手する。それから決定する。	212
	c.よく見せようと心配しない。目標達成を心配しよう。	212
	d.インプットなしにアウトプットはあり得ない。	213
	e.他の人の目を通して物事を見て別の視点を得ようとしたら、自分の判断をしばし止めなくてはならない。他人に共感して、初めて別の視点を正しく評価できる。	213
	f.最善の答えを求めているのであって、自分で最善の答えを得ようとしているわけではないことを忘れないように。	213
	g.論争しようとしているのか、それとも理解しようとしているのか、はっきりさせよう。双方の信頼性を考慮したらどちらが適切か考えるように。	213
3.3	**思慮に富む反対意見を言う技の大切さを理解しよう**	**214**
3.4	**反対意見を言ってくれる信頼性のある人とさまざまな角度から見る**	**216**
	a.できる限りうまく最悪のシナリオを立てた。	217
3.5	**注意して狭量な考え方とオープンな考え方の兆候を見よう**	**219**
3.6	**徹底的にオープンになるにはどうすればよいかを理解する**	**221**
	a.つねに苦痛を利用して、質の高い反省をするようにしよう。	221
	b.広い心を持つことを習慣にしよう。	221
	c.自分の盲点を知ろう。	222
	d.何人かの信頼の置ける人が、間違っているよと指摘するのに、自分だけそれが理解できなかったら、たぶん偏見にとらわれていると思うこと。	222
	e.瞑想する。	222
	f.客観的エビデンスに基づいて行動するように、そして、人にもそうする	

	よう勧めよう。	223
	g. できる限り他の人もオープンになる手助けをしよう。	223
	h. エビデンスに基づく意思決定ツールを使おう。	223
	i. 戦うのをいつやめ、いつ自分の意思決定プロセスを信頼するかを知る。	224

4 人の頭の配線はそれぞれものすごく違う　228

- **4.1** 人の頭がどう配線されているのかを理解することで得られる力を知る　232
  - a. 私たちはみなある特質を持って生まれてくる。それは使い方によっては役立つことも害になることもある。　234
- **4.2** やりがいのある仕事、かけがえのない人間関係は、よいことだから選択されているわけではない。それは私たちの中に遺伝的に組み込まれている　239
- **4.3** 偉大な脳の戦いを理解し、「あなた」が欲しいものを得るのに、どうコントロールするか理解しよう　242
  - a. 意識は潜在意識と戦っていることを認識しよう。　242
  - b. 感情と思考の間でいちばん格闘が起きるということを知っておこう。　244
  - c. 感情と思考を調整する。　245
  - d. 習慣を上手に選ぼう。　245
  - e. 「低次元の自分」に、正しい習慣を身につけるよう親切に粘り強く訓練しよう。　247
  - f. 右脳と左脳の考え方の違いを理解する。　247
  - g. 脳はどのくらい変化できるのか、できないのかを理解する。　248
- **4.4** 自分や他人の人物像を知る　250
  - a. 内向的対外向的　250
  - b. 直観型対感覚型　251
  - c. 思考型対感情型　251
  - d. 計画型対知覚型　252
  - e. 創造タイプ対前進タイプ対改善タイプ対実行タイプ対融通タイプ　252
  - f. 任務重視対目標重視　253
  - g. ワークプレース・パーソナリティ・インベントリー　254
  - h. シェーパーとは構想を描き、それを具体化できる人だ。　255
- **4.5** 何を達成しようとするにしても、それに成功するための鍵は、目的をサポートするよう適材適所の配置をすることだ　256
  - a. 自分のしたいことを達成するために自己管理し、他の人を上手にまとめよう。　256

5 効果的な意思決定の方法を学ぼう　260

- **5.1** 1）よい決定をできなくさせるのは有害な感情だ、2）意思決定は、まずは学び、それから決定するという2段階のプロセスだ、ということを念頭に置くように　262

5.2 足元の状況を統合する　263
a. 誰に質問するかを決めるのは重要なことだ。　263
b. 聞いたことをすべて信じてはいけない。　264
c. 近くで見れば何でも大きく見える。　264
d. 新しいものは、素晴らしいものより過大評価されている。　264
e. ドットを過大視しない。　264

5.3 時系列に状況を統合する　264
a. 変化率とレベル、そしてその関係を心にとめよう。　270
b. おおよそでいい。　270
c. 80 対 20 のルール、そして鍵となる 20% は何かを覚えておくこと。　272
d. 不完全論者になるように。　272

5.4 レベルの舵取りを効果的に行う　272
a. 会話がどのレベルにあるかを見るには、「基準以上」と「基準以下」の言葉を使うとよい。　273
b. 決定は適切なレベルでなされなければならない。しかし、どのレベルでも整合性が保たれているように。　276

5.5 論理、根拠、常識は、現実を統合し、それをどうするか理解するのに最高のツールだ　277

5.6 期待値の計算をして決定する　277
a. 正しくなる確率がすでに高かったとしても、その確率をさらに上げることには価値がある。　279
b. 賭けをしないほうがよいのはどういう場合かを知ることは、どんな賭けは賭ける価値があるかを知るのと同じくらい重要だ。　279
c. 最善の選択は、反対意見よりも賛成意見が多いもので、まったく反対意見が出ないものではない。　279

5.7 追加情報を取る価値と決定しないコストを秤にかけて、優先順位をつけよう　280
a.「やらなければならない」ことはすべて、「やりたいこと」をやる前にすべきだ。　280
b. 重要でないことをする時間がない場合が多い。重要なことをする時間がないよりはずっといい。　280
c. 可能性と確率を間違えないように。　280

5.8 単純化する！　281

5.9 原則を使う　281

5.10 信頼性が意思決定に重みをつける　282

5.11 原則をアルゴリズムに変換し、コンピュータと一緒に決定をするように　283

5.12 深く理解しないまま AI を信頼することに注意　288

PART III

仕事の
原則

仕事の原則の要約と見出し

「仕事の原則」の要約と見出しをここにまとめた。
全部をざっと見たり、いちばん関心のあるものを探したりするのに使える。
ここを飛ばして 322 ページに飛んでもいい。

パート III 仕事の原則
304

- 組織は、カルチャーと人という 2 つの主要部品で
  構成されるマシンだ　　　　　　　　　　　　　　325

    - a. よい組織には、よい人材とよいカルチャーがある。　325
    - b. 素晴らしい人には素晴らしい性格と素晴らしい能力の両方が備わっている。　325
    - c. 素晴らしいカルチャーがあれば、問題や反対意見が表面化し、上手に解決される。組織にいる人たちは、それまで作られたことのないようなすごいものを想像し、作り出すのが大好きだ。　325

- 愛の鞭は素晴らしい仕事と素晴らしい人間関係を
  達成するのに効果的だ　　　　　　　　　　　　　331

    - a. 卓越した存在になろうと思ったら、妥協できないことは妥協してはならない。　332

- 信頼性を加味したアイデア本位主義は、
  効果的な意思決定のための最高のシステムだ　　　334

- 情熱と仕事を一にするように。
  そして一緒にいたいと思う人とそれをすること　　344

適切なカルチャーを得る
346

1 徹底的に事実に基づくこと、徹底的に隠し立てしないことを信頼しよう 352

   1.1 事実を知ることで恐れることは何もない　356
   1.2 インテグリティ（高潔さ）を持ち他人にもそれを求める　357
      a. その人に直接言わないようなことは他の人に絶対話さない。直接本人を責めずに人を裁かない。　357
      b. 社員に義理立てして、事実そして組織の健全性を損なわないように。　358
   1.3 何が理に適うかを誰もが理解する権利を持つ。発言せずに批判的な意見を抱く権利は、誰も持たない。そんな環境を作ろう　359
      a. 発言し、自分のこととして捉える。さもなければ辞めることだ。　359
      b. ものすごくオープンになろう。　359
      c. 不誠実さにウブであってはならない。　359
   1.4 徹底的に隠し立てをしない　360
      a. 徹底的に隠し立てをしないことで正義を強化する。　362
      b. 共有するのが難しいことを共有する。　363
      c. 徹底的に隠し立てをしないことの例外をごく少数に留める。　363
      d. ガラス張りの情報を与えられた人たちには、それをうまく取り扱い、賢明に検討する責任があることを認識させるように。　364
      e. うまく取り扱う人には情報を開示し、うまく取り扱えない人には開示しないか、組織から出て行ってもらう。　365
      f. 機密情報は組織の敵に出さない。　365
   1.5 かけがえのない人間関係とやりがいのある仕事は、相互に強め合う。とりわけ、徹底的に事実に基づき隠し立てをしない透明性に支えられていれば　366

2 やりがいのある仕事とかけがえのない人間関係を培う 368

   2.1 共通のミッションに対して忠実であること。ミッションに沿わない働き方をする人に忠実であってはならない　372
   2.2 どういう取り決めかはっきりとさせる　372
      a. 自分が他人に求める以上に他人を思いやるようにしよう。　373
      b. 公平と寛大との違いを理解させよう。　374
      c. 公平と寛大との境界線をどこに引くかをわきまえ、公平を上回るところに引くように。　375
      d. 仕事に対して報酬を払う。　375
   2.3 組織の規模はかけがえのない人間関係を損なう恐れがあることを認識しよう　375

2.4 人はあなたのために働いているふりをするが、
彼らは自分のために働いていることを忘れないように　　　376

2.5 あなたが見ていないときでもあなたを大事に扱ってくれる
有能で尊敬に値する人を大切にしよう　　　376

3 ミスをするのはかまわないが、
そこから学ばないのは許されないというカルチャーを作ろう　　　378

3.1 過ちは、進化のプロセスの自然な一部だ　　　381
   a. 上手に失敗する。　　　381
   b. 自分や他人の過ちに気を悪くしない。歓迎しよう！　　　381

3.2 よく見せたいと気を揉むな。目標達成に気を揉むように　　　382
   a.「非難」と「称賛」を卒業し、「正確」と「不正確」で仕事を進めていこう。　　　382

3.3 ミスのパターンを見て、弱点によるものかどうかを見よう　　　382

3.4 苦痛を体験したときにはじっくり反省することを忘れないように　　　383
   a. 内省的になること。部下にも内省的にさせること。　　　383
   b. 自分を客観的に見られる人は誰もいない。　　　384
   c. ミスから学ぶ利点を教えて、強める。　　　384

3.5 どのようなミスは容認でき、どのようなものは容認できないかを知ろう。
そして、部下には容認できないミスをさせないようにしよう　　　384

4 同期をとる　　　386

4.1 意見の対立は素晴らしい人間関係のために不可欠だ　　　390
   a. 同期をとるのに時間とエネルギーをたっぷり使おう。それは最高の投資だ。　　　390

4.2 同期の仕方、上手に反対する仕方を知る　　　390
   a. 同期のとれていない部分を表面化する。　　　391
   b. 無意味な愚痴と改善につながる苦情を見分けよう。　　　391
   c. すべての話には2つの側面がある。　　　392

4.3 オープンに、同時に、はっきり主張するように　　　392
   a. オープンな人と偏狭な人を区別しよう。　　　392
   b. 偏狭な人と関わりを持たない。　　　392
   c. 知らないことを恥ずかしいと思う人に注意しよう。　　　393
   d. 担当責任者は質問やコメントにオープンであるように。　　　393
   e. 同期をとるのは双方向の責任だと認識しよう。　　　393
   f. スタイルよりも内容を気にしよう。　　　393
   g. 分別を持ち、人にも分別を持つことを期待しよう。　　　394
   h. 提案すること、質問することは、批判と同じではない。だから、批判を受けたようにとってはいけない。　　　394

4.4 会議主宰者なら、会話をうまく管理するように　394
- **a.** 誰が会議を運営しているのか、また会議は誰のために開催されているのか、はっきりさせる。　394
- **b.** 混乱を避けるために、何を話しているのか正確に。　395
- **c.** 目的と優先順位を考えて、どのようなタイプのコミュニケーションにするかを明確にする。　395
- **d.** 自分の意見をはっきり述べつつ、オープンに議論を進めるようもっていこう。　395
- **e.** 異なるレベル間の会話を舵取りする。　396
- **f.**「トピック・スリップ」に気を付けよう。　396
- **g.** 会話の論理を強く求めよう。　396
- **h.** 集団意思決定で個人の責任を失わないように注意しよう。　396
- **i.**「2分間ルール」を利用して、しつこい邪魔を回避しよう。　396
- **j.** 主張の強い「速くしゃべる人」に気を付けよう。　397
- **k.** 会話を完了させる。　397
- **l.** コミュニケーションにレバレッジを利かせよう。　397

4.5 素晴らしいコラボレーションはジャズ演奏みたいだ　398
- **a.** 1 + 1 = 3　398
- **b.** 3人から5人は20人よりいい。　399

4.6 心を合わせる人がいれば大切にしよう　399

4.7 大きな違い、ことに価値観での違いを調整できないと思ったら、その人との関係を保つ価値があるかどうか考えよう　399

5 信頼性は意思決定に重みを加える　400

5.1 アイデア本位主義が効果を発揮するには、各人のアイデアのメリットを理解することが必要だ　404
- **a.** 自分でうまくできないのなら、他人にどうしろと指図できると思わないこと。　404
- **b.** 誰もが意見を持っている。だが、よくない意見も多いことを忘れないように。　405

5.2 反対意見を言ってくれる信頼性の高い人を見つけ、彼らの論拠を理解するように　405
- **a.** よい意見かどうか評価するために相手の信頼性を考える。　405
- **b.** 信頼できる意見は、1) 懸案の問題で少なくとも3回は成功を収めている人、2) 結論を導く因果関係を上手に説明できる人の意見であることが多いことを覚えておこう。　405
- **c.** 実行してはいないが、論理的でストレステストをパスするように思える論理を持つ人がいたら、ぜひ試してみるべきだ。　406
- **d.** 結論よりは、その結論を導いた理由を見るように。　406

- e. 経験のない人が素晴らしいアイデアを思いつくこともある。経験のある人よりよい場合もある。 **406**
- f. 自分の考えにどのくらい自信があるのか正直に述べるべきだ。提案なら提案と言うべきだ。 **406**

5.3 教師役か、生徒役か、同僚役かを考える **406**
- a. 生徒が教師を理解するほうが、教師が生徒を理解するよりも重要だ。もちろん両方とも重要だが。 **407**
- b. 誰にも重要なことを理解する権利と責任があるとはいえ、謙虚にオープンな態度でしなければならない。 **408**

5.4 なぜその意見に達したのかを理解する **408**
- a. 誰かに質問をすれば、たぶん答えをくれるだろう。だから誰に質問をするかをよく考えるように。 **409**
- b. 出任せに探るのは生産的でなく、時間の浪費だ。 **409**
- c.「私はこう思う」というセリフに注意。 **409**
- d. 過去の実績を見て体系的に信頼性を評価するように。 **409**

5.5 効率的に反対意見を言うように **410**
- a. 議論を止めて、何をするかを決める作業に移るタイミングを知ろう。 **410**
- b. 信頼性を加味した意思決定方法を、責任者による意思決定の代替としてではなく、ツールとして使うように。 **410**
- c. すべての人の考えを1人でしっかりチェックする時間はないから、信頼できる人を賢く選ぶように。 **411**
- d. 自分が決定に責任を持つ立場に立ったなら、自分が信じることと、多数の人が参加する信頼性を加味した決定とを比較するように。 **411**

5.6 重要なことを理解する権利と責任が誰にでもある **411**
- a. 最善の回答を得るには、いちばん関係の深い人をコミュニケーションに巻き込むように。 **412**
- b. 教育のため、あるいは団結を強めることを目的とするなら、最善の回答を得ようとする場合よりも広い範囲の人をコミュニケーションに関与させるべきだ。 **412**
- c. すべてに判断を下す必要はない。 **413**

5.7 自分のやり方が通るかどうかより、意思決定のシステムがフェアかどうかにもっと注意を向けよう **413**

6 どのように意見の相違を乗り越えるかを認識しよう **414**

6.1 相互の合意で原則を無視することはできない **416**
- a. 同じ行動基準がすべての人に適用される。 **416**

6.2 苦情を言う、アドバイスをする、オープンに議論をする。そのような権利と決定権限とを混同させないように **417**

- **a.** 決定や意思決定者に疑義を投げかけるときには、状況を広範に捉えて考えよう。　417
- **6.3 重大な対立を未解決のままにしない**　418
  - **a.** 大きなことで合意しようというとき、些細なことで分裂させないように。　418
  - **b.** 意見の違いにとらわれないように、エスカレーションして上司に引き継ぐか投票するように。　418
- **6.4 いったん決定がなされたら、個人的にはまだ同意しないとしても、みんなでそれを後押しすべきだ**　419
  - **a.** 高所から見るように。　419
  - **b.** アイデア本位主義が無政府状態に陥らないように。　420
  - **c.** リンチしようとする群衆や衆愚政治を許してはならない。　420
- **6.5 アイデア本位主義は、組織の健全性と対立することがあれば、必然的に打撃を受けることになる**　421
  - **a.** 原則を停止する必要があるような滅多にない極端な状況では、戒厳令を宣告しよう。　421
  - **b.** 「組織のため」にアイデア本位主義の中止を論じる人には気を付けよう。　421
- **6.6 権限を持つ人が原則に従って運営しようとしないなら、原則による運営は失敗に帰する**　422

適材を得る
424

7 「誰」のほうが「何」よりも重要だ　428
- **7.1 もっとも重要な決定は、誰を責任者に選ぶかだ**　430
  - **a.** いちばん重要な責任者は、目標、結果、マシンに最高レベルの責任を持つ人だ。　431
- **7.2 最終的な責任者は、やったことの結果に責任を負う人だ**　431
  - **a.** 誰もが報告する相手を持つようにする。　432
- **7.3 背後にある力は何かを覚えておこう**　432

8 正しく採用しよう、誤った人材を雇うとその報いは重い　434
- **8.1 人をデザインと一致させる**　437
  - **a.** どのような価値観、能力、スキルを求めているのか、(この順番で) よく考える。　437
  - **b.** 体系的、科学的に適材を探すプロセスを作る。　438
  - **c.** ピンとくるかどうか。職務と人材の正しいフィットを探す。　439
  - **d.** ありふれた人ではなく、きらめきのある人を探そう。　439
  - **e.** コネで職を与えない。　439

8.2 人はまったく異なるように作られていることを忘れないように。異なる見方、異なる考え方をするから、異なる仕事に適する　440
 a. 性格テストをどう使い、解釈するか理解する。　440
 b. 人は自分と似た人を選ぶ傾向がある。探しているのはどういう人かがわかる面接官を選ぼう。　441
 c. 自分自身を客観的に見ようとする人を探そう。　441
 d. 人はそれほど変化しないものだということを忘れないように。　441

8.3 スポーツのマネジャーのようにチームを考えよう。みんな優秀でなければならないが、成功するのに必要なことすべてを1人が備えているわけではない　441

8.4 実績に注意を払おう　442
 a. 信用照会をチェックする。　442
 b. 学校の成績では、求める価値観や能力を持っているかどうかわからない。　442
 c. 概念的に考えられる優れた人がいれば最高だが、素晴らしい経験、素晴らしい実績も重要だ。　443
 d. 実践的でない理想主義者に気を付けよう。　443
 e. 他社で成功した人が、新たな職場の任務でも成功すると想定しないこと。　444
 f. 性格がよく仕事ができる社員であるように。　444

8.5 最初の仕事をこなせるだけの人材を採用しない。一生を共に過ごしたい人を採用すべきだ　444
 a. よい質問をたくさんする人を探そう。　445
 b. 候補者に欠点を見せよう。　445
 c. 気の合う、だが疑義を投げかけることを辞さない人たちとジャズを演奏しよう。　445

8.6 待遇を検討するとき、安定性と機会を与えるように　445
 a. 人に対して支払うのであって、ポジションに払うのではない。　445
 b. 業績評価を緩やかにでも報酬と連動させよう。　446
 c. 公平と思われる以上に支払う。　446
 d. パイをどう切って大きな分け前を取るかではなく、パイ自体を大きくすることに注力しよう。　446

8.7 優れたパートナーシップでは、お金よりも、配慮や寛容さが重要とされる　446
 a. 気前よく、そして他人にも気前よくしてもらうことを期待しよう。　447

8.8 素晴らしい人材を見つけるのは難しい。だから素晴らしい人材をどう引き止めるかを考えよう　447

9 つねに研修をし、テストをし、評価をし、人材を選別する　450

9.1 あなたも、あなたの部下も進化のプロセスの試練を乗り越えなくてはならない　453

  a. 強みと弱みがわかれば、比較的早く、自然と進化できるものだ。だから、キャリアパスは最初のうちに計画しない。　**453**
  b. 研修が個人の進化を導く。　**454**
  c. 魚を与えるのではなく魚を釣る方法を教えよう。それで多少のミスを犯させることになっても。　**454**
  d. 経験は、座学では取って代われない学びを体に覚えさせる。　**455**
 9.2 つねにフィードバックを与える　**455**
 9.3 親切に、ではなく、正確に評価する　**456**
  a. 最終的には正確さも親切も同じことだ。　**456**
  b. 褒め言葉と批判を大局的に話すようにしよう。　**456**
  c. 正確かどうかについて考えること。言外の意味は何かなど考えない。　**456**
  d. 正確な評価をする。　**457**
  e. 失敗から学ぶように、成功からも学ぶ。　**457**
  f. 誰もが、自分のしたこと、していることは実際よりも重要だと思うものだ。　**457**
 9.4 愛の鞭はとても難しく、同時にとても重要な愛の形だ
   （滅多に歓迎されることはない）　**458**
  a. 誰もが褒め言葉のほうを好むが、的を射た批判のほうがもっと貴重だ。　**458**
 9.5 見て気づいたことを胸に秘めておかない　**459**
  a. 具体的な事象を統合して作る。　**459**
  b. ドットを絞る。　**459**
  c. ドットを絞りすぎないように。　**459**
  d. 業績調査、業績評価基準、正式な人事考課面接など、評価のツールを使おう。そして業績をあらゆる角度から見て書面に残そう。　**460**
 9.6 どういう人かを学ぶプロセスをオープンにし、
   進化させ、繰り返し使うようにしよう　**460**
  a. 業績判断基準を明確に、公平にする。　**460**
  b. 客観的に自分の業績を考えることを奨励する。　**461**
  c. 全体像を見る。　**462**
  d. 業績評価では、具体的な事象から始め、パターンを見つけ、エビデンスを一緒に見て評価を受ける人と同期をとるようにしよう。　**462**
  e. 人事評価で犯す2つの大きな過ちは、自分が下す評価に自信過剰になること、そして、それを他の人と話して同じ理解になるよう同期をとらないことだ。　**463**
  f. 序列にとらわれず評価で考えを一にする。　**463**
  g. ミスとその根本原因について率直に話し、部下について学び、部下にあなたのことを学ばせよう。　**464**
  h. よい仕事をさせるのに、仕事をすべて、いつも見ている必要はない。　**464**
  i. 変わるのは難しいことだ。　**464**

j.弱みを探られて感じる痛みを通じて、手助けしよう。	465
9.7 働き方を知り、その方法がよい結果をもたらすかどうかを判断するのは、その人が実際に何をしたかを知るよりも重要だ	465
a.仕事の成果が上がっていない人がいたら、学びが足りないのか、それとも能力が不足しているのかを考えよう。	466
b.成績の悪い社員に研修を受けさせ、テストして必要なスキルを身につけられるかどうかを見るだけで、能力を評価しようとしないのはよくある過ちだ。	466
9.8 弱点について話し、その人と考えが同じであれば、その弱点はたぶん事実と思っていい	466
a.人を判断するとき、「一点の疑いもない」ところまで行く必要はないことを覚えておこう。	468
b.どういう人物か、その仕事に合っているかどうかを見るのに１年以上かける必要はない。	468
c.在職中は評価を続ける。	468
d.採用面接と同じくらい厳しく社員の評価をする。	468
9.9 研修し、予防措置のガードレールを置く。あるいは辞めさせる。更生させようとは思わないこと	469
a.人を集めない。	469
b.「愛する人を撃つ」	470
c.居場所のない人がいたら、もっと適したポジションが社内にないか、あるいは社外に求めてもらうか考えよう。	470
d.失敗した人を、降格となる仕事に回すときには注意しよう。	471
9.10 異動の目標は組織全体が恩恵を受けるように、その人を最大活用することだ	471
a.新しいポジションに異動する前に「きちんとスイングを終わらせる」こと。	471
9.11 基準を下げない	472

マシンを築き進化させる
474

10 目標達成のために、マシンを操作するように管理する … 478
10.1 一段高いところから、マシンとその一部である自分自身を見下ろそう … 480
  a. いつも目標と結果を比較する。 … 480
  b. 優れたマネジャーは、本質的に組織のエンジニアだ。 … 481
  c. よい業績判断基準を作る。 … 481
  d. 入ってくる仕事に気を取られすぎて、マシンに十分な注意を払わないことにならないよう、気を付けよう。 … 482
  e. 光輝くものに目を奪われない。 … 482

10.2 どんなケースを扱うときでも、アプローチには2つの目的がある … 483
  a. すべてが事例研究になる。 … 483
  b. 問題が生じたら、議論を2つのレベルで行う。1)マシンレベル（なぜそのようになったのか）、2)足元のレベル（それをどうするか）の2つだ。 … 483
  c. ルールを作るときにはその背景にある原則を説明すること。 … 483
  d. ポリシーは、原則の延長線上にあるべきだ。 … 484
  e. よい原則とポリシーはいつもよいガイダンスになるが、どんなルールにも例外がある。 … 484

10.3 管理する、事細かに管理する、管理しない、の違いを理解する … 485
  a. マネジャーは、責任ある仕事がうまくいくようにする。 … 485
  b. 部下と一緒にスキーで滑っているかのように管理する。 … 485
  c. 優れたスキーヤーは初心者よりもよいコーチになるだろう。 … 485
  d. 細かなことは部下に任せられるように。 … 485

10.4 部下はもっとも重要なリソースだから、彼らがどういう人か、何が彼らを動かすかを知ろう … 486
  a. 組織にとって重要な人の体温を定期的に計ろう。 … 486
  b. 部下にどの程度信頼を置くか学ぼう。思い込まないこと。 … 486
  c. 信頼の度合いに応じて関与を変えよう。 … 487

10.5 責任を明確に割り当てる … 487
  a. 誰が何の責任を持っているか覚えておく。 … 487
  b. 「仕事の見落とし（ジョブ・スリップ）」に気を付けよう。 … 488

10.6 マシンに何を期待できるかを学ぶために、深く、しっかりと調べよう … 488
  a. 閾値を超えて理解をする。 … 488
  b. 距離を置きすぎないように。 … 488

  c. 部下が何をし、何を考えているかきちんと把握するのに、日次アップデートをツールとして使う。   489
  d. 問題が実際に起こる前に問題が起こりそうかどうか知るために探る。   489
  e. 直属の部下より下のレベルを探ろう。   489
  f. 直属の部下の配下にいる人に、問題を直接上げてきてもかまわないと思わせるように。   489
  g. 人の答えが正しいと想定しないこと。   489
  h. 耳を鍛えよう。   490
  i. 綿密に調査するときは密かにではなく、公にすること。   490
  j. 精査を歓迎しよう。   490
  k. 1つの見方、考え方をする人は、異なる見方、考え方をする人とコミュニケーションをとってよい関係を築くことが難しい。   490
  l. 怪しげな糸は全部引っ張ってみる。   491
  m. 策を講じるには多くの方法がある。   491

10.7 オーナーのように考えること。一緒に働く人にも同じことを期待しよう   492
  a. 休暇を取っても責任は無視できない。   492
  b. 自分自身、そして部下に難しいことをさせるように。   492

10.8 キーマン・リスクを認識して対応しよう   493

10.9 みんな同じに扱わない。適切に扱おう   493
  a. 付け込む余地を与えない。   493
  b. 部下を大切に。   493

10.10 優れたリーダーシップは、一般的にそう作られていないものだ   494
  a. 弱く、同時に強くあれ。   495
  b. 部下に好かれていようがいまいが気にしないこと。何をすべきか彼らに話してもらおうとは思わないこと。   495
  c. 命令して従わせようとしないこと。理解してもらい、みんなと考えを同じにして理解するように。   496

10.11 あなたも部下も説明責任を持つように、そして説明責任を持たせてもらっていることを部下に感謝しよう   498
  a. ある人とこうしようと同意したら、そうなるようにさせよう。違うやり方でやることに意見が一致すれば別だが。   498
  b. 「協定」を破ったことによる失敗と、もともと協定がなかったための失敗とを区別するように。   498
  c. 引き込まれないように。   499
  d. 目標と任務を混同する人に注意しよう。その区別ができないのなら、彼らを信頼して責任を与えることはできない。   499
  e. 焦点の定まらない、非生産的な「理論的にはこうあるべきだ」に気を付けよう。   499

10.12 計画をはっきりと伝え、計画に沿って進歩しているかどうかを伝える明確な業績判断基準を持とう　500
   - a. 前進する前に後ろを振り返り、広い視野から見る。　500
10.13 適切に責任に対処できないときには、エスカレーションして上司に引き継ぐ　501

11 問題を把握し、容認しないこと　502

11.1 心配していないのなら、心配する必要がある。心配しているのなら、心配する必要はない　506
11.2 順調にいっているのか、いないのかがわかるようにマシンをデザインし、監視するように。あるいは自分自身でするように　506
   - a. 問題発見担当者を作ろう。彼らに調査する時間を与え、独自の指揮命令系統を持つようにしよう。　506
   - b. 「茹で蛙症候群」に気を付けよう。　506
   - c. 集団思考に気を付けよう。誰も気にかけていないからといって、悪い状態にないというわけではない。　506
   - d. 問題を見つけるには、結果が目標と比べてどうかを見よう。　507
   - e. 「スープの味見をする」　508
   - f. なるべく多くの目が問題を見るように。　508
   - g. コルクの栓を開ける。　509
   - h. 担当者がいちばんよく知っていることを忘れない。　509
11.3 問題は具体的に。一般論で話し始めないように　509
   - a. 匿名性のある「我々」や「彼ら」は避けよう。個人的責任をおおい隠してしまうからだ。　509
11.4 難しいことを是正するのを恐れない　510
   - a. よく計画された解決案のある問題は、解決案のない問題とはまったく違うことを理解しよう。　510
   - b. 問題を機械のようなやり方で考える。　510

12 問題を分析して、根本原因を見つける　512

12.1 上手に診断するために、次の質問をしよう　514
   - a. 「誰が何を異なる方法ですべきか?」と自問しよう。　518
   - b. 5ステップのプロセスのどのステップで失敗が起きたかを特定する。　518
   - c. うまくいかなかった原則は何かを見定める。　518
   - d. 結果論で批判しない。　519
   - e. その人の置かれた状況の質と、その人の状況に対処するアプローチの質とを混同しないように。　519

  f. 誰かがどうすればいいのかわからずにいることを、あなたならわかるというものではない。 **519**
  g. 根本原因は行動ではなく理由だということを忘れないように。 **520**
  h. 容量の問題と能力の問題を見分けるために、十分な容量があり余裕があれば、機能したかを想像してみよう。 **521**
  i. マネジャーが失敗したり、目標未達になったりするのは、次の5つの理由のいずれかによる。 **521**
 12.2 絶え間なく診断して新たに統合していく **521**
 12.3 診断は結果を出すものでなければならないということを忘れないように **521**
  a. 同じ人が同じことをしたら同じ結果になることを忘れないように。 **522**
 12.4 次の「掘り下げ」テクニックを使って、問題を抱える部や課の 80 対 20 を理解しよう **522**
 12.5 診断は、進歩と優れた人間関係の基礎をなすものだ **525**

13 問題を回避するためにマシンの改善をデザインする **526**

 13.1 マシンを作る **529**
 13.2 原則とそれをどう実践するかをシステム化する **529**
  a. 意思決定時の判断基準をよく考えて優れた意思決定のマシンを作ろう。 **529**
 13.3 よい計画は映画の脚本のようでなければならないと言ったことを思い出してほしい **530**
  a. 痛みを味わう立場に身を置いてみよう。そうすれば、デザインに対する豊かな理解を得ることができる。 **530**
  b. 代替のマシンとそれが生み出す結果を思い描き、それから選ぼう。 **530**
  c. 一次的にとどまらず、二次的、三次的結果を考慮する。 **530**
  d. スイスの時計のように精密に組織を動かすには、定例会議をしよう。 **531**
  e. よいマシンは、人間は不完全なものだという事実を考慮している。 **531**
 13.4 デザインは反復のプロセスだ。悪い「新しい」ものとよい「次」のものの間は、「取り組み中」の期間だ **531**
  a. 「洗浄嵐」の力を理解しよう。 **532**
 13.5 組織を仕事ではなく、目標に合わせて築こう **532**
  a. 組織を上から下に向かって築く。 **532**
  b. 高いスタンダードを持つ信頼できる人物が監督すること。 **533**
  c. 組織のピラミッドでトップにいる人は、直属の部下に注意を払い、管理するスキルを持ち、彼らの仕事を深く理解していなければならない。 **533**
  d. 組織をデザインするとき、5ステップのプロセスが成功への道であることを忘れないように。異なる人が異なるステップで能力を発揮する。 **533**
  e. 組織を人間に合わせて作らないこと。 **534**
  f. 規模を念頭に置くように。 **534**

  g. 部や課は「引力」に基づき、もっとも論理的にグループ分けするように。　535
  h. 部はできる限り自給自足できるようにしよう。そうすれば目標達成に必要なリソースを部内でコントロールできるようになる。　535
  i. シニア・マネジャーとジュニア・マネジャーの比率、ジュニア・マネジャーとその部下の比率は、よいコミュニケーションがとれ、相互理解ができるように制限すること。　535
  j. デザインするとき、継承と研修を織り込む。　535
  k. 自分の仕事に注意を払うだけではいけない。自分がいなくなったらその仕事はどのように行われるかに注意を払おう。　536
  l. 極めて重要な任務が正しく行われるためには、「ダブル・チェック」ではなく、「ダブル・ドゥ」しよう。　536
  m. コンサルタントは上手に使うこと。コンサルタント中毒に気を付けよう。　537

13.6 ピラミッドのような組織図を作ろう。
上から下まで指揮命令系統はまっすぐ一本となり、
途中、線が交わらないように　538
  a. 部の間、課の間で問題が生じたら、ピラミッドの頂点に立つ人を関与させる。　538
  b. 他部の人のために仕事をしない。他部の監督責任者と話さない限り、他部の部員に仕事を頼まない。　538
  c. 「部の勘違い」に注意する。　540

13.7 必要なときには予防措置のガードレールを作る。
ガードレールのないほうがいいに決まっているが　540
  a. 自分で盲点に気づき、何とかすると思ったら間違いだ。　540
  b. 四つ葉のクローバーのデザインを考えよう。　541

13.8 戦略的ビジョンを一定に保ち、環境に応じて戦術的な変更を適切に行おう　541
  a. 急場しのぎの解決を戦略に優先させてはならない。　542
  b. 大局観を持ちつつ詳細を考え、その間の結び付きを知ろうとする。　542

13.9 他人の不正直に振り回されないよう、しっかりコントロールしよう　543
  a. 調査をする。また調査することを事前に知らせるように。　543
  b. 警官（監査役）がいなければ法律の意味はないことを忘れないように。　543
  c. よく考えもせずに判を押さない。　543
  d. あなたに代わって購入をする人はお金を賢明に使うと思わないこと。　544
  e. 不正行為を防止するために「さらし首」を使おう。　544

13.10 可能な限り指揮命令系統と責任を明確に　544
  a. 肩書ではなく、仕事の流れのデザインと能力に応じて責任を与える。　545
  b. どうやってレバレッジを利かせるかつねに考えること。　545
  c. 十分な能力のない普通の人を大勢抱えるより、一握りの優秀な人を見つけて、最高のテクノロジーを与えるほうがよいと認識しよう。　546
  d. レバレッジする人を使う。　546

13.11	ほとんどすべて、予想以上に時間とコストがかかるものだと覚えておこう	546

14 やろうと決めたことをやろう　　　　　　　　　　　　　　　　　　548

14.1 自分も組織もワクワクするような目標に向かって働こう　　　　550
  a. 人をやる気にさせるには、よく調整して一貫性を持たせること。　　551
  b. 考える前に行動しない。作戦立案に時間をかけよう。　　　　　　551
  c. クリエイティブな核心に迫る解決案を探そう。　　　　　　　　　551

14.2 誰だってやることを多く抱えている　　　　　　　　　　　　　　552
  a. イライラしないこと。　　　　　　　　　　　　　　　　　　　　552

14.3 チェックリストを使うこと　　　　　　　　　　　　　　　　　　553
  a. チェックリストと個人の責任とを混同しないこと。　　　　　　　553

14.4 休息と修復の時間をとること　　　　　　　　　　　　　　　　　553

14.5 成功する　　　　　　　　　　　　　　　　　　　　　　　　　　553

15 仕事の進め方を決めるのにツールと決められた手順を使おう　　　554

15.1 ツールに組み込まれたシステム化された原則は、アイデア本位主義にとってとくに貴重だ　　　　　　　　　　　　556
  a. ほんとうに行動を変えるのなら、しっかり身についた、あるいは習慣化された学びが必要だ。　　　　　　　　　　　　　　　　　　556
  b. ツールを使ってデータを集め、処理して、結論と行動を導き出す。　557
  c. 自信と公平性の環境を育む明確な原則を作り、ツールと決められた手順で実践し、そこから結論を導く。結論の背後にある論理とデータを追跡すれば、その結論の評価ができる。　　　　　　　　　　　　　　　　557

16 頼むからガバナンスを甘くみないでくれ！　　　　　　　　　　　560

16.1 成功のために、組織はチェック・アンド・バランスが必要だ　　562
  a. アイデア本位主義といえども、実績だけが責任と権限を与える決定要因ではない。　　　　　　　　　　　　　　　　　　　　　　　　562
  b. システムより力のある人、あるいは、あまりにも重要で替えられないという人がいないように。　　　　　　　　　　　　　　　　　　563
  c. 王国に注意。　　　　　　　　　　　　　　　　　　　　　　　　563
  d. 組織の枠組みとルールはチェック・アンド・バランスがうまく機能するためにデザインされていることを明確にしよう。　　　　　　　563
  e. 指揮命令系統を明確にする。　　　　　　　　　　　　　　　　　565
  f. 決定権限を明確に。　　　　　　　　　　　　　　　　　　　　　565
  g. 評価をする人は、1）彼らが評価する人の仕事ぶりを前もって十分知らされること、2）評価する能力があること、3）監督の有効性を妨げる利益相反がないこと。　　　　　　　　　　　　　　　　　　　565

　　　　h. 意思決定者は決定に必要な情報にアクセスのあることが必須だ。また、
　　　　情報を安全に取り扱うと信頼されていなければならない。　　**566**
16.2 アイデア本位主義では、素晴らしいリーダーのグループのほうが、
　　　CEO 1人よりもよい　　**566**
16.3 原則、ルール、チェック・アンド・バランスのガバナンス・システムは、
　　　どんなものであっても、素晴らしいパートナーシップの代替にはならない　**567**

どんな組織やグループでも
うまく機能するには、
組織にいる人の人生の原則と、
組織の仕事の原則とに
整合性が必要だ

すべてに、とは言わない。だが、ミッションや互いの関係などの重要なポイントでは整合性がとれていなければならない。
　組織にいる人がその整合性を感じたら、そこでの人間関係を大事にし、仲良く一緒に働く。そのカルチャーはすべてに浸透する。そうなっていなければ、異なる、しばしば対立する目標を目指して働くようになり、互いの関係をどうしたらよいか混乱してしまう。だから、会社、政府、財団、学校、病院など、すべての組織は、原則と価値観を明確に外から見える形で公表し、一貫してそれに従って運営することだ。そうすればよい結果がもたらされる。
　この原則と価値観は「顧客第一」「業界ナンバーワンを目指そう」といった曖昧なスローガンではない。誰もが理解し、共に実行できる具体的な方向性を示すものだ。「人生の原則」から「仕事の原則」に移るに当たり、こういった整合性を培うのにブリッジウォーターではどうしたか、それがどう結果に影響したかを説明しよう。だが、その前に私が組織をどう考えるか説明したい。

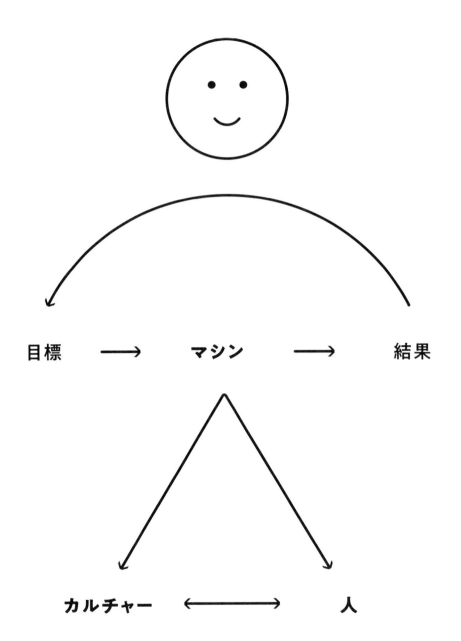

● 組織は、カルチャーと人という2つの主要部品で構成されるマシンだ

　この2つは、相互に影響を与える。組織を構成する人がカルチャーを決め、組織のカルチャーが、その組織に適合するのはどういう人材かを決めるからだ。

a.　**よい組織には、よい人材とよいカルチャーがある**。時が経つにつれて着実によくなっていく会社には両方がある。よいカルチャーと人材ほど重要で、かつ難しいものはない。

b.　**素晴らしい人には素晴らしい性格と素晴らしい能力の両方が備わっている**。素晴らしい性格とは、徹底的に真実を語り、徹底的に自分をさらけ出し、組織のミッションに深くコミットしているということだ。素晴らしい能力とは、仕事を立派にこなす能力とスキルを持つことだ。いずれか一方だけを持つ人は危険で、組織から排除すべきだ。両方を持つ人は稀で、大切にしなければならない。

c.　**素晴らしいカルチャーがあれば、問題や反対意見が表面化し、上手に解決される。組織にいる人たちは、それまで作られたことのないようなすごいものを想像し、作り出すのが大好きだ**。それが進化を維持する。ブリッジウォーターの場合、徹底的に事実に基づくことと徹底的に隠し立てをしないことを基礎とするアイデア本位主義によって、やりがいのある仕事、かけがえのない人間関係を求めて努力している。やりがいのある仕事とは、首を突っ込んでやるのがワクワクするような仕事だ。かけがえのない人間関係とは、お互いに（家族の延長のように）心から思いやりを持つ関係だ。これには相互作用が働き、お互いにものすごく誠実で、まったく隠し立てをしないと、仕事も人間関係もよくなることがわかった。

つねにマシンを見ていれば、マネジャーはマシンが生み出す結果と目標とを客観的に比べることができる。もしその結果が目標と整合性のあるものであれば、マシンはうまく機能していると言える。整合性がなければ、マシンのデザインか、その一部である人間か、何かが間違っている。問題を分析してマシンに手を加える必要がある。「人生の原則」の「2　人生で欲しいものを手に入れるために5ステップのプロセスを使おう」で書いたように、これは5つのステップで行うのが理想だ。1）明確な目標を持つ、2）目標達成を阻む問題を特定する、3）マシンのどの部分（どの人、あるいはどのデザイン部分）がうまく機能していないのかを診断する、4）計画を策定する、5）必要なことを実行する。これが組織をもっとも早く、効率的に改善する方法だ。

　この問題を進歩に変換するプロセスを、私は「ルーピング」と呼んでいる。時間の経過とともにどうなっていくかを目で見てわかるようにしたのが、右の図だ。最初、問題が発生し目標の軌道から外れ、計画よりも事態が悪くなる。

　下降傾向にあると思ったら、その問題を分析し、根本原因を見つけ、新たなデザインを作り実行する。軌道が元に戻って上方に向かい、2番目の絵のようになる。

　問題を見つけられなかった、最善の解決案をデザインしていなかった、うまく達成できなかった。こういう場合には、下降が続きいちばん下の絵のようになる。

　マネジャーが結果と目標に整合性がないことを認め、デザインを修正し、人員配置を調整するのに能力を発揮すれば、大きな違いが生じる。マネジャーが頻繁にこの作業を行い、うまくやれたなら、上昇の軌跡は急傾斜になる。

　「人生の原則」で説明したように、すべての生物、すべての組織の進化はこうなると思う。このように発展するカルチャーと人材がいることは、極めて重要だ。世界は目まぐるしく変わり、予測不能になっている。タイミ

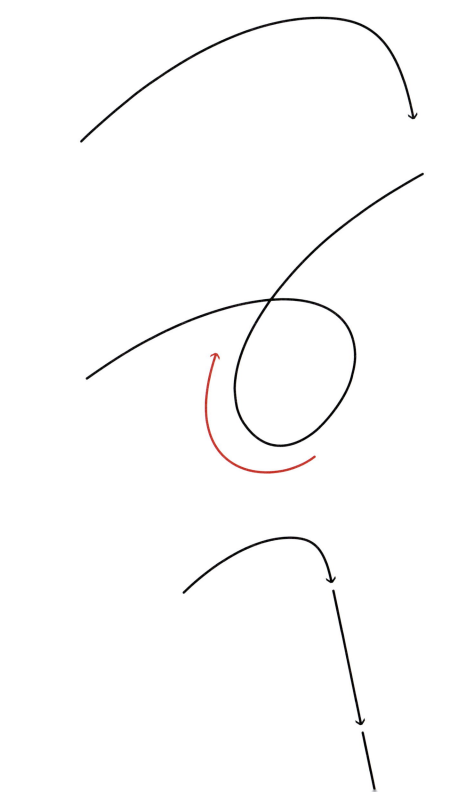

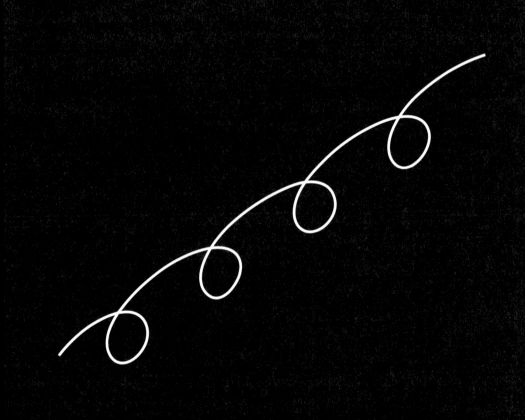

ングよく問題を見つけ対処することをせず、破滅的な下落を演じた会社をいくつも思いつくだろう。たとえば、ブラックベリーやパームだ。つねに上昇のループを描く会社はごく稀だ。大半は違う。たとえば、40年前のブリッジウォーター設立時にダウ30種工業株平均に選ばれていた会社のうち今も残るのはわずか6社だ。アメリカン・キャン、アメリカン・タバコ、ベスレヘム・スチール、ゼネラル・フーヅ、インコ、F.W.ウールワースはもう存在すらしない。シアーズ・ローバック、ジョンズ・マンビル、イーストマン・コダックなどは大きく変貌して同じ会社とは思えない。今日ダウ30種のリストに載る傑出した会社、アップル、シスコなどは、まだ設立もされていなかった。

　何十年と進化を続けたごく少数の会社は、この進化／ルーピングのプロセスに成功してきた。このプロセスのおかげで、ブリッジウォーターも40年にわたり着実に成功を重ねることができた。このプロセスこそ、伝えたいと思っていることだ。

　前にも述べたように、適切なカルチャーと人材を得ることほど重要で、しかも難しいことはない。ブリッジウォーターの成功は、それをうまくやったおかげだ。それをうまくやれなかったときには失敗している。グローバルなマクロ経済の投資家として、ブリッジウォーターは何よりもまず経済と投資を正しく把握することが大事なのでは、と奇妙に思うかもしれない。それはそうだ。だが、そのためにはまず、適切な人材とカルチャーが必要だったのだ。そしてやる気になるためには、やりがいのある仕事、かけがえのない人間関係が必要だった。

　ブリッジウォーターを創業した起業家として、私は当然ながら、自分の価値観と原則に沿った組織を作った。私の選んだ人たちと一緒にもっとも自然に思える方法で、自分の望むことを追求してきた。そして私たち、ブリッジウォーターは共に進化してきた。

　創業時の私の目標は何だったかと尋ねられたら、好きな人と楽しく仕事をすることと答えるだろう。仕事は情熱を持って遊べるゲームだった。楽

しい、尊敬する人たちと一緒にホームランを打ちたいと思っていた。マーケットでの経験がなかったラグビー仲間の友人と、アシスタントとして採用した友人と3人で、私はブリッジウォーターをアパートの一室で始めた。当時は経営のことを考えてもみなかった。経営というのはグレーのスーツを着込み、スライドでプレゼンをする人たちのやることだと思っていた。経営に乗り出すことも、ましてや仕事と経営に関する原則も持ってはいなかった。

「人生の原則」を読めば、私がそれまで存在していなかった新しい実践的なコンセプトを想像し、作り上げることが好きだとおわかりいただけるだろう。とくに私と同じミッションを持つ人たちとこういうことをするのが大好きだ。よく考え抜いて彼らと反対意見を戦わせ、学び、よい決定をする確率を高めることを大切に思っている。そして私と一緒に働く人は全員、「社員」というより「パートナー」であってほしいと思っていた。つまり、やりがいのある仕事とかけがえのない人間関係を求めていたのだ。そうするには、優秀な人と素晴らしいパートナーシップを結ぶことだと時を置かずして学んだ。

　価値観と関心を共有し、それを追求するアプローチが同じで、互いに理性的で思いやりがある。そこから素晴らしいパートナーシップが生まれると思う。同時に、パートナーは互いに高い水準を持ち、異なる意見を戦わせながら働かなくてはならない。優れたパートナーシップとは、パートナーが異なる意見を持たないことではない。健全な関係では異なる意見があって当たり前だ。問題は、異なる意見を表に出し、うまくわかり合えるかどうかだ。意見が分かれたときに効率よく、明確に解決するはっきりとしたプロセスを持つことは、ビジネス、結婚、その他のパートナーシップで不可欠なことだ。

　私がこういったことを望んでいたら、同じことを望む人が集まってきた。それがブリッジウォーターの形になっていった。全部で5人のとき[*36]

[*36] このやり方を投資事業の運営と経営に応用した。投資を行う過程で、ビジネスと経済が成功するには何が必要なのか実践的理解を進めた。そして会社を経営していく過程で、事業経営をどうすればうまくやれるのか実践的理解を進めた。これらの私の理解度が投資成績や事業業績で客観的に測定できるところが気に入った。

は50人のときとはまったく違っていた。500人のときも1000人のときも違った。成長するにつれ、すべて見違えるほど変わっていった。変わらないのは中核をなす価値観と原則だ。

　ブリッジウォーターがまだ小さな会社のとき、原則ははっきりと示されたものではなく、暗黙の了解だった。だが次々と新しい人が入社してくると、原則を理解してもらい維持していくのは当たり前ではなくなった。原則をきちんと書き出し、その背後にある論理を説明する必要があると認識するようになった。こう考えが切り替わった瞬間をはっきりと覚えている。ブリッジウォーターの社員が67人になったときだ。それまで、私は個人的にクリスマスシーズンに彼らのプレゼントを選び、1人ひとりカードに長いメッセージを書いた。だが、その年は、そうするのがものすごく骨折りだった。そのときから、ますます多くの社員と直接働くことがなくなり、私のバックグラウンド、私が作ろうと努力していた愛の鞭ともいうべきアイデア本位主義を理解してもらっていると想定できなくなってきた。

● 愛の鞭は素晴らしい仕事と素晴らしい人間関係を達成するのに効果的だ

　愛の鞭とは何か、ビンス・ロンバルディで説明しよう。彼はそれを地でいった人だ。私が10歳のときから18歳まで、ロンバルディはグリーン・ベイ・パッカーズのヘッドコーチだった。限られた財源にもかかわらず、彼はチームをNFLで5回、リーグチャンピオンに導いた。彼はNFLコーチ・オブ・ザ・イヤーを2回受賞している。いまだに彼を、過去最高のコーチだと言う人は多い。ロンバルディは選手を愛し、彼らを偉大な選手へと駆り立てた。私は基準を緩める妥協をしなかった点、今も変わらず彼を尊敬している。選手、ファン、そして彼自身、みんなが彼のアプローチのおかげで得るところが多かった。ロンバルディが原則を書いてくれて読めたらよかったのだが……。

a. **卓越した存在になろうと思ったら、妥協できないことは妥協してはならない。**なのに、妥協する人は多い。気まずい思いをしたくないからだ。それは後ろ向きだし、逆効果を招く。気が楽になることを成功より優先することは、誰にとっても悪い結果になる。私は一緒に働く人たちを大切に思い、彼らに傑出した人になってもらいたいと思い、後押ししてきた。同じことを私にしてほしいと思っていた。

　設立当初から、ブリッジウォーターで働く人は大きな家族の一員だと思っていた。社員やその家族が病気になると、私のかかりつけの医者に診てもらい、きちんと治療してもらえるようにした。週末にはバーモントにあるわが家に泊まりにくるよう誘い、応じてもらえるとすごく嬉しかった。彼らの結婚、出産を共に祝い、彼らが愛する人を失ったときには共に悲しんだ。だが、どっぷり愛に浸っていたわけではない。私たちは卓越した存在になろうとして互いに厳しかった。相手を気に掛ければ掛けるほど、互いに厳しくなれると学んだ。互いに厳しければ厳しいほど、よい成績が上がり、分け合う報酬も多くなる。これは自己強化のサイクルだ。このように経営すれば、低いものはあまり低くならず、高いものはさらに高くすることができるとわかった。悪い時期に、よい時期よりも重要な形でずっとよくなれたこともあった。

　人生でとても辛かった経験を思い浮かべてほしい。大切に思う人、大切に思ってくれる人、同じミッションに向けて一生懸命働いてくれる人。そういう人たちと一緒に苦しいときを乗り切るのは、信じがたいほど満足感を得られるものだ。そう思うのは、私だけではないだろう。辛かったが、思い返すとその困難なときは最高の思い出になっている。共通のミッションで結ばれた仲間の一員であることは、お金よりもやりがいを感じるものだ。多くの研究で、資産の額と幸福度には相関関係がほとんどないことがわかっている。だが、人間関係の質と幸福度には強い相関関係がある。

　このあたりのことをメモに書いて、1996年、ブリッジウォーターで配

布した。

　　　ブリッジウォーターは、そこそこの水準に甘んじる場所ではない。極めて高い水準を達成するために馬車馬のように働き、驚異的な業績を達成することで満足感を得る場所だ。
　私たちが最優先とする目的は卓越であること。もっと具体的には、つねに改善を続けること、あらゆる面から素晴らしい改善を続ける会社であることだ。
　卓越を追求するときに生じる衝突は素晴らしい。年齢や入社年次で序列はない。個人の権限は立場によるものではなく、論理的思考から生じるものだ。誰が提唱したかは関係ない。最高のアイデアが勝つ。
　（自らのそして他人からの）批判は改善のプロセスで不可欠な要素だが、扱いを誤るととんだことになる。批判は客観的に取り扱われなければならない。批判を与えるにも受けるにも序列はない。
　チームワーク、チームスピリットは欠かせない。低水準の業績は容認されない。これが意味するところは、1）チームが共通の目標を達成するのに協力する責任があると自覚すること、2）この共通の目的に向かって（グループの一員として働き）周りの人を快く助けることだ。私たちの運命はあざなえる縄のようなものだ。人の助けに頼ってもいい。当然の結果として、水準に満たない業績は何であれ容認できない。みんなが痛手を被るからだ。
　長期的な人間関係は、a）本質的に満足を与えるもので、b）効果的だ。だから意識して築くべきだ。社員が離職すると新たな人を再教育しなければならず成長の妨げとなる。
　お金は卓越であることの副産物だ。私たちの最優先目標は、ブリッジウォーターが卓越であること、そしてつねに改善を続けることだ。はっきりしておこう。お金をたくさん稼ぐことではない。とはいえ、少ないお金で幸せになれということではない。その逆だ。お金をたくさん得られると期

待すべきだ。この考え方に沿って運営したら、生産性は高くなり、会社は利益を上げられるはずだ。年齢、入社年次に基づく序列はほとんどない。

　ブリッジウォーターの社員 1 人ひとりに、会社のオーナーのように行動してもらいたい。このような形で運営することに責任を持ち、他の人にもこのように行動させるよう責任を持ってほしい。

● 信頼性を加味したアイデア本位主義は、
　効果的な意思決定のための最高のシステムだ

　選手が彼の指示に従うかどうかで成功が左右されるロンバルディと違い、私は、うちのプレーヤーには自分の頭で考え、異なる視点をいろいろな人にぶつけて試し、1 人で考えたら出てこないようなよい結果を出してもらいたい。誰もが自分自身で論理的に考え、自分がベストと思うことをオープンに話して意見を戦わす責任と権利がある環境、そしていちばんよい考えが勝つ。そんな環境を私は欲しいと思った。理論的なものではなく、真のアイデア本位主義が必要だと思った。他のどんな意思決定システムよりもよい結果を生み出すからだ。聡明で、自分の頭で考えることのできる人を集め、生産的に異論を戦わせ、みんなでベストな考え方にたどりつく。信頼性を加味した方法で考え方の違いを解決するシステム。それがアイデア本位主義だ。

　私たちのアイデア本位主義のシステムは何十年もの間に進化してきた。最初のうちは、何がベストか口角泡を飛ばして議論することで、1 人ひとりが個別に決めるよりもよい方法にたどりついてきた。だが、ブリッジウォーターが大きくなり、異なる意見の範囲が広がり、解決する必要性が変わってきた。そこで、このアイデア本位主義がどう機能するかもっと明確にするようにした。最善の決定をするためには、いろいろな人の信頼性がうまく秤にかけられて、誰が見ても公平だと思うシステムが必要だった。

そのようなシステムがなければ、ベストな考え、そしてベストな考えをする人を失い、ゴマすりか、反対意見を胸に秘めひそかに怒りをため込む破壊分子ばかりになってしまうと私は思った。

すべてがうまく機能するためには、徹底的に事実に基づき、互いに徹底的に隠し立てをしないことが必要だと思ったし、今でもそう信じている。

徹底的に事実に基づき、徹底的に隠し立てをしないこと

徹底的に事実に基づくとは、誰かの考えや質問をフィルターにかけないことを意味する。重要なものに関してはとくにそうだ。オープンに問題を話し、問題をうまく対処する道がなければ、みんなで結果に責任を持つパートナーではなくなってしまう。

徹底的に隠し立てしないというのは、ほとんどのものを誰もが見られるようにすることだ。すっかり透明にしないと、誰かに偏見を吹き込まれやすいし、自分で考える能力を否定することになる。徹底的に隠し立てしないようにすれば、害ある社内政治や、悪い行動が起きるリスクが減る。というのも悪い行動は、オープンな場所ではなく、ドアを閉ざした密室で行われることが多いからだ。

この運営方法を「ものすごく単刀直入」と呼ぶ人もいる。

徹底的に事実に基づき徹底的に隠し立てしないことを全社的に行わなければ、情報を持つ権力のある人とそうでない人と、社内に2つの階級ができてしまうと思った。だから私はこの2つを限界まで推し進めた。私には、広範囲にわたる**アイデア本位主義＝徹底的に事実に基づく＋徹底的に隠し立てしない＋信頼性を加味した意思決定**という方程式になる。

少人数で、事実に基づき、どう対応するかをインフォーマルに話すところから始めて、私たちは過去40年間かけて、アプローチの方法、テクノロジー、ツールを開発してきた。それにより一段高いレベルに上ることが

アイデア本位主義

＝

徹底的に事実に基づく

＋

徹底的に
隠し立てしない

＋

信頼性を加味した
意思決定

できた。それは目を見張るような貴重な体験だった。本書の最後に、ツールについてまとめた「付記」を書いたので読んでほしい。この環境を提供することに心が揺らいだことはなかった。このやり方を好まない人には、自主的に会社を辞めてもらった。

　徹底的に事実に基づき、徹底的に隠し立てしないようにすれば、私たちはみな、ひどく不完全な、あるいは歪められた視点を持っていることがわかる。これはブリッジウォーターに限ったことではない。周りの人の頭の中が見えたら同じように思うだろう。パートⅡ「4　人の頭の配線はそれぞれものすごく違う」で説明したが、人は脳の配線具合で、同じ状況をまったく異なる方法で見るものだ。

　これがわかると進化が促されるだろう。最初、たいていの人は自分の考えにとらわれて、自分の見方がベストだ、同じように見ない人は何か間違っているという考え方に頑固にしがみつく。だが何度も繰り返し、「あなたが間違っていないと、どうすればわかるのか？」「最高の意思決定をするために、異なる考え方を引き出すために、あなただったらどんなプロセスを使うか？」という問いを投げかけられると、自分自身の信頼性を直視し、自分だけでなく他人の目を通じて物事を見るようになる。このような視点のシフトこそが、素晴らしい集団意思決定というものだ。「オープンソース」方式で行われると理想的だ。つまり最高のアイデアが自由に交換され、生まれ、死に、メリットに応じて急速な進化を生み出す方式だ。

　最初のうちは普通、このプロセスを居心地悪く感じる。頭ではよいと思うのだが、感情的に難しいと感じる。自分自身のエゴを切り離し、見るのが困難なものを見るように努力しなくてはならないからだ。ごくわずかの少数派は最初から気に入る。それより少し人数の多い少数派は耐えられずに会社を辞めていく。多数派は続けていき、時とともにうまくやれるようになり、やがてそれ以外の方法で運営しようと思わなくなる。

　このようなやり方は難しく、効率的でないように聞こえるかもしれないが、実際には極めて効率的だ。実際、同僚がほんとうのところ何を考えて

いるのかわからない組織で働くほうが難しく、効率が悪い。それに、すっかりオープンになれないときには、自然体でいられないものだ。ブリッジウォーターを研究したハーバード大学の発達心理学者、ボブ・キーガンは好んでこう言う。たいていの会社で社員は2つの仕事をする。実際の仕事と、他人にどういう印象を持たれるかを管理する仕事だ、と。私たちからすると、それはひどいことだ。すべてを表に出せば、1）よく見せようという努力をやめ、2）人はどう考えているかを推測する時間が不要になる。そうすることで、もっとやりがいのある仕事を作り出し、もっとかけがえのない人間関係を築くことができる。

　ブリッジウォーターの自己強化による進化のスパイラルを推進したのは次のことだ。

1. 1人が大胆な目標を達成したいと考えたところから、グループの人たちが、大胆な目標を達成したいと考えるようになった。
2. この自分の頭で考える人たちが集団でうまく意思決定できるように、私たちはアイデア本位主義を作った。その基本となる原則は、互いにものすごく正直で、隠し立てしない関係を確保し、よく考えて反対意見を述べ、アイデア本位主義のやり方で異なる意見を乗り越えるというものだ。
3. これらの意思決定の原則を紙に書いて保存し、後にはコンピュータのプログラムに書き、それに基づいて決定をするようにした。
4. 成功も失敗もあった。それによりさらに学び、もっと多くの原則を書き、システム化し、それに基づいて行動した。
5. このプロセスは素晴らしい仕事と素晴らしい人間関係をもたらし、社員も顧客も大いに報われ、満足するようになった。
6. そのおかげで、もっと大胆な目標を持つ、自分で考える人が入社するようになり、この自己強化の上昇スパイラルを強めた。

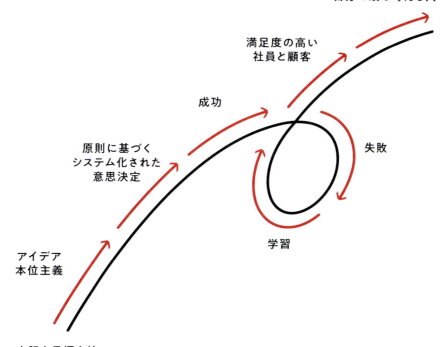

私たちはこれを繰り返し、繰り返し行った。それがブリッジウォーターの 40 余年の成功を支えた進化のループを生み出した。それが前のページの図だ。

　これはほんとうにうまくいく！　私の言葉を信じなくてもいい。このアプローチとそこから生まれた原則が、私が信じるように、パワフルかどうか評価する 2 つの方法がある。1）結果を見る、2）その背後にある論理を見る、の 2 つだ。

　結果に関して言えば、NFL のロンバルディやパッカーズと同様、実績が物語ってくれる。40 年以上の間成長を続け、2LDK の私のアパートから始まり、フォーチュン誌によれば「アメリカで 5 番目に重要な非上場企業」となった。世界最大のヘッジファンドで、過去いずれのヘッジファンドよりも多くの収益を顧客にもたらしてきた。100 を超える業界のさまざまな賞を受賞した。私は 3 回特別功労賞を受賞した。一般では考えられないほどの金銭的報酬、心理的報酬は言うまでもない。そしてもっとも重要なことだが、じつに素晴らしい人間関係を手に入れた。

　だが、これらの結果よりもさらに重要なのは、原則を支える因果関係の論理だ。それがあったからこそ結果がある。40 年以上前、このやり方は物議を醸す、真価の定まらない理論だったが、私には論理的に思えた。この後、この論理を説明しよう。それで評価してもらいたい。

　私たちのアプローチが、かなり普通と違うことは紛れもない。ブリッジウォーターをカルト（狂信的教団）と言う人もいた。実際には、ブリッジウォーターが成功したのは、カルトと正反対だったからだ。共通の価値観（素晴らしいことだ）を持つ社員のカルチャーとカルト（ひどいものだ）の間の大きな違いは、自分の頭で考えるかどうかだ。カルトは絶対服従を要求する。自分で考え互いのアイデアに挑むのは反カルト的行動だ。そしてそれがブリッジウォーターの核心をなす。

誰がまともじゃないって？

　私たちのやり方はまともじゃないと言う人がいる。だが考えてみてほしい。どちらのアプローチがまともで、どちらがまともじゃないか。

- 誠実で事実に基づき、隠し立てしない社員のいる職場か、本音を隠す社員ばかりの職場か
- 問題、間違い、弱み、反対意見が表に出され、よく考えたうえで議論される職場か、そういったものが率直に表面化されず議論されない職場か
- 社内の序列に関係なく批判が許される職場か、トップダウンで決まる職場か
- 社員の客観的人物像が大量のデータから引き出され、広く多面的な角度で見られる職場か、社員の評価が恣意的になされる職場か
- やりがいのある仕事とかけがえのない人間関係の両方を達成するために極めて高い水準を求める職場か、仕事の質や人間関係の質が公平に評価されず、水準のあまり高くない職場か

　職場にいる社員を成長させ、深い人間関係を培い、よりよい結果を生み出すのは、どちらの組織だと思うか？　リーダーや組織にどちらのアプローチをとってもらいたいと思うか？　政府を動かす人にはどちらのほうを選んでほしいと思うか？
　本書を読めば、私たちのやり方のほうが通常のやり方よりもずっと合理的だと賛同してくれるはずだ。だが、私のもっとも基本とする原則は、自分自身で考えることだ。それを思い出してほしい。

なぜ私は本書を書いたのか。
この本を最大限生かすにはどうすればいいのか

　ブリッジウォーターの社内の人間には、この原則を私の言葉で伝えて、私の夢とアプローチを伝えたいと思う。ブリッジウォーターは、次世代のリーダーが何を望むか、どのように実現したいのかによって、今日の姿から進化していくだろう。そのお役に立ちたいと思って本書を書いた。本書をどう使うかはあなた次第だ。このカルチャーが続くかどうかは、あなたや次世代リーダー次第だ。ブリッジウォーターが私の望む形にこだわらないようにするのは、私の責任だ。私の後を引き継ぐ人が独自の選択をすることがいちばん重要だ。成人した子供の親のように、私はあなたに、私なしで立派にやっていけるように、強く、自分で考えるようになってもらいたい。ここにくるまで私は全力を尽くしてきた。これからは、あなたの番だ。そして私は消えていく。

　あなたがブリッジウォーター社外の人で、この原則をあなたの組織にどう適用できるだろうかと考えているのなら、本書はあなたに考えるきっかけを与えるものだということに留意してほしい。きっかりとした方法を伝えて、それに沿って行動できるようには書いていない。原則のすべてを採用する必要もないし、まったく使わなくてもいい。だが、すべて検討だけはしてほしいと思う。他の組織の多くの経営者が、この原則のいくつかを採用し、いくつかを修正し、多くの原則を使わないと決めている。どう扱ってもらってもかまわない。自分のニーズに合った形に修正できるフレームワークだ。同じ目標を追求するかもしれないし、しないかもしれない。いずれにせよ、いくつか貴重なことを得られるだろうと思う。私と同様、組織を真のアイデア本位主義にすることが目標であるなら、本書は貴重だと思う。ブリッジウォーターほど深く考え、真のアイデア本位主義実現に向けてそのコンセプトを推進した会社はないといわれているからだ。もし、重要だ、固い決意で追求するぞと思えば、障害にぶち当たるだろうが、

それを回避する方法を自分で見つけ、完全ではないとしても達成すると思う。

　ここに書いた原則は一般的なルールとしてよいと思うが、すべてのルールには例外があること、常識に勝るルールはないことを覚えておくように。原則を GPS のようなものだと思えばいい。GPS は目的地に行くのに役に立つが、盲目的に従って橋から転落したら、それは GPS のせいではない。あなたが悪いのだ。GPS の道案内がよくなければ、ソフトウエアをアップデートして修正するように、原則に例外的なことが生じれば、それを取り上げて議論し、時とともに進化し改善していくことが重要だ。

　どのようなキャリアを選ぼうと、あなたの属する組織は、カルチャーと社員で作り上げられたマシンだ。その双方が影響し合って結果を出す。その結果が、組織がうまく機能しているかどうかのフィードバックだ。このフィードバックから学べば、カルチャーと社員を修正し、組織のマシンを改善するようになるだろう。

　このダイナミクスはとても重要だから、私は「仕事の原則」を3つのセクションに分けた。「適切なカルチャーを得る」「適材を得る」「マシンを築き進化させる」の3つだ。このセクションの下にくる章は、高いレベルの原則で始まる。それを読めば、その章の主なコンセプトは何か感じがつかめるだろう。

　高いレベルの原則の下には、さまざまなタイプの決定をするときに役立つ原則を書いた。これは参照のつもりだ。全部にざっと目を通してもいいが、百科事典やサーチエンジンのように使って、ある問題に答えを見つけようというときに利用することをお勧めしたい。たとえば、誰かを解雇（あるいは左遷）しなければならないとき、原則表を使ってそれに関する原則が書かれたセクションに行けばいい。これを容易にするために、ブリッジウォーターは「コーチ」と呼ぶツールを作った。特定の問題をインプットし、それに合う原則を探すものだ[*37]。それを間もなく一般に公開するつ

[*37] 「原則」は進化を続けている。新しい原則が追加され、古いものはつねに磨きをかけられているから、変わっていく。近日提供予定だが、「原則」のアプリケーションを見れば、それがわかるだろう。www.principles.com に情報を載せておく。

もりだ。本書の最後に載せたその他の経営ツールの多くも一緒に公開する。

　この原則は売るのが目的ではない。40年以上の間に学んだ貴重な教訓を共有したいだけだ。さまざまな状況下で直面する難しいトレードオフについてじっくり考えてもらうことが私の目標だ。

　そこからもっとも基本的な「仕事の原則」が出てくる。

● 情熱と仕事を一にするように。
　そして一緒にいたいと思う人とそれをすること

　仕事は、1）生活に必要なお金を稼ぐための仕事、あるいは 2）ミッションを達成するための仕事、あるいはこの2つの混合だ。1）の重要性はわかるが、できるだけ2）にするよう強く勧める。そうすれば、物事がずっとうまくいくようになる。

　仕事は、情熱に動かされミッションを達成するためにプレーするゲームだと思う人に対して「仕事の原則」を書いた。

適切な
カルチャーを
得る

自分に合うカルチャーの中で仕事をすべきだ。それは幸せに、効果的に働くための基本だ。また、素晴らしい結果を効果的に生み出すカルチャーの中で働くべきだ。さもなければ、精神的・経済的な見返りを得られず、やる気を保てなくなる。カルチャーに関するこのセクションでは、カルチャーとニーズをどのようにマッチさせるか、私の考えをお話ししよう。また、私が望んだカルチャーについて説明しよう。私にはとてもうまく機能した。それがアイデア本位主義だ。

「1　徹底的に事実に基づくこと、徹底的に隠し立てしないことを信頼しよう」では、アイデア本位主義はどういうものか説明する。そしてそれが機能するには、徹底的に事実に基づき、徹底的に隠し立てをしないことが不可欠な理由を探ろう。徹底的に事実に基づき、徹底的に隠し立てしないことは取り込むのがもっとも難しい原則だろう。人が慣れ親しんだことからあまりにもかけ離れているからだ。このやり方はしばしば誤解されるから、なぜこのように運営するのか、実際にどう機能するのか、はっきりと伝えるように、とりわけ努力した。

「2　やりがいのある仕事とかけがえのない人間関係を培う」では、かけがえのない人間関係を育むカルチャーをどのように築くかに焦点を当て

る。かけがえのない人間関係は、それ自体大いに報われるものだが、徹底的に事実に基づき、隠し立てをしないようにさせ、それが素晴らしい成果を生み出すよう互いに責任を持つようにさせる。

　素晴らしいカルチャーとは、素晴らしい人材と同じく、失敗は学びのプロセスの一部で、つねに学ぶことから組織は進化に成功すると認識しているカルチャーだと思う。「3　ミスをするのはかまわないが、そこから学ばないのは許されないというカルチャーを作ろう」では、それを上手に行うための原則を詳しく見ていこう。

　もちろん、アイデア本位主義は、みんなの考えを引き出してまとめ、ストレステストにかければ、異なる考えを胸のうちにしまい込んでいるときよりよい結果がもたらされるという信念に基づく。「4　同期をとる」では、うまく「考えを一にする」ための原則を扱う。どのようによく考えて反対意見を持つかが鍵だ。

　アイデア本位主義では、メンバーの意見のメリットを慎重に比較検討する。間違っている意見が多いのにもかかわらず、みんな自分の意見はよいと確信している。だからそういう意見を上手に選り分けるプロセスを理解することが重要だ。「5　信頼性は意思決定に重みを加える」では、その意思決定システムを説明する。

　決定がなされた後でも意見の相違は残ることがある。はっきりと伝えられ、みんなが守り、広く公平だと思われるような解決をするための原則が必要だ。これらについては「6　どのように意見の相違を乗り越えるかを認識しよう」で述べる。

自分に合った形で
アイデア本位主義を機能させる

　ここに書かれたことを読んでいると、実践は難しいし、複雑だと思うかもしれない。だが、信頼できる人がオープンに前向きな姿勢で意見の違い

アイデア本位主義を持つために

1）正直な気持ちで臨もう

2）よく考えて
反対意見を持とう

3）意見の違いを克服するには、
みんなが同意した方法を
遵守しよう

を表面化し、掘り下げ、解決するこの方法以上によいものはないと私と同様信じるのなら、そのように運営するにはどうすればいいか、何かしら考え付くと思う。もしアイデア本位主義がうまくいかなければ、それはコンセプトが悪いわけではない。それを高く評価せず、うまく機能させようとしない人間のせいだ。

　本書から何も得るところがないと思っても、アイデア本位主義はどんなものか試してほしい。もし、なるほどと思ったら、思い切ってやってみてほしい。仕事や人間関係に大きな違いが出ることがすぐにわかるだろう。

1 徹底的に事実に基づくこと、徹底的に隠し立てしないことを信頼しよう

何が事実かを理解することは、成功に不可欠だ。そしてミスや弱みも含めたすべてのことを隠し立てしないことは、理解を深め、改善につながる。それは単なる理論ではない。ブリッジウォーターでは40年以上実践してきたから、どう機能するかわかっている。だが人生にはつきものだが、事実に基づき、隠し立てしないことについても、賛成意見だけでなく反対意見がある。それをこの章では可能な限り正確に書こう。

　徹底的に事実に基づき隠し立てせず同僚に接し、同僚からも同じことを期待すれば、重要な問題は明らかになり、隠されることはない。それはまたよい行動、よい考え方を強化する。というのも、自分の考えを説明しなければならないとき、誰もがオープンにあなたの論理のよい点を評価できるからだ。上手にやっていれば、隠し立てしないからそれが明確にわかる。まずいやり方をしていれば、それもガラス張りでよく見えてしまう。だから高い水準を維持できるのだ。

　徹底的に事実に基づき、隠し立てをしないことは、真のアイデア本位主義の基本だ。よいこと、悪いこと、醜いことすべてをひっくるめて、何が起きているのか、多くの人が見られれば見られるほど、どうすれば適切に対処できるか、よい方法を決められる。このアプローチはトレーニングに

も貴重だ。ほかの人は何を考えているのかを誰もが聞く機会があれば、学習度合いが高まり加速する。リーダーとして、学び、組織の意思決定ルールを改善し続けるのに不可欠なフィードバックを得ることができる。そして、何が起きているのか、それはなぜかをじかに見ることで、信頼を築くことができる。またアイデア本位主義が機能していれば必要となってくるエビデンスを自分で評価することができる。

徹底的に事実に基づき、
隠し立てをしないことに順応する

　それには慣れる必要がある。ブリッジウォーターに入社した人はみな事実に基づき隠し立てしないようにしようと頭ではわかる。よく考えたうえで、賛同して入社の誓約書にハンコをついているからだ。それでも多くの人は、それに適応するのは難しいと感じる。パートⅡの「4　人の頭の配線はそれぞれものすごく違う」で説明した2人の「自分」がせめぎ合うからだ。「高次元の自分」はそのよさを理解する。「低次元の自分」は闘争・逃走反応を示す。適応するのに個人差はあるが、普通は18カ月かかる。うまく適応できない人もいる。

　このやり方は人間の本性にそぐわないと言う人もいる。人は、厳しい事実から守られる必要があるから、このようなシステムは実際には絶対うまくいかないと言うのだが、私たちの経験、そして成功はそれが間違っていることを証明した。多くの人が慣れ親しんだやり方でないのは確かだ。だが、だからといって不自然ということにはならない。スポーツ選手や兵隊が厳しい肉体的訓練をするのが不自然でないのと変わらない。難しいことをやって強くなるのは自然の基本的法則。私たちのアイデア本位主義は万人向けではないが、それに適応した人、だいたい3分の2くらいの人だが、彼らにとっては解放的で効果的なやり方で、違うやり方は考えられなくなる。みんながよいと思うのは、偏った情報がないことだ。

徹底的に事実に基づくことと隠し立てをしないことの実践

　徹底的に事実に基づき、隠し立てをしないとはどういうものか、数年前にあった難しい状況についてお話ししよう。経営委員会はバックオフィスの再編を考え始めた。わが社のバックオフィスは、市場での取引をサポートしてくれる。取引の確認、決済、記録管理、会計などだ。何年もかけてチームを作った。よく働く結び付きの強い社員で、私たちの大家族の一員だ。だが、当時、社内の処理能力を上回る新たな機能が必要だと考えた。COOのアイリーン・マレーはこのチームをバンク・オブ・ニューヨーク・メロンの一部と統合させてブリッジウォーター専用の新しい部門を作るという画期的な戦略を考えた。最初は、模索のために話し合った。その案を進めるべきか、どのように進めるか、それがバックオフィス・チームのメンバーにどのような意味を持つのか、さっぱり想像がつかなかった。

　経営委員会の立場になって考えてほしい。バックオフィスのチームに、他社との統合を考えているといつ話すのか？　はっきりとした絵が描けてから？　通常の組織では、このような戦略的決定は決まるまで表沙汰にしない。社員の間に不安をもたらしてはいけないと考えるからだ。私たちは逆だった。ほんとうのことを隠し立てせず経営するのが責任ある態度だと思った。そうすれば、社員は何が進められているのかわかり、問題を整理する手助けをしてくれる。この場合、アイリーンはバックオフィスのチームとすぐさま対話集会を開いた。ブリッジウォーターのリーダーではよくあることだが、彼女は知らないことが多く、答えられない質問が多くあると説明した。それが当時の厳しい現実だった。確かに不安感をもたらしたが、通常のあまりオープンでないやり方をとっていたら、どうしても噂や憶測が出てきて、事態はもっとひどいことになっていただろう。

　このグループは結局社外に出ることになったが、彼らとは引き続き素晴らしい関係を保っている。移行の間協力的だっただけではない。クリスマ

ス・パーティと独立記念日のパーティには、いまだに参加してくれて、大きな家族の一員のままでいてくれている。この変更で革新的な対応ができるようになり、賞を獲得するほどのバックオフィスを今日使うことができている。重要なのは、まだどうするか決まっていないときからオープンに接していたおかげで、バックオフィス・チームは私たちの誠実さに信を置いてくれたことだ。彼らに対する配慮が強まり、彼らも同様に振る舞ってくれた。

　気苦労させないために社員にほんとうのことを話さないというのは、大人になっても、抜けた歯を枕の下に置くと抜け歯の妖精が枕の下にお金を置いてくれるとか、サンタクロースがいるとか信じさせるようなものだ。短期的には事実を隠しておけば幸せかもしれないが、長期的には人が賢くなったり信頼したりすることができなくなる。私たちの言うことを信頼してもらえるのは真の資産だ。だから、すべてに答えが出ていなくても、悪い知らせがあったとしても、率直に話すほうがいいと私は信じている。ウィンストン・チャーチルはこう言っている。「すぐに吹き飛ばされるような誤った希望を持たせることほど悪いリーダーシップはない」。厳しい不確実な現実にどう対処するか学ぼうとしたら、それに正面から向き合わなくてはならない。それに、社員の対応の巧拙を見れば、彼らのことがよくわかるようになる。

1.1　事実を知ることで恐れることは何もない

　普通の人なら、裸のままの事実を見るのは不安だろう。それを克服するためには、事実でないことのほうが事実よりも恐ろしいのだと頭で理解し、練習を重ねて、それに慣れていくことだ。

　病気のとき、医者の診断は当然不安だ。癌のように命に関わる病気だったらどうしようと不安になる。事実を知るのは怖いかもしれないが、長期的には事実を知ったほうがよい。そうすればもっとも適切な治療を探すこ

とができるからだ。自分自身の強みと弱みを知るのも、辛いけれどいいことだというのも同じことだ。事実を知り、それに応じて行動することを、ブリッジウォーターでは、「重大なこと」と呼ぶ。感情的な、エゴに満ちた「些細なこと」に気を取られて、ミッションを見失わないように。

1.2　インテグリティ（高潔さ）を持ち他人にもそれを求める

　インテグリティはラテン語のインテグリタス（*integritas*）から来たことばで、「1つ」あるいは「全体」を指す。内部に対してはある面を見せ、外部には別の面を見せる人は、「全体」ではないから、インテグリティに欠け、「二重性」を持つ。考え方をありのままに伝えないと、その瞬間は楽だ（衝突を回避できる、決まり悪さを避けられる、短期的な目標を達成できる）。しかし、インテグリティを保ち、二重性を避けることの二次的、三次的効果はとてつもなく大きい。内部と外部で見せる顔が違うと、矛盾が出てきて自分自身の価値観を見失う。そういう人は幸せになれず、最高の自分の姿になれない。

　言うこと、考えること、感じることが一貫性を持てば、もっと幸せになり、もっと成功できる。どう見られるかを気にせず、何が正確かだけを考えればいいから、重要なことに集中できる。それは、オープンで正直な人を選り分けるのに役立つ。オープンで正直な人や場所にあなたが惹きつけられるからだ。それに、周りの人に対してもっと公平だ。考えを尋ねもせず、頭の中だけで人を判断し、裁判にかけ判決を下してしまうのは倫理的ではないし、生産的でもない。何も隠すことがなければストレスから解放され信頼を築くことができる。

a.　その人に直接言わないようなことは他の人に絶対話さない。直接本人を責めずに人を裁かない。批判はブリッジウォーターでは歓迎され奨励される。だが、どんな理由があっても陰口をきくことは許されない。生産的

でないし、インテグリティの大きな欠如を示す。それによってよい変化が生じるわけでもないし、悪口を言われた人を傷つけ、周囲の環境を蝕む。正直でないことに次いで、組織にとって悪いことだ。

　管理職は、その場にいない部下のことを話してはならない。ミーティングに出ていない人に関連する話が出たら、私たちは会議の議事録や関連情報を必ず送るようにしている。

b.　社員に義理立てして、事実そして組織の健全性を損なわないように。

会社が社員の過ちを隠し、社員が会社の過ちを隠す場合がある。これは不健全で改善を阻む。ミスや弱みを表に出すことを阻み、ごまかしを促し、部下が訴える権利を奪う。

　同じことが個人の忠誠心にも言える。任務を果たせないのに、上司との個人的関係で職を失わずに済んでいる人をよく見かける。それは、この不謹慎なマネジャーが個人の忠誠心を利用して、自分の帝国を築くことにつながっていく。人の評価をするのに、他の人とは別のルールを使って判断するのは、アイデア本位主義を蝕む陰湿な腐敗である。

　オープンに何が事実かを探ることから生まれる健全な忠誠心を私は信じる。明確で、原則に基づく思考、徹底的に隠し立てをしないことが、個人的な取引に対する最高の対抗手段だ。誰もが同じ原則を守り、意思決定が公に行われると、組織を犠牲にして個人の利益を追い求めるのは難しくなる。そのような環境では、困難に挑戦する人が称賛される。ミスや弱みが隠されると、不健全な性格が代わりに褒賞を得ることになってしまう。

1.3 何が理に適うかを誰もが理解する権利を持つ。
発言せずに批判的な意見を抱く権利は、誰も持たない。
そんな環境を作ろう

　独立心を持ち最高の回答を得ようとするかどうかは、生まれつきの性格による。しかし、誰もがまずは、「それはほんとうか？」と尋ねるような雰囲気を作って、励ますことはできる。

a.　**発言し、自分のこととして捉える。さもなければ辞めることだ。**アイデア本位主義では、オープンであることが責任だ。自分の考えを話し、「正しいことのために戦う」のは特権というだけでなく、義務でもある。これがとくに原則につながっていく。何でもそうだが、原則も疑問視され、議論される必要がある。許されないのは、ひそかに文句を言い、批判することだ。人に話しても、自分の胸の内に秘めたとしても同じだ。この義務を守れなければ、辞めてもらう。

　言うまでもなく、オープンに何が事実かを探るといっても、意思決定のマシンが問題を解決して次に移っているというのに、自分は正しいと頑なに主張するのとは同じではない。自分が同意しないポリシーや決定を甘受しなければならない場合は必ずあるものだ。

b.　**ものすごくオープンになろう。**他の人と同じ考え方になるまで、あるいは互いの立場を理解して何をすべきかが決められるまで、問題を議論しよう。一緒に働いた人がこう説明したことがある。「簡単さ。フィルターにかけなければいいんだ」

c.　**不誠実さにウブであってはならない。**人は人が想像する以上に嘘をつく。会社の全社員に責任を持つ立場になってそれを学んだ。組織には極めて倫理的なグループがあると思えば、不誠実な人もいる。そういう人は事

務的に対処すべきだ。不誠実な行為を見つけられ、「わかりました、もう二度としません」と言っても、それは信じないように。またやる確率は高い。不誠実な人は危険だ。そばに置いておくのは賢明ではない。

　同時に、実践的になろう。嘘を言ったことのない人としか一緒に働かないとしたら、誰もいなくなってしまう。インテグリティに関してはとても高い水準を掲げているが、白か黒か、一発でおしまい、というようには考えていない。重大性、状況、パターンを見て、嘘をつく常習犯で私にまた嘘をつく人か、あるいは基本的には正直だが不完全な人なのかを見極めようとする。不誠実の度合いを考え（ケーキを一切れ盗んだのか、重罪を犯しているのか？）、同時にどういう関係かを考える（嘘を言っているのは私の配偶者か？　軽い知り合いか、社員か？）。場合に応じて異なる対処をするのは適切だ。犯罪に見合った罰というのが正義の基本的な法則だ。

1.4　徹底的に隠し立てをしない

　真のアイデア本位主義は極めてパワフルなものだという点に同意するのなら、誰かに加工された情報より自分の目でじかに見るほうがいいと言っても、論理に大きな飛躍があると思わないだろう。徹底的に隠し立てをしなければ、問題が表面に出てくる。もっとも重要なのは（そしてもっとも居心地の悪いことだが）、対処している問題、そしてどのように対処しているのかが表面化する。そうなれば、組織は全メンバーから人材とアイデアを引っ張ってきて、問題の解決に充てることができる。やがて、それに慣れた人にとって隠し立てをしないカルチャーは、何が起きているのかわからず、人がほんとうは何を考えているのかわからない霧の中にいるよりも、快適になってくる。そして、信じられないほど効果的だ。だが、誤解のないように言っておくと、どんな素晴らしいものにも欠点がある。この最大の欠点は、不快な現実に対処するのは、当初ものすごく難しいという点だ。うまく管理されないと、必要以上に多くのことに関与することにな

り、すべての情報をうまく比較検討して対応できない人は誤った結論を引き出すことになる。

　たとえば、もし、組織の全問題を表面化させ、放置せずにすべて対処したとしたら、問題を表沙汰にしない他の組織と比べて、自分のいる組織は放置できない問題を多く抱えていると誤って結論づける人が出てくるかもしれない。だが、どちらの組織が優良企業になれるか？　問題を浮き彫りにして放置しない組織か、そうではない組織か？

　誤解しないでほしい。隠し立てをしないといっても、完全にあけっぴろげというわけではない。通常よりも透明性が高いというだけだ。私たちもある種のことは秘密にする。たとえば、個人の健康問題や極めてパーソナルな問題、知的財産権に係る機微情報の詳細やセキュリティの問題、大きなトレードのタイミング、マスコミにリークすると歪曲されセンセーショナルに扱われ、有害な形で誤解されそうなことは少なくとも短期的には秘密にする。以下の原則では、いつ、なぜ開示が役立つか、適切でないかの説明をしよう。

　率直に言えば、隠し立てをしないように始めた頃、どうなるかまったくわからずにいた。極めて重要だから、実現させるためにしっかり戦い、道を探す必要があることだけはわかっていた。極限まで頑張ったら、いかにうまくいくかに驚いた。たとえば、すべての会議を録画し始めたとき、顧問弁護士は、SECなどの監督機関に法廷で使われたら不利になる証拠を残すなんて気が触れたかと言った。それに対して、私はガラス張りにすれば、何か悪いことをするリスク、そして誤りを適切に扱わないリスクを減らすし、録画は実際のところ私たちを守ってくれるのだと論理的に反論した。もしうまく対処しているのなら、開示することでそれが明確になる（もちろん、すべての関係者が合理的であるという前提のもとだが。それが当たり前とは言えない）。もしうまく対処していないのなら、開示することで当然の報いを受ける。長期的にはそれはいいことだ。

　当時はそれほど確信を持てずにいたが、この理論は何度も正しいことが

証明された。ブリッジウォーターは通常では考えられないほど法的な問題や規制当局との問題が少ない。主にこの高い透明性のおかげだ。悪いことをするのが難しいし、ガラス張りの中だと何が事実かを見つけて苦情を解決するのが容易だからだ。過去何十年間か、重大な法的問題も、私たちに不利な規制当局の判断も経験していない。

　当然、組織が大きくなり成功を重ねるとマスコミの注目を惹くようになる。記者は猥褻な物議を醸す話は、バランスのとれた話よりも耳目を集めることを知っている。ブリッジウォーターはとりわけこの手の報道の餌食になりやすい。問題を表面化させ、社内をガラス張りにさせるカルチャーだから、情報リークがしやすい。ガラス張りをやめてこういった問題を避けるほうがいいのか？

　もっとも重要な意見は、私たちをいちばんよく知る人、つまり顧客と社員だとわかった。そしてこの透明性の高いやり方は自分たちのためになっている。よい結果をもたらしただけでなく、社員と顧客の間に信頼を築いたから、マスコミが歪曲した報道をしても馬耳東風でいられる。この状況を彼らと議論すると、彼らは、透明性のない形で運営するのはもっと恐ろしいと言う。

　正しいことをするのにこのような理解と支持を得ているのは、かけがえのないことだ。だが、事実とガラス張りの限界を断固として超えようと努力しなかったら、このような素晴らしい見返りを得られるとわからなかっただろう。

a.　**徹底的に隠し立てをしないことで正義を強化する**。決定に至る議論を、会議の場で聞くか、録画で見るか、メールで読むかは別として、社員の誰もが見られるようにすると、正義が広く行き渡る。誰もが自分の考えに説明責任を持ち、共通の原則に従って誰が何をすべきかの検討に加わることができる。このような開かれたプロセスがなければ、権限を持つ人が自分たちの好きなように密室の中で決めてしまう。ガラス張りのおかげで、誰

もが同じ高い水準を保つようになる。

b. **共有するのが難しいことを共有する**。自分に害のないことに限ってオープンにしたい誘惑はあるだろうが、共有するのが難しいことを共有することが極めて重要だ。そうしなければ共有しようとする人からの信頼とパートナーシップを失うことになる。困難なことを共有しなければならないとき、考えるべきは共有するかどうかではなく、どう共有するかだ。次の原則はそれを上手にこなす役に立つだろう。

c. **徹底的に隠し立てをしないことの例外をごく少数に留める**。私としては、すべて隠し立てせず、誰もが入手可能な情報を責任を持って取り扱い、何が事実でそれをどうするのかきちんと答えを出してほしいと思う。それは理想的だが、完全には無理だと思う。どんなルールにも例外はある。ごく稀には、すべて開示しないほうがよいときもある。そのような例外的な場合、隠し立てしないカルチャーを維持しつつ、自分や自分が大切に思う人が不当なリスクにさらされないようにする手段を考えなくてはならない。

例外を検討するとき、二次的、三次的結果を考慮に入れつつ、期待値の計算でアプローチするとよい。隠し立てせずガラス張りにしたときのコストとそのリスクを管理するコストが、メリットを上回るかどうか自問しよう。多くの場合、コストがメリットを上回ることはない。ガラス張りを制限する一般的な理由は次のものだと思う。

1. 情報がプライベートで個人的なもの、あるいは機密性の高いもので、オープンにしなくても組織全般に影響を及ぼすことがない性格のもの。
2. 情報を共有し管理することでブリッジウォーターの組織、顧客の長期的利益がリスクにさらされ、私たちの原則を保持する能力がリスクにさらされる場合（たとえば、独自の投資ロジック、法的な紛争

など)。

3. 広く情報を共有する価値が極めて低く、それによって生じる動揺が極めて高い場合（たとえば、報酬の情報)。

　ここで言いたいのは、慎重に進めつつ、透明性を高めるぎりぎりの努力をすべきということだ。ブリッジウォーターでは、ミスも弱点も含め、ほとんどすべて録画して誰もが見られるようにしているから、センセーショナルな、批判的なゴシップを求め、情報漏洩させようとするマスコミの標的になりやすい環境にある。あるとき、情報がマスコミに漏れ、意図的に歪曲され、人材の採用に悪影響が出たことがある。そこで、極秘情報は絶対信頼できる人だけがリアルタイムで受け取れ、他の人は一定時間おいてから受け取るようコントロールすることを余儀なくされた。一般の会社なら一握りの人が共有する類いの情報だが、ブリッジウォーターでは100人近い信頼できる人が共有した。完全なガラス張りにはしなかったが、実践的なやり方でギリギリまで制限を広げた。それはうまくいった。必要とする人はすぐさま情報を入手でき、ほとんどの人は透明性に対するコミットメントは困難な状況下でもかなり完全に保たれたと理解してくれた。つねにガラス張りになろうと努力をし、それができないのは会社のためになるときだけで、できないときはその理由を話すという私の意図をみんなは理解してくれている。それがわが社のカルチャーで、望みどおりの開示が難しくても、それが信頼を醸成している。

d.　**ガラス張りの情報を与えられた人たちには、それをうまく取り扱い、賢明に検討する責任があることを認識させるように。**情報を受ける特権を与えられた人は、その情報を会社に害を与えるように使ってはならない。そうならないようにルールと手続きをきちんとしておく必要がある。たとえば、ブリッジウォーターの社員は社外に情報を漏洩しないという条件で透明性の高い情報を得ている。もし、外部に漏洩したら正当な理由（倫理

的ではない行動）で解雇される。さらに、問題はどのように調査されて決定されるかのルールが維持されていなければならない。人によって考え方は異なるから、問題の解決方法が遵守されることが重要だ。たとえば、些細なことを大きく騒ぎ立てる人、誤った理論を考える人、事態がどう進展しているのか見えない人がいる。そういう人には、会社は情報を隠し立てせず与えてリスクをとっていること、だから責任を持って入手した情報を扱う責任があることを言い聞かせよう。この透明性をありがたく思い、上手に扱わないと失うと知っている人たちは、お互いによい行動を強化してとろうとすることがわかった。

e.　うまく取り扱う人には情報を開示し、うまく取り扱えない人には開示しないか、組織から出て行ってもらう。 それは経営陣の権限であり責任である。いつガラス張りのポリシーに例外を適用するかは、社員の権限ではない。経営陣はなるべく制限せず、賢くやるべきだ。制限を実施するたびに、アイデア本位主義と信頼を蝕むからだ。

f.　機密情報は組織の敵に出さない。 どの組織にも、意図的に害を与えようとする人が組織の内外にいる。もし、こういう敵が社内にいたら、社内の制度を通じて彼らに出て行ってもらって、利害関係の衝突を解決する必要がある。「大きな家族」の内にいる敵と働くのは、「家族」を蝕むことになる。社外に敵がいて、害を与えるために情報を使おうとしているのなら、もちろん情報を与えることはない。

1.5 かけがえのない人間関係とやりがいのある仕事は、相互に強め合う。
とりわけ、徹底的に事実に基づき隠し立てをしない透明性に支えられていれば

　かけがえのない人間関係を築くには、何でも重要なことは互いにオープンに話せ、共に学び、可能な限り卓越した存在になる責任を互いに持っていることを理解すること。そうなって、初めて築くことができる。共に働く仲間とそのような関係が持てれば、困難なときも一緒にやり抜ける。困難な仕事を共にこなすことで距離が縮まり、関係が強化される。この自己強化のサイクルは成功をもたらし、ますます意欲的な目標を追求できるようになる。

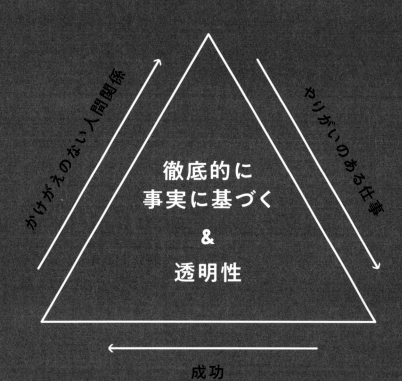

2 やりがいのある仕事とかけがえのない人間関係を培う

かけがえのない人間関係は、卓越したカルチャーを築き維持するのにすこぶる貴重なものだ。互いに素晴らしいことをしようと励まし合うとき、信頼とサポートは欠かせない。それを生み出してくれるものだ。圧倒的多数が優れた組織にしたいと思えば、彼らはそうしてくれる。そこからよい仕事、よい人間関係が生まれる。人間関係は心の底から生まれるもので、強制されるものであってはならない。また、組織のカルチャーは人間関係をどう捉えるか、互いにどう振る舞うかに大きな影響を与える。私にとってかけがえのない人間関係とは、互いのことを大切に思い、サポートが必要なときには駆けつけ、一緒にいることを楽しみ、会社の内外で一緒に素敵な時間を持てる関係だ。私は一緒に働く人たちを心から愛し、深く尊敬している。
　よく、ブリッジウォーターでの人間関係は、家族のようなものか、それともチームのようなものかと尋ねられる。家族なら無条件の愛と永久的な人間関係がある。チームなら、愛着はその人の貢献度合いによるということが言外に含まれている。この質問に答える前に、私にとってはいずれも素晴らしいということを強調しておこう。家族もチームもかけがえのない人間関係だ。普通の会社の普通の仕事だと功利主義になるが、わが社はそ

うではない。だが、質問に答えるなら、私はブリッジウォーターが家族経営の会社のようであってほしいと思っていた。家族経営の会社であれば、家族のメンバーがよい仕事をしなければ、辞めてもらいたいと思う。合わない仕事をするのは、家族のメンバーにとっても会社にとってもよいことではないと信じているからだ。適性のない会社で働くのは個人の成長の邪魔になる。会社にとっては組織を阻害されることになる。これは愛の鞭だ。

　ブリッジウォーターのカルチャーがどう発展してきたのか、通常の会社とどう違うのか、感じをつかんでいただくために、当初、福利厚生をどうしていたかをお話ししよう。会社がまだ私と少数の社員だけのとき、健康保険制度がなかった。彼らが自分でするだろうと想定していた。だが、必要なときには人生を共にする人たちを助けてあげたいと思った。一緒に働く誰かが重病にかかり家計の余裕がなかったならどうするか。そばにいて何もしない？　もちろんできる限りお金の面で助けるだろう。彼らが怪我をしたり病気になったりしたときにお金を渡すだろうから、社員に健康保険制度を提供し始めたとき、彼らに保険をかけるのは、私自身に保険をかけるような気がした。

　彼らが可能な限り最高の治療を得られるように、彼らが医者を選び、いくらでもお金を使えるように保険の条件を設定した。一方、些細なことには保険を提供しなかった。たとえば、自動車保険以上の金額を歯科治療保険にはつけなかった。自分の自動車の手入れをするのと同じで自分の歯は自分の責任だと考えた。歯科治療保険が必要なら、自腹で払えばいい。言いたいポイントは、福利厚生を普通の会社の人間味のないものではなく、家族にするようにしたということだ。ある面ではとても気前よく、ある面では個人の責任でやることを期待した。

　社員を拡大家族のように扱うと、彼らも互いに、そして組織全体でも同じように振る舞うものだとわかった。それは厳格に対価を求める関係よりもはるかに特別だった。力の限り組織・会社を助け、他の会社では働きたくないという社員がいかに多くいるか。これはとても貴重だ。

ブリッジウォーターが成長するにつれ、私が全員と個人的に触れ合う機会は減った。だが、それは問題にならなかった。もっと広いコミュニティが互いに尊重し合うようになっているからだ。これは自然にできたわけではない。多くの手助けが必要だった。たとえば、会社は一定金額の範囲内で、社員どうしが一緒にする活動の費用を半分負担するという方針を作った（現在100以上の運動部と共通の趣味のサークルをサポートしている）。みんなが料理を持ち寄ってパーティをするとき自宅を提供する人には食べ物と飲み物の代金を払った。社員がイベントや何かのお祝いに使えるような家を購入した。クリスマス、ハロウィン、独立記念日、その他のパーティを開催し、家族も招くことが多い。やがて、この種の人間関係を大切に思う人が担当するようになり、行事のようになっていった。だから、私はのんびり構えて見ていればいい。

　こういった人間関係なんてどうでもいい、ただ会社に行って、いい仕事をして公平な報酬をもらえればいいという人はどうか？　それでもいいのか？　もちろん。かなりの割合の社員はそうだ。誰もが同じように感じることはないし、感じると期待はされていない。参加しないとしてもかまわない。いろんな人がいる。法律を守り、他人に配慮する限り、自分の時間に何をしようとかまわない。だが、彼らはコミュニティにしっかりとコミットする人たちではない。類い稀な組織作りには、長期的にはそれが必要不可欠なのだが。

　かけがえのない人間関係を築くカルチャーを作ろうと頑張っても、組織には悪い人（意図的に害を与えようとする人）がいる。会社に留まるのはその人にとっても、会社にとってもよいことではない。だから該当する人を探し出し、辞めてもらうのがベストだ。組織を思う人の割合が大きければ大きいほど、悪い人の数は少なくなることがわかった。組織を思う人が彼らからコミュニティを守ってくれるからだ。ガラス張りにしているおかげで、誰がどちらのタイプかはっきりすることもわかった。

2.1 共通のミッションに対して忠実であること。ミッションに沿わない働き方をする人に忠実であってはならない

　ミッションを信じ、ミッションをどうやって達成しようかと考える人ときっちり心を一にできない人もいる。そういう人に忠実であれば、派閥争いを生み出し、コミュニティの健全性を蝕む。個人の間で忠誠心を持つことはよく見られ、それは見ていても美しい。だが、それが組織の利益と衝突することもよくある。それは醜い。

2.2 どういう取り決めかはっきりとさせる

　よい人間関係を持つためには、寛大、公平というのは何か、悪用するというのはどういうことか、自分は相手にどう対応するか、こういったことをはっきりとさせておく必要がある。

　人を分類する要素で重要なのは、仕事に対するアプローチだ。お金のためだけに働いているのか、それともそれ以上の何かを求めているのか。私たちはみな、何を重要とするか、それぞれ違う考えを持つ。私は仕事で多額のお金を稼いだ。だが私は、仕事はお金を稼ぐ手段以上のものだとみている。それは、卓越、やりがいのある仕事、かけがえのない人間関係という私の価値観に沿って選んだ私の生き方だ。もし仕事仲間がもっぱらお金を稼ぎたいとだけ考えていたら、価値観を大事にするか、手っ取り早くお金を稼ぐかの選択に迫られたときには、つねに対立するだろう。誤解しないでほしい。もちろん、人は個人的な満足を得るためだけに働くわけではない。それはわかっている。仕事は経済的に生活できるものでなければならない。何に価値を置くか、人間関係がどうあってほしいか、人それぞれだが、社員と経営者はこの点同じ考えでいるべきだ。

　当然、反対意見もあり、交渉することもあるだろう。だが、妥協できな

いものがある。それが何かを社員と経営者は知っておかなくてはならない。共通の価値観、ミッションへの深いコミットメント、高い行動水準の環境を作ろうとするのなら、これは絶対に必要だ。

　ブリッジウォーターでは、質の高い、長期的人間関係を持つ人ならこうするだろうと思うような行動が期待される。つまり、互いの利害を高いレベルで相互に配慮し、誰が何に責任を持つかを明確に理解して行動することだ。ちょっと見たところ、いいことだし単純なことのように聞こえる。だが、実際にはどういう意味なのか？　はっきりさせておこう。

　社員の家族の１人が重い病気だと診断された、社員が非業の死をとげ、残された家族は不安定な状況だといった場合を例にとろう。思いのほかこういうことは起こるものだ。もちろん、基本的なしきたりや決められた手続き、福利厚生の慣習や法律がある（たとえば忌引の休暇や長短期の傷害保険、それに生命保険などだ）。しかしそれ以上のどのような支援を提供するか、どうやって決めるのか？　それぞれ異なる状況を公平にどう扱うかを決めるのにどの原則が使えるのだろう。どんな場合も同じに扱うことが公平とは言えないかもしれない。

　容易なことではない。だが、次のガイドラインは多少の手引きになるだろう。

a.　**自分が他人に求める以上に他人を思いやるようにしよう**。これは必須条件だ。思いやるということは、私たちの原則、方針、法律に適している限り、望むことをさせることだ。また、他人の要望を自分よりも優先させることだ。言い争っている双方がこのようにアプローチして議論すれば、誰が誰の気分を害したのかといった議論はずっと少なくなる。

　それでも判断しなくてはならないし、一線を画して方針を決めていかなくてはならない。

　以下は包括的なガイドラインだ。気分を害されたからといってその相手に権利を行使させないようにするのは、配慮に欠ける。その人がしたこと

自体よりももっと思いやりのないことだ。とはいえ、自分の行動が他人に与える影響を計算しないのは配慮に欠ける。だから、社員には明らかに不快なことはしないという良識ある判断をしてもらいたいと思っている。多くの人が不快だと思う行動がある。それを特定して明確な方針として禁じるのは妥当だ。その特定の事柄を掲げたリストとそれに関連する方針は、特定の事柄が発生するつど変更されていく。この原則をそれらに適用するのは、判例法が作られるのと同じやり方だ。

b. **公平と寛大との違いを理解させよう。**寛大であることを、公平でないと誤解する人がいる。たとえば、ブリッジウォーターで、ニューヨーク市に住む社員にコネチカットオフィス行きのシャトルバスを手配したとき、1人の社員がこう言ってきた。「毎月通勤のガソリン代に何百ドルと使う私たちにも補助を出すのが公平だと思うんですけど。ニューヨークのバスのことを考えると」。この考え方は、寛大な行動をすべての人の権利とはき違えている。

　公平と寛大さは別物だ。仲のよい2人の友達それぞれに誕生日プレゼントを買ったとしよう。1人のプレゼントの値段はもう1人のよりも高かった。安いほうのプレゼントをもらった友達が不公平だと責めたら、何と言うか？　「君にプレゼントをあげなくてもよかったんだ。だから文句を言うのをやめろよ」とか言うのじゃないか？　ブリッジウォーターでは、社員に対して気前がいい（私も個人的にそうだ）。だが、その気前のよさを計って平等にする義務があるとは思っていない。

　寛大であることはいいことだが、権利の付与はよくない。混同しやすいから、どっちがどっちか、明確にすべきだ。一定の環境下で保証されていると思われるものは何か、いちばん感謝されるのは何かを基本に決定すべきだ。質の高い、長期的人間関係、強い責任感のある人の集団を望むなら、権利意識が忍び込まないようにすべきだ。

c. 公平と寛大との境界線をどこに引くかをわきまえ、公平を上回るところに引くように。 その線は、何が寛大かとは別に、何が公平か、適切か、要求されているのかを双方が対価として得るものに照らし合わせて決める。前述のように、質の高い、長期的人間関係を持つ人ならこうするだろうと思うような行動を期待すべきだ。そして、相互の利害に十分配慮して、誰が何に責任を持つのか明確な理解を持たなくてはならない。各人は、公平を上回るように働くべきだ。つまり、自分にこうしてほしいと求める以上に他の人に配慮をするという意味だ。これは普通のビジネスでの行動とは異なる。ビジネスでは他人やコミュニティの利益よりも自分自身の利益に焦点を当てる。「私はもっともらうべきだ」と言う代わりに、「君はもっと受け取って然るべきだ」「いや、君こそ」と互いに言うようであれば、寛大なよい人間関係を得られるだろう。

d. 仕事に対して報酬を払う。 会社と社員の間は交換条件ですべて成り立っているわけではないが、両者の関係を維持するには、経済的に可能なバランスでなければならない。交換条件を明確に決め、方針を決め、評価する。あまり詳細にすることはない。変わることもあるから。概して取り決めを守るべきだが、社員が通常よりも長期間休むことも、会社が社員に残業を命じることもあることは認識しておくべきだ。会社は通常以上に働いた分は支払うべきだし、通常より勤務時間が少ないときは差し引くべきだ。ギブ＆テイクは、長期的にならせばほぼ同じくらいになるべきだ。妥当な範囲では、きちきちと出入りを気にする必要はない。だが、一方の事情が変わった場合には、報酬体系を適切に調整して新たにする必要がある。

2.3 組織の規模はかけがえのない人間関係を損なう恐れがあることを認識しよう

　会社に数人しかいなかったときには、互いに知っていたし、互いに好き

だったからかけがえのない人間関係にあった。社員が50人から100人に成長すると、コミュニティが形成された。それを超えるとコミュニティの感覚が薄くなった。それまでのように互いを知っているということがなくなったからだ。そこで、私は共通のミッションに沿って100人前後（50人くらいのずれはあるが）のグループ（部）に分けるのが、かけがえのない人間関係を築くいちばんの方法だと考えた。規模の大きな組織は、人間関係が希薄になりがちだが、どうするかは1つの課題だ。

2.4 人はあなたのために働いているふりをするが、彼らは自分のために働いていることを忘れないように

　たいていの人は最小限の仕事で、最大限の収入を得ようとする。監督せずに仕事をさせて代金を請求させればわかる。報酬に影響する形でアドバイスをする人の利害相反には注意をしよう。アドバイスに多大な時間を費やす弁護士、購入金額に応じて歩合報酬を受け取る営業員などだ。「お手伝いをする」と熱心に言い寄る人がいかに多いことか。

　ウブじゃだめだ。可能な限り多くの人がやりがいのある仕事、かけがえのない人間関係を求めるように努力しよう。だが、必ずコミュニティのことを気にせず、害を与える人が一定割合でいることを頭に置いておこう。

2.5 あなたが見ていないときでもあなたを大事に扱ってくれる有能で尊敬に値する人を大切にしよう

　こういう人は稀だ。こういう関係は打ち立てるのに時間がかかる。そういう人を大事に扱って初めて築くことができる。

3 ミスをするのは
かまわないが、
そこから
学ばないのは
許されないという
カルチャーを
作ろう

誰だってミスをする。成功する人はそこから学ぶが、成功しない人は学ばない。そこが違う。ミスをしても問題がない環境を作ってミスから学べるようにすれば、急速に進歩を遂げ、大きなミスが少なくなる。創造性や独自の考えが重視される組織ではとりわけそうだ。成功するには、失敗をプロセスの一部として受け入れるべきだ。トーマス・エジソンはこう言った。「私は失敗したわけではない。うまくいかない方法を1万通り見つけただけだ」

　ミスは苦痛だ。だが、それから身を守ろうとしてはならない。苦痛は何かが間違っていることを伝えるメッセージだ。誤ったことを再びしてはならないと教えてくれる効果抜群の先生だ。弱みにうまく対応するには、率直にオープンにそれを認め、今後傷つくことのないよう予防する方法を見つけることだ。ここにくると多くの人が、「いや、結構だ。それよりも、こういうことに対処しないで済むようにしたいね」と言う。それは自分自身と自分の組織のためにならない。目標達成を阻む。1年前の自分を振り返って、なんて馬鹿だったんだと思わないようなら、あなたはあまり学んでいないということだ。それでも、自分の過ちを認める人は少ない。それではダメだ。

「人生の原則」に書いたが、当時、トレーディング部門のヘッドだったロスが顧客のための取引を実行するのを忘れたときの話を思い出してほしい。現金は置かれたままで、ミスに気づいたときには顧客に多額の損失が生じていた（実際にはブリッジウォーターの損失だ。肩代わりしたから）。ひどく不愉快な話で、完璧でないものは容認できないということを示すためにロスを解雇することもできた。だが、それは生産的ではない。優秀な人材を失うことになるし、他の社員がミスを隠すようになる。不誠実なだけでなく、学び、成長する力を削ぐようなカルチャーを作ることになってしまう。もしロスがあの苦痛を経験していなかったなら、彼もブリッジウォーターも今より悪い状態にあっただろう。

　ロスを解雇しないことで伝えたポイントは、解雇よりパワフルだった。彼にも他の人にも、ミスはかまわないがそれから学ばないのは許されないことを示した。落ち着いた頃、私はロスと一緒にエラー・ログ（今は問題ログと呼ぶ）を作成し、トレーダーが犯したミスとその結果をすべて記録し、体系的に追跡し対処できるようにした。これはブリッジウォーターの中で強力なツールとなっている。「まずいやり方だったね」というのは役に立とうとして言うセリフであり、懲罰的な意味合いがないことがわが社の環境では理解されている。

　もちろん、人を管理するうえで、1）ミスを犯し自ら反省し、そこから学べる有能な人と、2）能力がない、あるいは能力があっても過ちを認めず、そこから学ぼうとしない人との違いを知っておくのは重要だ。ロスのように自ら反省するタイプの人を採用するのは私ができるとても重要な仕事だと思うようになってきた。

　このような人材を探すのは容易ではない。両親や学校は、つねに正しい答えを得ることに力点を置きすぎているとよく思う。学校の優等生は自分のミスから学ぶのがいちばん下手な傾向があるように思う。ミスはチャンスではなく、失敗だと考えるように躾けられているからだ。これは彼らの成長に大きな障害となる。知的レベルが高く、過ちや弱みを受け入れる人

は、同じ能力があっても、ずっと大きなエゴに邪魔される人に比べてはるかによい仕事ができる。

3.1 過ちは、進化のプロセスの自然な一部だ

　正しくやろうとしている過程で間違っても気にならないのなら、多くのことを吸収できる。そして効果を高められる。だが、ミスに耐えられないのなら、成長しない。自分自身そして周りの人に惨めな思いをさせる。そして、職場の環境は、健全な事実を素直に求める環境ではなく、些細なことで陰口を叩き、悪意ある辛辣な言葉が行き交うものになる。

　何が事実かを知るよりも、間違わずにいたいという気持ちを重視してはならない。ジェフ・ベゾスはこのあたりをうまく表現している。「喜んで繰り返し失敗するようでなければいけない。喜んで失敗しなければ、とても慎重になって発明しなくなってしまう」

a.　上手に失敗する。誰だって失敗する。成功者は、あなたが注意して見ている領域で成功しているにすぎない。他のことではたくさん失敗していると請け合ってもいい。私が尊敬するのは上手に失敗する人だ。成功する人以上にそういう人を尊敬する。失敗するのは辛い経験だが、成功するのは楽しい。だからただ成功するよりも、失敗し、変化し、それから成功するほうがずっと強い性格が必要だ。たんに成功する人は、限界を超えようとしない。もちろん最悪なのは、失敗してそれを認めず、変わろうとしない人だが。

b.　自分や他人の過ちに気を悪くしない。歓迎しよう！　人はミスを犯すと嫌な気分になる。近視眼的に悪い結果を考え、ミスを犯すことは進化のプロセスの一部と考えないからだ。スキーのインストラクターについたことがある。彼は史上最高のバスケットボール選手、マイケル・ジョーダン

も教えたことがある。彼が話してくれたのだが、ジョーダンはミスをすると、改善するチャンスとみて喜ぶのだそうだ。彼はミスがクロスワード・パズルのようなもので、解けると宝石をもらったような気分になることを理解していた。ミスをするたびに学べば、今後何千という類似のミスを犯さずに済む。

3.2　よく見せたいと気を揉むな。目標達成に気を揉むように

　不安な気持ちは捨てて目標達成に向かおう。正確な批判はとても貴重なフィードバックだということをよく考え、思い出すように。スキーのインストラクターが、体重をうまくシフトしなかったから転倒したんだよと話してくれたとき、彼に責められたかのように対応したら、いかに馬鹿げていて生産的でないか想像してみてほしい。上司に仕事の欠点を指摘されるのも何ら違いはない。修正して、前進しよう。

a.　「非難」と「称賛」を卒業し、「正確」と「不正確」で仕事を進めていこう。「非難」と「称賛」や「ポジティブ」と「ネガティブ」のフィードバックを気に病むのは、学びに不可欠な反復作業の邪魔になる。すでに起きてしまったものは過去のこと。将来の教訓となる以外は、もはや重要ではない。とってつけたようなお世辞を欲しがる気持ちは捨てよう。

3.3　ミスのパターンを見て、
　　　弱点によるものかどうかを見よう

　誰でも弱点を持っている。ミスのパターンを見るとそれが浮き彫りになることが多い。成功への近道は、自分の弱点を知り、じっくりと見ることから始まる。ミスを書き出して、それぞれの関係を見つけよう。それから「大きな1つの挑戦」を書き出す。それは、望みどおりにならない障害の

中で大きく目立つ弱点だ。誰もが少なくとも1つは大きな挑戦を抱えている。数個あるかもしれないが、「ビッグ3」以上はやらないように。最初のステップはこの障害を表に出すことだ。

3.4 苦痛を体験したときには
　　 じっくり反省することを忘れないように

　覚えておいてほしい。苦痛はすべて頭の中のこと。進化したいのなら、問題と痛みはどこにあるのか探す必要がある。痛みと向かい合うことで、直面しているパラドックスや問題がもっとはっきり見えてくる。それをじっくり考え、解決することで智恵が生まれる。痛みと挑戦が大きければ大きいほど、いい。

　苦痛の瞬間はとても重要だから、急いで抜け出そうとしてはいけない。踏み留まり、探り、改善の基盤を築こう。失敗を受け入れ、それが引き起こす痛みに正面から向き合う。それが本物の改善に至る第一歩だ。だから多くの社会で、告白が許しの前にくるのだ。心理学者は、これを「底つき体験」と呼ぶ。これをし続ければ、ミスや弱みを直視する痛みが、喜びに変わる。そして、パートⅡの「1　現実を受け入れて対応しよう」のところで説明した「向こう側に渡る」ことができる。

a.　内省的になること。部下にも内省的にさせること。痛みに対する動物の本能は闘争・逃走反応だ。代わりに、落ち着いて自分と向かい合おう。痛みを感じるのは確執があるからだ。友人の死のようなひどい現実に直面し受け入れられずにいるとか、自分で描いていた自分の姿を否定する弱点を認めざるを得なくなるとか。背後にあるものがはっきりとわかれば、現実をもっとよく学び、もっと上手に対処する方法を学べるだろう。早く進化を遂げる人とそうでない人の違いは、内省するかどうかだ。**苦痛＋内省＝進化**だと覚えておこう。

b. **自分を客観的に見られる人は誰もいない。**自分を客観的に見ようと努力するべきだが、誰もがそれを上手にできると期待しないことだ。私たちには盲点がある。人間はそもそも主観的なものだ。だから、正直なフィードバックを与え、責任を与え、オープンに異なる意見をぶつけ合って、真の姿を学ぶようにする責任があるのだ。

c. **ミスから学ぶ利点を教えて、強める。**ミスを表面化し客観的に分析することを奨励しよう。そのためには、そうするのが普通で、ミスを隠蔽したりごまかしたりすると不利になるというカルチャーをマネジャーは育成しなくてはならない。私たちは、最悪のミスはミスに対峙しないことだと明確にしている。だから、ブリッジウォーターでは問題ログの使用を義務付けているのだ。

3.5　どのようなミスは容認でき、どのようなものは容認できないかを知ろう。そして、部下には容認できないミスをさせないようにしよう

　試行錯誤を通じて学習することを奨励するためには、どういうミスなら容認できるかを考えよう。それには、ミスがもたらすダメージと、学びから得られるメリットとを秤にかければいい。どのくらいの許容範囲を与えるかを決めるとき、私は、「車にかすり傷やへこみをつけてもいい。でも、全壊させてはダメだ」と言う。

苦痛

＋

内省

＝

進化

4 同期をとる

組織がうまく機能するには、その組織を構成する人材がいろいろなレベルで足並みを揃えなくてはならない。共通のミッションは何か、互いにどう接するかなどから、もっと実践的な、目標達成のために誰が何をいつ行うかまで、そのレベルは広い。だが、足並みが揃うのは当然と思ってはならない。人の頭の配線はそれぞれものすごく違うからだ。私たちは、自分を、そして世界を自分の視点で見る。だから何が事実でそれをどうするかを決めるには、つねに努力が必要だ。

　心を一にするのは、アイデア本位主義ではとりわけ重要だ。だからブリッジウォーターでは、意図的に、継続的に、システム的に心を一にするようにしている。私たちはこのプロセスを「同期をとる」と呼んでいる。うまくいかないのには2つの大きなタイプがある。たんなる誤解からくる場合と基本的な意見の相違から生じるものだ。同期合わせは、オープンに前向きに両方のタイプを修正するプロセスだ。

　多くの人は、違いを覆い隠せば容易に平和が保てると誤って信じている。これ以上の誤解はない。対立を回避すれば違いは解決されない。些細な対立を抑え込むと、後にさらに大きな対立に見舞われるものだ。そうなると組織がバラバラになる。一方、些細な対立に真正面から向き合う人は、

とても良好な人間関係を長く保つものだ。思慮に富む議論、すなわちオープンで前向きな態度で意義ある意見の交換を繰り返し、相手の目から物事を見ようとするプロセスには力がある。見えていなかったものを両者が共に見られるようになるからだ。だがそれは容易ではない。相対的な能力が明確になる活動（スポーツなどでは結果がすべてだ。足の速い人がレースで勝つ）で実力主義をとるのは容易だ。だが、（何がいちばんよいか異なる見方を解決するような）クリエイティブな分野では、とても難しい。反対意見を整理して、迅速に決定する権限は誰が持つかを決めようとすると、すぐさまごちゃごちゃになってしまう。腹を立てたり、立ち往生したりしてしまう。一握りの人が非生産的に長々と話して、何をするか決められなくなってしまう。

　だから、あらかじめ決まったプロセスと手順が必要なのだ。解決に向けて進むには、誰が何の権限を持ち、どのような手続きを踏むべきか、議論に加わる人は理解しておかなくてはならない（これのためのツールを開発した。巻末の「付記」に掲載してある）。そして、全員が同期をとるための基本的な原則を理解しておかなくてはならない。つまり、オープンで前向きでなければならないということだ。よく考えて意見を交わす論争は戦いではない。その目標は、相手が間違っていて、自分が正しいと説き伏せることではない。何が事実でそれをどうするかを見つけることだ。また序列にとらわれてはならない。アイデア本位主義のコミュニケーションは、問答無用のトップダウンではない。批判はボトムアップからも出てくるべきだ。

　たとえば、このメールは顧客とのミーティングの後に部下が送ってきたものだ。ブリッジウォーターの上層部は私を含めみな、つねに部下から批判を受け評価されている。

　　　　　FROM：ジム H
　　　　　TO：レイ、ライオネル K、グレッグ J、ランドール S、デイビッド S

SUBJECT：ABC ミーティングのフィードバック

レイ、今日の ABC ミーティングでのあなたの成績は「D マイナス」です。同席していた人はみなこの厳しい評価に同意しています（マイナスをつけるか、つけないかの違いくらい）。2 つの理由でがっかりしました。1) カバーすべきテーマは同じなのに、前のミーティングでは素晴らしかった、2) 昨日、わざわざ事前の打ち合わせをして、カルチャーとポートフォリオ構築に絞ってほしいとお願いしました。あなたがこの 2 つを話し、私が投資プロセス、グレッグが市場予測、ランドールが実践方法について話すのに持ち時間が 2 時間しかなかったからです。ところが、あなたは全部で 62 分話しました（私は計っていました）。さらに悪いことに 50 分間ポートフォリオ構築のトピックについてとりとめもなく話し、それからカルチャーに移り、12 分間話しました。みんな、あなたが準備をしていなかったとみました。準備をしていたら出だしのところであれほどまとまりのない話になるわけがありません。

もう 1 つお話ししよう。1 人のシニア・マネジャーは当時 CEO だったグレッグ・ジェンセンとジュニアレベルの社員との会話を聞いていた。そして、グレッグがその社員に反対意見を言わさず、その社員が自分で考えるのを邪魔したと感じた。彼女は、これをグレッグにフィードバックした。グレッグは同意せず、たんに関連する原則を思い出させ、それを守るか、オープンに疑義を投げかけるのが彼女の責任だと言ったとした。2 人は何通もメールを交わして考えをすり合わせようとした。それがうまくいかないと、2 人はこの意見の相違を経営委員会に上げた。このミーティングに関するケースは会社全体に送られ、どちらが正しく、どちらが間違っているのかを誰でも判断できるようにした。それは格好の学習の機会で、グレッグもシニア・マネジャーもよいことだと評価した。私たちはこのような状況を扱うための原則に照らし合わせて考え、双方とも有益なフィードバックを得た。もし原則を展開してこのようなケースの判断に使うというこ

とをしなかったら、相互の同意したやり方ではなく、権限のある人が好きなように意思決定していただろう。

　以下に書いた原則はどのようにこれをするのか、具体的に示すものだ。原則が守られていれば、他の人と1つにまとまり、アイデア本位主義は好調に動き、生産性を上げる。もしそうでなかったら、急停止してしまう。

4.1　意見の対立は素晴らしい人間関係のために不可欠だ

　なぜなら、意見の対立は、原則が合致していて意見の違いを解決できるかどうかが分かる機会だからだ。誰もが自分なりの原則や価値観を持つ。だから、人間関係には、互いにどうあるべきかの話し合いや議論がつきものだ。お互いの人となりがわかってくると、互いに惹き合うか、別れるかいずれかだ。原則が合致し、違いをギブ&テイクのプロセスで解決できるのなら、相互の距離は縮まる。さもなければ距離は広がる。オープンに違いを議論すれば誤解は生じない。それが継続的に行われなければ、考え方の溝は広がり、やがて大きな衝突となるだろう。

a.　**同期をとるのに時間とエネルギーをたっぷり使おう。それは最高の投資だ。**同期をとれば、長期的には効率が上がり時間を節約できる。だが、上手にやるというところがポイントだ。時間の制約があるから、何について、誰と同期をとるか優先順位をつける必要がある。トップにくるのは、もっとも重要な問題で信頼できる関係のある人との同期だ。

4.2　同期の仕方、上手に反対する仕方を知る

　反対意見を述べることが奨励されるアイデア本位主義で経営するほうが、反対意見を抑えてトップダウンで決める独裁的経営よりも難しい。だが、反対意見を言ってくれる信頼の置ける人がいて、互いに学ぼうとすれ

ば、進化の速度は早く、よい意思決定が可能となる。

重要なポイントは、反対意見から意思決定にどのように移るかだ。重要なのは、その方法が明確で、誰が何をする責任を持つか知られていることだ（だから私は論争解決者というツールを作った。それには道筋が書かれ、異なる見方のまま膠着して解決に向かっていないと、誰の目にも明らかになる。「付記」のツールの中でそれについて書いておいた）。

意思決定の究極の権限がどこにあるのかを知ることも重要だ。つまり、与えられた権限と比較して、どこまで議論を進められるかを知ることだ。アイデア本位主義では議論の最中、とくに決定が提案された後には、みな冷静でいること、そして、プロセスを尊重することが求められる。個人的に望んでいた決定にならなかったからといって腹を立てるのはアイデア本位主義では許されない。

a.　**同期のとれていない部分を表面化する**。みんなが見方を述べなければ、論争は解決できない。意見の違う部分をインフォーマルに持ち出してもいいし、リストに載せてきちんとやってもいい。私はどちらも好きだが、優先順位に沿ってリストに載せることを勧める。そうすれば、適切な人に適切なタイミングで回しやすくなる。

もっともひっかかる問題（もっとも意見の違いが出るもの）は、徹底的に議論することが極めて重要だ。たいてい、人の価値観や重要な決定をするアプローチに関連した問題が多いからだ。こういった問題を表面化し、前提をしっかりと感情を交えずに分析すること。それが重要だ。そうしなければ、悪化して腐ってしまう。

b.　**無意味な愚痴と改善につながる苦情を見分けよう**。愚痴は全体像が見えていなかったり、視野の狭さからきたりする。その類いは「ウダウダ」と私は呼んでいる。無視するのがいちばんだ。だが建設的な苦情は重要な発見をもたらすことがある。

c. **すべての話には 2 つの側面がある**。智恵というのは両方を見てうまく秤にかけることだ。

4.3 オープンに、同時に、はっきり主張するように

　思慮に富む反対意見を交わすことで効果を上げるには、オープンでいること（相手の目線で見る）、そしてはっきりと主張する（どう見ているかを明確に伝える）、そして柔軟に情報を処理して、学習と適応に役立てる。

　多くの人は、はっきり自己主張しつつオープンでいることができないことに気づいた。オープンでいるよりも、自分の主張をはっきりする傾向がある（他の人を理解するより自分の見方を伝えるほうが易しいからだ。それに自分は正しいと思いたいエゴがあるからだ）。自分の見方を殺して他の人の見方に迎合する人もいる。みんなに、オープンであることと自己主張の両方をすることが重要だと話そう。意思決定は情報を取り入れて、それから意思決定する 2 段階のステップだということを思い出そう。意見を変える人は、何かを学んだのだから最大の勝者であると伝えよう。事実を見ることを頑固に拒絶する人は敗者だ。やってみて、練習して、つねに強化すれば、誰もがこれを上手にやれるようになる。

a. **オープンな人と偏狭な人を区別しよう**。オープンな人は質問をして学ぼうとする。知るべきことの多さにくらべて自分が少ししか知らないことをわかっている。自分が間違っているかもしれないと認識している。自分よりも知識のある人といると彼らはとても喜ぶ。何かを学べるからだ。偏狭な人は何も知らないくせに自分が知っていることを話す。自分よりもよく知っている人の中にいると居心地悪く感じるタイプだ。

b. **偏狭な人と関わりを持たない**。オープンでいることは頭脳明晰、聡明

であるよりもはるかに重要だ。どれだけ知っていようと、偏狭な人は時間を無駄遣いさせる。彼らと接しなくてはならない場合には、彼らが心を開かない限り、彼らを助けることはできないことを認識しておこう。

c. **知らないことを恥ずかしいと思う人に注意しよう**。こういう人は目標を達成することより見かけを気にして、やがてダメになってしまう。

d. **担当責任者は質問やコメントにオープンであるように**。決定の責任を持つ人は、決定の背後にある考え方をオープンに隠し立てせず説明できるようにしなければならない。そうすれば、誰もが理解し、評価できる。反対意見が出た場合、不服申し立ては意思決定者の上司か、同意を得た有識者グループにすべきである。このグループは意思決定者よりシニアではるかに知識を持つ人たちにすべきだ。

e. **同期をとるのは双方向の責任だと認識しよう**。会話には話す責任と聞く責任がある。誤った解釈、誤解はいつでも起きる。会話で難しいのは、人が異なる考え方をするからだ（左脳派は話す人、右脳派は考える人）。関与している人は、つねに一方あるいは双方が誤解している可能性を考え、意見を交換して同期をとるように。正しく理解したかどうか知るために、聞いたことを繰り返すといったとても簡単な手法がけっこう役に立つ。相手を責める代わりに、自分の説明がうまくできていなかったかも、よく聞いていなかったかもと考えることから始めよう。ミスコミュニケーションから学び、二度と起こらないようにしよう。

f. **スタイルよりも内容を気にしよう**。人や環境によっては、効果的にならないスタイルもあることは認める。しかし、批判のスタイルや話し方に対して苦情をこぼすことで批判の内容から気をそらす人が多い。誰かのスタイルが問題だと思ったら、それは別の問題として扱い、同期をとるよう

にしよう。

g. **分別を持ち、人にも分別を持つことを期待しよう**。自分の考えを提案するときには、分別を持ち他人を思いやる責任がある。他の人がカッとなっても「低次元の自分」にコントロールされてはいけない。相手が悪い態度をとっても自分がとっていい理由にはならない。

意見の分かれた双方が感情的になりすぎて、論理的になれないようだったら、会話を持つのは延期すべきだ。すぐさま決定しなくてよいのなら、数時間あるいは数日間置くとよい場合が多い。

h. **提案すること、質問することは、批判と同じではない。だから、批判を受けたようにとってはいけない**。誰かが何かを提案しても、その人はミスが起きると結論づけたわけではなく、すべてのリスクが考慮されたかどうかを確認したいだけだ。何かを見逃していないか確認するために質問するのは、見逃したと言っているわけではない（「氷に気を付けて」と「不注意で氷を見なかった」というのは違う）。だが、建設的な質問を受けて責められたかのように受け取る人が多い。それは間違いだ。

4.4 会議主宰者なら、会話をうまく管理するように

会議がうまくいかない理由は多数ある。だが、よくあるのは議題が明確でないこと、どのレベルで議論すべきかがはっきりしないことだ（原則・マシンのレベルなのか、足元の状況のことか、あるいは特定の事象なのか）。

a. **誰が会議を運営しているのか、また会議は誰のために開催されているのか、はっきりさせる**。会議はすべて誰かの目標達成のために行われる。その人が会議に責任を持ち、会議に求める結果は何か、どうするつもりかを決めるべきだ。誰かが明確な責任を持って会議をしない限り、方向性が

定まらず非生産的になるリスクが高い。

b. 混乱を避けるために、何を話しているのか正確に。質問を受けたら、質問者にも回答者にも、何が質問され何を答えるべきか、誤解の余地のないように、質問を繰り返すのがたいへん役に立つ。メールの場合、質問をコピペすればよいから簡単だ。

c. 目的と優先順位を考えて、どのようなタイプのコミュニケーションにするかを明確にする。意見の異なる人が、何が事実か、それをどうするのかを話す（オープンな議論）のが目的のときには、啓蒙を目的とした会議とは異なるやり方になる。議論は時間がかかる。議論に参加する人数が増えると幾何級数的に要する時間が増加する。だから注意して結論を出したい事案に適した人と人数を選ぶべきだ。会議の目的に照らし合わせて価値ある意見を述べてくれる人に参加者を制限するように努力すべきだ。最悪の人選は、自分と同じ結論の人を選ぶことだ。集団思考（1人ひとりが独自の見方を主張しない）、独りよがりの思考（他人の意見を受け入れない）はともに危険だ。

d. 自分の意見をはっきり述べつつ、オープンに議論を進めるようもっていこう。異なる意見を調整するのは難しいし、時間のかかることだ。対立する見方のバランスをとり、膠着状態を打開し、時間を賢明に使うのは会議のリーダーの仕事だ。

　よくこういう質問を受ける。「経験のあまりない人が意見を言ったらどうしますか？」。会議の主宰者なら、その意見を理解するために使う時間のコストと、その人の考え方を評価し、どういう人かよりよく理解することで得られるものとを秤にかけよう。これからキャリアを積む人の考え方を探ることで、その人がどのような責任を担えるかの貴重なヒントを得ることができるかもしれない。時間が許せば、なぜその発言をしたのか理由

を探り、何が間違っているのか理解させよう。彼らが正しいかもしれないとオープンに構えることも義務のうちだ。

e. **異なるレベル間の会話を舵取りする**。問題や状況を検討するとき、2つのレベルで話すことになる。目下の問題をどうするかと、マシンをどう機能させるかを決める原則の問題の2つだ。事案をうまく扱うためには、このレベルの間を明確に舵取りし、原則の効果をテストし、マシンを改善して将来類似のケースが出てきたら上手に扱えるようにする必要がある。

f. **「トピック・スリップ」に気を付けよう**。トピック・スリップというのは、何も達成しないまま、トピックからトピックへととりとめもなく移ることだ。それを回避するには、ホワイトボードに会話を書き出し、誰もが今何をしているか見られるようにすることだ。

g. **会話の論理を強く求めよう**。反対意見があると、感情的に熱くなるものだ。つねに冷静に分析的でいよう。感情的なやりとりよりも論理的な意見交換を中断させるほうが難しい。感情は現実を見る目を曇らせることを覚えておこう。「（何かが正しい）という気がします」と言って、それを事実として話を進める人がいる。だが、他の人は同じ状況を異なったふうに解釈するかもしれない。そういう場合には、「それは事実ですか？」と尋ねて、会話を現実に引き戻そう。

h. **集団意思決定で個人の責任を失わないように注意しよう**。個人に責任を課さないままグループで決定をしてしまい、誰が何をしてフォローアップするのかわからなくなることがある。個人に責任を課してはっきりさせよう。

i. **「2分間ルール」を利用して、しつこい邪魔を回避しよう**。2分間ル

ールは、誰かが考えていることを説明するとき、2分間は邪魔をせず話してもらい、意見を述べるのはその後にするルールだ。こうすると、誤解されることを心配せず自分の考えをはっきりと伝えられるし、大きな声に引っ張られて発言を終えられない恐れもなくなる。

j. **主張の強い「速くしゃべる人」に気を付けよう**。速くしゃべる人は、他人がよく考えたり反対したりする前に、自分の意見を通そうとして、はっきり、断定的に話す。速くしゃべる戦法は、馬鹿に見られたら嫌だと思う人に対して使うととくに効果的だ。その戦法に負けてはいけない。意味を理解するのは自分の責任だ。理解するまでは次に移ってはならない。プレッシャーを感じたら、「鈍くて申し訳ないけれど、おっしゃっていることが理解できるようにちょっとスローダウンしてください」と言えばいい。それから質問をする。全部。

k. **会話を完了させる**。議論の主な目的は終了して同期をとり、決定・行動に移ることだ。会話が完了しなければ、時間の無駄だ。アイデアの交換があったときには、結論をまとめて述べてから終わらせることが重要だ。合意したなら、そう言おう。しなければ、そう言おう。さらなる行動が必要だと決まったら、やるべきことをTO-DOリストに書き出し、担当者を決め、締め切り日を特定しよう。結論、現象をうまく説明できる理論、やるべきことを書き出そう。それがその後の仕事のベースに使われる。これが実行されるように、誰かにメモを取らせフォローアップさせよう。

　まだ反対しているからといって腹を立てることはない。素晴らしい関係を保っていても、何かで意見が違うことはある。すべてで同意する必要はない。

l. **コミュニケーションにレバレッジを利かせよう**。オープンな会話はとても重要なことだが、時間効率よく行うことが難しい。1人ひとりと会話

することはできない。情報共有の容易な方法を見つけておけば役に立つ。FAQ をメールに張り付けるとか、重要なミーティングの録画や録音を配布してもいい（こういうアプローチを私は「レバレッジ」と呼んでいる）。組織の上に行けば行くほど、難しくなっていく。影響を受ける人が増えるし、意見や質問を持つ人の数が大きくなるからだ。そのような場合、さらに大きなレバレッジを働かせ優先順位をつけなくてはならない（たとえば、質問のいくつかは、よく理解している部下に回答してもらうとか、質問してくる人に緊急度や重要性で優先順位をつけてもらうとか）。

4.5　素晴らしいコラボレーションはジャズ演奏みたいだ

　ジャズには台本がない。演奏しながら決めていく。時には一休みして他の人に任せる。時には自分でガンガンやる。よいタイミングでうまくやるには、一緒に演奏している人の演奏をよく聞き、彼らが何をしようとしているのかわかっていなければならない。

　クリエイティブなコラボもすべて同じだ。異なるスキルを異なる楽器のように組み合わせ、クリエイティブに即興でやりながら、グループが一緒に素晴らしい音楽を生み出すという目的に従わなくてはならない。だが、コラボするのは何人がよいか考えるのが重要だ。才能のある 2 人が即興で美しく演奏するのは可能だ。トリオやカルテットもそうだ。だが、10 人ともなるといかに才能ある人たちであっても事前に調整しておかなければ人数が多すぎて問題だ。

a.　1 + 1 = 3　2 人がうまく協力すれば、それぞれが 1 人でやるよりも 3 倍の効果が上げられる。相手が見過ごすかもしれないことを互いにチェックできる。それに、互いにより高い水準を求めながら、相手の強みを生かすことができる。

b. 3人から5人は20人よりいい。聡明でコンセプトに強い人が3人から5人集まり、オープンな態度で答えを探すと最高の答えを得られるものだ。大きなグループを招集したくなるかもしれないが、人数が多すぎると、たとえメンバーが聡明な能力ある人たちであっても非生産的になってしまう。グループに人を加える共生的利点は、ある時点まで徐々に増える（2 + 1 = 4.25）が、それを超えると人を加えるたびに効果が減る。その理由は、1）グループが大きくなると限界効用が減少する（2人か3人で大半の重要なことはカバーできる。だからそれ以上の人を加えても大した効果はない）。2）大きなグループの意思疎通は小さいグループよりも効率が悪いからだ。もちろん、何がベストかは、人材の質、彼らの異なる視点、グループがうまく管理されているかどうかに依存する。

4.6　心を合わせる人がいれば大切にしよう

　すべての見方が同じ人は世界に誰もいない。だが、もっとも重要な価値観、それに基づく生き方を共有する人はいる。そういう人たちと一緒になるよう心がけよう。

4.7　大きな違い、ことに価値観での違いを
　　　調整できないと思ったら、
　　　その人との関係を保つ価値があるかどうか考えよう

　世界にはさまざまな人がいて、さまざまなものに価値を見出す。誰かと価値観を共有できないと思ったら、その人と関わっていく価値があるかどうか考えよう。共通の価値観がなければ、大きな痛みを伴う。他にも有害な結果を招き、結局は袂を分かつことになる。そうなりそうだとみたら、すぐさま立ち去ったほうがいい。

5 信頼性は意思決定に重みを加える

通常の組織では、独裁的にリーダーがトップダウンで決定するか、あるいは民主的に誰もが自分の意見に1票を持ち、もっとも支持を得た意見が実践される。どちらのやり方も、二流の意思決定方法だ。ベストなのは信頼性を加味した意思決定によるアイデア本位主義に基づくものだ。それは、有能な人たちが、何が事実で、それをどうするかを自分で考える有能な人たちと意見の相違を解決しようとする方法だ。
　それほど有能ではない人よりも、有能な意思決定をする人の意見に重きを置くほうがはるかによい。これが私の言うところの「信頼性を加味した」という意味だ。それでは、どうやって誰が何に有能かを決めるのか。もっとも信頼性の高い意見は、1) 問題となっている事柄で繰り返し成功を収めている人、そして、2) 結論の背景となる因果関係を論理的に説明できることを証明した人の意見だ。信頼性を加味するプロセスが正しく一貫して行われたら、それはもっともフェアで効果的な意思決定システムだ。それは最高の結果を生み出すばかりでなく、みんなの心を一にする。決定に反対意見を持つ人も支持できるからだ。
　だが、そうなるためには、信頼性を打ち立てる基準が客観的で、誰からも信頼されなくてはならない。ブリッジウォーターでは、社員の経験や実

績を野球カードやドット・コレクターなどのツールに積極的に記録し、全員の信頼性がシステム的に追跡され数値化される。会議では、ドット・コレクターのアプリを使ってさまざまな問題で投票をするのが通常だ。このアプリは、単純平均値と信頼性を加味した結果の両方を表示する（それと各人の投票も）。

　もし、通常の平均値と信頼性を加味した結果が同じになれば、それで解決したとして次に移る。もし2つがバラバラの結果であれば、それを解決しようと試み、解決できなければ信頼性を加味した投票結果を採用する。決定する議題のタイプによっては、1人の「責任者 (RP: Responsible Party)」が信頼性を加味した決定を覆す場合があるが、信頼性を加味した結果が責任者の決定より優先することもある。だが、どんな場合でも、意見が一致しない場合には、信頼性を加味した結果が重く受け止められる。責任者は信頼性を加味した結果を覆す権限はあるが、責任者は覆す前に論争を解決するよう試みる責任がある。ブリッジウォーターでの40年間で、私は信頼性を加味した結論に反した決定をしたことはない。なぜなら、そうするのは傲慢で、アイデア本位主義の精神に背くと思うからだ。とはいえ、私は自分がベストと思うことを必死に論じるが。

　このプロセスがどんな感じか見るために例を挙げよう。2012年の春、わが社の研究チームが信頼性を加味した意思決定ツールを使い、意見の相違を解決しようとした。ヨーロッパの債務危機が過熱するなか、次に何が起きるかを巡っての論争だった。当時、イタリア、アイルランド、ギリシャ、ポルトガル、そしてとりわけスペインの借入金額と債務返済比率は返済能力をはるかに超えていた。欧州中央銀行（ECB）は、前例のない国債買い上げをするか、債務不履行やユーロ圏の崩壊が始まるギリギリのところまで債務危機が悪化の一途をたどるに任せるかだとわかっていた。ドイツは救済に強く反対していた。これらの国の経済そしてユーロ圏そのものの運命は、欧州中央銀行総裁マリオ・ドラギが次の一手をいかにうまくやりおおせるかにかかっていることは明白だった。だが、彼は何をするだ

ろう？

　チェスで、異なるプレーヤーの異なる動きの意味するところや傾向を思い浮かべるように、私たちはみな、さまざまな角度から状況を見た。議論を重ねたが私たちの意見は二分した。半分ほどは、ECBが通貨供給量を増やし国債を買うだろうとし、残り半分は、ドイツと袂を分かつことはユーロ圏にとってより大きな脅威となるからしないだろうと考えた。このような熟慮を重ねたオープンな意見交換は不可欠だが、最善の決定をするためには、相互に同意した方法で、この違いを解決することが極めて重要だった。そこで私たちは信頼性を加味した意思決定システムを使ってこの膠着状態を打破した。

　そうするのに、ドット・コレクターのツールも使い、考え方の違いによる意見の相違の根幹を明らかにし、信頼性に基づいて解決を図った。ある分野での専門性、創造性、統合能力などの異なる資質によって信頼性のウエイトは異なる。これらの要素は仲間の評価や他のテストの結果から格付けされる。これらの属性を見て、また、そのときの状況にはどの資質がもっとも貴重かを考えて、私たちは最善の決定を下す。

　この例では、この問題に関する専門性、統合能力の資質を基準に選び、信頼性によってウエイト付けして投票した。ドット・コレクターを使うことで、信頼性の高い人たちは、ドラギがドイツに逆らって貨幣を増発すると信じていることが明らかになった。そして私たちはそれを採用した。数日後、ヨーロッパの政治家は無制限に国債を買う大胆な計画を発表した。私たちの結論は正しかった。信頼性を加味した答えがつねに正しいとは限らないが、上司の答えや通常の多数決よりも正しいことが多いことがわかっている。

　このようなテクノロジーや信頼性を加味した体系だったプロセスを使うかどうかは別として、このコンセプトをぜひわかってほしい。決定をする必要があり、誰が正しいだろうと考えるとき、自分自身、そしてチームを客観的に見るように。そうしない場合に比べ、ずっとよい決定をすること、

請け合いだ。

5.1 アイデア本位主義が効果を発揮するには、各人のアイデアのメリットを理解することが必要だ

　メリットに優先度をつけることは、アイデア本位主義と一致する。それどころか、不可欠なものだ。すべてを議論しつつ仕事をこなすのは不可能だ。すべての人を同じように扱えば事実から遠ざかるほうに働く。だが同時に、すべての見方は発言者の経験や実績を考慮しながらもオープンな目で見るべきだ。

　ベーブ・ルースから野球のレッスンを受けているときに、誰か野球をしたこともない人がバットの振り方で彼に議論を吹っ掛けて邪魔ばかりすることを想像してほしい。実績や経験を無視することは、グループの進歩に役立つかあるいは害になるか？　言うまでもなく害になる。全員の見方を同じように扱うのは馬鹿げている。それぞれ信頼性のレベルが違うからだ。いちばん生産的なのはルースが途中で邪魔されずに教え、その後に多少時間をとって質問に答えるやり方だろう。だが、教わったことをそのまま受け入れるよりも、理解をすることが重要だと強く信じているので、ルースが最高のバッターだからといって彼の言うことを正しいと鵜呑みにしないよう、新米バッターには勧める。私がその新米バッターだったら、納得するまでルースを質問攻めにするだろう。

a.　自分でうまくできないのなら、他人にどうしろと指図できると思わないこと。 繰り返し成功している人の意見と自分の意見が違っているとき、繰り返し失敗しているにもかかわらず自分の意見を強く押し、こうすべきだと言う人がいる。それはアホで傲慢だ。そういう人たちはそうではなく、質問をし、信頼性を加味した投票を求めるべきだ。そうすれば、頑固に妥協しない姿勢から抜け出せるだろう。

b.　誰もが意見を持っている。だが、よくない意見も多いことを忘れないように。意見を出すのは簡単だ。誰もがたくさん意見を持っていて話したがる。争って話そうという人もいる。残念ながら多くは価値がないものだ。害になるものすらある。自分の意見も多くはそうであることを忘れないように。

5.2　反対意見を言ってくれる信頼性の高い人を見つけ、彼らの論拠を理解するように

　反対意見を言ってくれる信頼性の高い人とのオープンな会話はいちばん手っ取り早い教育で、正しい判断をする確率を高めてくれる。

a.　よい意見かどうか評価するために相手の信頼性を考える。オープンでいることはよいことだが、識別力も必要だ。人生の質は、目標追求の過程で決定することの質に大きく依存する。優れた決定をするには、自分より知識のある人と一緒に多面的な角度から見る方法を知ることだ。誰に多面的な意見を聞くかを見極め、それに熟達することだ。

　うまく決定をするために何が事実かを正確に理解しようと努力すると、自分自身の意見も含め、多くはあまり聞く価値がない意見だということがわかるというジレンマにぶち当たる。人の信頼性について考えよう。信頼性は、能力とともに、思っていることを言ってくれるかにかかっている。彼らの実績を考えるように。

b.　信頼できる意見は、1）懸案の問題で少なくとも3回は成功を収めている人、2）結論を導く因果関係を上手に説明できる人の意見であることが多いことを覚えておこう。両方該当しない人は信頼できない。1つ該当する人はいくらか信頼できる。2つとも該当する人はもっとも信頼できる

として接しよう。競技場でプレーした経験がなく、スタンドで観戦しただけの人、よい論理を持たない人のコメントにはとくに注意しよう。彼らは彼らにとっても他の人にとっても危険だ。

c. **実行してはいないが、論理的でストレステストをパスするように思える論理を持つ人がいたら、ぜひ試してみるべきだ**。確率の問題だから。

d. **結論よりは、その結論を導いた理由を見るように**。会話で、結論を導いた理由を探るより、結論を共有することがよくある。その結果、いいとは思えない意見が自信過剰に話されることがある。

e. **経験のない人が素晴らしいアイデアを思いつくこともある。経験のある人よりよい場合もある**。経験のある人は、従来のやり方にとらわれるからだ。聞く耳を持っていれば、経験未熟な人が論理的思考をうまく説明しているときにはそうとわかる。歌が上手かどうかは2、3小節歌ってもらえば、すぐにわかるのと同じ、時間はかからない。論理的思考も同じで、上手にできるかどうかを見るのに多くの時間はいらない。

f. **自分の考えにどのくらい自信があるのか正直に述べるべきだ。提案なら提案と言うべきだ**。確信度が高いものは、そのように提示されるべきだ。とくにその分野で強い実績のある人からの意見の場合には。

5.3 教師役か、生徒役か、同僚役かを考える

　そして、教えるべきか、質問をすべきか、議論すべきかを考える。反対の意見を受けて動揺する人は多い。うまく対応するにはどうすればよいのか知らない、あるいは考えていないから、ただ思いついたことを口走り、反論してしまう。誰もが納得する権利と義務はあるが、論争の基本的なル

ールには従わなくてはならない。ルール、そしてそれにどう従うかは相対的な信頼度による。たとえば、あまりよくわかっていない人がよく知っている人にこうすべきだと話すのはあまり効果的ではない。議論されている問題の理解度により、自己主張とオープンな態度とをうまくバランスさせることが重要だ。

　意見に同意しない相手は自分よりも信頼性があるかどうかを考えよう。自分の信頼性のほうが低いと思うなら、どちらかといえば生徒の立場になるから、もっとオープンな気持ちで、そのもっとよく知っている人の論理を理解するために質問することを主眼とすべきだ。自分の信頼性のほうが高ければ、果たす役割はどちらかといえば教師となる。自分の理解することを伝え、相手の質問に答えるのが主となる。ほぼ同レベルなら、同じ立場でよく考えた意見を交換すべきだ。どちらの信頼性が高いかで意見が分かれるのなら、理性的に解決を図ろう。1人で上手にできないのなら、第三者に合意してもらったうえで手助けを求めよう。

　どのケースでも、理解を得られるよう、相手の視点でものを見るように努力しよう。どのメンバーも、議論の目的は事実を得ることで、誰が正しい、間違っていると証明することではないことを忘れないように。そして双方とも論理とエビデンスに基づき考えを変えることを厭わないように。

a. 生徒が教師を理解するほうが、教師が生徒を理解するよりも重要だ。もちろん両方とも重要だが。

信頼性の低い人（生徒）がもっと信頼性のある人（教師）に、彼らの考えを理解するよう主張し、教師（信頼性の高い人）の言うことを聞く前に教師がなぜ間違っているか証明しようとすることがよくある。それは逆だ。生徒の考えを正すのも有益ではあるが、それはだいたい難しく時間がかかる。そして教師が伝えたいことよりも生徒が何を見ているかのほうに重点が置かれてしまう。その理由から、私たちの手順としては、生徒がまずオープンになる。生徒が教師の教えてくれることを理解した後のほうが、生徒の考えを正し、生徒の視点を検討すること

が、生徒と教師の双方にとってやりやすくなる。こういう形で同期をとるほうが時間の効率がいい。そして以下の原則につながる。

b. 誰にも重要なことを理解する権利と責任があるとはいえ、謙虚にオープンな態度でしなければならない。 自分の信頼性が低いときには、生徒と教師の関係では生徒の役割をとるように。謙虚にオープンに。理解しないのは自分の側ではないかもしれないが、他の人の視点で問題を見るまでは、そう想定すべきだ。それでも筋が通らず、教師のほうが理解していないと思うのなら、他の信頼できる人に訴えよう。それでも合意に至らない場合は、自分が間違っていると想定しよう。一方、何人かの信頼できる人を説得できたなら、決定責任者に考えを聞いてもらい、検討してもらおう。他の信頼できる人の助けを借りるとよいかもしれない。組織の上のほうの人は、なるべくよい考えを得ようとして、多くの人を期待値で選別する。多くの人が上の人に考えを聞いてもらおうとするから、彼らの時間は制約され、確率で判断するしかないのだ。他の信頼できる人にサポートしてもらい、ストレステストを済ませておけば、上の人に聞いてもらえる確率は高くなる。逆に、上の人は、何が論理的な考え方なのか、下の人たちと同期をとるという目標達成に努力しなければならない。何が論理的であるか、より多くの人が同じ1つの考えになれば、人はもっと能力を発揮し、仕事にコミットするようになるだろう。

5.4 なぜその意見に達したのかを理解する

　私たちの脳はコンピュータのように働く。データをインプットし、配線とプログラムに従って処理する。意見はデータと、データ処理すなわち論理的思考の2つから生じる。誰かが「私はXを信じる」と言ったら、何のデータを見ているのですか？　どんな論理的思考を使って結論を引き出したのですか？　と尋ねてみよう。

意見を加工せずそのまま扱うと誰もが混乱する。どうやってその意見を得たのかを理解すると、事実を把握しやすい。

a.　誰かに質問をすれば、たぶん答えをくれるだろう。だから誰に質問をするかをよく考えるように。まったく情報を持たない人や信頼性の低い人に質問する人がよくいる。彼らは、自分の信じていることを回答としてしまう。これは答えのない状態よりもっと始末におえない。その過ちを犯さないように。適切な人は誰かをよく考えるように。信頼性に疑義があれば、確かめるように。

　逆のことも言える。誰かに質問されたら、まず自分はそれに答えるのにふさわしいかどうかを考えるように。もし信頼性がないのなら、尋ねられたことに意見を持つべきではない。いわんやそれを口にすべきではない。

　議論したいと思う問題のコメントや質問は、信頼性のある責任者に尋ねよう。他の人のインプットも関連すると思うのなら、その人たちを含めることはかまわない。だが、決定をするのは責任を持つ人だということを忘れないように。

b.　出任せに探るのは生産的でなく、時間の浪費だ。お願いだから、責任のない人に質問を向けないように。もっとひどいのは、誰に対してということもなく質問を投げかけることだ。

c.　「私はこう思う」というセリフに注意。誰かが何かを思っても、それは、事実ではない。「私はこう思う」というセリフには懐疑的になるように。自分自身を正確に評価できる人は多くない。

d.　過去の実績を見て体系的に信頼性を評価するように。毎日が新しい日ではない。時とともにエビデンスが積み上がっていき、どの人が頼りになり、誰が頼りにならないかが見えてくる。実績は重要だ。ブリッジウォー

ターでは、野球カードやドット・コレクターなどのツールを使って、みんなの実績が誰にでも見られるようになっている。

5.5 効率的に反対意見を言うように

　反対意見を1人でなんとかしようと思ったら時間がかかりすぎる。反対意見の発言が容認というより、奨励されるアイデア本位主義は、上手に管理されないと機能不全に陥ることは想像に難くないだろう。人数の多いクラスで、まず先生が生徒に意見を伝えて、それから生徒の質問を受けるのではなく、1人ひとりにどう考えるかを尋ねて全員と議論したら、いかに効率が悪いか想像してほしい。

a.　議論を止めて、何をするかを決める作業に移るタイミングを知ろう。大筋で合意をしながら、些細なことを議論して時間を無駄にする人を見かける。細かなことを完璧にするより、大きな問題を上手に扱うほうが重要だ。だが、何かを議論する重要性について意見が合わなかったら、それは議論すべきだ。そうしないと、誰か（たいていはボスだ）が事実上の拒否権を持つことになる。

b.　信頼性を加味した意思決定方法を、責任者による意思決定の代替としてではなく、ツールとして使うように。信頼性を加味した意思決定は責任者の決定を補完し、きちんとチェックするために使われるもので、取って代わるものではない。現状のブリッジウォーターのシステムでは、誰もがインプットすることを許される。しかし、彼らの信頼性はエビデンス（実績、テスト結果などのデータ）に基づいてウエイト付けされる。責任者は信頼性を加味した投票を却下しようと思えばできるが、それなりのリスクを負うことになる。意思決定者が、信頼性の高い人たちの一致した意見よりも自分の意見を選ぶのは、正しかったか間違っていたかが結果ではっき

りわかる大胆な行動になってしまう。

c. すべての人の考えを 1 人でしっかりチェックする時間はないから、信頼できる人を賢く選ぶように。一般的に言って、最善の結果を得ることを大切にし、オープンに反対意見を述べ、その理由を深掘りされることを気にしない信頼できる人を 3 人選ぶのがベストだ。もちろん、3 人でなければいけないわけではない。多くても少なくてもいい。理想的なサイズは、どのくらい時間の猶予があるか、決定がどの程度重要か、自分や他の人の意思決定能力をどのくらい客観的に評価できるか、決定の根拠を多くの人が理解することがどのくらい重要か、といったことに依存する。

d. 自分が決定に責任を持つ立場に立ったなら、自分が信じることと、多数の人が参加する信頼性を加味した決定とを比較するように。それが一致しないのなら、相違点を解消するよう努力するように。

　信頼性を加味して誤りだと結論したことに反して決定しようとするのであれば、先に進める前に十分考えるように。間違っている可能性が高い。たとえ正しかったとしても、プロセスを却下することで周囲からの敬意を失う可能性は高い。みんなと考えを同じにするように努力を重ね、それができない場合には、どの点で合意しないのか、間違った場合のリスクを理解し、根拠と論理を明確に述べられるように。もしそれができないのであれば、自分の判断を引き下げ、信頼性を加味した結果に従うべきだろう。

5.6　重要なことを理解する権利と責任が誰にでもある

　自分と違う見方をする人に時間をかけて説明してもらい、同じ考えになるまで待ってもらうか、考え方には納得しないがその人の考え方に同調するかの選択に迫られるときがある。何か重要なことで意見が分かれたときには前者のやり方を、重要でなければ後者を選ぶことをお勧めする。前者

だと相手がイライラしてきて、気まずくなることもあるだろう。それを緩和するには、「飲み込みが遅くて申し訳ない。でも、私としてはこれに納得する必要があるんだ。じっくり時間をかけて納得できるようにしてくれよ」と言うことをお勧めする。

いつでも質問は自由にすべきだ。だが、そのあとに続く議論では、偏見を持たずオープンでいる義務があることを忘れないように。議論を記録しておこう。もし同じ考えにならなかったり、納得がいかないままだったりしたら、それを他の人に送って判断してもらえばいい。そして当然ながら、アイデア本位主義で仕事を進めていることを忘れないように。そして自分自身の信頼性に気を付けよう。

a. **最善の回答を得るには、いちばん関連の深い人をコミュニケーションに巻き込むように。**関連のある人は、担当の管理職、直属の上司、協力に同意してくれた専門家などといったところか。議論している問題でもっとも影響を受け、もっとも情報を持っている人たちだ。だから彼らと同じ考えになるのがとても重要だ。もし、同じになれず、意見が違ったままだったら、適切な人のところにエスカレーションすべきだ。[*38]

b. **教育のため、あるいは団結を強めることを目的とするなら、最善の回答を得ようとする場合よりも広い範囲の人をコミュニケーションに関与させるべきだ。**経験の浅い人、信頼性の低い人は問題の決定には不要だが、彼らも関連する問題の場合、彼らの理解を同じにしていなかったら、その理解の欠如は長期的にモラールを低め、組織の効率性を損なうだろう。信頼性が低く自分の意見を曲げない人（最悪の組み合わせだ）の場合には、とくに重要だ。彼らと同期していないと、情報不十分な彼らの意見は水面下に潜ってしまう。だが一方、彼らの異議を積極的に聞くのであれば、すべての批判がオープンに出る環境を作ろう。

[*38] 適切な人というのは、双方が報告をする相手（私たちは、組織図のピラミッドの頂点と呼んでいる）、あるいは双方がよい仲裁人だと同意する人だ。

c.　すべてに判断を下す必要はない。誰が責任を持っているのか（そしてその人の信頼性）、自分はどのくらい知っているのか、自分自身の信頼性はどうなのかを考えてみよう。何も知らないことに意見を持つのはやめよう。

5.7　自分のやり方が通るかどうかより、意思決定のシステムがフェアかどうかにもっと注意を向けよう

　組織は共通の価値観と目標で結ばれたコミュニティだ。組織のモラール、そして組織が円滑に機能することは、あなたが自分は正しいと思いたい気持ちよりもつねに優先する。それにあなたが間違っていることだってある。意思決定のシステムが一貫してよく運営され、客観的な基準に基づいているときには、アイデア本位主義は、メンバーの幸せよりも重要だ。たとえそのメンバーがあなた自身であったとしても。

6 どのように意見の相違を乗り越えるかを認識しよう

論争で双方が同じくらい満足するのは稀だ。お隣の家の木が自分の土地に倒れて口論になったと想像してみよう。倒木を取り除くのは誰の責任か？　誰が薪の所有者になるか？　誰が破損の費用を払うのか？　当事者では論争を解決できないかもしれないが、法律には何が事実でどうするべきかを定める手続きやガイドラインがある。いずれか一方の望みに沿わなくても、一度判断が下されれば、それでおしまいだ。そういうものだ。

　ブリッジウォーターでは、原則と方針が、論争を解決する道を提供して、ほぼ同じ役割を果たす。それは法廷と大きく違うものではない（ただ、それほど形式ばっていないが）。そのようなシステムを持つことは、アイデア本位主義では不可欠だ。自分の頭で考え、自分が正しいと信じるもののために戦うように奨励して、おしまい、というわけにはいかない。意見の相違を乗り越えて、前進する方法を提供しなければならない。

　これを上手に扱うことは、ブリッジウォーターでは極めて重要だ。他の会社よりも熟慮のうえで意見の相違が出ることがはるかに多いからだ。意見の相違は、自分たちで解決できる場合が多いが、それでも、何が事実でそれをどうするかに同意を得られないことがよくある。そういう場合、信頼性を加味した投票の手続きをとり、裁定に従う。あるいは、責任者が投

票と異なる自分自身のやり方を望み、そうする権限がある場合には、それを受け入れ、先に進む。

　最終的には、アイデア本位主義に参加する人は、私たちの方針と手続きを守ることに同意し、そこから出てくる決定に従う。論争を法廷に持ち込めば、その手続きと判決に従わなくてはならないのと同じだ。こうするには、自分自身と自分の意見を分離させ、決定が自分の思いどおりにならなくても腹を立てないようにする必要がある。同意されたやり方に従わない限り、反対意見を持つ人やアイデア本位主義について文句を言う権利はない。

　滅多にないことだが、原則でも方針でも手続きでも、どれも異なる意見を解決できない場合には、みんながその事実を取り上げ、プロセスを明確化し改善する責任を負う。

6.1　相互の合意で原則を無視することはできない

　原則は法律のようなものだ。誰かと合意したからといって破ることはできない。誰もが意見を述べ、自分のこととして捉え、さもなければ会社を辞める義務があることを思い出してほしい。問題や意見の相違を解決するのに原則が正しくないと思ったら、原則を変えるように戦うべきだ。たんに好きなようにやってはいけない。

a.　同じ行動基準がすべての人に適用される。論争になったら、双方がインテグリティを持ち、オープンな態度で自分の意見をはっきりと言い、互いに思いやりを持つことが求められる。審判は双方を同じ基準で判断し、その基準に沿ったフィードバックを与える。フィードバックのバランスがうまくとれていないケースをよく見かける。それにはさまざまな理由がある（業績のよい人には高い基準を求めたり、責めを等分に分けたり）。これは過ちだ。誤ったほうにはごく強いメッセージを送る必要がある。そう

しないと、彼らは、問題は自分たちのせいではないと思うようになる。あるいは双方のせいだと思うようになる。当然ながら、効果を最大限にするためには、メッセージは感情的にならず、穏やかに、はっきりと伝える必要がある。

6.2 苦情を言う、アドバイスをする、オープンに議論をする。そのような権利と決定権限とを混同させないように

みんながみんなに報告するわけではない。扱う能力の評価に基づいて責任と権限は個人に割り当てられる。権限を付与されるのは、結果をもたらすのに必要だからであり、それを生み出す能力を持つことが求められる。

同時に、報告をする人と報告を受ける人の双方からストレステストを受けることになる。私たちは疑問を投げかけたり、綿密に調査したりすることを奨励するが、それはすべて決定し終わった後にとやかく言うためではない。仕事の質を改善するためだ。自分で考え、オープンに議論をする究極の目的は、意思決定者に異なる見方を提供することだ。意思決定者の権限が調査する人に移るわけではない。

a.　決定や意思決定者に疑義を投げかけるときには、状況を広範に捉えて考えよう。個々の決定をできる限り広範な目で見ることが重要だ。たとえば、もし疑義を投げかけられた責任者がビジョンを持っていて、議論になった決定がその全般的なビジョンの中の些細なことだとしよう。その場合、その決定は、その大きなビジョンを念頭に置きながら議論され、評価されるべきだ。

6.3 重大な対立を未解決のままにしない

　短期的に考えれば、対立を回避したほうが楽だが、そうしてしまうと、長期的にはものすごく破滅的な結果になる恐れがある。対立は解決されなくてはならない。表面的な妥協ではなく、重要で正確な結論を求めて達成すべきだ。関連する人にはこのプロセスを開示すべき場合が多い（時には、組織全体に開示してもいい）。それは、確実に質の高い意思決定をするため、そしてオープンに議論するカルチャーを根付かせるためだ。

a.　大きなことで合意しようというとき、些細なことで分裂させないように。 大きなことに同意しておきながら、あまり重要でないことで言い争って、一体となるはずが敵どうしになってしまうことがよくある。これは、些細な違いのナルシシズムと呼ばれる現象だ。プロテスタントとカソリックを考えよう。両方ともキリストの信奉者だが、何百年と戦っている。彼らを分かつ違いをほとんどの人は正確に言えない。正確に言える人は、一体化させる大きく重要なことからすれば、たいしたことではないとわかっている。あるとき、仲のよい家族が、感謝祭のディナーで誰が七面鳥を切り分けるかで取り返しのつかない激しい言い争いを演じるのを見たことがある。この些細な違いのナルシシズムに陥らないように。誰も、何も、完璧であることはない。まあまあ素晴らしい関係にあればラッキーだ。全体像を見るように。

b.　意見の違いにとらわれないように、エスカレーションして上司に引き継ぐか投票するように。 オープンな態度をとり、自分の意見をはっきり主張することを練習すれば、たいていの意見の不一致は解決できるはずだ。もしできなければ、そして論争が一対一で行われているのなら、互いに合意した信頼できる第三者に話をつなぐべきだ。すべての条件が同じであれば、あなたの上司のような指揮命令系統の上の人にすべきだ。グループが

合意に達しない場合には、会議の責任者が、信頼性を加味した投票を行うべきだ。

6.4 いったん決定がなされたら、個人的にはまだ同意しないとしても、みんなでそれを後押しすべきだ

　意思決定を行うグループに、望みどおりの結果にならず戦い続ける人がいたら失敗するだろう。グループが決定したことに沿って動くべきなのにそれができないのは、企業、組織、政治や国家ですらよく見かけられる。決定が気に入らないのに気に入ったふりをしろとは言わない。将来、再検討することがないとも言わない。私が言いたいのは、効果を上げるために、一緒に働くグループは反対意見を細かく見る時間をとり、一連の手順に従って運営しなければならない。反対意見を唱える少数派は、いったん却下されたらグループの結束が個人の望みに優先することを認識すべきということだ。

　グループは個人よりも重要だ。選択した道を台無しにするような行動をしてはいけない。

a.　**高所から見るように**。高所から、自分や他人をシステムの一部として見下ろすことが期待される。言い換えれば、自分の頭から離れて、自分の見方は多くの意見の1つにすぎないと考える。そして自分の考えだけを大事にするのではなく、アイデア本位主義の枠組みで広い視点を評価する。高所から見下ろすと他の人の見方が見えてくる。だが、それだけではない。客観的なオブザーバーのように、すべての状況、その状況下に置かれた自分や他人を見ることができる。これが上手にできれば、状況を「よくあることだ」と考えられる。人の目を通して見ることができ、それにどう対処するか決めるための道筋が頭の中によく描ける。適切な原則を得ることが

できる。

　誰でも最初は、自分の目ではなく人の目を通じて物事を見るのは難しいと思う。そこで、私はコーチ（状況に合った原則を紐付けるもの）などのツールやポリシーを開発した。練習すれば、たいていこの視点を伸ばすことができるが、できない人もいる。自分や周りの人はどちらのタイプかを知る必要がある。自分だけではうまくできないのなら、人の力を借りるように。多くの人が高所から見ることができない。できる人は誰か、できない人は誰かを見分けて、できない人には辞めてもらうか、よいガードレールを用意して組織を守るように。

　ところで、争い続けてアイデア本位主義を損なうのでなければ、あることに反対し続けても、もちろんかまわない。もしアイデア本位主義と戦い続けるのなら、会社から出て行くしかない。

b.　**アイデア本位主義が無政府状態に陥らないように**。アイデア本位主義をとれば通常の組織よりも反対意見が多いのは必然だ。だが、それが極端になると、論争やあら探しがアイデア本位主義の効果を削ぐようになってしまう。ブリッジウォーターで、一部の人、とくに若い人の中には、何でも、誰とでも議論する資格があると誤解している人がいる。仲間を作ってアイデア本位主義を脅かす人もいた。原則に基づきそうする権利があると彼らは言った。彼らは私の原則と組織内の限度をはき違えている。システムのルールを遵守しなくてはならない。反対意見を解決する道をシステムのルールが与えてくれるのであり、それがシステムを脅かすものであってはならない。

c.　**リンチをしようとする群衆や衆愚政治を許してはならない**。信頼性を加味するシステムの１つの理由は、意思決定から感情を取り除くことだ。群衆は感情的になりコントロールを得ようとする。それは防ぐべきだ。全員が意見を述べる権利を持つ。だが、判決を言い渡す権利はない。

6.5 アイデア本位主義は、組織の健全性と対立することがあれば、必然的に打撃を受けることになる

　それは現実的な問題だ。よいことはうまく機能するはずだと私は信じている。組織がうまく機能することがもっとも重要なことだ。

a.　原則を停止する必要があるような滅多にない極端な状況では、戒厳令を宣告しよう。 すべての原則は、組織を健全に保つためのものだが、それに固執すると組織の健全性が脅かされることもある。たとえば、あるときブリッジウォーター社内ではまったく隠し立てしていなかったことがメディアにリークされたことがあった。弱みやミスを隠し立てしないことでブリッジウォーターが誤った有害な形で報じられていると認識し、この問題が解決するまでは透明性のレベルを下げざるを得なくなった。たんにレベルを下げるのではなく、私は状況を説明して、「戒厳令」を宣告した。つまり、全面的にガラス張りでいることを一時的に停止するとした。そうすることで、みんなにこれは例外で、通常のやり方が一時的に停止されているのだと理解してもらった。

b.　「組織のため」にアイデア本位主義の中止を論じる人には気を付けよう。 このような議論が勝てば、アイデア本位主義は弱まってしまう。そうなってはならない。アイデア本位主義のルールを大切にするのなら、対立はない。何十年かの経験でそれがわかった。しかし、アイデア本位主義よりも自分の望むことを優先し、脅かす人がいることもわかっている。そういう人は体制の敵と考え、辞めさせることだ。

6.6 権限を持つ人が原則に従って運営しようとしないなら、原則による運営は失敗に帰する

　最終的には、権力が支配する。それはどんなシステムにでも言えることだ。たとえば、政府のシステムは、権力を握る人が、彼ら個人の目的よりもシステムを支える原則に価値を認めるときにだけ機能する。これは繰り返し見られてきたことだ。システムを弱体化させる権力を持ち、システムを維持するよりも自分のやりたいようにする欲望が強い人であれば、システムは破綻する。だからこそ、原則を支える権限は、個人（あるいは彼らの派閥）の利益より原則に基づく運営を優先させる人に限って与えるべきだ。また妥当な限り思いやりを持って社員を待遇すべきだ。そうすれば圧倒的多数の社員は原則に基づくシステムを望み、守ろうと戦うだろう。

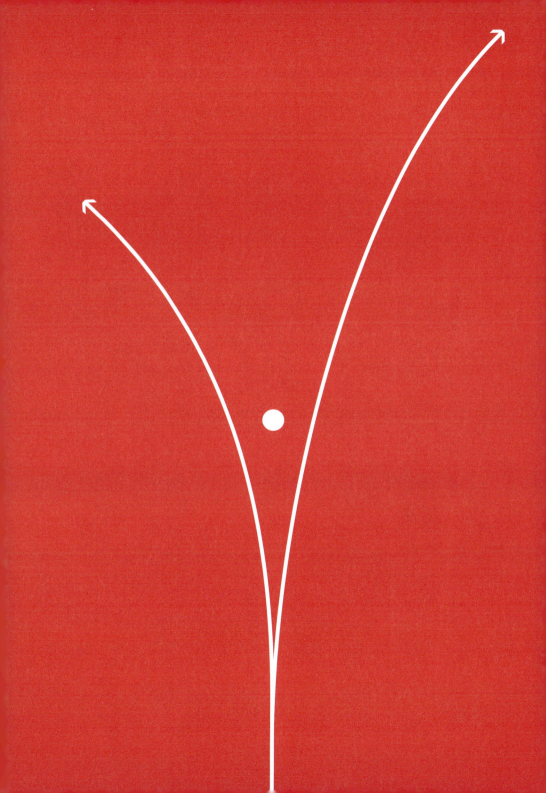

適材を
得る

前のセクションで組織のカルチャーについて語ったが、人材はもっと重要だ。カルチャーをよくも悪くも変えることができるからだ。カルチャーと人材は共生の関係だ。カルチャーが人を惹きつける。そして人はその価値観と人柄でカルチャーを強めたり、進化させたりする。適切な価値観を持つ適材を選び、彼らと考えを一にしていれば、一緒に美しいジャズを奏でることができる。誤った人を選ぶと、共に奈落の底に落ちてしまう。
　アップルの成功の鍵と誰もが認めるスティーブ・ジョブズはこう言っている。「私の成功の秘訣は、世界最高の人材を採用するために桁外れの時間をかけたことです」。このコンセプトを次章、「7　『誰』のほうが『何』よりも重要だ」で説明しよう。成功している組織を経営している人なら誰でも同じことを言うだろう。
　だが、大半の組織は人材採用が下手だ。面接官は彼らの好みで、彼らのような人を選んでしまう。どういう人なのか、職務やキャリアにどのくらいよくフィットするかには注意を払わない。「8　正しく採用しよう、誤った人材を雇うとその報いは重い」で述べるが、上手に採用するには、組織のカルチャーとキャリアパスを価値観、能力、スキルとぴったりマッチさせる科学的なプロセスが必要だ。採用側も候補者も互いによく知り合う

必要がある。彼らが組織を面接するようにさせ、欠点も何もかもさらけ出し正直に伝えなくてはならない。そして互いに何を期待できるのか、明確にしよう。

　だがそれでも、双方がイエスと言ってしばらく一緒に仕事をし、人間関係を持つまではフィットがあるかどうかはわからない。「面接」のプロセスは採用した後でも終わらない。研修、テスト、分類、そしてもっとも重要なことだが、「同期をとる」厳しいプロセスに移行するだけだ。それは、「9　つねに研修をし、テストをし、評価をし、人材を選別する」に書いた。

　自分の弱みも含めて客観的に自己評価をする能力が、成功に大きな影響を与える要因だと思う。そして、他人と競争するのではなく、自分自身の低次元の自分に邪魔されないよう戦うのが健全な組織だと信じている。このことを理解する人材を採用し、仕事をうまくこなすために必要なツールと情報を与え、ちまちまと細かく管理しないことを目標にすべきだ。研修を終え、学ぶ時間を与えられた後に仕事がこなせないようなら、その人は辞めさせるべきだ。仕事をよくこなしたら、昇進させるべきだ。

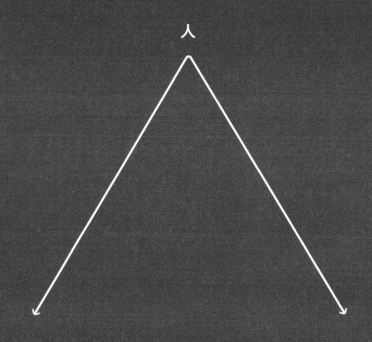

7 「誰」のほうが「何」よりも重要だ

何をどうするかに気を取られて、何をすべきかを決めるのは誰の責任かというもっと重要な質問をなおざりにする人がよくいる。それは逆だ。何をできる人が必要か、担当させる人がどういう人か知っていれば、仕事がどう進むかはしっかり描ける。
　あるとき、わが社の有能な成長株のエグゼクティブが、別の任務に移るに当たり、自分の移行計画をまとめた。彼はプロセスの流れや責任配分の図がみっちり書かれたバインダーを持って経営委員会に現れた。彼が責任を負う分野のあらゆる部分を詳細にまとめ、誰がやっても大丈夫なように自動化、システム化をしたと説明した。それは見事なプレゼンだったが、すぐに、彼は、誰を後任にするか決めていないことがわかった。後任が彼と異なる見方をして、異なる計画をまとめたらどうなるのか、彼は答えられなかった。誰が彼の作ったマシンを監督するのか、問題が出たときどう調査するのか、継続して改善するのか廃棄するのか。彼のように素晴らしい結果を出すにはどのような資質の人が求められるのか？　すなわち、配属を決めるのに重要な職務分掌は何なのか？　そのような人材はどこで見つけるのか？
　後から振り返って考えれば、このような質問が出るのは明らかなのだ

が、これらをおろそかにする人を何度となく見てきた。職務をうまくこなすには何が必要かを知らず、部下がどういう人かを知らないのは、部品がどう機能するのかわからずにマシンを走らせようとするようなものだ。

　若いとき、私は「自分よりも優秀な人を採用せよ」という言い習わしをほんとうの意味で理解していなかった。何十年も人を採用し、管理し、解雇して、真に成功するには、（全員ではなくても）多くの楽団員が私よりも上手に楽器を弾けるオーケストラの指揮者のようになる必要があると理解するようになった。そして、もし私がほんとうに優れた指揮者なら、私よりも優れた指揮者を見つけ採用することができる。私の究極の目標は、よく機能するマシンを作り上げ、椅子にふんぞり返って、そのマシンが仕事をするのをただ眺めることだ。

　人を選び、教育し、テストし、評価し、選別することがいかに重要か、いくら言っても言い足りない。

　結局のところ、やらなくてはいけないことは単純だ。

1. 目標を忘れない
2. 達成能力のある人に目標を与える（それがベストだ）、あるいはそれを達成するにはどうすればよいか話す（これは管理のしすぎで、あまりよくない）
3. 彼らに責任を持たせる
4. 研修をし、学ぶ時間を与えても仕事ができないのなら、辞めてもらう

7.1　もっとも重要な決定は、誰を責任者に選ぶかだ

　目標達成を上手にできる責任者の手に目標を預け、そして、目標達成の任務を果たすのは彼らの責任であることを明確にすれば、彼らは優れた結果を生み出すはずだ。

自分自身についても同じことだ。設計者／管理者としての自分がワーカーとしての自分を観察したときに、この任務を果たせるとは思えないにもかかわらず、信頼できる人の監督なしに任務に取り掛かるのはどうかしている。世界には、うまくできないことをやろうとする無能な人間がたくさんいる。自分がその１人である可能性は十分あると思っていい。それが現実だ。それを受け入れ、よい結果を生むように対応すればいい。

a.　いちばん重要な責任者は、目標、結果、マシンに最高レベルの責任を持つ人だ。全領域に責任を持てる人、すなわちデザインし、人を採用し、選別して目標を達成できる人がいたら、うまくいくと安心していられる。それが、もっとも重要な人材だ。上手に選び、うまく管理しなくてはならない。シニア・マネジャーは高次元の思考ができ、目標と任務の違いがわかっていること。さもなければ、彼らの仕事を自分でやる羽目になる。目標を見てその価値を認める能力は概して生まれつきだが、経験で改善するものだ。テストすることもできるが、完璧なテストはない。

7.2　最終的な責任者は、やったことの結果に責任を負う人だ

　失敗の結果に責任を持つ人が最終的な責任者だ。病気をどう治療するかを決めるのは医者の責任だが、医者がうまく処置しなかったときの結果を負うのは自分だから、正しい医者を選ぶのは自分の責任だ。家を建てるとしよう。建築士に「私が建てられそうな家を見せてください」と言うか。あるいは、どういう家に住みたいと建築士に話すか？　お金に関してはとくにそうだ。資金運用を他人に依頼しても、彼らは自分のお金を扱うのと同等の責任を持たない。運用結果がひどくても、彼らは自分で自分をクビにはできない。クビにできるのは最終的な責任を負う人だけだ。

　誰かを責任ある立場につけるとき、責任に見合う報酬になるように設計

して、出てきた結果を体感させるようにしよう。たとえば、責任分野での成果の良し悪しで、報酬の高低が決まるような取り決めにすればいい。これはよいマネジメントの基本だ。

a. **誰もが報告する相手を持つようにする**。会社のオーナーにだって、上司がいる。彼らの場合、投資家がボスだ。目標達成のために彼らのお金が使われる。自己資金で会社経営をしていても、顧客や社員を幸せにしなければならない。彼らはコストを容認できるレベルに抑え、目標を達成する責任から逃れられない。その仕事がその人にしかできないものであっても、誰かに対して説明責任を負うべきだ。

7.3 背後にある力は何かを覚えておこう

　人は、周りにあるものを見るが、それを作り出したものは何かを考えることは普通ない。たいていそれはある人が、ある能力を発揮し、ある方法で働いた結果だ。人が変わると、展開の方法が変わる。クリエイティブな人をそうでない人に変えたら、クリエイティブなものが出てこなくなる。

　組織を人間のように表現することはよく見受けられる（「アップルはクリエイティブだ」）。だが、結果は人間から切り離してしまう。誰がそれをもたらしたのかを見失ってしまう。それは誤りだ。会社は意思決定をしない。するのは人だ。

　さて、結果とカルチャーを特別なものにする組織の背後にいるのは誰だろう？　それは誰か、どのようにしているのか考えてみよう。

8 正しく採用しよう、誤った人材を雇うとその報いは重い

パートⅡの「4　人の頭の配線はそれぞれものすごく違う」で、ブリッジウォーターは設立当初、成り行き次第で人材採用をしていたと書いたのを覚えているだろうか？　最初のうちは、気に入った人だけを採用していた。だが、あまりに多くの人が会社にフィットしなかった。気に入った人たちだから、彼らを諦めることができず、事態はさらに悪い状態になっていった。そこで私たちは普通の会社のように人材採用を始めた。履歴書を見て、ふるいにかけ、適任かどうか直観を得ようと面接をした。だが、候補者に尋ねた質問は、科学的に作られた性格テストのようなものではなかったから、どういう人かほんとうにわかるような答えを引き出すことができなかった。

　私たちは、バイアスのかかった見方で将来の社員を探そうとしていたのだ。直線的思考をする人は直線的思考の人を採用したがる。水平思考の人は水平思考をする人を求める傾向がある。私たちが選んだ人材はどんな仕事でもうまくやれるタイプだと思っていた。その結果、わが社の普通とは異なる環境で誰が成功するか失敗するか正確に予測することができなかった。その結果、誤った人材を採用し続けた。

　次第に、私たちの過ちや失敗から学び、2つの形で採用を改善できると

わかった。1）どういう人物を求めているか、きっちり明確にする。そして、2）人材の能力をもっと詳細に評価するために語彙を増やした。この章では、これをやって学んだ原則を詳細に述べる。いまだに採用で間違えることが多すぎるが、これらのプロセスに従ったことで間違える確率は格段に減った。私たちは引き続き改善の努力をしている。

　高いレベルでは、自分の頭で考え、オープンな気持ちで論じ、自分の意見をはっきりと言う人を求める。そして何よりも、事実と卓越を追求し、それによって自分も組織も短時間に改善することに価値を置く人を求める。私たちは仕事を生活のためだけのものとは考えないから、採用候補者もたんなる従業員とは考えず、人生を共に歩む人と捉える。一緒に働く人は、思いやりがあり、困難でも正しいことをしようとする強い責任感を持つ人を強く望む。寛大で、公平であることに高い基準を持つ人を探す。もっとも重要なことだが、自分のエゴを捨て、自分を正直に評価できる人でなければならない。

　こういう性格を求めるか、他のことを求めるかは別として、重要なことは、人事採用はリスクの高いギャンブルで、慎重にアプローチしなければならないと理解することだ。採用した人材が会社にフィットするかどうかは、採用し、育成のために多くの時間、努力、リソースが使われて初めてわかる。何カ月も、時には何年もの月日と多額のお金が研修、再研修に使われる。任務をうまく果たせない人が増えてそういう人がオフィスにうろうろするようになると、モラールや水準の低下といった無形のコストも出てくる。思わしくない結果から生じるコストは簡単に具体的な数字で計ることができる。だから、内定通知を出す前に、最後にもう一度、重要なことがうまくいかないかもしれないリスクを考え、正しい選択の確率を高めるために、他に何ができるかを考えよう。

8.1 人をデザインと一致させる

「マシン」を築くとき、人より先にデザイン、すなわち制度設計がくる。必要とする人のタイプはデザインに依存するからだ。デザインをするときには、仕事をうまくやるのに必要な特性は何かを頭の中ではっきりと描こう。成功に必要な資質を持たない人に責任を与えるのは不毛なことだ。みんながイライラし、やがて腹を立てるようになる。それは環境を悪くする。

人とデザインをマッチさせるためには、人材採用から業績評価まで使える一貫性のある基準が必要だから、仕様書作成から始めよう。ブリッジウォーターでは、仕様書と野球カードで同じ用語を使って特性を表している。

仕事を人に合わせてデザインしないように。時間が経つと、ほとんど必ずと言っていいほど、うまくいかなくなる。仕事がうまくできないが、辞めさせるのは忍びない人がいると、その人が他にできることを探そうとする。マネジャーは彼らの強みと弱みを客観的に見ることができず、彼らにぴったりの仕事を割り当てられないことがよくある。

a. どのような価値観、能力、スキルを求めているのか、（この順番で）よく考える。 価値観は深く根差した信念で、行動を動かし、人の適合性を決める。人は価値観のために戦う。そして価値観を共有しない人と戦うものだ。能力とは考え方と行動方法である。学んだことをよく吸収し、迅速に処理する人がいる。高次元で物事を見る能力を持つ人もいる。1つひとつ細かなことを見る人もいれば、クリエイティブな人、論理的に考える人、あるいは組織のトップと一緒に考える人もいる。スキルは学習して身につけるツールである。たとえば外国語が話せるとかコンピュータのプログラムが書けるとかだ。価値観や能力はあまり変わることはないが、たいていのスキルは限られた時間の中で得ることができる（たとえばソフトウエアの習熟度は学習で高められる）。そして、その価値がよく変わる（今日もっとも必要とされるプログラム言語は、2、3年もすれば陳腐化するだろう）。

役割に応じてどのような資質が重要か、もっと広く言えば、素晴らしい関係を持つためには、どのような価値観と能力が必要かを知ることが重要だ。長期的な関係を築こうとして人材を選ぶなら、価値観がもっとも重要だ。次に能力、最後にスキルがくる。スキルと能力を最初に選び、価値観を見落とす過ちをする人が多い。私たちは３つのＣ(キャラクター〈性格〉、コモンセンス〈常識〉、クリエイティビティ〈創造性〉）を持つ人を大切にする。

　ミッションと組織の価値で連帯し、有能な人が集まっていれば、それは文句なく素晴らしい組織だ。ミッションや組織を大切にする人もいれば、しない人もいる。ブリッジウォーターのカルチャーを維持する共通の価値観は、やりがいのある仕事とかけがえのない人間関係、徹底的に事実に基づき、徹底的に隠し立てしない、オープンな態度で自分自身の弱みも含めて厳しい現実を詳しく詮索することを厭わない、当事者意識を持つ、卓越を目指す、難しくても正しいことを行うといったものだ。だからこういったことすべてを追究しようとする有能な人を求めている。

b.　**体系的、科学的に適材を探すプロセスを作る**。人材を選ぶプロセスはシステム的に作られ、エビデンスに基づいたプロセスでなければならない。人材採用マシンは、目標が明確にされていて、結果が目標と比較できるようになっていなければならない。そして、結果を生み出すマシン（デザインと人）は改善に向けて進化できるものでなければならない。

　通常の組織は、ほぼ出任せな基準に基づき、ほぼ出任せに選んだ人によって、候補者の履歴書をチェックする。そして、候補者を面接に招き、ほぼ出任せで選んだ人たちが、ほぼ出任せの質問をして、みんなが気に入った候補者に内定を出す。これらのステップはもっと体系的に目的を持って行う必要がある。たとえば、どんな質問を尋ねるかをあらかじめ決め、異なる答えが出たらそれが候補者をどう差異化し、それが会社の求める差異化につながるかを考える。これらのやりとりをすべて保存して、その後の

行動や業績とどう関連するか学べるようにしておいたほうがいい。採用のプロセスに人間的な側面や採用の技を排除しろとは言わない。個人的な価値観やチームスピリットは極めて重要で、データで測定できるものではない。時には目の輝き、顔の表情が物語ることがある。しかし、個人の主観的な解釈が重要な領域でも、客観的になるために、データや科学的なアプローチを使うことはできる。たとえば、これらの解釈の実績評価をデータで見ることができる。

c.　**ピンとくるかどうか。職務と人材の正しいフィットを探す**。ゴールは適切なデザインで適材を配置することだ。最初に、職務の責任とその職務に必要な特性を理解すること。それから個人がそれを持っているかどうかを見る。うまくいけば、採用する人材が役割にフィットしたとき、ピンとくるものがあるはずだ。

d.　**ありふれた人ではなく、きらめきのある人を探そう**。多くの人が「普通」だというだけで採用されている。配管工を探しているのなら、抜きんでた能力を持つかどうかを確認せず、最初に面接した配管工が経験を持っていれば雇ってもいい。それでも、普通の配管工と優秀な配管工との違いは大きい。候補者の経歴を見るとき、なにか特別な点が書かれているかどうかを見よう。もっともわかりやすいのは、優れた仲間の中で優れた実績を上げているかどうかだ。雇うのにあまり乗り気になれなかったら、やめたほうがいい。お互いに惨めになるだろう。

e.　**コネで職を与えない**。個人的なコネで誰かに仕事を与えるのは許されない。それは能力主義を損なう。求職者にとってもよくない。実力で職を得なかったことが伝わる。採用担当者にもよくない。彼らの権限を弱めることになる。コネを使う人にとってもよくない。実力よりも友人を優先して妥協したことが明らかになるからだ。それは陰湿な汚職の一種で、許さ

れてはならない。ブリッジウォーターで許されるのは、よく知っている人を紹介して推薦してあげるくらいだ。ブリッジウォーターは私の会社だが、私もこのポリシーから外れたことはない。

8.2 人はまったく異なるように作られていることを忘れないように。異なる見方、異なる考え方をするから、異なる仕事に適する

　ある考え方はある目的のために役に立つが、他のことには役立たない。自分と他人の考え方を理解し、いちばん適した形で適用することが望ましい。ある能力はある仕事に適している。たとえばひどく内向的な人を営業に雇わないだろう。内向的な人がその仕事をこなせないというわけではない。社交的な人のほうが仕事に満足を覚え、よい仕事をするだろうということだ。

　ある考え方が生来得意でなかったら、それを必要とするキャリアが望めないというわけではない。それができる人と一緒に働くか（たぶんうまくいく）、異なる考え方をすることを学べばいい（困難あるいは不可能だ）。

　一方、これらの違いを考えずに、接する人やグループがいる。とくにグループで目立つ。目の不自由な人が象のさまざまな部分を触ってそれは何かを論じるようなものだ。オープンに、全体像がわからないと認めたほうがずっとよい。2人の人がそれぞれ自分の見方を述べ、相手の見方を検討するときには、互いの違いを考慮に入れる必要がある。違いはある。だから、違いがないふりをするのは馬鹿げている。

a. **性格テストをどう使い、解釈するか理解する**。性格テストは能力、選好、スタイルをざっと知るのに貴重なツールだ。面接官よりも客観的で信頼性がある。

b.　人は自分と似た人を選ぶ傾向がある。探しているのはどういう人かがわかる面接官を選ぼう。ビジョンを描けるタイプを探しているのなら、ビジョンに強い人に面接をさせよう。複数の資質を求めるのなら、グループで面接させ、全員でカバーするようにしよう。判断を信用しない人を面接官に選んではいけない（信頼性のある人に任せよう）。

c.　自分自身を客観的に見ようとする人を探そう。誰もが強みと弱みを持つ。成功の鍵は弱点を理解し、それをうまく補完することだ。その能力に欠ける人はつねに失敗する。

d.　人はそれほど変化しないものだということを忘れないように。とくに1年や2年の短期間においては、まさにそのとおりだ。それなのに、誰かが何か誤ったことをするとその教訓を学んで変わるだろうと人は想定する。それはウブというものだ。変わることができるという確かなエビデンスがない限り、変わらないと想定するほうがいい。

　変化することを期待して賭けるより、自分の目で確認した変化に賭けたほうがいい。

8.3　スポーツのマネジャーのようにチームを考えよう。みんな優秀でなければならないが、成功するのに必要なことすべてを1人が備えているわけではない

　チームはプロ・スポーツのように運営すべきだ。それぞれのポジションでプレーするのにそれぞれ異なるスキルが求められる。各人が優秀でなければならない。ミッションの成功は妥協できない。期待に応えられないメンバーは外される。チームがそのような高い水準で働き、価値観を共有す

れば、素晴らしい人間関係が出来上がる。

8.4 実績に注意を払おう

　人の性格は、会社に入る前にほぼ出来上がっている。子供の頃から足跡はあらゆるところに残されている。しっかり調べればわかるものだ。彼らの価値観、能力、スキルを調べる必要がある。期待に沿う優れた実績を上げているか？　してもらいたいと思っていることを、少なくとも3回うまくやりおおせているか？　もししていないのなら、確率の低い賭けをすることになるから、よほどの理由が必要だ。といっても、新しいことをしてはならないということではない。もちろん、すべきだ。だが、きちんと注意を払い、ガードレールを備え付けておくべきだ。つまり、経験ある人を経験の浅い人の監督につけることだ（あなたの経験が浅いなら、あなたも監督をつけるべきだ）。

a.　信用照会をチェックする　候補者の実績を本人の申告だけで判断してはならない。候補者を知る信頼できる人と話し、証明する文書を見て、彼らの上司、部下、同僚による過去の人事考課を尋ねよう。できるだけ多く。彼らが選び歩んで進化してきた道がはっきり客観的に見られるように。他社での成功を引っ提げてブリッジウォーターに入社したのに、能力を発揮しない人を多く見てきた。よくよく見てみれば、言うほどの成功を収めていなかった、あるいは他人の手柄を横取りしていたということが暴露されることがある。

b.　学校の成績では、求める価値観や能力を持っているかどうかわからない。チェックするのがいちばん簡単だし、学校での成績は記憶力や処理能力がよければよくなる傾向にあるので、これらの能力を見るのには適している。学校での成績はまた、成功しようとする固い決意、指示に従おうと

する気持ちと能力を表す。だが、候補者の常識、ビジョン、創造性、意思決定能力を評価するとなると、学校での記録は限られた価値しか持たない。これらの特質がもっとも重要だから、学校を離れて候補者がそれらを有するかどうか見なくてはならない。

c. 概念的に考えられる優れた人がいれば最高だが、素晴らしい経験、素晴らしい実績も重要だ。さまざまな職種があり、それぞれがさまざまなタイプの人を必要とする。私は起業家タイプの人を求める傾向がある。聡明で、オープンな態度で戦う人で、最善の解決案を探す人だ。そしてしょっちゅうがっかりさせられる。一方、何十年と専門分野に没頭してきた匠の職人に会うことがある。彼らにはすっかり頼ることができる。マルコム・グラッドウェルのルールがいつも頭に浮かぶ。彼は、専門性を築くには１万時間やり続けなくてはならない、そして野球打者を判断するには打率を見ればいいという。才能ある新人がすでに評判のあるベテランと比較してどのくらいよくやれるかを見るには、２人に議論させて、どうなるかを見ればいい。

d. 実践的でない理想主義者に気を付けよう。理想主義者は人が現実にどう行動するかを理解しないまま、人はこう行動すべきだと教訓的に話す。それは害があっても益はない。

グローバルなマクロエコノミスト、ビジネスマン、慈善家として、私はこれらの分野で繰り返しこういうことを見てきた。意図はよいのだが、実践的でない理想主義者は危険で破壊的だ。実践的な理想主義者は世界をよくしてくれる。実践的になるには、人は現実主義者でなければならない。人々の関心がどこにあり、結果を生み出すにはマシンをどうデザインすればよいか、そして、費用対効果で見る業績判断基準がわかっていなければいけない。このような基準がなければ、浪費が効果を減らす、あるいは消し去ってしまう。基準があれば、効果の流れは止まらない。

e. **他社で成功した人が、新たな職場の任務でも成功すると想定しないこと。** どんなに人事採用に優れていても、何人かうまくいかない人は出てくる。検討中の候補者が、どう働くか、どう結果を生み出すかを想像してみよう。過去にどうだったかを知るのは貴重だが、どういうタイプかを知るのはもっと役立つ。

f. **性格がよく仕事ができる社員であるように。** 有能だが、性格のよくない人は破壊的であることが多い。害を及ぼすだけの賢さがあり、必ずカルチャーを悪化させる。私の意見だが、大半の組織は、能力を過大評価し、性格を過小評価する。仕事を片づけたいという近視眼的な見方のせいだ。それで、よい時期も悪い時期も一緒にやり通す素晴らしい人間関係の力を失ってしまう。

　誤解しないでほしいのだが、性格がよければ能力で妥協していいと言っているわけではない。性格はいいが能力のない人は、これまた問題を生む。人から好かれるが、仕事を仕上げられない。その人を解雇するのは、生活が苦しくなって飼えなくなった忠犬を射殺するような気分になってしまう。だが、辞めてもらわなくてはならない。最終的には、一緒に働く人は、素晴らしい性格に加えて素晴らしい能力を持つ人でなければならない。だから、よい人材を探すのが難しいのだ。

8.5　最初の仕事をこなせるだけの人材を採用しない。一生を共に過ごしたい人を採用すべきだ

　社員が離職するのは、効率が悪く高くつく。人が互いに知り合い、組織を知るまでには時間がかかるからだ。一緒に働く人も組織も予想できない形で進化する。だから、長期的なミッションを共有したいと思う人を採用することだ。素晴らしい人ならつねに使い道がある。

a. **よい質問をたくさんする人を探そう**。賢明な人とは、よく考えた質問を多くする人だ。答えはすべてわかっていると思う人の逆だ。よい質問は、よい答えよりもはるかに優れた将来を占う指標だ。

b. **候補者に欠点を見せよう**。採用しようとする人に現実の姿、とくに悪い点を見せよう。また原則が実際にどう使われるのかを見せよう。難しい側面も隠さない。そうすれば困難に耐えるつもりがあるかどうかのストレステストができる。

c. **気の合う、だが疑義を投げかけることを辞さない人たちとジャズを演奏しよう**。好みやスタイルを共有する人が必要だが、相互に切磋琢磨する相手でありたい。音楽でも、スポーツでも、あるいはビジネスでも、最高のチームはこういったことを同時に行っている。

8.6　待遇を検討するとき、安定性と機会を与えるように

　金銭的な心配をしないで済むように社員には十分支払おう。しかし、社員が幸せ太りになるほど払わないように。社員は業績を上げるようモチベーションを高く持ち、夢をかなえられるように。収入が増えるからという理由で就職を希望する人は要らない。一生懸命クリエイティブな仕事をして収入を上げる機会を求める人であってほしい。

a. **人に対して支払うのであって、ポジションに払うのではない**。同等の職、経験、資格を持つ人が、どのくらいの収入を得ているかを調べ、それに少し上乗せした報酬を払おう。ボーナスなどのインセンティブを作り、モチベーションを与えて壁を破らせよう。仕事の肩書だけで報酬を支払ってはいけない。

b. **業績評価を緩やかにでも報酬と連動させよう。**仕事での素晴らしい人間関係に貢献するすべての要素を業績判断基準に入れ込むことはできない。だが、多くはできるはずだ。業績評価と報酬を連動させることで、社員にどういう条件で働いているのかはっきり理解してもらえる。よいフィードバックとなり、行動に影響を与えることができる。

c. **公平と思われる以上に支払う。**気前よくする、あるいは少なくとも他社よりは多く支払うことで、私は仕事を広げ、人間関係を強化した。社員は同じように反応してくれた。その結果、お金以上に特別な何かを得ることができた。相互の思いやり、敬意、そしてコミットメントだ。

d. **パイをどう切って大きな分け前を取るかではなく、パイ自体を大きくすることに注力しよう。**最高の交渉は、「もっとお取りください」と言うと、「いや、あなたこそ、もっと取るべきです！」と返してくるようなものだ。互いにこんなふうに働いていると、人間関係はよくなり、パイが大きくなる。そして長期的に双方が利益を得る。

8.7 優れたパートナーシップでは、お金よりも、配慮や寛容さが重要とされる

　あまり豊かでない人がわずかなお金を与えると、金持ちがたくさん与えるよりも、気前よいと言える。気前よさに反応する人も、お金に反応する人もいる。一緒にいたいのは前者のタイプだ。そしてつねに気前よく寛大に扱おう。

　私が何も持っていなかったとき、私はできる限り気前よくしようとした。社員は他社で高い報酬を得るよりも、それを評価してくれた。だからこそ、彼らは会社に残ってくれた。私はそれを決して忘れない。そして機

会があれば、彼らを豊かにすると心に決めていた。そして私がもっとも必要としたときに、彼らもまた気前よく応えてくれた。私たちはお金よりも貴重なものを手に入れた。そして、私たちはお金も手に入れた。

　お金の唯一の目的は欲しいものを手に入れることだ。だから、何に価値を置き、何がお金より貴重かをじっくり考えよう。よい人間関係をいくらだったら売るか？　どんなにお金を積んでも、貴重な人間関係から離れることはできない。

a.　**気前よく、そして他人にも気前よくしてもらうことを期待しよう**。他人に気前よくなれず、他人も気前よく応えなかったら、よい人間関係にあるとは言えない。

8.8　素晴らしい人材を見つけるのは難しい。だから素晴らしい人材をどう引き止めるかを考えよう

　かけがえのない人間関係を作るとか、つねに「同期をとる」とか、以前に書いた提案を実行してほしい。もっとも重要なのは、どんな調子か社員に話してもらうようにすることだ。1人ひとりが適切な成長を遂げているかを見るのは重要なことだ。少なくとも1年間は、メンターが近くにいてアドバイスをするべきだ。

どういう人かがわかれば、
何を期待できるかがわかる

9 つねに研修をし、
テストをし、
評価をし、
人材を選別する

社員もデザインも、マシンを改善するために進化しなくてはならない。個人の進化がうまく行われれば、その見返りは幾何級数的に増える。社員がどんどんよくなり、自分の頭で考え、調べ、マシンに磨きをかける手助けをする。早く進化すればするほど、結果も早く改善する。

　社員個人の進化は、彼らの強みと弱みを率直に評価するところから始まる。次に、彼らの弱みを研修で補うか、彼らの強みや好みに合った他の仕事に異動させることを考える。ブリッジウォーターに新たに入社した人は、この会話があまりにも率直で直接的なので、驚く。だが、それは個人攻撃ではないし、序列で変わるわけでもない。この手の批判から誰も免れることはない。このプロセスは、マネジャーにとっても部下にとっても難しいものだが、長期的にはみんながよかったと思うし、ブリッジウォーターをさらに成功させてきた。改善しているとき、自然にやれて進歩に役立つことをしているとき、人はとても幸せなものだ。部下の弱みを学ぶことは、強みを学ぶのと同じくらい貴重なのだ。部下にとっても、上司にとっても。

　部下の成長を手伝っているときでも、つねに彼らが責任をきちんと果たしているかどうかを評価すべきだ。これを客観的に行うのは容易ではな

い。部下とよい人間関係を持つと、業績が基準に達していなくても、正確に評価する気になれない。同様に、神経を逆なでするような部下には実際よりも厳しい評価をしたくなる。アイデア本位主義は客観性を求める。私たちが開発した管理ツールの多くは、その目的で作られている。1人のマネジャーが管理すればバイアスがかかってしまうが、ツールを使えば部下の実像と業績が偏りなく見えてくる。マネジャーと部下で評価に関する意見が一致せず、解決のために第三者が呼び出されるときにはこのデータは不可欠だ。

　数年前、ある社員が試験的にある部門の長を務めた。彼の前任者は会社を辞めたので、当時CEOだったグレッグは、副部長だったこの社員に役割を果たす能力があるかどうか、評価しようとした。その社員は、自分はできると考えた。グレッグも他の社員もそうは考えなかった。この決定は、CEOが「決めること」といった単純なものではなかった。私たちはエビデンスに基づいて決定をしたいと考えた。わが社のドット・コレクター・システムでつねにフィードバックを得ていたから、その仕事に求められる属性のデータは文字どおり何百とあった。統合能力、知らないのは何かを知る、適切なレベルで管理するといったポイントも含まれていた。このデータをスクリーンに映し出し、みんな一緒にじっくりと見た。それから、私たちはその社員に、もし彼が決める立場にあったら、エビデンスのデータを見て、その仕事に彼自身を採用するかと尋ねた。一歩離れて客観的なエビデンスを見て、彼はブリッジウォーター社内で彼の強みを生かせる別の仕事を試すことに賛同した。

　社員にスキルを身につけさせるのは容易なことだ。適切な研修をすればいい。能力を改善させるのはもっと困難だが、その後社員が責任範囲を広げていくためには不可欠なことだ。価値観を変えるのは、絶対に無理と思ってかかるべきだ。どんな関係にあっても、一緒にやっていけるかどうか決断するときがある。プライベートではよくあることだ。高い水準を求める組織でもそうだ。ブリッジウォーターでは、カルチャーの基本的な部分

では妥協できない。だから、一定の許容範囲の時間内に水準に達しなければ、その人には会社を辞めてもらう。

　リーダーは誰も、1）目標達成のために、みんなから好かれているが能力のない人に辞めてもらうか、2）いい人だが能力がない人を会社に残して、目標を達成しないかのいずれかを決めなくてはならない。この難しい決断をできるかどうかが、成功と失敗を分ける決め手となる。ブリッジウォーターのカルチャーでは、選択の余地がない。卓越性の追求を選ばざるを得ない。そのときには難しいことだろうが、誰にとってもそれがベストなのだ。

9.1　あなたも、あなたの部下も　　　　進化のプロセスの試練を乗り越えなくてはならない

　誰もこのプロセスから逃れられない。うまくできるかどうかは、強みと弱み（とくに弱みのほうだ）を率直に評価する能力にかかっている。フィードバックを聞かされる部下と同じくらい、与えるマネジャーにとっても困難なことだが、長期的には社員を幸せにするし、組織はより大きな成功を達成できる。

a.　強みと弱みがわかれば、比較的早く、自然と進化できるものだ。だから、キャリアパスは最初のうちに計画しない。進化のプロセスは、好きなことと嫌いなこと、そして強みと弱みを発見することだ。少し背伸びすれば成功できそうな仕事を与えられたときに進化が起きる。その人がどういう人かを私たちが学ぶのに応じて、その人のキャリアは進化する。

　彼らは、とりかえしのつかないミスを犯さないようにコーチを受ける一方、学習し、自分で考える自由をたっぷりを与えられるべきだ。彼らが受けるフィードバックは、さらに学習すれば解決できる類いの問題か、変えられない生来の能力から生じる問題なのかを考えるヒントになるべきだ。

通常、新入社員を全般的にざっくり知るには6カ月から12カ月かかる。そして、彼らがカルチャーを身につけ適応するのに18カ月かかる。この間、定期的にミニ人事考課を行い、何回か本格的な人事考課を行う。その後に、彼らの好むことと好まないこと、強みと弱みを考慮して、新たな任務を割り当てる。これを繰り返し、その間に研修、テストを行い、改善させ、その人に適した役割と責任を見つける努力をする。ブリッジウォーターでは、これは困難ながらやりがいのあるプロセスで、自分をよりよく理解し、さまざまな仕事に慣れていくから個人の得るところは大きい。社員が会社を去る結果になるのは、社内のどの仕事でもうまくこなせず幸せになれないと悟るからだ。

b.　**研修が個人の進化を導く**。研修生は、オープンであること。上手にやれること、やれないことを知り、それに対してどうするのかを学んでいる間、エゴをいったん捨てなければならない。研修をする側もオープンでなければならない。1人の研修生に少なくとも2人の信頼性の高い人がつくのがベストだ。そうすれば研修生がどういう人物か、多面的にチェックできる。研修は見習いだ。スキーのインストラクターが生徒の横についてスキーをするようなもので、研修する人と研修を受ける人が経験を共有する。そのプロセスで、彼らは成長し進歩する。彼らがどのような位置にあるのか、それはなぜか、それを改善するには何ができるのかといったことがガラス張りになる。それは個人的な進化を早めるだけではない。組織の進化が早まる。

c.　**魚を与えるのではなく魚を釣る方法を教えよう。それで多少のミスを犯させることになっても**。時には、そばにいて、ミスをしでかすままにさせることも必要だ（あまり深刻なミスではないという前提だが）。それで人は学ぶ。どうすればいいか、しょっちゅう、ああしろこうしろと言うのは悪い兆候だ。事細かに管理するのは、管理される側に能力がないからだ。

それはマネジャーにもよいことではない。こまごまと指示するよりも、研修をしてテストをすべきだ。彼らの決めたことに自分だったらどうアプローチするかを話してもいいが、そうしろと言ってはならない。いちばん役に立つのは、研修生と一体となり、彼らがどんな状況か、それはなぜかを細かく探ることだ。

d. **経験は、座学では取って代われない学びを体に覚えさせる**。本を読んで記憶して勉強することと、直接実務に携わり体で学ぶことの間には大きな違いがある。教室で手術の仕方を学ぶ医学部の学生は、何度か手術を経験した医者と同じような学びを得ていない。座学に優れた人は、学んだことに従おうとして記憶をたぐり思い出そうとする。体で学んだ人は、道を歩くのと同じように、考えずに潜在意識に従う。この違いを理解するのはとても重要だ。

9.2 つねにフィードバックを与える

トレーニングは、何かをしてその結果を同じように考えるところから始まる。実際の状況に照らし合わせて、うまくいっていること、うまくいっていないことをフィードバックとして与えるべきだ。褒め言葉と批判とをバランスさせようとしてはいけない。目標達成の責任があること、マシンを意図どおり機能させることを忘れないように。そのためには、指導する部下が所期の働きをしなければならない。うまくいっているかどうかを彼らに理解させられるのは、研修をしているあなただけだ。彼らの強みと弱みがはっきりしてくれば、マシンがよく機能するように、彼らの進化が早まるように、彼らに与える責任を変えていけるようになるだろう。

9.3 親切に、ではなく、正確に評価する

徹底的に正直になるのは易しいことだとは誰も言わない。まだ慣れていない新入社員にとってはとくに、正直な評価は個人攻撃されたように思える。高所に立ち、大局を見るように。評価する相手にも同様にすることを勧めよう。

a. **最終的には正確さも親切も同じことだ。**親切に見えても正確でないことは、その人に害となり、組織の他の人にも同様に害となる。

b. **褒め言葉と批判を大局的に話すようにしよう。**研修生に弱みやミスを話すとき、それが研修生の全体的な評価を表すものかどうかを明確にしておくとよい。ある日、新しく入ってきたリサーチの人に、素晴らしい仕事をしている、思考力が高いと、思ったとおりに話した。最初の評価としてはとてもよいものだった。数日後、仕事に関係のないことを長々とおしゃべりしているのを聞いた。時間を浪費すると、彼にも私たちの発展のためにもマイナスになるよと警告した。その後、彼はクビ寸前だと思っていることを知った。仕事に集中しろという私のコメントは彼の全体的な評価とは無関係だ。2回目に2人で話したときに、私がもっと上手に説明していたら、彼は私のコメントをもっと大局的に受け止めることができただろう。

c. **正確かどうかについて考えること。言外の意味は何かなど考えない。**批判的なフィードバックを受けると、その言外の意味は何かばかり考えて、それが正しいかどうかを考えないことがよくある。これは間違いだ。後に説明するが、「何か」と「それをどうするか」を一緒にしてしまうと、だいたいが誤った意思決定になってしまう。何が事実かを理解しようとしているだけだということを明確にしてフィードバックを与えるように。それをどうするかを考えるのは、別の話だ。

d.　正確な評価をする。人材はもっとも重要な資源だ。事実は卓越性を達成する基盤だ。だから人事考課はできる限りきっちり正確に行うこと。これには時間がかかり、何度もやりとりすることになる。責任ある立場の人を評価するときは、あなたのやり方に沿ってやっているかどうかだけではなく、上手に仕事をこなしているかどうかを評価すべきだ。率直に話す、オープンな態度で聞く、他の信頼できる正直な人の見方を考慮する、そしてその人が何をしているのか、それはなぜなのか、考え方に齟齬がないようにする。評価に自信を持ちすぎないように。間違っている可能性もあるのだから。

e.　失敗から学ぶように、成功からも学ぶ。徹底的に事実を把握するといっても、マイナスのことばかりである必要はない。よい仕事をしたらそれを指摘し、成功の原因は何かを話そう。これはよい結果を導いた行動をさらに強め、学習中の人たちのロールモデルとなる。

f.　誰もが、自分のしたこと、していることは実際よりも重要だと思うものだ。組織の全員に、組織の成功にあなたはどのくらい貢献していますかと尋ねると、合計は300％くらいになってしまう[*39]。それが現実だ。だから特定の結果を特定の人の行動と結び付けるときは、正確にしなければならない。さもなければ、誰が何に責任があるのかがわからなくなる。さらに悪い場合には、この素晴らしい業績は自分のおかげだと誤って信じる人が出てきてしまう。

[*39] ブリッジウォーターで試したところ、301％になった。

9.4 愛の鞭はとても難しく、同時にとても重要な愛の形だ（滅多に歓迎されることはない）

　誰かに贈る最高の贈り物は成功する力だ。悪戦苦闘する機会を与えるほうが、悪戦苦闘して得ようとしているものをそのまま与えるよりもその人を強くする。

　褒め言葉を与えるのは簡単だ。だが、もう少し頑張ろうとはさせない。（何に対処しなければならないかわかるように）ミスや弱みを指摘するのは、難しいし、感謝されることが少ない。だが、長期的にははるかに貴重だ。新入りの社員はそのうち感謝するようになるが、最初のうちは理解してくれない。だから上手に進めるには、はっきり、繰り返し論理を説明し、その裏にある愛情を伝えなくてはならない。

a. **誰もが褒め言葉のほうを好むが、的を射た批判のほうがもっと貴重だ。**
「苦は楽の種」という言葉を聞いたことがあるだろう。心理学者によれば、もっとも人を変えるのは、ミスをして二度と味わいたくないと思う痛みで、「底つき体験」として知られる。だから、こういった経験をさせることを躊躇する必要はない。自分自身でも経験すべきだ。

　上手にやっていることは何かを明確にすることも重要だが、弱みを指摘し、それについて考えさせるほうがもっと重要だ。

　順調にいっていることよりも問題のほうが時間を要する。何が問題かを見つけ、理解し、対応しなければならない。順調ならあまり注意を払う必要はない。うまくいったとき、お祭り気分でお祝いしたくなるが、私たちは、どこを改善すべきかに注目する。だから私たちは成功したのだ。

9.5　見て気づいたことを胸に秘めておかない

　適材適所になるように、自分や部下がどのような人物かを理解するために、気づいたことをオープンに掘り下げよう。

a.　具体的な事象を統合して作る。多くのデータを使って１つの正確な像に作り上げることを、私は「統合する」と言う。特定のデータと紐付けないまま人の評価をする人が多すぎる。ブリッジウォーターにある具体的なデータ（ドットや会議の録画など）がすべてあったら、データを使い、データのパターンを見て作業ができるし、そうすべきだ。このようなツールがなくても、人事考課基準、テスト、そして周りの人からのインプットがあれば、その人がどういう人かもっと完全に近い像を描ける。何をしたかをチェックするのにも役立つ。

b.　ドットを絞る。どんな観察結果でも、仕事の進め方について貴重な情報を与えてくれる。前にも説明したが、これらの観察結果を私は「ドット」と呼ぶ。ドットは、データで、それが何を意味するかの推論と組み合わせて利用する。ある人の決定、発言、考えをどう判断するかというものだ。たいていこういう推論や判断は、声に出して人に伝えず胸の内に収めておく。だが、システム的に集計し、時系列に見ていけば、一歩離れてある人の像を描こうとするとき、極めて貴重なものとなる。

c.　ドットを絞りすぎないように。忘れないでほしいのだが、ドットは、たんにドット、１つの事象でしかない。重要なのはそれが集計されたときにどうなるかだ。個人のドットを野球の打席と考えてみよう。偉大な打者であっても、多くの三振を食らう。選手を１本のホームランで評価するのは馬鹿げている。だから出塁率や打率があるのだ。

　つまり、１つの事象には多くの異なる説明ができるが、行動パターンは

根本原因の多くを物語る。パターンを見抜くのに必要な観察の数は、観察するたびにどれだけ上手にその人と考えを同じにするかに依存する。その人は、どのように、なぜその行動をとったのかをよく議論すれば、その人のより広い人物像を得ることができる。

d.　業績調査、業績評価基準、正式な人事考課面接など、評価のツールを使おう。そして業績をあらゆる角度から見て書面に残そう。 データがないと、客観的に、オープンに、感情を交えず業績について会話をするのは難しい。進歩をたどるのも難しい。これがドット・コレクターを作った理由の１つだ。責任を測定できるような他の方法を考えることも勧めたい。１つの例だが、チェックリストに書いたことをしたか、しなかったかを書いてもらい、与えられた任務の何割を終わらせたか計算してもいい。この比率を見れば計画どおりに実践しているかどうかがわかる。それは客観的な評価方法で、生産性を改善するのに役立つ。

9.6　どういう人かを学ぶプロセスをオープンにし、進化させ、繰り返し使うようにしよう

　価値観、能力、スキルに対する評価を明確にし、他の人と共有する。本人、そして周りの人がそれに対してどう反応するかを聞く。研修とテストの計画を立てる。そして観察結果に基づいて再度評価する。これを継続的に行う。数カ月話し合い、現場でテストすれば、あなたもあなたの部下も、その人がどういう人かかなりよくわかるはずだ。この作業は、その人に適した役割、研修は何かを明確化する。あるいは、その人はもっと合った仕事を他社で見つけるべきだと教えてくれる。

a.　業績判断基準を明確に、公平にする。 永久に動くマシンを築くために、明確なルールと業績判断基準を作り、社員がルールに沿ってどう働いてい

るかを見よう。そして業績判断基準の結果に基づいて計算し、あらかじめ定めた方法で成果報酬を出すようにしよう。

　ルールが明確であればあるほど、誰かが何か間違ったことをしたかどうかの論争が減る。たとえば、わが社には、社員は顧客の資金運用と利害相反しないように個人の投資運用をすることというルールがある。このルールは疑義が生じないように明確になっているから、違反があれば議論の余地はない。

　誰もが全員の実績を見られるようにした業績判断基準は、評価をより客観的で公平なものにしてくれる。社員は高い成績を得られるように努め、業績について論じることが少なくなる。もちろん、人によって重要性の異なる任務をこなすから、異なる業績判断基準を適切にウエイト付けして使う必要がある。データを集めれば集めるほど、フィードバックはもっと直接的で詳細なものになる。それがドット・コレクターのツールを作り出した理由の１つだ（たくさんの直接的なフィードバックを与えてくれる）。会議中に得られるフィードバックを使って、会議の最中に軌道修正することもある。

　業績判断基準が出来上がれば、成果報酬を計算するアルゴリズムと紐付けることができる。XをするたびにYのお金（あるいはボーナスのポイント）を稼げるという簡単なものでも、もっと複雑なものでもいい（たとえば、ウエイト付けしたいくつかの業績判断基準と報酬やボーナスポイントを計算するさまざまなアルゴリズムと結び付けてもいい）。

　このプロセスはきっちりとはできないが、ざっくりした形でも役に立つ。やがて素晴らしいものに進化していくだろう。欠陥があったとしても、出てきたものを慎重に扱えば、もっと正確な評価や報酬の土台になる。そのうち、自分自身でやるよりもはるかに優れた管理を行う素晴らしいマシンに進化していくだろう。

b.　客観的に自分の業績を考えることを奨励する。一段高いところから自

分自身を見ることは、個人の進化と個人の目標達成に不可欠だ。だから部下と一緒に業績を示すエビデンスを見るべきだ。これをうまくやるには、山のようなエビデンスと客観的な視点が必要だ。必要であれば、同意を得た第三者にエビデンスを多面的に見てもらってもいい。

c. **全体像を見る**。誰かの人事考課をするとき、目標はパターンを見て全体像を理解することだ。すべてで成功する人は誰もいない（ものすごく几帳面な人は、迅速な行動ができない、その逆も然り）。人事考課で行われる評価は具体的でなければならない。どのようにあ・る・べ・き・か、ではなくどの・よ・う・な・人かを知るものだ。

d. **業績評価では、具体的な事象から始め、パターンを見つけ、エビデンスを一緒に見て評価を受ける人と同期をとるようにしよう**。フィードバックはつねに行うが、レビューは通常定期的に行う。その目的は、その人がどういう人かを表す蓄積されたエビデンスを持ち寄ること。それが仕事の成果に関連するからだ。つねにフィードバックを効果的に与えていれば、小さな情報が集まって全体となり、それが業績評価のようになる。業績評価にはサプライズがあってはならない。つねにその人が仕事をどうこなしているのか、理解しようと努力しているべきだからだ。もしうまくいっていないと考えたら、そのつど、なぜ成果が上がらないのか、その根本原因を探し、見つけ、取り組むべきだ。自分で自分の弱みを認識するのは難しい。誰かが具体的なケースを見て、その人はどういう人か、仕事にフィットしているか、(些細なことではなく) 事実をうまく探り出す必要がある。

　どういう人物か見るのに時間のかからない場合もある。大変なときもある。だが、時間をかけて十分なサンプルを得れば、実績（彼らのキャリアの軌跡に見られるアップ・ダウンのレベルとその勾配の緩急の程度。時折生じる小刻みな波は見なくていい）から、彼らに何を期待できるか明確に描くことができるだろう。業績に問題があれば、それはデザインの問題

（その人の責任が重すぎるとか）か、適合／能力の問題だ。もし問題が個人の能力不足であれば、それはその仕事をこなすには生まれつき弱点があるからか（バスケットボールのチームで身長 158 センチの人はセンター・ポジションをやるべきではない）、あるいは十分な研修がなされていないかのいずれかだ。効果的な人事考課の面接をし、1 年を通じて考え方を同じにするよう「同期をとる」ようにすれば、こういったことがわかるはずだ。評価はどのくらい進歩したかだけではなく、絶対値でも見るべきだ。いちばん重要なのは、結果だけでなく、与えられた仕事をどう扱ったかだ。人事考課の目的はどういう人物かを知り、その人物は何が確実にできるか、できないかを明確にすることだ。そこから、何をするかを決めればいい。

e.　**人事評価で犯す 2 つの大きな過ちは、自分が下す評価に自信過剰になること、そして、それを他の人と話して同じ理解になるよう同期をとらないことだ**。ある人のあることが事実だと信じるのなら、ほんとうにそうか確かめること、そして評価される本人の同意を得ること。それが責任だ。もちろん、時には同じ考え方になるのが不可能なときもある（誰かのことを正直ではないと思うのに、本人は否定する場合とか）。だが、事実に基づき、隠し立てしないことを標榜するカルチャーでは、自分の見方を話し、他の人にも考えを話させるのが義務だ。

f.　**序列にとらわれず評価で考えを一にする**。たいていの組織では、人事評価は一方通行だ。管理職が管理される人を評価する。管理される人はだいたい評価に同意しない。とくに自己評価より低い場合には。人は実際よりも自分は優れていると思うものだ。管理される側も管理職に対する意見があるが、普通の会社ではあえてそれを持ち出す人はいない。そこで誤解と恨みが悪化していく。この過ちを認めない行動は、環境を損ね、人間関係を蝕む。よい形で見方を同じにするよう同期をとれば、これは避けるこ

とができる。

　あなたは彼らの敵ではない。あなたの目的はただ 1 つ、事実に近づくこと。彼らの役に立ちたいから、自己欺瞞や嘘の上塗りをさせないし、見逃してあげることもしないのだということを部下に信じてもらわなければならない。これは正直に隠し立てせずに行うべきだ。もし彼らが不公平に型にはまった見方をされていると思ったら、このプロセスはうまくいかない。平等なパートナーとして双方で事実を把握すること。双方が平等であれば、誰も追い詰められた気持ちにはならない。

g.　**ミスとその根本原因について率直に話し、部下について学び、部下にあなたのことを学ばせよう**。部下に評価を明確に伝え、オープンな態度で彼らの反応を聞いて、研修やキャリアパスを一緒に設定しよう。弱みを認識して伝えることは、マネジャーがしなくてはならないもっとも難しい仕事の 1 つだ。フィードバックを受ける側は、容易なことではないことをしてくれているのだから与える側に同情の気持ちを持つことが大切だ。事実に至るには双方ともそれなりの品性が必要だ。

h.　**よい仕事をさせるのに、仕事をすべて、いつも見ている必要はない**。どういう人物かを知り、サンプルを見ればいいだけだ。統計学的に信頼できるだけのサンプル数を見れば、どういう人物かがわかり、何を期待できるかがわかる。彼らの活動の中で、重要性が高く事前承認が必要なもの、後でチェックすればいいものを選別する。だが、監査は必ずするように。チェックされていないとわかると人間は怠慢になったり、インチキをしたりするものだ。

i.　**変わるのは難しいことだ**。何であれ、変わるのは難しい。だが学び、成長し、進歩するためには、変わらなければならない。変化を求められる場面になったら、自問自答しよう。私はオープンな気持ちでいるか？　そ

れとも抵抗しているか？　困難と真正面から向き合い、なぜ困難なのかを探るようにしよう。そうすれば、多くを学べるとわかるだろう。

j.　弱みを探られて感じる痛みを通じて、手助けしよう。意見の相違があると感情は高ぶる。それが誰かの弱点となると、とりわけそうなる。コミュニケーションを進めるために、冷静に、ゆっくり、分析的な態度で話そう。学びと個人的な進化があるから痛みを感じるのだと話し、気持ちをきちんと整理させよう。そして事実を知れば、さらによい方向に向かっていけるとわからせよう。部屋から出てじっくり考えてごらん、数日後落ち着いたところでフォローアップしようと言ってもいいだろう。

　最終的には、成功の手助けをするために次の2つのことをすべきだ。第一に、失敗を熟視し、変わろうという気持ちにさせる。それから彼らの何を変えたらよいかを教える。あるいは、彼らが弱い点に強い人の力を借りるようにさせる。2番目をしないで1番目だけをしようとすると、相手の気持ちが萎えてしまう。両方すれば元気づける。とくに効果を感じるようになってくれば。

9.7　働き方を知り、その方法がよい結果をもたらすかどうかを判断するのは、その人が実際に何をしたかを知るよりも重要だ

　どういう人物かを知れば、将来仕事を上手に扱えるかどうかを知る最高の指標になる。ブリッジウォーターでは、このことを「ショットよりもスイングに注意を払う」という言い方をする。結果の良し悪しは、状況のせいで個人の対応に無関係のこともある。だから人を評価するときには、論拠と結果の両方を見ることが望ましい。私はかなり単刀直入に論理的思考を探り、責任を免れさせないようにする。こうすることで、私は人の論理をどう評価するか、自分自身の論理をもっと磨くにはどうしたらよいかを

学んだ。結果も論理的思考も芳しくなく、しかもそれが何度も起きれば、そのような考え方はもうしてほしくないと思う。

　あなたがポーカーをよくするとしよう。時にはよい手を得て勝ち、時には負けることもある。自分より弱いプレーヤーがたまたまラッキーだと、その人より少ないお金しか得られない夜もある。その一度の結果でプレーヤーの腕を判断するのは間違いだ。何をするかを見て、長期間その人の結果を見るべきだ。

a.　**仕事の成果が上がっていない人がいたら、学びが足りないのか、それとも能力が不足しているのかを考えよう。**仕事の成果は2つのことから生じる。次ページの図で示したとおり、学びと能力だ。経験や研修の不足が弱みとなっているのであれば、直すことができる。だが能力不足の場合には直せない。この2つの原因を見分けないマネジャーは多い。不親切だとか手厳しいと見られたくないからだ。またこのように評価されると、人は抵抗することもわかっているからだ。これもまた、実践的かつ現実的になるよう努力すべきことの1つだ。

b.　**成績の悪い社員に研修を受けさせ、テストして必要なスキルを身につけられるかどうかを見るだけで、能力を評価しようとしないのはよくある過ちだ。**スキルはテスト可能だから、容易にわかる。能力、とくに右脳の能力は評価がもっと難しい。なぜ仕事ができないのかを考えるとき、能力の問題ではないのだろうかと先入観なしにオープンに考えよう。

9.8　弱点について話し、その人と考えが同じであれば、その弱点はたぶん事実と思っていい

　互いに同意したら、事実にたどりついたといういいサインで、素晴らしいことだ。このプロセスでは評価される人が対等の参加者であるべきとい

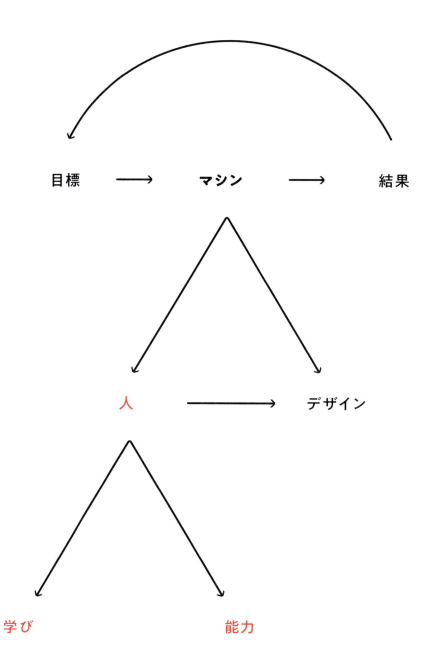

う理由がここにある。同意したら正式に記録を残そう。この情報は、将来の成功に不可欠な要素となる。

a.　**人を判断するとき、「一点の疑いもない」ところまで行く必要はないことを覚えておこう**。完璧な理解は不可能だ。完璧を目指したら時間を浪費し進歩を止める。その代わりに、どういう人物かざっくりある程度自信を持って理解し、相手と同意すればいい。必要になったら、時間をかけてこの理解を深めればいい。

b.　**どういう人物か、その仕事に合っているかどうかを見るのに1年以上かける必要はない**。近くで観察し、多くのテストをし、考えを一にしようとすれば、6カ月から12カ月のうちに能力はだいたいわかる。この期間の長さは当然だが、仕事の内容やその人物、接触の多さ、うまく考えを一にできるかどうかによる。

c.　**在職中は評価を続ける**。部下をよく知るようになればなるほど、上手に教育し、指示を与えられるようになる。大事なことだが、本質的価値観や能力をもっと正確に評価できるようになる。そして、上司の補佐ができるようになる。だが、最初の評価に頼らないように。つねに、今わかっていることを知っていたらその人物を採用したかと自問しよう。もし答えがノーなら、その仕事から外すことだ。

d.　**採用面接と同じくらい厳しく社員の評価をする**。採用面接では候補者をよく知らないのに自信を持って率直に批判する。それなのに、同様の弱点を持つ社員は批判しないのは不思議だ。しかも社員なら多くのエビデンスがある。それは、批判は害を与えると思うからだろう。また、社外の人とは違い、社内の仲間は庇いたくなる。もし、誰にとっても事実がいちばんだと思えば、これが過ちであり、率直な継続的評価が重要だということ

が理解できるだろう。

9.9 研修し、予防措置のガードレールを置く。あるいは辞めさせる。更生させようとは思わないこと

　研修はスキルを磨き進化させる計画の一部だ。更生は人の価値観や能力を劇的に変えようとすることだ。価値観や能力は変えるのが難しいから、更生は通常実践的ではない。不適切な価値観や能力を持つ人は、組織に破滅的な影響を及ぼすから、そういう人物は解雇するべきだ。更生を試みるのなら、限られた期間、専門家にしてもらうのがベストだ。

　近い将来に今までより大きく改善してほしいと思うのなら、大きな間違いだ。繰り返し一定の方法で仕事をしてきた人は、そのやり方を続けるだろう。その行動は彼らの人となりを反映しているからだ。一般に人はゆっくりと変わるから改善も（うまくいって）ゆっくりだと思ったほうがいい。それよりも、人を交代する、あるいはデザインを変えるべきだ。人の弱点に合わせてデザインを変えるのは一般的によくないアイデアだ。それより人を選別するほうがいい。成長が遅くて責任ある立場に昇進できず、よい人材が職を失うことがある。その中には、他のポジションに適している人もいる。その場合には社内で異動させればいい。それ以外の人は会社から出て行ってもらうべきだ。

a. **人を集めない。**仕事に適していない人をそのままにするのはいけないことだ。解雇するか異動させるよりずっと悪い。仕事に適していない人を解雇しない場合の莫大なコストを考えるように。成果が低いことから生じるコスト、研修の時間と努力のコスト。それに長くいる人（5年以上いる人）を辞めさせるほうが1年で辞めさせるよりずっと痛みが伴う。適さない仕事に就いている人をそのままにするのは、彼らにとってもひどいことだ。個人的な成長ができないまま見せかけの現実の中で生活するように

させてしまう。組織にとってもよくない。能力主義に妥協を許し、誰もがそのコストを負担することになる。囚われの身になってはならない。必ず他に人がいる。水準に妥協を許さないこと。さもなければ、自分が苦しむことになる。

b. **「愛する人を撃つ」** 好きな人を解雇するのは極めて難しい。いい関係にあるがA級の仕事をこなさない人を切るのは難しい。よい関係を終わらせるのは難しい。しかし長期的に優れた会社にするためには必要だ。彼らのしている仕事が（たとえ優れていなくても）必要で、変えるのは難しいかもしれない。だが彼らは環境を損ない、ほんとうに必要とするときに役立たない。

これをするのは、困難ながら必要なことだ。いちばんいい方法は、「撃つ相手を愛せ」。思いやりを持って、彼らを助けるような形で行うことだ。

c. **居場所のない人がいたら、もっと適したポジションが社内にないか、あるいは社外に求めてもらうか考えよう**。与えられた仕事がうまくできないのは、何らかの資質のせいだ。それが何かを理解し、他の仕事でもそれが問題にならないようにしよう。これ以上昇進の可能性がないとわかったら、その人が誰か可能性のある人を押しのけてその椅子に居座らないようにさせよう。

あなたの人生を共有する人を選ぼうとしていることを忘れないように。誰もが時とともに進化する。マネジャーは新規に採用した人の強みと弱みをだんだん理解し、面接ではわからなかったカルチャーにフィットするかどうかもわかってくる。だから彼らが与えられた仕事でうまくいかなければ、次の仕事を考えるのにいちばん適した立場にある。

仕事がうまくいかなかったら、なぜかを理解すること、次の仕事ではそれが同じ問題を引き起こさないと思うか考えることがとても重要だ。

d. **失敗した人を、降格となる仕事に回すときには注意しよう。**「注意しよう」と言った点に注目してほしい。させてはならない、とは言っていない。それは状況によるからだ。一方では、社員に新しい仕事で精いっぱい頑張ってみてもらいたいと思う。何か新しいことを試して失敗したからといって、優秀な人材を辞めさせたいとは思わない。だが、一方、こういう状況で、降格となる仕事にレベルを落として後悔することも多い。

これには3つの理由がある。1) さらに昇進の可能性のありそうな人の席を奪うことになる。昇進できない人より、できる人を選ぶほうがいい。2) 降格になる人が、能力はなくても今までの仕事を継続したいと思うかもしれない。そうなると、適性のない仕事をするリスクがある。3) それ以上先がないと思われる仕事に下げられて、閉塞感を味わい恨みを感じるかもしれない。彼らを留めるのは短期的には好ましい判断かもしれないが、長期的にはたぶん誤りだろう。これは難しい決定だ。この状況にいる人を深く理解し、決める前に注意してコストを考えるべきだ。

9.10 異動の目標は組織全体が恩恵を受けるように、その人を最大活用することだ

影響を受けるマネジャーは双方とも決定に当たり、新しいポジションはその人の最大活用のため、あるいはその人の昇進につながると理解していなければならない。その人を採ろうとするマネジャーは、それで混乱を招かないようにする責任がある。インフォーマルな会話でその人が関心を持っているかどうかを探るのはいい。しかし、現在上司でいる人の合意を得る前に積極的に引き抜こうとするのはいけない。異動の時期は、現在のマネジャーが関連する人たちと相談してから決めるべきだ。

a. **新しいポジションに異動する前に「きちんとスイングを終わらせる」こと。**中断させず、フォロースルーまでやらせなければいけない。急を要

する理由があれば別だが（たとえば、ある人が別のポジションにまさにピッタリで、すぐさまその人を必要としているとか）。物事が迅速に回っている会社で、オープンに話せる会社では、社員が新しいポジションに移るチャンスがつねにあって然るべきだ。だが、あまりに多くの人が責任を全うせずに次の仕事に移るようだったら、継続性がなくなる。混乱が生じ不安定になり、マネジャーにとっても、カルチャーにとっても好ましくない。異動する人にとっても好ましくない。仕事を完遂する能力を適切にテストできないからだ。おおよそ１年仕事をこなしたら新しい役割について対話を持ってもいいだろう。だが、それはきっちりした目安ではない。その長さは環境によって大きく変わり得る。

9.11 基準を下げない

　いかなる関係でも、互いの関係が最高なのかと考えるときがやってくる。私生活においても、高い水準を持つ組織においても、よくあることだ。ブリッジウォーターでは、カルチャーの基盤に妥協は許されないことが知られている。だから与えられた期間内で、徹底的に事実に基づき、隠し立てしない環境で働けないのなら、会社を辞めざるを得ない。

愛の鞭はとても難しく、
同時にとても
重要な愛の形だ

マシンを築き
進化させる

多くの人は彼らめがけて襲いかかってくる嵐に巻き込まれてしまう。対照的に、成功する人は、嵐の上に頭を出し、原因と結果を見ることができる。高次元の視点を持ち、自分も他人も客観的にマシンとして見ることができる。そして、誰は何をでき、何をできないか、最善の結果を生み出すのにみんなが互いにどうフィットするかがわかる。

　マシンの2つの構成要素──すなわちデザインと人材にどうアプローチするのがよいかを学んだ。次には、マシンを管理し改善する原則に目を向けよう。

　次章で、組織をマシンとして概念化する高次元の思考方法を使った高次元の原則について見ていこう。これはたんなる思考実験ではない。マシンのように考えるのは、チームをどう管理するか、役割・責任・仕事の流れをどうデザインするか考えるのに、重要かつ実践的な波及効果をもたらす。「10　目標達成のために、マシンを操作するように管理する」では、組織をもっとも高いレベルでデザインするのにこのアプローチを適用する。

　マシンをどう構築し、運営するかいったん理解したら、次の目標はそれをどう改善するかだ。私たちはこれを前述した5ステップのプロセスで行う。それは、1）目標を持つ、2）問題を明らかにする、3）問題の根本

原因を探るために診断する、4) 問題回避のために計画を策定する、5) 必要なことを実行する、の5ステップだ。知っている組織を考えてみてほしい。成功の度合いはさまざまだが、どの組織もこの進化のプロセスを行っているのがわかるだろう。かつては偉大な組織だったのに、当初の卓越した点が消えていき、リーダーが人とデザインを変更して適切に対応できなかったために衰退していった会社が、世界にはゴロゴロある。自ら変革を続けて、新たな高いレベルへと移りゆく組織もいくつかはある。

このセクションでは、組織の中で5ステップがどう機能するか説明する。そして、最大限そこから吸収するには何をすべきかも語る。効果を上げるためには、組織のエンジニアになったつもりでマシンを見よう。目標と成果を比較し、成果を改善するために、人とデザインを修正し続ける。重要なのは、人をうまく編成してまとめることだ。これが成功を決める。

最後に2つの章で、アイデア本位主義が日々の運営で、そして戦略的レベルで、デザインされたとおりに動くようにすることについて書いた。「15 仕事の進め方を決めるのにツールと決められた手順を使おう」では、アイデア本位主義が意図されたように機能するためにはシステム化とツールが重要であることを書いた。「16 頼むからガバナンスを甘くみないでくれ！」では、当初、効果的な組織運営に果たすガバナンスの重要性を過小評価していたが、ブリッジウォーターの日々の運営から離れてから、アイデア本位主義のもとガバナンスがいかに機能すべきか重要な原則を学ぶようになったことを書いた。

10 目標達成のために、マシンを操作するように管理する

どんな仕事をしていても、経営の上のほうにいくと、目標を設定し、その達成のためにマシンを構築するのが仕事になる。私はブリッジウォーターというマシンを作った。出てきた結果と私が頭で描いたマシンから出てくるべき結果をつねに比較し、改善の道を探している。

　組織の目標をどう設定すべきか、「人生の原則」で触れた高次元での目標設定を個人にも組織にも等しく適用すること以外には、とくに言わない。だが、組織を運営するのに、現場レベルの目標――費用効率よく生産するとか、高い顧客満足を達成するとか、困窮している人を助けるとか、何でもいい――が高次元の目標や価値観から出てきたものであることが明確でなければならないということは指摘しておこう。

　どんなにデザインが優れていても、マシンには問題が生じる。問題を見つけ、根本原因を念入りに見る必要がある。誰にせよ問題を分析する人は、マシン（デザインと人）がどうなっているのか、この２つが一緒になってどう結果を生み出すのかをわかっていなければならない。人はもっとも重要な構成要因だ。デザインも含め、すべて人間から出てくるものだからだ。高いレベルでマシンを明確に理解していない限り、そしてすべての部品を思い浮かべ、それらが一緒になってどう機能するかが描けない限り、

この分析に失敗し、可能性を生かすことができない。

　ブリッジウォーターのマシンの目標は、高いレベルでは顧客のために優れた結果を生み出すことだ。投資利益率はもちろんのこと、良好な関係を持つこと、そしてグローバル経済、さらに広くは市場に対する考え方で質の高いパートナーシップを組むことも含まれる。ブリッジウォーターに何もない頃から、この卓越に対するコミットメントだけは存在した。極めて高い水準を維持することは、いつも困難なことだった。成長と変化の度合いが早まってからは、とりわけ困難になった。次の数章で、顧客サービスの質が徐々に低下したこと、それに対して5ステップをどう使って改善したかをお話ししよう。

　だが、どの組織にも通じる、マシンを作り進化させるための高次元の原則にまず触れよう。

10.1　一段高いところから、
　　 マシンとその一部である自分自身を見下ろそう

　高いところといっても、組織の上のほうの人という意味ではない。たんに、物事を上から見るだけだ。自分自身、そして自分を取り巻く世界の写真を宇宙から眺めることだと考えればいい。その見晴らしのきく地点からだと、大陸、国、海の関係がよく見える。それから縮小して細部を見ていく。自分の国、自分の住む都市、近所、そして最後に自分の周囲。マクロの視点を持つことで、自分の目で家の周りを見るよりも、多くのことが見えてくる。

a.　**いつも目標と結果を比較する**。つねに目標達成の努力をするのと同時にマシン（人とデザイン）を評価するように。すべての結果はマシンの働きを反映したものだからだ。マシンで問題が見つかったら、マシンのデザインに欠陥があったのか、あるいは責任を遂行する方法に問題があったの

かを分析する必要がある。

　サンプル数も重要だ。単発的な問題か、根本原因があって問題が繰り返し生じているのか。問題を多く見れば、どちらかわかるようになる。

b.　**優れたマネジャーは、本質的に組織のエンジニアだ**。優れたマネジャーは、哲学者、エンターテイナー、実行する人、芸術家、いずれでもない。エンジニアだ。彼らは組織をマシンとみて、熱心に、維持し改善するために働く。彼らは工程表を作り、マシンがどう動くかを見て、デザインを評価する。業績判断基準を作り、それぞれの部品（いちばん重要なのは、人だ）、そしてマシン全体がどう動いているかをはっきりと示す。つねにデザインと人に手を加えて改善する。

　手当たり次第にするわけではない。因果関係を念頭に置きながら、体系的に行う。関係する人のことを深く気にかけるが、マシン改善の手を緩めて感情を交えたり、その人たちを不愉快にさせないように配慮したりすることはしない。そうすることは、チームにいる人にとっても、チームにとってもよいことではない。

　もちろん組織の上に行けば行くほど、ビジョンとクリエイティビティが重要になってくる。だが、組織を管理し、まとめるスキルがなくてはならない。若い起業家はビジョンとクリエイティビティで始め、会社が伸びるにつれ経営のスキルを身につけていく。経営スキルから始め、組織の上に上るにつれ、ビジョンを磨く人もいる。だが、素晴らしい音楽家のように、優れたマネジャーはクリエイティビティと技術的なスキルを併せ持つ。どのレベルであってもマネジャーは組織のエンジニアとしてのスキルがなければ成功は期待できない。

c.　**よい業績判断基準を作る**。業績判断基準は数字と警告ランプを表示して、マシンがどう動いているのかを示す。業績判断基準は客観的な評価方法で、生産性によい影響を与えると思う。よい業績判断基準であれば、社

員が何をしているか、うまくやっているかを完璧に正確に把握できる。この基準だけで管理ができるくらいだ。

業績判断基準を作るに当たり、どうなっているのかを知るためにもっとも重要な質問は何か、どんな数字がその回答になるかを考えよう。手元にある数字を使って間に合わせようと考えないこと。それでは必要なものが手に入らない。代わりに、重要な質問から始め、それに答えを与える業績判断基準は何かを考えよう。

業績判断基準だけでは、判断を誤る。パターンを見るには十分なエビデンスが必要だ。そして、もちろん、業績判断基準に使う情報は正確でなければならない。マネジャーがつける成績の評点の平均値を見れば、その人が批判的になるのに消極的かどうかがわかる。平均より高い点を与える人は、甘い。低い人は厳しい。同様に役立つのは「強制的ランキング」だ。同僚の成績をベストからワーストまで順位付けするやり方だ。強制的ランキングは「相対評価」と同じだ。部門間、グループ間横断で個別評価ができる点、業績判断基準はとくに貴重だ。

d. **入ってくる仕事に気を取られすぎて、マシンに十分な注意を払わないことにならないよう、気を付けよう**。個別のタスクに目を向けていると、どうしても身動きがとれなくなる。代わりに、マシンを作り管理することに注意を払えば、何倍も得るところがある。

e. **光輝くものに目を奪われない**。プロジェクトや計画をいかに完全に作っていても、降って湧いたように、重要に見える、緊急に見える、あるいは魅力的に見えるものが現れてくるものだ。これらの光輝くものは、マシンのようにきっちり考えることから注意を逸らそうとする罠かもしれない。だから、ガードを固めて幻惑されないように。

10.2 どんなケースを扱うときでも、アプローチには 2 つの目的がある

　1）目標に近づく、2）マシン（人とデザイン）を訓練しテストする、の 2 つだ。第二の目的は最初の目的よりも重要だ。どんな場合にもうまく機能する堅固な組織を作るのに必要となるからだ。たいていの人は第一の目的に注意を払う。それは誤りだ。

a. すべてが事例研究になる。どんなタイプの事例かを考え、どの原則がそのタイプに適用できるか考えよう。自分で実行し、他の人の実行のお手伝いをすれば、今まで以上に状況対応が上手になるだろう。問題は繰り返し何度も何度もやってくるものだから。

b. 問題が生じたら、議論を 2 つのレベルで行う。1）マシンレベル（なぜそのようになったのか）、2）足元のレベル（それをどうするか）の 2 つだ。足元の問題だけを議論する過ちは犯さないように。それでは、事細かに管理することになる（部下が考えるべきことをすることになる。そして、部下はそれでいいと思うようになってしまう）。マシンレベルの議論では、どうなるべきだったのかをきっちり考える。そしてなぜそのようにいかなかったかを探ろう。急いで対応を決めて部下に指示を与えなくてはならないときには、何をしているのか、それはなぜかを説明するように。

c. ルールを作るときにはその背景にある原則を説明すること。組織のルールに口先だけ同意してほしくないだろう。高い倫理観を持ってルールを遵守し、他の人にも遵守させようとする。そしてさらに完全なものにしようとするようであってほしい。オープンな議論によってテストされた、健全な原則を通じてそれを達成しよう。

d. ポリシーは、原則の延長線上にあるべきだ。原則は階層になっている。最重要なものもあれば、それほど重要でないものもある。だが、どれも判断に導くポリシーを伝えるものでなければならない。ポリシーは相互に、そして紐付いた原則と整合性があるか、注意しておくこと。

　準拠すべきポリシーがはっきりしていない場合（たとえば、出張しなければならない社員が、旅行すると健康面でリスクがあるというとき、どうするか）、高次元の原則を考えずに唐突にその場で答えを打ち出すわけにはいかない。ポリシーを作る人は、個別のケースを扱う法律を解釈して反復的、漸進的に判例法を作る司法制度と同じように、ポリシーを作るべきだ。

　私はそのようにやってきた。事例が起きると、私の対応を裏付ける原則を並べ、他の人がそれらの原則に同意するか、手を加えて改善すべきか、同じ考えになるようにする。ブリッジウォーターの原則とポリシーはだいたいこんな感じで作られてきた。

e. よい原則とポリシーはいつもよいガイダンスになるが、どんなルールにも例外がある。誰にでも理解して納得する権利がある。自分がベストだと思うことが原則やポリシーと異なるときには、異議を申し立てるべきだ。とはいえ、変える権利があるというわけではない。ポリシーを変更するには、それを作った人たち（あるいはそれを進化させる責任を持つ人）の承認が必要だ。

　重要なポリシーの例外を作りたいと望む場合には、ブリッジウォーターでは、代替案を提案し、経営委員会で審議してもらう。

　例外は極めて稀でなければならない。ポリシーにしばしば例外が生じたら効率的ではない。経営委員会は公式な会議で検討し、拒絶するか、修正するか、あるいは採用を決める。

10.3 管理する、事細かに管理する、管理しない、の違いを理解する

　優れたマネジャーは自分でせずに、統括する。オーケストラの指揮者のように、自分では楽器を弾かないが、まとまって美しい演奏ができるようにリードする。事細かに管理するのは、対照的に、部下に何をすべきかきっちり指示するか、あるいは自分でやってしまう。管理しないというのは、部下の監督もせず関与もせず、仕事を任せてしまう。成功するには、これらの違いを理解し、正しいレベルで管理すべきだ。

a.　マネジャーは、責任ある仕事がうまくいくようにする。そのためには、1) 他人を上手に管理する（前述のように）。2) 他の人がこなせないので、責任はないが抜けてしまった仕事（ジョブ・スリップ）をする。3) うまく管理できないことをエスカレーションして上司に上げる。最初の選択が最適だ。2番目は人とデザインに変更が必要なサインだ。3番目は難しいがやらざるを得ない。

b.　部下と一緒にスキーで滑っているかのように管理する。スキーのインストラクターがスロープでそばにいるように、仕事をするうえでの強みと弱みを評価できるように部下と緊密に働く必要がある。部下が試行錯誤で学ぶときには、しっかりした会話のやりとりが必要だ。やがて、彼らに何ができて、何が1人ではできないかがわかるようになる。

c.　優れたスキーヤーは初心者よりもよいコーチになるだろう。信頼性はマネジメントにも通じる。実績がよければよいほど、コーチとして価値が加わる。

d.　細かなことは部下に任せられるように。細かなことに追われ続けてい

るのなら、管理に問題があるか、研修に問題がある。あるいは仕事に合わない人が仕事を担当している。熟練マネジャーは、ほとんど何もする必要がない。細かな現場の仕事をしなくてはならないのは悪いサインとみるべきだ。

同時に、自分では細かい仕事を委譲しているつもりで、じつは重要なことから距離を置きすぎて実際には管理をしていないという危険もある。優れたマネジャーはその違いを心得ている。彼らは、採用・教育・監督に努力をして、社員が1人でうまく仕事に対応できるようにする。

10.4 部下はもっとも重要なリソースだから、彼らがどういう人か、何が彼らを動かすかを知ろう

各人の価値観、能力、スキルをプロフィールにまとめよう。これらが行動の原動力となるものだ。だから詳細に知れば、どの仕事をうまくこなせるか否か、何を避けるべきか、どのように教育すべきかがわかる。人は変わっていくから、このプロフィールも変わっていく。

部下をよく知らなければ、何を期待できるかがわからない。計器飛行をしているようなものだ。所期の成果が得られなくても、その責任はすべてあなたにある。

a. 組織にとって重要な人の体温を定期的に計ろう。鍵となる人を探り、彼らの気になっていることを何でも話すように促そう。それは、あなたが気づいていない問題かもしれない、あるいは彼らが何か誤解しているのかもしれない。いずれにせよ、彼らの胸の内からさらけ出させることが不可欠だ。

b. 部下にどの程度信頼を置くか学ぼう。思い込まないこと。よく知らない人に責任を委譲してはならない。人を知り、どの程度信頼を置けるか知

るには時間がかかる。新たに入社した人は、上司が責任遂行能力を信頼してくれないことで気を悪くすることがある。能力を疑われていると彼らは思う。それはマネジャーがたんに現実的なだけで、部下に対する見方を固めるにはまだ十分時間が経っていない、直接彼らと仕事をする機会が少ないと思っているだけだ。

c. **信頼の度合いに応じて関与を変えよう**。何か疑わしい兆候を見つけるために、責任あるものすべてに目を通し、探るのが管理職の仕事だ。観察に基づき、疑わしい分野や人にはもっと探りを入れ、手を差し伸べ、信頼が置けると見たら少なくする。ブリッジウォーターには多くのツール（問題ログ、業績判断基準、日次アップデート、チェックリスト）が客観的な業績関連のデータを生み出している。マネジャーは、それを見て、定期的に抜き打ち検査をすべきだ。

10.5 責任を明確に割り当てる

期待値を明確にすること。仕事を完遂できなかった、目標達成できなかったという場合、それは個人の失敗だと考えるようにさせよう。チームでもっとも重要なのは、ミッション達成の責任を与えられた人だ。その人は何をすべきかのビジョンを持ち、きちんと達成する自己管理能力を持たなければならない。

a. **誰が何の責任を持っているか覚えておく**。当然に聞こえるかもしれないが、自分自身の責任をきちんと守らない人がよくいる。組織の上のほうの人でも、時にはサッカーを覚えたての小さな子供のように仲間を助けようとしてボールを追いかけ、自分がどのポジションでプレーすべきかを忘れてしまう。これでは業績は改善するどころか悪化してしまう。だから、チーム全体のことを忘れず、自分のポジションでしっかりプレーするよう

にすべきだ。

b. **「仕事の見落とし（ジョブ・スリップ）」に気を付けよう**。仕事の見落とし（ジョブ・スリップ）は、意識してよく考えず、合意をとりつけずに仕事を変更したときに起こる。環境の変化、一時的な必要性が生じたときに起きるのが普通だ。これが起きると、誤った人が誤った責任を負って仕事をしたり、誰が何をすべきか混乱したりすることになる。

10.6 マシンに何を期待できるかを学ぶために、深く、しっかりと調べよう

　部下をつねにモニターしつつ、問題やミスが表面化するほうが彼らにとっても誰にとってもよいことだと理解させるように。望んでいるとおりにやってもらうためには必要なことだ。よい仕事をしている人に対しても同じことだ（よい仕事をしていれば、多少自由裁量の余地を与えてもいいかもしれないが）。

　モニターするのは上の人から下の人へという流れに限らない。部下からも、つねに挑戦して、上司が能力をフルに発揮できるようにしよう。そうすることで、彼らも上司と同様解決案を見つける責任があることを理解するだろう。プレーヤーになるより、観客でいるほうがずっと楽だ。彼らをグラウンドに出させることでチーム全体が強くなる。

a. **閾値を超えて理解をする**。ある分野で、情報に基づいた決定をするには、人材、仕事のプロセス、問題についてよく理解していなければならない。その理解がないと、作り話や言い訳を信じることになる。

b. **距離を置きすぎないように**。部下を熟知する必要がある。定期的にフィードバックを与え、受け、質の高い議論を交わすように。ゴシップで気

を取られてはまずいが、適切な人から早めに情報を受け取れるようにしておくべきだ。仕事のデザインには、こういうことをする時間を盛り込んでおく必要がある。さもなければ、管理しないリスクが出てくる。私が作ったツールには、何をしているか、どういう人かを見る手段があり、私は問題のフォローアップをしている。

c. 部下が何をし、何を考えているかきちんと把握するのに、日次アップデートをツールとして使う。 私は直属の部下に、1日10分から15分かけて、その日にしたこと、関与した問題、考えたことなどを書いてもらっている。このアップデートを読み、多角的な情報を得ている（たとえば、ある仕事を一緒にした人が、それぞれ、どう考えたか）。一緒にどのように働いているか、どんな気分かなどを判断し、どこを押せばいいのかを知る。

d. 問題が実際に起こる前に問題が起こりそうかどうかを知るために探る。 不意打ちのような問題が出てきたなら、それは、部下や仕事のプロセスから距離を置きすぎているか、あるいはプロセスが結果をどのように生み出すかを部下ときちんと可視化できていなかったせいだ。危機がやってきそうなときには、不意打ちに遭わないよう、コンタクトを密にすべきだ。

e. 直属の部下より下のレベルを探ろう。 直属の部下が管理する人はどんな人かを知り、行動を観察しなくては、直属の部下を理解できない。

f. 直属の部下の配下にいる人に、問題を直接上げてきてもかまわないと思わせるように。 これは上に対する説明責任を果たす意味で、とても役に立つ。

g. 人の答えが正しいと想定しないこと。 人の答えは、理論が誤っている

こともあれば、偏見だったりすることがある。だからときどきダブル・チェックをする必要がある。とくに怪しいと思われるときには。これを嫌がるマネジャーもいる。部下を信じないと言っているのと同じだと感じるからだ。そういう人は、このプロセスで信頼が得られることも失うこともあることを理解すべきだ。これを理解したら、部下はもっと正確に話すことを学ぶ。そしてこうすることで誰が信頼できるかがわかってくるだろう。

h. **耳を鍛えよう**。そのうちに、誰かが何かを悪く思っているとか、誰かが原則をちゃんと使っていないといったことを示唆する言葉が繰り返し耳に入ってくる。たとえば、匿名性を持つ「我々／私たち」という言い方は、誰のミスかをはっきりさせたくないサインだ。

i. **綿密に調査するときは密かにではなく、公にすること**。こうすれば精査の質が確保できる（他の人も彼ら自身で評価できるからだ）。そして、それは事実に基づき、隠し立てしないカルチャーを強化する。

j. **精査を歓迎しよう**。精査してもらうことは歓迎すべきだ。誰も自分を客観的に見ることができないからだ。誰かに精査されたら、落ち着いていることが重要だ。感情的な「低次元の自分」は、「お前は嫌な奴だ。私に逆らい、私を不快にしている」と反応するだろう。だが思慮深い「高次元の自分」は「このようにお互いにすっかり正直になれて、思慮に富む意見交換ができるなんて素晴らしい。おかげで私はうまくやっていると確認できる」。高次元の自分の声を聞くように。そして、精査をするのはいかに難しい仕事かを忘れないようにしよう。この難しい精査をやり抜くことは、組織のためになり、精査する人との関係が良好になるばかりではない。人格を形成し、冷静さを築くことができるだろう。

k. **１つの見方、考え方をする人は、異なる見方、考え方をする人とコミ

ュニケーションをとってよい関係を築くことが難しい。嗅覚のない人に薔薇の香りを表現することを想像してほしい。どんな完璧な説明をしても、実際の経験にはかなわない。考え方の違いも同様だ。盲点のようなもので、盲点があれば（誰しもがある）、そこにあるものが見えない。この違いを乗り越えるには忍耐強く、オープンでなければならない。そして他の人に全体像が見えるように助けてもらい、一緒に多角的に見ることだ。

l. **怪しげな糸は全部引っ張ってみる**。怪しげな糸はすべて引っ張ってみる価値がある。なぜなら、1）ちょっとした悪い状況は重大な問題の兆候かもしれない、2）些細な見方の違いを解決することで、もっと重大な考え方の相違を未然に防げるかもしれない、3）卓越であることを大切にするカルチャーを作るために、いつも（どんなに些細であっても）問題を指摘し、よく見ることの必要性を強調しよう（さもなければ、凡庸を容認する前例を作るリスクを冒す）。

　優先順位をつけると、問題を無視する原因となり、落とし穴になる恐れがある。小さな問題を気づかずに放置していると、そういうものは容認してもいいのだと思われてしまう。些細な問題を小さなゴミだと考えてみよう。部屋の向こう側に行くのにその上を歩かなくてはいけない。部屋の向こう側は重要かもしれないが、横切るついでに小さなゴミを拾っても大したことはない。そして卓越のカルチャーを強化し、二次、三次のプラスの効果が生まれ、組織全体に反響するだろう。すべてのゴミを拾わなくてもいい。だが、ゴミの上を歩いていることを忘れず、歩くついでに1つや2つ拾うのは思ったよりも大変ではないことを忘れずに。

m. **策を講じるには多くの方法がある**。責任者の仕事を評価するとき、自分と同じやり方でしているかどうかで決めてはいけない。よいやり方をしているかどうかを見るべきだ。成功している人に別のやり方を期待するのは注意が必要だ。それはベーブ・ルースに打法を改善しろと言うようなも

のだ。

10.7 オーナーのように考えること。
一緒に働く人にも同じことを期待しよう

　自分の仕事の成果を経験しないと、自分のこととして捉える度合いが少なくなるのが現実だ。出勤して上司を喜ばせることで給料をもらっているサラリーマンは、この因果関係で考えるように飼いならされている。管理職に就いているなら、部下に当事者意識を持たせ、たんに時間をやり過ごすようにさせないためには、信賞必罰を組み込むべきだ。自分のお金のように会社のお金を使うとか、オフィスの外にいても責任を無視しないようにといった単純なことも含まれる。自分の幸福が会社と直接紐付いていることを悟れば、当事者意識はお互い様となる。

a.　**休暇を取っても責任は無視できない。**当事者意識を持つということは、何が生じても責任をうまく取り扱うことだ。休暇で会社を離れるとき、何も漏れがないようにする責任がある。上手に計画を立て、出かける前に調整し、留守中も状況を把握するように。これはさほど時間を取らない。1日1時間くらい遠隔からチェックすれば済む。毎日じゃなくてもいい。都合のよいときにやればいい。

b.　**自分自身、そして部下に難しいことをさせるように。**これは自然の基本法則だ。強くなりたければ、少し無理して頑張らなくてはならない。健康でいるためには、部下と、互いにジムのトレーナーのように動かなくてはならない。

10.8 キーマン・リスクを認識して対応しよう

　キーパーソンは、代替できる人物を少なくとも１人は持つべきだ。その人を後継者候補として指名し、見習いにさせ、仕事の手伝いをしてもらえたら最高だ。

10.9 みんな同じに扱わない。適切に扱おう

　人を同じに扱わないのは、公平ではないし適切ではないとよくいわれる。しかし、適切に扱うためには、異なる扱いをすべきだ。人も環境も異なるからだ。洋服屋は、すべての顧客に同じサイズのスーツを出さないだろう。

　しかし、同じルールに従って扱うことは重要だ。だからブリッジウォーターの原則は、その違いを説明できるよう十分に肉付けをしているのだ。たとえば、誰かがブリッジウォーターで長年勤務したとしたら、その事実は待遇に反映される。同様に、私は不正直を容認しないが、不正直な行為と人をすべて同じに扱うことはしない。

a. **付け込む余地を与えない**。多くの人から、辞める、訴える、マスコミに垂れ込むなど、あらゆることで脅かされてきた。そういうことはさっさと解決していけばいいとアドバイスする人もいる。だが、それは近視眼的だといつも思う。こうした脅しに屈するのは価値観に妥協を許すだけでなく、ルールが変わったと広めてしまい、もっと類似の事態が出てくることになる。正義のために戦うのは短期的には大変だ。それはもちろんだ。だが、パンチを食らってもいい。私が気にかけるのは正しいことをすることで、人が私をどう思うかではない。

b. **部下を大切に**。大切に思い、敬意を払う人と一緒に働いていないのな

ら、その仕事はあなたにとっての適職ではない。私を必要とする人がいたら、私は駆けつける。組織全体がそのように運営されたら、とてもパワフルでやりがいがある。個人的に困難な状況にあるときに、個人的に接するのは絶対必要なことだ。

10.10 優れたリーダーシップは、
一般的にそう作られていないものだ

　私は私がしていることや、私がよいと思っていることに「リーダーシップ」の言葉を使わない。一般の人が「よいリーダーシップ」と思うものが効果的だと思わないからだ。よいリーダーは強い人で、人に自信を授け、リーダーに従おうと思わせる。ここで強調されるのは「従う」という点だ。紋切型のリーダーは質問されたり反対意見を言われたりすると、脅かされているように感じ、部下には言ったとおりに動いてもらいたいと思う。これを延長していくと、リーダーが意思決定の責務を負うということになる。リーダーは何でも知っているふりをしようとするが、そんなことはあり得ないから、がっかりさせられる。腹を立てる人も出るだろう。だから、かつては熱愛されたカリスマ・リーダーが失脚したりするのだ。

　この典型的な「リーダー」と「フォロワー」の関係は、大きな効果を上げるには逆だと思う。最高の効果を上げるのは「リーダー」のすべき最重要任務だ。不確実なこと、ミス、弱点について正直であるほうが、それらがないふりをするよりも実践的だ。それに優れた挑戦者のほうが優れたフォロワーよりも重要だ。考え抜かれた議論や反対意見は、リーダーのストレステストになるから実践的だ。そして彼らが見過ごしていた点を指摘してくれる。

　私の意見だが、ひとつリーダーがしてはならないことは、人を操ることだ。リーダーは、後でよく考えたらしないようなことをやらせるように人の感情に訴えることがある。アイデア本位主義で知的な人たちと仕事をす

る以上、感情に訴えるより、理性に訴えるべきだ。

　効果を上げるリーダーは、1）オープンな態度でベストな答えを探す、2）それを探すプロセスに他の人を巻き込む。こうすることで、学び、心を一にすることができる。ほんとうに優れたリーダーは、それなりに不確かなことも抱えている。だが、不確実なことをオープンな態度で探って対応する。他の条件が同じなら、熟練した忍者のように行動するリーダーが、筋肉もりもりのアクションスターのようなリーダーを打ち負かすと思う。

a.　弱く、同時に強くあれ。全体像を把握するために質問をすると、弱いとか優柔不断とか誤解されることがある。もちろん、そうではない。賢くなるために必要なことだ。そしてそれは、強く決断力を持つための必要条件だ。

　できる人のアドバイスをつねに求めよう。自分より優れた人にリードさせよう。目的は、できる限りよいリーダーとして決断をするために、よく理解することだ。オープンに、同時に自分の考えをはっきりと述べ、一緒に働く人たちと考えを一にしよう。時には、全員が賛同しない、いや大半の人が賛同しない場合もあることを心に留めておこう。

b.　部下に好かれていようがいまいが気にしないこと。何をすべきか彼らに話してもらおうとは思わないこと。可能な限りよい決定をすることだけを気にかけよう。あなたが何をしようと、人は、あなたが何かを、いや多くのことで間違ったことをしていると考えるものだ。人は、自分の意見が正しいと信じてもらいたがる。そうしないと腹を立てる。彼らの意見がよいと信じる理由がなくてもそうだ。だから、うまくリーダーシップをとっているのなら、部下が賛成しなくても驚くことはない。重要なのは、論理的、客観的に、自分の考えが正しい確率はどうかを考えることだ。

　正しくオープンな態度でいる限り、並の人よりもあなたには知識があると思うのは、非論理的でも傲慢でもない。実際、あなたやあなたの周りの

洞察力に優れた人よりも並の人のほうがよい考えを持つと思うのは論理的ではない。あなたは並のポジションよりも上の地位に実力で這い上がってきた。そしてあなたや洞察力に優れた人たちは、並の人よりも多くの情報を持っている。もし、その逆が真なら、あなたもその並の人も、それぞれの職に就いていてはいけない。言い換えれば、彼らのほうが洞察力に優れているのなら、あなたがリーダーであってはいけない。あなたのほうが洞察力に優れているのなら、不人気なことをしていても気にすることはない。

　さて、部下をどう扱うか。選択肢は、彼らを無視するか（それは恨みを買う。そして彼らが何を考えているのかわからなくなる）、あるいは、彼らの望むとおりにする（それはいい考えではない）、あるいは彼らの反対意見を表面化するように言い、彼らとオープンに合理的に話し合い、みんなにあなたの考えの相対的なメリットを理解してもらうのいずれかだ。オープンに反対意見を戦わせ、論争に勝っても負けてもハッピーになれるように。ベストなアイデアが勝てばそれでいい。アイデア本位主義は他のシステムよりよい結果をもたらすだけでなく、適切であっても人気のない決定をもっと支援してもらえるようにする。

c.　**命令して従わせようとしないこと。理解してもらい、みんなと考えを同じにして理解するように。**傲慢からか、そのほうが手っ取り早いと思うからか、部下を指示に従わせようとすることがある。だが、それは長期的には高いものにつくだろう。考える人が自分だけとなれば、結果の質が損なわれる。

　権威主義的マネジャーは自分の部下を育てない。だから直属の部下は依存したままになる。それは長期的にはすべての人にマイナスとなる。命令ばかりしていれば、部下は腹を立てる。そして見ていないところでは命令に従わない。知性のある人たちに大きな影響力を与え、その人たちから大きな影響力をもらうには、つねに何が事実か、何がベストかで考えを一にし、みんなが同じことを望むようにすることだ。

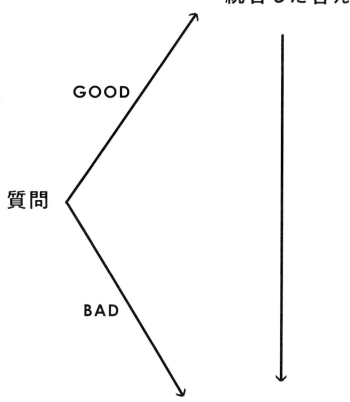

10.11 あなたも部下も説明責任を持つように、そして説明責任を持たせてもらっていることを部下に感謝しよう

　人に説明責任を持たせるということは、彼らと彼らを取り巻く環境をよく理解し、彼らが何か違った方法でできるか、すべきかを評価し、それについて考えをすり合わせる。求められていることを適切に遂行できないのであれば、その仕事から外すことだ。それは事細かに管理・干渉するのとは違う。彼らに完璧を期待するのとも違う（過重な負担がかかっている人に、すべてを見事にこなす責任を持たせるのは実践的ではない。不公平なことは言うまでもない）。

　説明責任を持たされて腹を立てる人もいる。だがあなたもすべきことを部下にずっと言い続けたくはないだろう。しようとしていることの価値を理解してもらえるようにきちんと説明しよう。だが、責任を免れさせてはならない。

a. **ある人とこうしようと同意したら、そうなるようにさせよう。違うやり方でやることに意見が一致すれば別だが。**人は、要求されたことよりも無意識に自分の好きなことに傾くものだ。優先順位を見失っているようだったら、彼らに方向性を示さなくてはならない。だから、進捗状況を頻繁に報告してもらうのが重要なのだ。

b. **「協定」を破ったことによる失敗と、もともと協定がなかったための失敗とを区別するように。**何を期待するか明らかにしていなかったのなら、それが実現されなかったからといって責任を問うことはできない。口に出さなくても理解してもらえると想定しないように。常識は、じつはそれほど常識ではない。だからはっきりと言うように。責任が見過ごされ続けるようだったら、マシンのデザインに手を加えることを考えよう。

c. **引き込まれないように。**これは、マネジャーが問題を認識しないまま、部下の仕事をせざるを得ないときに起きる。引き込まれる現象は、ジョブ・スリップといくらか似ている。他の人がすべき領域にマネジャーの責任が滑り落ちてしまうからだ。だが、ジョブ・スリップは目的を完遂しようというとき一時的に起き、理解できる場合がある。だが、たいていはマシンの一部が壊れていて修理が必要だというサインだ。引き込まれる現象は、マネジャーが責任範囲を適切に設計し直さずに、他の人が十分できる仕事を自分でやってしまうときに生じる。マネジャーがマシンの運営よりも、任務をこなすことに焦点を合わせていたら、この問題が存在していることがわかる。

d. **目標と任務を混同する人に注意しよう。その区別ができないのなら、彼らを信頼して責任を与えることはできない。**目標を見られる人は、通常、統合することができる。これをテストする1つの方法は、「目標のXYZはどんな具合かい？」と高次元の質問をしてみよう。よい回答はXYZが全般的にどんな状況か統合して話をする。もし必要であればそれを達成するために行った任務を説明して裏付けする。業務は見るが目標を見失う人は、達成された任務のことだけを話す。

e. **焦点の定まらない、非生産的な「理論的にはこうあるべきだ」に気を付けよう。**「理論的にはこうあるべきだ」は、他の人や彼ら自身が何かをしなくてはならないのだが、実際にはできるかどうかわからないときに使われる（「サリーはXYZができるはずだ」）。物事を実際に達成するには、関連分野で実績を上げた信頼できる責任者が必要だ。

同様の問題は、問題解決の議論をしているときに、曖昧に主語を特定しない形で「私たちはXYZをやるべきだ」といったような言い方をするときにも起きる。曖昧な「私たちは」という言い方ではなく名前を挙げるこ

と、そして何をすべきかを決めるのはその人たちの責任であることを認識させることが重要だ。

　責任のない人たちが互いに「私たちは、こうすべきだ」と言っても意味がない。その代わりに、責任者に何をすべきか話すべきだ。

10.12 計画をはっきりと伝え、
　　　計画に沿って進歩しているかどうかを伝える
　　　明確な業績判断基準を持とう

　部門内の計画とデザインは誰もが知っておくべきだ。合意した軌道から外れることを決定したら、関係する人にその考えをきちんと伝え、彼らの見方を聞き、新しい方針に問題なしとしておくべきだ。こうすれば計画に乗り気になってもらえる。あるいは自信がないから変更しようと言ってくるかもしれない。また、目標は何か、誰が約束したことを実行しているのか、誰が達成できずにいるのかが明白になる。目標、任務、与えられた責任は部内の会議で少なくとも四半期に１度、できれば月に１度くらいレビューすべきだ。

a.　前進する前に後ろを振り返り、広い視野から見る。新しい計画で前進する前に、マシンがそれまでどう機能してきたか振り返る時間をとろう。

　現状を視野に入れて考えたり、将来の計画に組み込んだりすることのできない人がいる。うまくいった、あるいはいかなかったのは誰、もしくは何が原因だったか忘れてしまう。彼らにどうやってきたのか話してもらう、あるいは話してあげることで、成果に照らし合わせて、うまくいったこと、いかなかったことを浮き彫りにする。大局観と全般的な目標に注意を向け、ある目標や任務に責任を持つ人を特定し、合意したことを達成する一助とする。これらのことをすべて結び付け、複数のレベルで行う。それは、計画を理解しフィードバックを与え、やがてそれを信じるようにな

るために必須のことだ。

10.13 適切に責任に対処できないときには、エスカレーションして上司に引き継ぐ

そして、あなたの部下も積極的に同様にするよう仕向けよう。エスカレーションして上司に引き継ぐということは、状況をうまく扱えないので、責任者としての任務を誰かに渡すことをいう。エスカレーションされた上の人（直属の上司）は、あなたを指導するか、自分でコントロールする、誰かに扱いを任せる、あるいは何か他のことをする、そのいずれかを決める。

　エスカレーションを失敗とみずに、責任とみることが重要だ。責任ある立場の人は、うまく扱えるかどうかわからないという試練にいずれ直面する。重要なのは、その懸念を伝えて上司にリスクを知らせること、そして、上司とそのエスカレーションされた責任者は何をすべきか考えを一にすることだ。うまく扱えない責任をエスカレーションしないことほど大きな失敗はない。部下も事前に行動するようにさせよう。やりますと言ったことができない、あるいは締め切りに間に合わないときには、ちゃんと伝えるように求めよう。そのようなコミュニケーションは、取り掛かっている事例、そしてそれを扱っている人がどういう人かについて、同じ考えを持つために必須だ。

11 問題を把握し、
　 容認しないこと

目標に向かう過程で、問題に出くわすのは不可避だ。成功するためには、問題を把握し、容認しないことだ。問題は蒸気機関車に投げ込まれた石炭のようなものだ。石炭を燃やす、すなわち問題の解決策を作り出し実践することで、前進できる。問題の1つひとつがマシンを改善するチャンスだ。問題を把握し容認しないことは、とても重要で、かつ人が嫌がることだ。

　多くの人にとって問題を認めることは難しい。絨毯の下に潜んでいる問題を掃き出すよりも、うまくいったことを祝うほうがいいと思う人は多い。その優先順位はまったく逆だ。組織にとってそれ以上有害なことはない。よくやったと肩を叩かれたい一心で進歩を台無しにしてはいけない。改善するために、うまくいっていないことを見つけたら祝おう。解決の難しい問題を考えると不安になるかもしれない。だが、考えない（だから対応しない）のは、もっと不安になって然るべきことだ。

　何かうまくいかないことはあるだろうかと考えて不安になるのは、極めて役立つことだ。マシンが生み出す結果をモニターするために、システムや業績判断基準を開発しようという気持ちにさせてくれる。そして、うまく管理している人はつねにシステムが出してくるものをテストし、隅々まで問題がないかチェックする。つねにそのような不安を抱き、ダブル・チ

ェックすることは、品質管理を維持するために重要だ。小さな問題をつぶすことは、重要だ。それを放置していると、大きな問題に発展する。このポイントを伝えるために失敗例をお話ししよう。私たちは卓越さを維持できなくなった。そこで問題を認識し、その根本原因を探し、変更するようデザインし、その変更を推し進めて、卓越した結果を生み出すことができた。

　ブリッジウォーターを始めた当初、私はすべてに責任を負っていた。会社としての投資判断、経営判断をした。それから、私を支える組織を築き、やがて私がいなくても卓越した運営ができるようにした。ブリッジウォーターが成長しても、私が設定した水準は妥協を許さない、単純なものだった。それは、顧客に提供する分析はつねに私がするのと同じ品質でなければならない、というものだった。顧客が「私たちは」どう考えるか尋ねてきたとき、誰でもいいというわけではない。顧客は私や、投資運用を監督する最高投資責任者がどう考えるかを知りたいのだ。その目標を達成するために、ブリッジウォーターの顧客サービス部は顧客から受けた質問を自分たちで扱うか、あるいは回答の難度によってさまざまなレベルの専門家に回して回答してもらっている。顧客アドバイザー（ブリッジウォーターと顧客をつなぐ窓口となる担当者で知識のある人）は、質問をよく理解して誰に質問を回すかを決める。回答が戻ってきたら顧客に出す前にチェックして、卓越した品質であるようにする。それがつねに行われるように、チェック・アンド・バランスのシステムを作った。優れた投資判断のできる社員たちが、自身で顧客へのメモをドラフトすると同時に、同僚の書いたメモに評点をつけて、後から見られるように業績判断基準として記録し、品質管理を行う。これは後日うまくいっているかどうかをモニターし、必要があれば変更するのに使われる。

　2011年、私の経営権限移譲の一環として、このプロセスの監督を別の人に渡した。その数カ月後、顧客サービス部の1人が問題に気づいた。1枚のメモにエラーがあったにもかかわらず、顧客のもとに送ってしまった

ことに 2 人のシニア投資アドバイザーが気づいた。大した内容のエラーではなかったが、私にとっては重要なエラーだった。私は新経営陣に他のメモの調査を促した。すると、十分準備されていないメモはそれ 1 つに留まらなかったことがわかった。それは品質管理のマシンが広範囲で壊れている兆候だった。さらに悪いことに、責任者がこの問題に気づき分析することをしていなかったことが調査でわかった。もっとも心配だったのは、私がしつこく言わなかったら誰も時間をかけて調査しなかったのではないかと思われたことだった。

　この問題を見つけ容認せず対応することができなかったのは、気にかけていなかったせいではない。プロセスに関与した人たちは、目標が達成されているかどうかを評価するよりも、任務遂行に注意を向けていたからだ。彼らは職人というより、形式的にハンコを押す事務屋になってしまっていた。トップは卓越さを保つために「スープの味見」をすべきだったのに、他のことに気を取られていた。

　これを発見して私たちはみんながっかりした。長い間、私たちの成功の秘訣は高い水準を保つことだったのに、それが消えつつあったのだ。この現実を直視するのは辛かった。だが、健全になった。マシンにデザイン上の欠陥があったとしても、誰かに能力不足があったとしても、このような問題が存在すること自体は、恥ずべきことではない。弱点を認めることはそれを容認するのと同じではない。弱点克服に必要なステップだ。うまくやる能力がなくて恥ずかしい、きまり悪い、あるいはイライラするといった苦痛は、締まりのない体になってきたのでジムに行く気になるのと同じものだ。次章に書いたが、この問題に対峙したことが、重要なイノベーションと改善につながった。

　次に挙げる原則は、降りかかってくる問題をどう認識し、容赦しないかを具体化したものだ。

11.1 心配していないのなら、心配する必要がある。
心配しているのなら、心配する必要はない

何かうまくいかないのではと心配することで守られる。心配していないのなら、リスクに身をさらすことになる。

11.2 順調にいっているのか、いないのかがわかるように
マシンをデザインし、監視するように。
あるいは自分自身でするように

これは通常、細かに調べる人、低品質の仕事や製品に我慢ができない人、うまく統合できる人が行う。そしてよい業績判断基準のあることが必要だ。

a. 問題発見担当者を作ろう。彼らに調査する時間を与え、独自の指揮命令系統を持つようにしよう。そうすれば、問題を伝えたら逆襲されるのではと恐れずに済む。こうした工夫をしないと、知っておくべき問題が上がって来なくなる。

b. 「茹で蛙症候群」に気を付けよう。沸騰した湯の入った鍋に放り込めば、蛙はすぐさま飛び出る。だが、室温の水から徐々に沸騰させると、蛙は鍋の中に留まって死んでしまう。ほんとうに蛙がそうなるのか知らないが、同じようなことがマネジャーの間ではいつも起きている。初めて見たときにはショックを受けるような容認しがたいことも、人は徐々に慣れてしまう強い傾向がある。

c. 集団思考に気を付けよう。誰も気にかけていないからといって、悪い状態にないというわけではない。何か容認できないことを見つけたら、他の人も知っているのに誰も騒がないから問題じゃないんだと思わないよう

に。これはよく陥る罠だ。しかも、致命的な罠だ。何か悪いことを見たら、責任者に指摘し、彼らに対応する責任を持ってもらおう。「このメシはまずい！」と言うのをやめないように。

d.　**問題を見つけるには、結果が目標と比べてどうかを見よう。**マシンが生み出す結果と所期の結果とを比較して、開きがあるかどうかを見ること。改善が一定の範囲内に入ってほしいと期待するのなら……

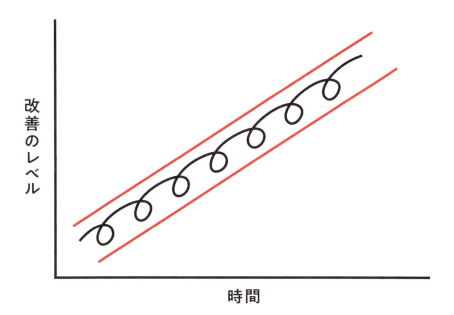

そして、それがこのように終わるのなら……

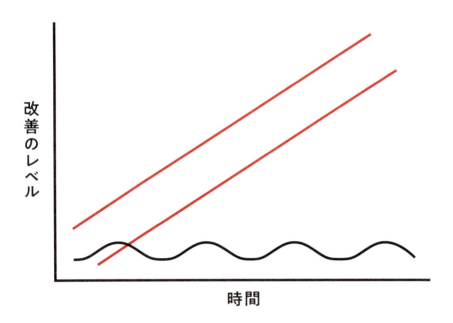

　対処するのに根本原因に当たらなくてはならないことがわかる。そうしなかったら、この軌跡はたぶんそのまま続くだろう。

e.　**「スープの味見をする」**料理のシェフになったつもりで、顧客に出す前にスープの味見をしよう。塩気が強い？　味がない？　マネジャーも同じことをすべきだ。あるいはマシンに組み込まれた人にさせるべきだ。マネジャーはすべての結果に責任を持つのだから。この任務を任された人は「味見役」と呼ばれる。

f.　**なるべく多くの目が問題を見るように。**みんなに、問題を持ち込むよう促そう。担当分野が健全であるようにみんなが責任を感じて、口に出す

のを恐れないのなら、対応が容易なうちに問題に気づき、深刻な打撃になることはないだろう。もっとも重要な機能を預かる人たちとつねに同じ理解でいられるように、「同期をとる」こと。

g. **コルクの栓を開ける**。部下とのコミュニケーションが円滑に流れるようにするのはマネジャーの責任だ。部下に発言の機会をたっぷり与えて、話させよう。何もせずに、定期的に正直なフィードバックがもらえると期待してはいけない。はっきりと頼もう。

h. **担当者がいちばんよく知っていることを忘れない**。あなたが把握すべき視点を彼らは持っているはずだ。彼らの目で物事を見るようにしよう。

11.3 問題は具体的に。一般論で話し始めないように

たとえば、「顧客アドバイザーがアナリストとうまくコミュニケーションをとっていない」と言わないように。具体的に。顧客アドバイザーの名前を出し、どううまくやっていないのかはっきりさせる。具体的事象から始めて、パターンを観察するように。

a. **匿名性のある「我々」や「彼ら」は避けよう**。個人的責任をおおい隠してしまうからだ。自然に起こることは何もない。誰かが何かをした、あるいはしなかったから、起きるのだ。曖昧にして個人の責任を弱めないように。受け身で一般化したり、「我々」といった言葉を使ったりする代わりに、具体的な行動を具体的な人物がどうしたのかを言うように。「ハリーはこれにうまく対応しなかった」という具合だ。また、「我々はこうすべきだ」とか「我々は、こうなんです」などは避けること。どの組織でも個人がもっとも重要な構成要素であり、何かの結果に責任を持つのだから、ミスは、名前を挙げて個人に結び付けるべきだ。誰かがうまくいかない手

順を作ったのだ。誰かがまずい決定をしたのだ。それをごまかすと、改善が遅くなる。

11.4 難しいことを是正するのを恐れない

　容認できない問題を容認してしまう場合がある。是正するのがあまりに難しいと思うからだ。だが、容認できない問題を是正するほうが、是正しないよりも容易だ。是正しないままにしておくと、もっとストレスがかかり、仕事が増え、悪い結果が続き解雇されるかもしれない。だから、マネジメントの最初の原則を思い出そう。マシンが伝えてくれるフィードバックを見るように。そして問題を自分で是正するか、エスカレーションして上司に引き継ごう。必要なら何度も繰り返すように。問題を表面化し、問題解決に優れた人の手に渡すよりも簡単な代替方法はない。

a.　**よく計画された解決案のある問題は、解決案のない問題とはまったく違うことを理解しよう**。気づかれない問題は最悪だ。解決案の計画がなくても問題に気づけば、まだましだが、モラールにはよくない。問題に気づき、よく計画された解決案があればもっといい。解決できればベストだ。問題がどのカテゴリーに入るかを知ることはとても重要だ。解決がどの程度進んだかを見る判断基準は、明確で直観的に理解できるもので、計画の延長線となるべきだ。

b.　**問題を機械のようなやり方で考える**。これを上手にやるのに３つのステップがある。第一に、問題に気づく。それからどの責任者にそれを報告するかを決める。最後に、それを話すのはいつがよいかを決める。言い換えれば、何を、誰に、いつ、ということだ。そしてやり抜くこと。

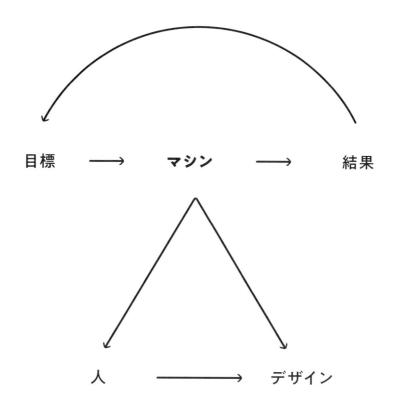

12 問題を分析して、根本原因を見つける

問題に出くわしたら、その問題の根本原因、すなわち原因となった人、あるいはデザイン（制度設計）を特定するように。その原因となった人やデザインが、繰り返し問題を起こしているかどうかを見よう。
　上手に分析できない理由としてよく見られるのはどういうものか。
　よくあるのは、問題をそのときだけのものとして扱い、それを利用してマシンがどう動いているかを分析して改善しようとしないことだ。根本原因に迫らず、問題解決に移る。それでは引き続き失敗してしまう。もっと時間はかかるが、完全で正確な診断をすれば、将来大きく報われることになる。
　2番目によく見られる過ちは、人と切り離して診断してしまうことだ。失敗した人と問題を結び付け、失敗を引き起こしたのは彼らの何が問題だったのかを吟味しないと、その個人あるいはマシンの改善に結び付かない。
　3番目の大きな過ちは、その分析から学んだことを過去に学んだものと結び付けないことだ。ある問題（「ハリーは不注意だった」）の根本原因は、もっと広いパターンの1つ（「ハリーは不注意なことが多い」）なのか、あるいはそうではない（「ハリーが不注意なんて彼らしくない」）のかを見るのは重要だ。

顧客サービス分析チームの場合、問題の根本原因を見つけなければ、わが社の水準が劣化するばかりだとわかっていた。ブリッジウォーターの私以外のリーダーも同意した。そこで、チームと分析会議を重ね、部署の全員を巻き込み、何がいけなかったのかを探り、見つけようとした。私の築いたマシンを基に、あるべき姿を頭に描くことから始めた。それから新しいマネジャーたちに実際何が起きたのかを話してもらった。悪い結果は、自然に起こるものではない。ある人がある決定をしたか、しなかったかによって起きたのだ。悪い結果をもたらした人の何がいけなかったのかというレベルにまで分析しなくてはならない。気まずいだろうが、担当者がその仕事に適任でなければ、その人を外して、同じ間違いが起こらないようにする必要がある。もちろん、誰も完璧ではない。誰もが間違いを犯す。だから分析では、過去の実績を見て、長所短所を見ることが重要だ。

　こういった会議からいくつかのことが明確になった。トップの経営陣が連れてきた新しいマネジャーのうち何人かは、顧客サービス分析に適したスキル、統合能力に欠けていた。あるいは品質管理のプロセス監督への心配りが十分ではなかった。トップはこの分野から距離を置いていて、すべてがうまくいくように適切なチェックをしなかった。これが「何が」の部分で、問題を生み出した現実だ。進んで見たいものではないが、デザインを変える次のステップに移るためには知っておくべきことだった。

　次の原則はうまく診断するためのものだ。基本的概略から始めよう。

12.1　上手に診断するために、次の質問をしよう

1. 結果はよかったか悪かったか？
2. その結果は誰の責任か？
3. 結果が悪かったのは、責任者に能力がなかったのか、デザインが悪かったのか？

これらの大所からの質問をいつも念頭に置いていれば、大丈夫。この大局的な質問への答えを得るための指針を次に書く。それぞれの段階で全体を把握するための簡単な質問の形式を使う。その回答は、次の段階に移るのに必要で、最終的な診断に導くものだと考えてほしい。

　この質問やフォーマットをそのまま使ってもいいが、使う必要はない。状況次第で、ざっと回答してもいいし、別のもっと細かい質問を考えてもいい。

　結果はよかったか悪かったか？　そしてそれは誰の責任か。結果が悪かった、そして誰の責任かで意見が一致しなかったら、細かいところにこだわりすぎていると思っていい（つまり、些細などうでもいい詳細の議論になっているということだ）。

　結果が悪かったとしたら、それは、責任者に能力がなかったのか、それともデザインが悪かったのか？　目標は、この組み合わせがどうなのかを見ることだ。だが、そのためには、今回マシンはどう機能したのかを確認して、そこから見ていく必要がある。

　マシンはどう機能すべきだったのか？　誰が何をすべきだったのか頭の中に描かれていると思う。もし描けていなければ、他の人の考えを借りて描く必要がある。どうであれ、誰が何をする責任を持っていたのか、原則はどうあるべきだったと言っているのかを学ぶ必要がある。シンプルにすること！　この段階でよく陥る落とし穴は、マシンレベル（誰が何をする責任があったのか、というレベル）に留まらず、細かな手続き上の問題にとらわれてしまうことだ。いくつかのコメントを特定の人と結び付けられるように頭の中をはっきりと整理しよう。ここで細部に入り込んでしまえば、脱線してしまう。頭の中で整理できたら、次の重要な質問は：

マシンは期待どおり機能したか、しなかったか？ イエスかノーか。

もし、ノーなら、なぜ期待どおりにいかなかったのか？　何が壊れたのか？　これは直接的原因と呼ばれるもので、頭の中で全体像が整理されていたら、このステップは容易なはずだ。イエスかノーで答える形でいい。頭の中で描いた像の構成部品を思い浮かべ、どの責任者がうまくやれなかったのかを特定すればいいだけだ。

頭の中でマシンの機能に2つのステップがあると考えたとしよう。ハリーは、1) この任務を時間内に行うべきだった、あるいは2) できないことを上に報告してエスカレーションすべきだった。したがって、1) 彼は時間内に行ったのか？　イエスかノーか。もしノーなら、2) 彼はそれをエスカレーションしたか。イエスかノーか。

このくらいシンプルでいい。だが、誰かが「彼らが何をしたか」の詳細の説明を始めて、このステップでわけがわからない話になることが多い。正確で明確に統合されるよう会話をリードするのはマネジャーの仕事だということを忘れないように。

その問題は意味のあるものかどうかも考えるべきだ。つまり、能力のある人が同じ状況で同じ過ちをするか、何か深掘りする必要のあることの前兆なのか？　ということだ。滅多に起こらないことや、どうでもいい問題に注意を向けないこと。何も、誰も完璧ではない。だが、マシンのシステム全体に関わる問題のヒントを見逃さないように。それを決めるのはマネジャーの仕事だ。

なぜ期待どおりにいかなかったのか？　ここで、責任者が有能かどうか、あるいはマシンのデザインの問題かを決めるために根本原因をまとめる。細かなことにとらわれずにまとめるためには：

- その失敗を5ステップのプロセスと結び付ける。どのステップがう

まく行われなかったのか。すべてが最終的にはこの5段階に収まる。だが、もっと具体的にする必要がある。そこで：

- 具体的に失敗の起因となった特性を特定するように。イエスかノーを求める質問をしよう。責任者はうまく管理したか？ 問題をうまく認知しなかったのか？ うまく実行しなかったのか？
- 重要なことだが、次の質問をするように。もし特性Xが次回うまく行われても、また悪い結果になるだろうか？ これは、結果と原因を論理的に結び付けているかどうかを確認するいい方法だ。こう考えてみよう。機械工が車のその部品を取り替えたら、車は修繕されたと言えるだろうか？
- もし、根本原因がデザインにあるのなら、そこで留まってはいけない。デザインの欠陥に責任を持つのは誰か、その人たちはうまくデザインする能力を有するのか、と尋ねること。

その根本原因は、パターンになっているか？ イエスかノーか。問題はその事象に限ったことかもしれない。あるいは繰り返し現れる根本原因の兆候かもしれない。どちらなのかを見極める必要がある。言い換えれば、ハリーが任務に失敗したのが信頼性の問題であるなら、

- ハリーは全般的に信頼性の問題を抱えているか？
- もしそうであれば、その役割に信頼性は求められるか？
- ハリーの失敗は研修不足のせいか、それとも能力不足のせいか？

その結果、人やマシンはどのように進化すべきか？ 問題の短期的解決が必要に応じて行われたことを確認しよう。長期的解決に向けたステップを決め、誰が責任を持つかを決めよう。とくに：

- 割り振るべき、あるいは明確化すべき責任はあるか？

- マシンのデザインをやり直す必要があるか？
- 担当任務との適合性を再評価すべき社員はいるか？

　たとえば、1）それはパターンとして出てくる、2）責任者はその役割に必要な特質に欠けている、3）失敗の起因となった特性は責任者の能力のせいで欠如している（研修のせいではない）としよう。その場合、とても重要な質問に対する答えが得られる。その人は能力不足で、その役割から外されるべき、ということだ。
　以下の原則は上手に診断する方法をさらに具体化する。

a. **「誰が何を異なる方法ですべきか？」と自問しよう**。原因となったマシンを理解しようとしないまま、結果について文句を言う人がよくいる。多くの場合、不平を言うのは、ある決定の反対意見は見るが、賛成意見は見ず、責任者がそれをどう秤にかけて決定したかを知らない人だ。すべての結果はつまるところ、人とデザインから生じるから、「誰が何を異なる方法ですべきか？」と尋ねることだ。そうすれば（たんにピーピー言うのではなく）将来結果を実際に変えようというときに必要な理解に目が向くだろう。

b. **5ステップのプロセスのどのステップで失敗が起きたかを特定する**。もしいつも失敗する人がいたら、それは研修不足か能力不足のいずれかだ。どちらか？　5ステップのどこでその人は失敗したのか。それぞれのステップは異なる能力を必要とする。どの能力が欠如しているかがわかれば、問題診断に大いに役立つ。

c. **うまくいかなかった原則は何かを見定める**。足元の問題に適用した原則は何かを特定し、それを見直し、それが役に立ったかどうかを見る。同様のケースを扱うのにどの原則がベストだと自分なら考えるか。そう考え

ることは、その問題だけでなく類似の問題を解決するのに役立つ。

d. 結果論で批判しない。 今わかっていることだけではなく、決定した当時にわかって然るべきことに基づき、過去の決定のメリットを評価しよう。どの決定にも長所短所がある。きちんと状況を理解せずに、後から振り返って当時の選択を評価してはならない。「その状況で優秀な人なら何を知って、何をしただろう」と自問してみよう。また、決定をした人について深い理解を持とう（どう考えたか、どういうタイプの人か、その状況から彼らは学んだかなど）。

e. その人の置かれた状況の質と、その人の状況に対処するアプローチの質とを混同しないように。 いずれかがよくて、いずれかが悪いという場合がある。そしてどっちがどっちか混乱しやすい。このような混乱は、新しいことを始め急速に進化しているが、まだ軌道に乗っていない組織ではよく見られることだ。

　私はブリッジウォーターのことをよく「ひどいと同時にすごい」と表現する。40年近く、多くの問題と戦いつつ、一貫して並外れた結果を出してきた。ごちゃごちゃした状況を見て、ひどいに違いないと思い、イライラするのは簡単だ。だが、ほんとうに大変なのは、このごちゃごちゃした状況が生み出した長期的成功を見て、この状況が革新の進化に不可欠なものだと理解することだ。

f. 誰かがどうすればいいのかわからずにいることを、あなたならわかるというものではない。 問題を指摘するのと、正確な診断をして優れた解決策を出すのは別のことだ。前に書いたように、問題解決に優れている人は、1）論理的に問題をどう扱うか話せる人、2）同様の問題を過去にうまく解決したことのある人だ。

g. **根本原因は行動ではなく理由だということを忘れないように。**根本原因は、動詞ではなく形容詞で語られる。だから、それを見つけるために「なぜ」と質問し続けよう。たいていのことは、誰かがあるやり方で「する／しない」を決めたから、「された／されなかった」のだ。だから、根本原因の大半は特定の人の特定の行動パターンにたどりつく。もちろん、通常は信頼できる人も時にはエラーを犯す、その場合は許される。だが、ある人に問題の原因が特定できた場合、なぜそのミスを犯したかを尋ねる必要がある。そして機械のパーツを細かく調べるように、その人の失敗を正確に診断する必要がある。

根本原因を発見するプロセスは、次のようにされる。

問題は、プログラミングが悪かったせいだ。

なぜプログラミングが悪かったのか？
ハリーがひどいプログラムを書いたからだ。

なぜハリーはひどいプログラムを書いたのか？
ハリーは十分に研修を受けていなかったし、急いでいたからだ。

なぜハリーは十分に研修を受けていなかったのか？
ハリーの上司は、ハリーが十分に研修を受けていないことを知りつつ、仕事をさせたのか、それとも上司は知らなかったのか？

質問は個人に向けたものだ。「ハリーがひどいプログラムを書いたからだ」では終わらない。失敗に導いた人とデザインをよく理解するために、さらに深掘りする必要がある。これは診断する人にとっても責任者にとっても難しいことだ。そして、無関係なこまごまとしたことを持ち出す結果になる。人は自分を守ろうとして細かいことを持ち出すものだから、気を

付けなくてはならない。

h.　**容量の問題と能力の問題を見分けるために、十分な容量があり余裕があれば、機能したかを想像してみよう。**問題を起こした人が、時間やリソースがたっぷりあったときには同様の仕事をうまくこなしているかどうか、振り返ってみよう。もし同じ問題が生じていたら、問題は能力にあると言っていいだろう。

i.　**マネジャーが失敗したり、目標未達になったりするのは、次の5つの理由のいずれかによる。**
　1.　現場から距離がありすぎる
　2.　品質の悪さに気づくことができない
　3.　慣れてしまって、どんなに悪い状態か見えなくなっている
　4.　仕事に高いプライドを持っている（あるいはエゴが強い）ので、自分の問題を解決できないと認めることに耐えられない
　5.　失敗を認めることによって成績が悪くなると恐れる

12.2　絶え間なく診断して新たに統合していく

　深刻な悪い結果が起きたときにチェックしなければ、それが何の兆候なのかを理解できない。またそれが時間とともにどう変化しているのかがわからない。つまり、事態がよくなっているのか、悪くなっているのかわからない。

12.3　診断は結果を出すものでなければならないということを忘れないように

　結果が出なければ、やる意味がない。最低でも診断は、根本原因に関す

る推論を出し、さらなる探求に必要な情報を明確化すべきだ。せめて、問題解決の計画やデザインに直接結び付くものであってほしい。

a. **同じ人が同じことをしたら同じ結果になることを忘れないように。** アインシュタインは、同じことを繰り返し行って異なる結果を期待するのは狂気の沙汰だと言っている。このドツボにはまらないように。抜け出すのには苦労する。

12.4 次の「掘り下げ」テクニックを使って、問題を抱える部や課の 80 対 20 を理解しよう

　掘り下げは、大きな問題を抱える部署の根本原因を理解し、その部署を卓越した状態に変えるための計画をデザインするプロセスだ。掘り下げは、診断ではないが、広く深く探るものだ。すべての問題の原因を発見する意図はない。80％の最適とは言えない効果を生み出す、わずか20％の原因を見つければいい。掘り下げは 2 つのステップから成り、デザインと実践のステップが続く。上手にやれば、2 つの掘り下げステップは 4 時間ほどでできる。このステップは別々に、独立して行うことが重要だ。さもなければ、一度に多くの方向に分散してしまう。掘り下げのプロセスを紹介し、各ステップでの指針と例を挙げよう。

　ステップ 1：問題を書き出す。素早く主な問題をすべてリストに挙げよう。上手に解決するためには、ものすごく具体的に書くように。一般化しないこと。「私たち」や「彼ら」などを使わないこと。問題を抱えている人たちの名前を挙げること。

- 精査している分野に関連する人は全員掘り下げに参加させること。彼らの視点で得ることもあるし、参加することで彼らの解決への当事者

意識が高まる。
- 滅多に起きないことや些細な問題に注意を払わないこと。何も完璧なものはない。だが、それがマシンの制度的問題の前兆ではないことを確認すること。
- まだ解決案を探そうとするのは早い。このステップでは問題を挙げることに焦点を絞ること。

ステップ2：根本原因を特定する。問題を引き起こした行動の裏にある根の深い理由は何かを明らかにしよう。たいてい問題が起きるのは次のいずれかだ。1）責任者が明確ではない。2）責任者が責任をうまく果たしていない。

直接的原因と根本原因は区別しなければならない。直接的原因は問題を導いた理由あるいは行動だ。理由や行動の質の問題を書き出せば、根本原因に近づく。

根本原因をつかむために、「なぜ」と問い続けよう。たとえば：

> **問題：**チームは絶えず遅くまで働き、燃え尽きる寸前だ。
> **なぜ？**
> チームに課せられた要求に見合うだけの十分なリソースがない。
> **なぜ？**
> 新しい仕事を引き継いだが、スタッフの追加はなかった。
> **なぜ？**
> その仕事を受ける前に、マネジャーは仕事量を理解していなかった。
> **なぜ？**
> マネジャーは問題予想能力、計画立案に優れていない（根本原因）。

関連する人を掘り下げのプロセスから除かないこと。彼らの考えが得られなくなるだけでなく、行動計画から切り離してしまい、彼らの当事者意

識を低下させてしまう。同時に、人は自己批判するよりも自己防衛になる傾向があることを忘れないように。マネジャーの仕事は、事実と卓越を手に入れること。みんなをハッピーにすることではない。採るべき道は、誰かを解雇してより優れた人に置き換えることかもしれない。望まない仕事に彼らを異動させることかもしれない。みんなの目的は最善の回答を得ること。多くの人がハッピーになる回答ではない。

ステップ1で出てきた複数の問題が同じ根本原因から発生しているとわかる場合もあろう。掘り下げを短時間にやるから、根本原因の診断は暫定的で、基本的には注意して見るべきことは何かを警告するだけだ。

ステップ2が終わったら、小休止をして考えよう。それから計画を立てよう。

ステップ3：計画を作る。グループから離れて、根本原因に取り組む計画を練ろう。計画は映画の脚本のようなものにする。目標達成のために、誰が何を時系列にやるのかを可視化する。目標達成の可能性と費用やリスクを秤にかけ、複数の可能性を繰り返し見ていく。計画には、具体的な任務、結果、責任者、フォローアップ用の判断基準、時間枠を含める。計画をしっかり議論するには主だった人に関与してもらうといい。全員が計画に賛同しなくてもよいが、責任者と主要なメンバーは考えが同じになっていなくてはならない。

ステップ4：計画を実践する。同意を得た計画を実践し、その進捗度合いを誰もが見られる形で追う。計画と実績の対比、来期予想を少なくとも月次で報告する。そして、予定どおりに上首尾の結果を出すよう、担当者に正式に責任を持たせる。必要に応じ、現実を反映して計画を調整する。

12.5 診断は、進歩と優れた人間関係の基礎をなすものだ

　オープンに質の高い意見交換をしているのなら、よりよい解決案を見つけるだけでなく、お互いをよく知るようになるだろう。部下を評価し、彼らの成長を助ける機会だ。その逆も真だが。

13 問題を回避するためにマシンの改善をデザインする

目標達成を阻む問題の診断ができたら、解決する道をデザインしよう。デザインは、深い、正確な理解に基づかなくてはならない（だから診断が重要なのだ）。問題を凝視し、それがもたらす苦痛を利用して創造的思考を刺激する。これは私にとって、直感的に行うプロセスになっている。

　顧客サービス分析に責任を持つチームはこのようにした。とくに当時顧客サービス部の部長だった、ブリッジウォーターの共同CEO、デイビッド・マコーミックはまさにそうした。分析を終えて彼はすぐさま変更をデザインし、実践した。品質水準が劣化するに任せたチームのメンバーを解雇し、適材適所になるような新たなデザインを熟考した。彼は顧客サービス分析の新たな責任者に、極めて高い水準を持ち（水準が低下すると歯に衣着せず物申し）トップクラスの投資戦略を考える人を選び、経験豊富なマネジャーをつけた。その男は、どうプロセス・フローを作るか知っており、すべてきっちり計画どおりになるようにする人物だった。

　それだけではない。デザインをするとき、時間をかけて反省し、高次元から問題を見ることが重要だ。デイビッドはこの部署の一部だけを見るのは誤りだと理解していた。品質の低下は他のところでも起きている可能性があった。彼は永続的な卓越のカルチャーを部署全体に行き渡らすデザイ

ンをクリエイティブに考え出した。これが、「品質の日」の考案につながる。これは、年に2回開催される会議で、顧客サービス部のメンバーは、互いの模擬プレゼンテーションやメモを見て、直接フィードバックを与える。何がよかったか、よくなかったかを話す。重要なのは、一歩離れて見て、品質維持の方法が期待どおり機能しているのかを評価する場になったことだった。厳しい、自分の頭で考える人たちを連れてきて、批判をさせ、よくなるようにプロセスを調整した。

　もちろん、この部門を変えたデイビッドの計画にはもっと多くの細かな点があった。重要なのは、求められることを高次元で可視化して、それが、詳細な点や計画に反映されたことだ。全体像があって初めて具体的なことを考えることができる。その具体的なことは任務となるから、忘れないようにメモするように。

　実際の問題をよく理解していれば、素晴らしいデザインが生まれる。だが、何かを始めたばかりのときには、実際の問題ではなく想定される問題に基づいてデザインせざるを得ない。だから、問題を追跡する体系的な方法を持つこと（問題ログ）、そして人となりを知る方法（ドット・コレクター）がとても役立つのだ。何がうまくいかないだろうかと自分の推測に頼るのではなく、過去の「打数」のデータを見ることができるから、まっさらな状態から始めなくてもデザインプロセスに入ることができる。

　私が知る才能のあるデザイナーは、小規模なチームから組織全体まで異なる人と接し、彼らがどのような結果を生み出すか正確に予測し、可視化できる人だ。彼らはデザインとシステム化に優れる。この章でもっとも重要な原則はこれだ：マシンをデザインし、システム化しよう。このプロセスでは性格も重要だが、創造性もまた重要だ。デザインで重要な問題はいちばん難しいものであることが多い。だから、その問題に取り組むには独創的な方法を編み出し、恐れずに厳しい選択をする必要がある（とくに人材の問題、誰が何をすべきかに関しては）。

13.1 マシンを作る

　目の前にある任務や状況に集中すると、1つひとつ対処することになる。そうではなく、何を、なぜしているのか観察し、目の前にある事象に該当する原則を抜き出し、プロセスをシステム化してマシンを作ろう。足元の任務を解決するより2倍ほど時間はかかるだろう。だが、何倍もの価値がある。その学びと効率性が将来にわたり度合いを増していくからだ。

13.2 原則とそれをどう実践するかをシステム化する

　価値観を日々の判断に応用させるよい原則はあっても、定期的に適用されるような体系的な方法がなければ、あまり役に立たない。重要な原則を習慣にし、他の人にもそうさせることが重要だ。ブリッジウォーターのツールとカルチャーはそのようにデザインされている。

**a.　意思決定時の判断基準をよく考えて優れた意思決定のマシンを作ろ
う**。投資決定時には、私は自分自身を観察し、それまで使ってきた判断基準を考える。この状況をどう扱うか自問し、原則を書き出す。それからアルゴリズムに組み込む。今は経営でも同様にしている。すべての決定でこうすることが習慣になっている。

　アルゴリズムは継続的な行動のための原則である。システム化され、エビデンスを基にした意思決定は経営の質を劇的に変えると信じている。人間であるマネジャーは、あまりよく考えずに基準を使って、無意識のうちに情報を処理する。感情に左右されて非生産的だ。そのため最善の決定にはならない。質の高いデータを処理し、質の高い意思決定原則・基準を使うマシンがあったらどうか想像してほしい。自動車に搭載されたGPSのようなもので、すべて従うかどうかは別としても貴重なものだ。このようなツールは将来必須のものになると信じている。そして、間もなく試作品

をオンラインで提供する予定だ。

13.3 よい計画は映画の脚本のようでなければならないと言ったことを思い出してほしい

　シナリオがどう展開するか生き生きと描くことができればできるほど、計画どおりに行く確率が高まる。誰がいつ何をするか、結果はどうかを思い描こう。それが、あるべき姿を示すマシンのメンタル・マップだ。可視化の上手な人もいれば、そうでない人もいる。正確に自分や周りの人の能力を評価し、できる人を使って計画を練ろう。

a.　**痛みを味わう立場に身を置いてみよう。そうすれば、デザインに対する豊かな理解を得ることができる**。実際にそうしてもいいし、代理体験（報告書や職務分掌を読むなど）でもいい。何に対応しようとしているのか作業している分野の理解を深めるために、一時的に、仕事の流れに身を置いてみよう。デザインで学んだことを適用でき、その結果マシンを適切に改善することができる。

b.　**代替のマシンとそれが生み出す結果を思い描き、それから選ぼう**。優れたデザイナーはマシンとそれが生み出す結果をさまざまな形で繰り返し、思い描くことができる。まず、ハリー、ラリー、サリーがいろいろなツールを使っていろいろな方法で働くことを想像する。彼らにはそれぞれ異なるインセンティブとペナルティがある想定だ。それからハリーとジョージを入れ替えてみるなどして、それぞれのシナリオで製品、人材、財務が毎月（あるいは四半期ごと）どうなるかを見てみる。それから選ぶ。

c.　**一次的にとどまらず、二次的、三次的結果を考慮する**。一次的結果は望ましいかもしれないが、二次的、三次的結果は逆になるかもしれない。

だから、やりがちではあるが一次的結果だけを見ていると、よくない意思決定をしてしまう恐れがある。たとえば、雨の日がないほうがいいか尋ねられれば、二次的、三次的結果を考えなければ私はイエスと答えるだろう。

d. スイスの時計のように精密に組織を動かすには、定例会議をしよう。
定例会議は、全体の効率を上げる。重要な意思の疎通をし、やるべきことが看過されないように、非効率な調整の必要性を取り除き、作業を改善する（反復すれば磨きがかかる）。会議の議題を標準化し、いつも同じフィードバックの質問をしよう（ミーティングは効率的だったかなど）。頻繁ではないため通常の議題に上がらない内容(四半期ごとの予算見直しなど)も議題に上げるように。

e. よいマシンは、人間は不完全なものだという事実を考慮している。 人がミスを犯してもきちんとした結果が出るようにデザインしよう。

13.4 デザインは反復のプロセスだ。
　　悪い「新しい」ものとよい「次」のものの間は、
　　「取り組み中」の期間だ

「取り組み中」の期間は異なるプロセス、人事を試し、うまくいくかどうかを見て、反復から学び、理想的な体系のデザインに向けて動くときだ。よい将来のデザインを頭に描いていても、当然いくつか誤りがあり、「次の」よい状態を得るための学びがある。

　この種の反復のプロセスに不平を漏らす人は多い。人は、不完全なものよりも何もないほうがいいとする傾向があるが、不完全なものを手に入れるほうが理に適っている。何もないほうがいいという考えは筋が通らない。だから気にしないでいい。

a. 「洗浄嵐」の力を理解しよう。自然界では「洗浄嵐」は頻繁には起きないが大きな出来事で、よい時代に蓄積した大きくなりすぎたものを根こそぎ洗い流してくれる。森の保全のためには、この種の嵐が必要だ。さもなければ、弱い木が増え、育ちすぎた木々が他の成長を阻止する。同じことが会社にも言える。悪い時期には縮小を迫られ、強く、欠くことのできない社員（あるいは会社）だけが生き残る。それは不可避のことで、そのときには悲惨に見えても素晴らしいこととなる。

13.5 組織を仕事ではなく、目標に合わせて築こう

　目標達成のために各部署に明確なフォーカスと適切なリソースを与えていれば、資源配分の診断は単純となりジョブ・スリップが減る。これがどう機能するのか例を挙げよう。ブリッジウォーターでは、マーケティング部（目標：マーケティングをする）がある。これは顧客サービス部（目標：顧客にサービスをする）とは分かれている。両部とも類似のことをしていて、一緒にさせることのメリットもあるだろう。だが、マーケティングと顧客サービスでは目標がはっきり異なる。一緒になれば、部長、営業員、顧客アドバイザー、アナリストその他は、相反するフィードバックを与え、受けることになる。なぜ顧客にあまり注意を向けないのかと尋ねても、「売上を上げるインセンティブがある」という答えが返ってくるようになる。売上が上がっていないのはなぜかと尋ねても、統合後のマーケティング部なら、顧客の対応をしなくてはならないからだと説明するだろう。

a. **組織を上から下に向かって築く**。組織はビルと逆だ。基盤はトップにある。だからヒラの部員を雇う前に、マネジャーを雇うこと。マネジャーはマシンのデザインを手伝ってくれ、それに合った人材を選んでくれる。部を監督する人は日々の運営に加え、戦略的な思考ができなければならない。何が起こるか予想できなければ、日々の業務が崖から転げ落ちてしま

う。

b.　高いスタンダードを持つ信頼できる人物が監督すること。強力な監督なしには、品質管理や研修が不適切になり、卓越した仕事を大事だと思わなくなる。人は担当任務をちゃんとこなすものと信頼してはいけない。

c.　組織のピラミッドでトップにいる人は、直属の部下に注意を払い、管理するスキルを持ち、彼らの仕事を深く理解していなければならない。数年前、ブリッジウォーターのある人が、わが社の施設管理グループ（建物、土地、食事サービス、事務用品などを担当）はテクノロジー部長に報告すべきではないかと提案してきた。コンピュータは事務用品の一部だし、電力を使うなど、2つの部門で重なるところがあるからという理由だった。だが、ビル管理や食事に責任を持つ人がテクノロジー・マネジャーに報告するというのは、テクノロジー部が施設管理をする人に報告するのと同じくらい不適切だろう。機能的には、広い意味で「施設」と言えなくもないが、大きく違う。求められるスキルも大きく違う。また別のときには、顧客契約担当者を、市場取引業者との契約担当マネジャーの下に入れたらどうかと議論したことがある。だが、それは間違いだと考えた。顧客から同意を取り付けるスキルと、市場取引業者との契約に必要なスキルはまったく別物だ。2つの部署を一般的な「契約部」として統合してしまうのは過ちだ。それぞれ求められる知識もスキルも異なるからだ。

d.　組織をデザインするとき、5ステップのプロセスが成功への道であることを忘れないように。異なる人が異なるステップで能力を発揮する。これらの各ステップで、彼らの生まれつきの得意、不得意を基に任務を与えるように。

　たとえば、大局観を描く先見性に富んだ人は、目標設定に責任を持つべきだ。「スープの味見」役は問題を発見し放置せず対応する役目に就くべ

きだ。人を精査するのを厭わない論理的探偵は分析者、クリエイティブなデザイナーは改善計画を練る、信頼できる任務執行者は計画の実践に責任を持つという具合だ。もちろん、これらの仕事を１つ以上できる人もいる。通常、人は２つか３つをうまくできる。すべてを上手にできる人はいない。チームはこれらの能力を持つ人たちで構成されるべきだ。そして互いに誰がどのステップに責任を持つかを知っているべきだ。

e.　**組織を人間に合わせて作らないこと。**マネジャーは組織に働く人のことを所与の条件と捉え、彼らを使って組織が回るようにしようとする。それは逆だ。反対に、ベストな組織はどういうものかを想像し、それに適した人材を選ぶようにすべきだ。行うべき業務に基づいて職務は作られるべきだ。社員が何をしたいからとか、どの人が使えるから、でやってはいけない。特定の役割にぴったりの人を社外から探すことはいつでも可能だ。まず仕事の流れをデザインする。それから組織図に書き出し、各部署が相互にどう働くかを思い浮かべ、それぞれの職務にどのような資質が求められるかを特定する。それをやってから初めて人材を選ぶ。

f.　**規模を念頭に置くように。**配分するリソースが適切になるように目標を設定すべきだ。組織の大きさからして、営業と分析の２部門を持つことが正当化できないかもしれない。ブリッジウォーターは１つの部署しかない組織から、成功して進化していった。当時誰もがすべてに関与していたが、成長とともに、効率重視の能力を保つために、複数部署から成る組織に成長した。

　一時的にリソースを共有したり、持ち回ったりするのはかまわない。それは責任を統合させるのと同じではない。一方、社員数や複雑さが増加すると組織の効率は下がる。だからできる限りシンプルにしよう。組織が大きければ大きいほど、情報技術管理と横断的コミュニケーションが重要になってくる。

g. 部や課は「引力」に基づき、もっとも論理的にグループ分けするように。自然に引き合うグループがある。その引力は共通の目標、共通の能力やスキル、業務の流れ、物理的な場所などに基づく。こういった引き合う力を認識せずに組織の枠組みを強いると非効率な結果になるだろう。

h. 部はできる限り自給自足できるようにしよう。そうすれば目標達成に必要なリソースを部内でコントロールできるようになる。官僚主義が生じると、その仕事を達成しようと思っていない人材のプールにリソースを要求せざるを得なくなる。そうはなってほしくない。

i. シニア・マネジャーとジュニア・マネジャーの比率、ジュニア・マネジャーとその部下の比率は、よいコミュニケーションがとれ、相互理解ができるように制限すること。通常、比率は1対10以下にすべきだ。1対5に近い数字が望ましい。もちろん、部下の部下の人数、仕事の複雑さ、部下やプロジェクトを一度に管理できるマネジャーの能力などによって適切な比率は変わる。組織のいちばん上から下までの階層の数、そしてマネジャーとその部下の比率が、効率的な組織の規模の決め手となる。

j. デザインするとき、継承と研修を織り込む。これは、もっと早く考えておけばよかったと思う点だ。組織が結果を出し続けるように、あなたがいなくなっても永久運動を続けるマシンを作らなくてはいけない。それは、あなたという機械工が「身を引く」ということに留まらない。上に向かう新たなリーダーの選択、教育、ガバナンス、そしてもっとも重要なことだが、カルチャーと価値観の維持を考えなくてはならない。

これを見事にやっているのは、GE、3M、中国共産党などの企業や組織だ。「継承のパイプライン」を作り、次世代リーダーが現役リーダーの思考、意思決定に接し、学びつつテストされるようにできている。

k.　自分の仕事に注意を払うだけではいけない。自分がいなくなったらその仕事はどのように行われるかに注意を払おう。キーマン・リスクについては前述した。大きな責任を担う人、とくに組織の長には言えることだ。もしあなたがそういう立場にいるのなら、あなたの代わりになれそうな人を指名し、しばらくあなたの仕事をさせて、厳しく吟味しテストすべきだ。その結果はマニュアルに文書化し、あなたがバスに轢かれたら、誰か適当な人がそれを見られるようにしておくべきだ。組織のキーとなる人がみんなこうしたら、あなたの会社は強力な「2軍」を持つことになる。少なくとも明確に脆弱性を理解し、それに対応する計画を持つことになる。忍者マネジャーは、黙って座って素晴らしいことが実現するのを見る人、すなわちオーケストラの指揮者だ。あなたと同じくらい、いやあなた以上に仕事をこなせる人を採用しようとつねに努力していれば、あなたは他のことをする余裕ができるし、継承のパイプラインを築くことができる。

　さらに、自分の代わりはどういう人か思い描くことは、啓発的で生産的な経験だ。自分が今していることを確認し、できる人とできない人の名前を考えることに加えて、よくできる社員を今後生じてくる新たなポジションに就けることを考えるようになる。干渉せずに自分の仕事をさせてテストしなければと思えば、テストする前にきちんとトレーニングしようという気になるだろう。そして、もちろん、ストレステストは、学び、適応するのに役立つ。それによってさらによい結果が得られるようになるだろう。

l.　極めて重要な任務が正しく行われるためには、「ダブル・チェック」ではなく、「ダブル・ドゥ」しよう。ダブル・ドゥは2人の別の人が同じ仕事をして2つの個別の結果を得ることだが、ダブル・チェックはそれに比べてはるかに誤る率が高い。ダブル・ドゥをすればよりよい結果が得られるだけでなく、仕事ぶりと能力の違いを見ることができる。私は、財務のように多額のお金が関わるところでは、ダブル・ドゥをしている。

監査の場合、監査をする人がどのくらい知識を持っているかに応じて効果は出るが、ダブル・チェックはダブル・ドゥができる人によって行われて初めてよい結果を得られることを覚えておこう。ダブル・チェックする人が自分ではその仕事ができないとしたら、どうやって正確に評価できるんだ？

m. **コンサルタントは上手に使うこと。コンサルタント中毒に気を付けよう**。外部コンサルタントを入れることがデザインにもっとも適する場合がある。問題に対処するのに必要な特別な専門性をしっかり手に入れることができる。外部委託すれば、管理の心配をせずに済む。それは大きなプラスだ。一時的な仕事で高度の専門的知識を必要とするのであれば、私はコンサルタント、あるいは外部委託を選ぶ。

　同時に、社員がすべき仕事をコンサルタントにいつもさせてしまうことに気を付けよう。長期的にはコスト高となりカルチャーを蝕む。コンサルタントに対して、彼らが通常はしないやり方で仕事をするよう依頼しないように。必ずといっていいほど彼らはいつものやり方に戻る。彼らのボスがそう要求するはずだ。

　コンサルタントを使うかどうか検討するとき、以下の要素を考慮しよう。

1. **品質管理**　仕事をするのが社員なら、その仕事の品質はあなたが責任を持つ。だが、外の会社の人があなたのために仕事をするとき、彼らのスタンダードでやることになる。そのスタンダードがあなたのものと同じかそれ以上に高いものであることを確認するのが重要だ。
2. **経済的意味**　もしフルタイムの人が必要なら、そのポジションを作ったほうが費用効率はいい。コンサルタントに日給で支払う総額は、フルタイム社員の年間費用よりもはるかに高くなる。
3. **知識の社内取り込み**　つねにあなたの環境にいれば、カルチャーを

知り、そのよさがわかるようになる。外部の人にはできない。
4. **セキュリティ**　社外の人に仕事をさせると、セキュリティのリスクは大幅に高まる。とくに彼らの仕事ぶりを見られないときには（そしてたとえば、機微情報書類を机の上に出したままにしないなどの適切な予防措置をとっているかどうか監督できないときには）。

外部委託するか社内で機能を持つか、検討する必要がある。派遣社員やコンサルタントは急ぎの対応にはよいが、長期的な組織力アップにはつながらない。

13.6 ピラミッドのような組織図を作ろう。
上から下まで指揮命令系統はまっすぐ一本となり、
途中、線が交わらないように

組織は小さなピラミッドが積み重なる形になるように。序列を最小化するために階層の数は抑えるべきだ。

a. **部の間、課の間で問題が生じたら、ピラミッドの頂点に立つ人を関与させる**。組織図は、いくつものピラミッドから成るピラミッドと考えてみよう。
　問題がいくつかのピラミッドにまたがっている場合、ピラミッドの頂点に立つ人を関与させるのが一般的に望ましい。大局観と知識を持つ人だろうから、トレードオフを計算し十分な情報を得たうえで意思決定できる。

b. **他部の人のために仕事をしない。他部の監督責任者と話さない限り、他部の部員に仕事を頼まない**。これで問題が生じたら、ピラミッドの頂点で解決する必要がある。

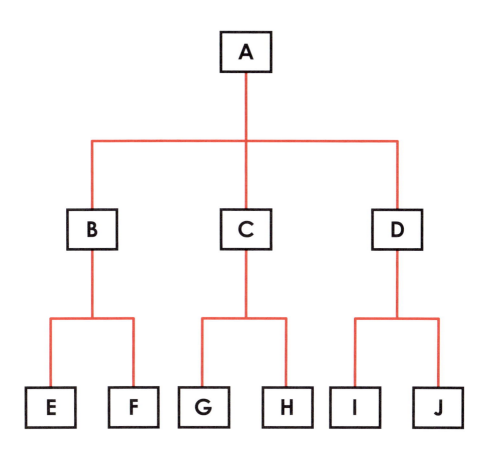

c. **「部の勘違い」に注意する。**サポート部門がサポート提供の責任を誤解し、彼らがサポートしていることをどうすべきか決定してしまうことがある。たとえば施設管理部が何の施設を持つべきかを決めてしまうような間違いだ。施設管理部は彼らがサポートする人たちの目標を知り、可能な選択肢を提供するが、ビジョンを決める立場にはない。

13.7 必要なときには予防措置のガードレールを作る。ガードレールのないほうがいいに決まっているが

　構想にぴったりの人材を見つけたとしても、その人をガードレールで囲んで予防措置をしておきたいと思うことがあるだろう。誰も完璧ではない。誰もが強みと弱みを持つ。どんなにじっくり探しても、望むすべてを1人の人に求めることができるとは限らない。だからマシンと選んだ人材を一歩離れて見て、仕事が円滑に行われるよう人材やプロセスを加えて補強すべきかどうか考えよう。

　ガードレールは、おおかた1人で仕事をうまくこなせる人を助けるためのものだということを忘れないように。できる人がもっとよい仕事ができるように助けるためのものだ。脱落しそうな人を救うものではない。仕事に不可欠な能力に欠ける人にガードレールを設けようとしているのなら、解雇してより適する人を探すべきだ。

　ガードレールを必要とする人の弱みをカバーできるチームメンバーがガードレールとして望ましい。ガードレールの関係は、堅固ながら堅苦しくならないものがよい。理想は、2人でダンスをするような関係だ。互いに体を押し合うが、相互にギブ＆テイクをしながら踊る。言うまでもないがガードレールを必要とする人は、苦もなく仕事ができる人より劣る。ガードレールなしを目指して頑張ろう。

a. **自分で盲点に気づき、何とかすると思ったら間違いだ。**誤った意見で、

まずい決定をする人がよくいる。以前にも同様の過ちをしているにもかかわらず、しかも、そうすることは論理的ではなく害があるとわかっているにもかかわらず、やってしまう。盲点に気づけばその落とし穴を避けるだろうと以前は思っていた。だが、そうではないことがわかった。特定の事柄について、自分はよい意見を出せないから意見を言わないという人は、ごく稀だ。困った立場にならないよう自分で自分の身を守る人が多いと思わないほうがいい。それを見越して、彼らにガードレールを設けよう。もっといいのは、彼らがすべきではない決定をしたくてもできないような役割に就かせることだ。

b. **四つ葉のクローバーのデザインを考えよう**。1人の優れた責任者（それがいつもベストだ）を見つけられないときには、2人か3人の信頼できる人を見つけよう。卓越した結果を生み出すことに深くコミットしていて、喜んで議論を交わし、必要とあれば、意見の不一致を上司にエスカレーションして判断を仰げる人だ。そして相互にチェック・アンド・バランスするようなデザインを作ろう。最適な形ではないが、そのようなシステムは調べて解決すべき問題をうまく選り分ける確率が高い。

13.8 戦略的ビジョンを一定に保ち、環境に応じて戦術的な変更を適切に行おう

　ブリッジウォーターの価値観と戦略的目標は設立当初から変わらない。優れた結果、やりがいのある仕事、かけがえのない人間関係を、徹底的に事実に基づき、徹底的に隠し立てをしない運営で生み出す、というものだ。だが、社員1人の会社から社員1500人の組織に成長し、社員、システム、ツールは過去40年以上の間に変わってきた。価値観と戦略的目標は維持されるだろうが、新しい世代が古い世代に取って代わり今後も変わり続けるだろう。それは、組織も家族やコミュニティと同じだ。変化を促すため

に、伝統と伝統の根拠をしっかりと伝えることが望ましい。そして価値観と戦略的目標を後に続くリーダーと社員全体に浸透させるように。

a. **急場しのぎの解決を戦略に優先させてはならない**。今すぐ解決しなければならない緊急の問題がありすぎるから長期的な戦略的問題に対応できないとよくいわれる。だがその場しのぎの解決に急ぐことは、箴言にあるように、地獄の旅の一里塚だ。有能なマネジャーは目の前に迫った問題とまだ生じていない問題の両方に注意を払う。彼らはつねに戦略からのプレッシャーを感じている。究極の目標を達成できなかったらどうしようと心配して、目標達成までその手立てを見つけようと努力を続ける。すぐさま答えを得られるわけではない。自分で答えを見つけられないかもしれない。しかし、クリエイティビティとその性格で、彼らはやがて上昇のループを作り出していく。

b. **大局観を持ちつつ詳細を考え、その間の結び付きを知ろうとする**。無関係な詳細にこだわるのを避けるように。何が重要か、何が重要でないか、レベルに合わせて決めるように。家の設計をしているとしよう。まず、大きなところから描いていく。家は土地の上に立つが、水はどこから引くのか、送電網にはどうやってつなぐのかなど。それから部屋をいくつ作るか、どこにドアを作るか、窓はと考える。計画を立てるときには、こういったことをすべて考え、つなぎ合わせなくてはならない。だが、実際にドアの蝶番を買いに行く必要はない。ドアには蝶番が必要でそれが家の全体像にどうフィットするかがわかればいい。

13.9 他人の不正直に振り回されないよう、しっかりコントロールしよう

　人が自分のためではなく、あなたのために働くとは想定しないこと。想像する以上の割合で、人は機会があれば不正を働こうとしている。公平にするか、自分の取り分を多くするか、選べるとしたら、大半の人は自分の取り分を多くする。ほんのわずかな不正も許してはならない。だから心の平安と成功のためにはコントロールが必要だ。私は何度も痛い目に遭ってこのことを身につけた。

a.　調査をする。また調査することを事前に知らせるように。 不意打ちにならないように、調査することを説明してから取り掛かろう。調査対象者がセキュリティ・コントロールを個人攻撃だと受け取らないように。銀行が、窓口に立つテラーの引き出しのお金を数えるのは（テラーの言う金額をそのまま信じるのではなく）、銀行がテラーは不正を働いていると思ってのことではないのと同様だ。そのことを社員に伝え理解してもらおう。
　だが、どんなコントロールも絶対確実というわけではない。だからこそ（他にも理由はあるが）、信頼性は高く評価されるべき特性だ。

b.　警官（監査役）がいなければ法律の意味はないことを忘れないように。 監査をする人は監査対象部署以外の人に報告すべきだ。監査の手続きは監査を受ける人に知らせてはならない（これは私の徹底的透明原則の数少ない例外だ）。

c.　よく考えもせずに判を押さない。 多数の取引や他人の仕事をレビューしたり監査したりするときには、よく見もせず判を押すリスクが高くなる。リスクの高いのは経費精算の承認だ。監査人を監査する方法を考えておくように。

d.　**あなたに代わって購入をする人はお金を賢明に使うと思わないこと。**それは、1）彼らのお金でないから、2）妥当な価格を知るのが難しいからだ。誰かが12万5000ドルのコンサルティング・プロジェクトを提案してきたとしよう。市場価格を調べ、価格交渉するのは不愉快で、困難で、ややこしい仕事だ。だが、コンサルタントと交渉するのは嫌がるのに、同じ人が自分の家の塗装となるとペンキ屋と猛烈にやり合って値切る。適切なコントロールが必要だが、もっとよいのは、組織にこの種の業務を専門にする部署を持つことだ。世の中には小売値と卸値がある。可能な限り、卸値を払いたい。

e.　**不正行為を防止するために「さらし首」を使おう。**どんなに注意してコントロールをデザインし徹底しようとしても、悪意の人、極めて不注意な人が出てくるものだ。規則を破りコントロールを犯す人を見つけたら、誰もがその結末はどうなるかを見られるようにしよう。

13.10 可能な限り指揮命令系統と責任を明確に

　これは部内にも、部門間にも適用する。2人の上司に報告するのは混乱の基で、優先順位が複雑になり、明確な目標にフォーカスできず、監督と責任のラインが混乱する。とくに上司がそれぞれ異なる部に所属する場合には。状況次第で2人に報告する必要がある場合には、マネジャーに知らせておくように。その上司に事前相談せず他部署の人に何かを頼むことは絶対にしてはならない（1時間以内にできることならかまわないが）。だが、共同部長や共同課長は、2人が一体となっていて、補完的な強みを持っている場合にはうまくいく。その場合、うまく調整すれば、2人に報告してもうまくいくだろう。

a. 肩書ではなく、仕事の流れのデザインと能力に応じて責任を与える。 誰かが「ヒューマン・リソース（HR）」「人事採用」「法務」「プログラミング」などに責任があるとしても、これらの機能に関連するすべてを適切にできるということではない。HRは採用・解雇・福利厚生の手伝いをするが、彼らに採用や解雇の決定権や社員の福利厚生の内容を決定する責任を与えるのは間違いだ。

b. どうやってレバレッジを利かせるかつねに考えること。 組織におけるレバレッジは、市場でのレバレッジとは違う。少しのことでたくさんのことを達成する方法を探すことだ。ブリッジウォーターで私はおおよそ50対1のレバレッジを利かせる。部下と1時間費やすとその部下はプロジェクトを動かすのにおよそ50時間を使うという意味だ。彼らとの打ち合わせでは、ビジョンと提出すべき成果について話す。それから彼らは仕事に取り掛かり、レビューし、私のフィードバックに基づいて前進する。それを何度も繰り返す。彼らは同様のことを彼らの部下とする。だが、その割合は10対1から20対1くらいだ。私と同じくらい（理想的には私以上に）仕事をこなせる人を見つけたいといつも願っている。そうすれば、私の時間当たりのアウトプットを極大化できる。

テクノロジーはレバレッジを与えてくれる素晴らしいツールだ。研修でなるべくレバレッジを容易に利かせるために、よくある質問と回答は文書化し、音声テープ、ビデオ、あるいはガイドラインとして文書にする。担当者を決めてそれらを整理し、マニュアルに取り入れるようにする。そして定期的に更新する。

原則そのものがレバレッジの1つだ。問題に出くわすたびに同じ努力をしなくても済むように、状況の理解度合いを高める方法だ。

c.　**十分な能力のない普通の人を大勢抱えるより、一握りの優秀な人を見つけて、最高のテクノロジーを与えるほうがよいと認識しよう**。優れた人と優れたテクノロジーはともに生産性を増加させる。この2つをよくデザインされたマシンに組み込めば、幾何級数的な改善が遂げられる。

d.　**レバレッジする人を使う**。レバレッジする人とは、概念を上手に実践に結び付け、実際に概念を完遂させる人だ。概念を描き管理するのには実践に必要な時間の10％くらいしか必要ない。だから、レバレッジする優秀な人がいたら、時間をもっと重要なことに振り向けることができる。

13.11 ほとんどすべて、予想以上に時間とコストがかかるものだと覚えておこう

　計画どおりにいくものはないと言っていいだろう。うまくいかないことを計画する人はいない。私はこれまでの経験から、1.5倍の時間がかかり、1.5倍の費用がかかると想定する。部下と一緒にどれだけ上手に管理するかによって、期待値が決まってくる。

14 やろうと決めた
ことをやろう

組織は、個人と同様、成功するためには結果を出すように背中を押さないといけない。これが5ステップのプロセスの5段階目だ。
　最近、1980年代、90年代から溜まっていた書類の巨大な山を整理したのだが、リサーチの書類が何箱も何箱も出てきた。何千ページもあり、大半に私の書き込みがあった。それは私の努力のごく一部でしかないと思う。40周年記念パーティで、私たちが出版したブリッジウォーターの「今日の注目点」1万回分ほどをもらった。どれも市場と経済に関して深く考えたリサーチだった。整理の最中に、800ページほど書いたが忙しくなって出版に至らなかった本の原稿も出てきた。他にも数えきれないほどのメモ、顧客への手紙、研究レポート、そして本書の下書きなどが出てきた。なぜ私はこういうことをしてきたのか？　人はなぜ目標達成のために一生懸命働くのだろう？
　思うに、みな異なる理由からだろう。私の場合、主な理由は、一心不乱に頑張った結果が目に見えてきて、まだ努力している最中から成功したときの興奮がわかるからだ。同様に、やり終えないと悲惨な結果になることが目に浮かぶからだ。また、責任感からやる気になっているのも確かだ。大切に思う人をがっかりさせたくないという強い思いがある。だが、それ

は私にとってはそうだというだけだ。コミュニティに対する愛着とか使命をモチベーションとして挙げる人もいる。認められたいと思う人、金銭的報酬である人もいる。どれももっともな動機で、カルチャーと一貫性のある形で利用し調和させればいい。

そのためにみんなを1つにまとめる方法が鍵だ。これを人は「リーダーシップ」と呼ぶ。組織が最後までやり遂げて結果を出すためにリーダーがすべきもっとも重要なことは何だろう。もっとも重要なのは、成功のために仕事を喜んでやってくれる人を採用することだ。優れた新しいアイデアを思いつくのは華々しいが、たいていの成功は、問題を見つけて対応し、長期間努力する日常の平凡な、楽しくない仕事で達成される。これは顧客サービス部では確かにそうだった。最初の問題が見つかってから何年もきつい仕事を執拗に行うことで、この部はブリッジウォーターの他のチームのお手本になった。そして、顧客満足レベルはつねに高いものとなった。皮肉なことは、私たちが気づいたメモにあった問題を顧客の誰も気づかなかったことだ。私たちの水準に達しない成果を外に出すのはいけないことだ。それが是正されて嬉しい。もっと悪い事態になっていたかもしれない。広く卓越性で知られていた私たちの評判を損なうところだった。いったんそうなったら、信頼を取り戻すのはずっと難しい。

14.1 自分も組織もワクワクするような目標に向かって働こう

そして、自分の任務がその目標にどうつながるかを考えよう。目標に焦点を置き、達成することに興奮し、その目標を達成するには嫌な任務もしなければならないと理解する。それは正しい態度であり、正しい動機を持っていると言える。働いている目標にワクワクすることがなければ、働くのをやめたほうがいい。個人的には、何かエキサイティングな新しい、素敵なことを思い描くのが好きで、実現させたいと思う。こういったアイデ

アを思い描く興奮、それを築きたいという欲望、それが茨の人生の現実を突き進み、夢を実現させる原動力だ。

a. **人をやる気にさせるには、よく調整して一貫性を持たせること。**グループを結果に向けて動かすのは、感情に働きかけても、知的に働きかけてもできる。ニンジンや鞭を使うこともできる。誰もがそれぞれ働く理由を持っている。組織全体を動機付けるのはなかなか難しいことだが、また利点もある。難しいのは調整が必要な点、つまり目標追求の理由とそれを行う最善の方法とに一貫性を持たせることが必要な点だ。1つの部署が他とは大きく異なる形で動機付けたり報酬を与えたりする（たとえば1つの部署は多額のボーナスをもらい、他は同じ状況なのにボーナスをもらえない）ようだとその違いが問題を引き起こす。集団で働く主な利点は、成功に必要なすべての特性を1人の人ではなく、グループに求めてデザインするほうが容易だという点だ。5ステップのプロセスで述べたが、ある人はあるステップで威力を発揮し、他の人はそのステップではダメということがある。互いに強みと弱みをはっきりわかっていて、グループがこの現実を組み込んでデザインされていれば、誰がどうかは関係ない。

b. **考える前に行動しない。作戦立案に時間をかけよう。**計画を熟考するのに費やす時間は、実行に使う時間と比べたら大したことはない。だが、実行が劇的に効果的になる。

c. **クリエイティブな核心に迫る解決案を探そう。**厄介な問題に直面しているとき、あるいは、あまりに多くのことをしなければならないとき、人はさらに頑張って働かなくてはと思う。だが、難しい、時間がかかる、イライラさせられそうと思ったら、一歩退き、対処するのにもっとよい方法はないか、他の人といろいろな角度から考えてみよう。もちろん、やらなければならない仕事は、長く辛いものが多いが、それまで見えていなかっ

たもっとよい解決案が見つかることがよくある。

14.2 誰だってやることを多く抱えている

　やれると思う以上のことをやるには、どうすればいいのか。誰もが苦労して解こうとするパズルだ。頑張って長い時間働く以外に、この問題を修正する3つの方法がある。1）優先順位をつけ、ノーと言って、やることを少なくする。2）適切な人を見つけて委譲する。3）生産性を改善する。

　時間と努力をかけてもたいしたことができない人がいると思えば、多くのことをこなす人もいる。多くできる人とできない人の違いは、クリエイティビティ、性格、そして智恵だ。クリエイティビティに富む人は、もっと効率的にする方法を見つけ出す（たとえば、できる人、よいテクノロジー、よいデザインを探すなど）。性格の強い人は、問題や要求に上手に取り組むことができる。智恵のある人は、高所から自分自身と問題を見下ろし、平静を保ち、適切に優先順位をつけて、現実的なデザインをして、道理に適った選択をする。

a. **イライラしないこと**。今悪いことが起きていなくても、やがてはやってくる。それが現実だ。私の人生に対するアプローチは、そういうものだと思うこと、そして、重要なのはどうするかを考えることで、そうでなければよかったのにと愚痴をこぼすことに時間を使わないこととしている。ウィンストン・チャーチルは、「成功とは、失敗に失敗を重ねても、情熱を失わない能力のこと」と言っている。じつに的を射た言葉だ。人生の軌跡を決めていくと思えば、この成功と失敗の間を猛スピードで進むプロセスを楽しむようになるだろう。

　やれることが限られているといってイライラするのは馬鹿げている。人生には多くの楽しみがある。問題を切り開く道は、ここに挙げてきた原則に概説した。自ら見つけるものもあるだろう。クリエイティブに考え、難

しいことに挑む気持ちがあれば、達成できないものはない。

14.3 チェックリストを使うこと

　仕事を割り振られたら、チェックリストにメモするのが望ましい。終わったものはチェックリストに線を引いていけば、何をするかの備忘録になるし、何をしたかの確認になる。

a.　チェックリストと個人の責任とを混同しないこと。仕事を達成することが期待されているのであって、チェックリストに載せた仕事をすればいいというわけではない。

14.4 休息と修復の時間をとること

　仕事をし続ければ、燃え尽きてしまい、急停止することになる。やるべきことに時間を割り当てるように、休憩時間を予定に組み込むこと。

14.5 成功する

　目標達成に成功したら、お祝いしよう！

15 仕事の進め方を決めるのにツールと決められた手順を使おう

言葉だけでは十分ではない。
　それは、自分のためになることなのにしようとしない人を見て学んだことだ。これまで挙げてきた原則をブリッジウォーターで共有し、磨きをかけると、原則と私たちの生み出してきた優れた結果との関係にみんなが気づいた。そして、それに従って仕事を進めたいと望んだ。だが、望むのと、実際にするのとの間には大きな隔たりがある。知的に考えてしたいと思うことを人がすると想定するのは、減量するのは身体によいことだと理解すれば人は体重を減らすと想定するのと同じことだ。正しい習慣が身につくまでそれは実現しない。組織では、ツールと決められた手順がなければ実現しない。
　本書を読むに当たり、というか読書一般でこれがどう適用されるかちょっと考えてほしい。行動を変えたいと思って本を読み、失敗したことが何度あるだろう？　ツールと決められた手順の助けがなかったら、本書で行動の変化がどのくらい得られると思うか？　私の推測では、ほぼゼロだ。本を読むだけでは多くのことが学べないように（自転車に乗る、外国語を話すなど）、練習せずに行動を変えようとしても無理だ。だから私は「付記」に書いたツールを公表する予定だ。

15.1 ツールに組み込まれたシステム化された原則は、アイデア本位主義にとってとくに貴重だ

　それは、アイデア本位主義は、みんなが同意した原則に従い、エビデンスに基づき、公平に運営する必要があるからだ。官僚的なやり方や、CEOやその部下たちの恣意的決定に従うのとは違う。組織運営に責任を持つ人は、原則を超える存在ではない。組織の他の人と同様に、評価され、選ばれ、必要であればエビデンスに基づきルールに従い、挿げ替えられる。彼らの強み、弱みも他の人と同様、考慮に入れなければならない。客観的なデータ収集はこのために不可欠だ。そして、あらかじめ同意を得た方法で、データから決定を導くにはよいツールが必要だ。さらにツールは、人とシステムが共生し、相互に改善するようにしてくれる。

a. **ほんとうに行動を変えるのなら、しっかり身についた、あるいは習慣化された学びが必要だ。** 昔は知識を伝えるのに本しかなかったが、ありがたいことに、テクノロジーのおかげで今日しっかり身につける学習ははるかに容易になっている。誤解しないでほしい。本はものすごい発明だ。ヨハネス・グーテンベルクの印刷機のおかげで、知識が容易に普及できるようになり、互いが学んだことの上に知識を築くことができるようになった。だが経験に基づく学習はもっともっとパワーがある。テクノロジーによって経験的学習、仮想学習が簡単にできるようになった。グーテンベルクを超える素晴らしい学習の改善がまた一歩可能になったと思う。

　長い間私たちブリッジウォーターでは、自分のものとして吸収する学習方法を作ろうと努力してきた。その方法は、ずいぶん進化してきた。ほとんどすべての会議は録画しているから、仮想学習のための事例研究を作り、実際に会議に出席しなくても会議に参加することができようになった。実際に出席したかのように会議が展開するのを見る。途中で再生を止めて事例研究を行い、今話題になっている問題について参加者はどう考え

るか尋ねる。再生を止めず、見ながらリアルタイムに反応をインプットすることもある。彼らの考えは記録され、エキスパートシステムを使って他の人と比較される。それで人はどう考えるか、よりよく理解できるようになる。この情報を基に、学習方法をさらに個人に対応したものにすることも、彼らの思考スタイルに合った仕事を割り振ることもできる。

　これは、社員が学び、原則に従って働くのを手助けするために私たちが開発したツールや決められた手順の一例にすぎない。

b.　**ツールを使ってデータを集め、処理して、結論と行動を導き出す**。社内のすべての重要な事象はデータとして捉えられ、人に指示を出すようにコンピュータに指示を出すアルゴリズムを作れると想像してほしい。そうすれば、コンピュータは各人、そして全員を見て、各人に合ったアドバイスを与えることができる。GPSが交通量のパターンや道路を全部把握していて教えてくれるようなものだ。GPSに従わなければならないわけではない。従ってもいい。一般に、システムはコーチのような働きをする。コーチはチームについて学べる。人の行動データが集められ、聡明な動きをする、あるいはしないとそれがシステムによって学習され改善に使われる。アルゴリズムの背後にある考え方は、誰でも見ることができるから、論理の質や公平性を評価することができ、その精度を高める手助けをすることができる。

c.　**自信と公平性の環境を育む明確な原則を作り、ツールと決められた手順で実践し、そこから結論を導く**。結論の背後にある論理とデータを追跡すれば、その結論の評価ができる。どの組織でも、有能でないと評価されると、人は、その判断は間違っていると反論するものだ。そういう場合、明確な基準、データとルールに基づいたシステムがあれば、議論の余地はない。そしてシステムは公平だという信念が深まる。システムは完全ではないだろうが、恣意性は少ない。バイアスがかかっていないかどうかが容

易にチェックできる。権威を持つ個人が行う具体性に乏しい、オープンでない意思決定よりもはるかに優れている。優れた意思決定のための基準に誰もが貢献し、この基準は適切な任命された（信頼性の高い）人が評価し、選ぶ。それが私の理想だ。オープンに、しかし、自分の主張はしっかりすることをバランスよく行えば、社員は自分がどういう位置にあるかわかり、意思決定するには信頼性がまだ足りないことがわかる。社員を評価し管理するのにこのようなオープンな議論は、アイデア本位主義を築き強化するのにとてもパワフルなものとなる。

　私たちはこういったことを達成するツールを持っている。まだ初期段階だが、磨きをかけ、投資管理システムと同じくらい人事管理システムが効果的に稼働するよう努力をしている。

　不完全とはいえ、エビデンスに基づき人を理解し、指導し、選抜するアプローチは、通常の組織がいまだに行っている恣意的で主観的な管理システムよりも公平で効果的だ。進化の力で組織は、人間とコンピュータ知能を組み合わせ、原則をアルゴリズムにプログラムするシステムへと向かっていると信じている。それは意思決定の質を大きく改善するだろう。
「付記」に、アイデア本位主義のアプローチをサポートし、社員がそれと整合性のある働き方をするようなツールと決められた手順について書いた。それらは、私たちの目標を達成するのに役立つようデザインされている。1）どういう人かを学ぶ、2）どういう人物かの情報を共有する、3）各人に適した研修と開発プログラムを提供する、4）場合によっては指導と監督を提供する、5）どういう人物か、何が求められるかを基に、社員を選別し、社内で適した仕事に割り振るか社外に出す、というのが私たちの目標だ。

　アイデア本位主義を実践するのに私たちと同じツールや決められた手順を使う必要はない。だが、そうするには社内の学習方法があるべきだ。私たちの場合、かなり進化しているが、そこまで手が込んでいなくても、自動化されていなくてもいい。たとえば、業務管理、プロセス実践に役立つ

フォームや定型書式を提供すれば、社員に記憶させたり、自分で考えさせたりするよりはよい結果が得られるだろう。

　ツールや決まった手続きをどう使うか、決めるのはあなただ。ここで指摘したいのは、それが重要だということだ。

16 頼むから
　　ガバナンスを
　　甘くみないで
　　くれ！

ここまでに述べてきたことは、きちんとしたガバナンスがなければ使い物にならない。ガバナンスは、うまく機能していない人材とプロセスを取り除く監視システムだ。原則そして組織全体の利害が、つねに個人や派閥の利害や権力を上回るように、権力をチェックしバランスさせるプロセスだ。権力が支配するから、権力は、正しい価値観を持ち、仕事がよくできて、社員の権力のチェックとバランスをする有能な人に与えるべきだ。

　この種のガバナンスの重要性を、CEOの役割から外れるまで私は気づかなかった。私は起業家で会社の創業者（と同時に投資担当マネジャー）だったから、自分が最善と思うことをやってきた。自分自身をダブル・チェックする必要から、経営委員会を作って私の上に置き、報告の義務を負うようにした。しかし、利用することはなかったが、株主として変更する権力をつねに持っていた。（100％投票権を持ち）すべての権限を持っていたから、私は善意の独裁者と言えたかもしれない。アイデア本位主義を実践し、組織全体にとってよいことは私たち全員にとってよいことだと考え、自分自身をダブル・チェックすべきと認識していた。ブリッジウォーターの規模を考えて、適切なガバナンス・システムを作らなかったことは確かだ。

たとえば、ブリッジウォーターにはCEOを監督する取締役会がなかった。社内規則も、社員が訴える裁判制度も、強制するシステムもなかった。必要なかったからだ。みんなの助けを借りて、たんに私がルールを決め、徹底させた。誰もが訴えて私や他の人の判断を覆すことができた。アメリカ建国初期の連合規約に相当するのが、私たちの作った原則だった。そして、私たちの方針は法律のようなものだったが、「憲法」のような公式のものは作らなかった。徹底させたり、論争を解決したりするための司法システムも作らなかった。その結果、私がCEOの座を離れ、権限を他の人に譲ると、決定権に関する混乱が生じた。世界でも有数のガバナンス専門家に相談した後、私たちは原則を基にした新しいシステムを導入した。それでも、私はガバナンスの専門家だと思っていないし、その前の原則を保証するほど、次に述べる原則を保証はできない。本書執筆の時点ではまだ新しいものだからだ。

16.1　成功のために、組織はチェック・アンド・バランスが必要だ

　チェックとは、他の人がちゃんと仕事をしているかどうかをチェックすることだ。バランスは、権力のバランスを指している。リーダーはいかに善意を持っていても独裁的になりがちだ。大勢の人を管理し、時間に限りがあり、多数の難しい選択を迅速に行わなければならない。そこで時には議論する忍耐を失って、代わりに命令を出してしまうこともある。そもそもたいていのリーダーはそれほど善意を持ってはいない。だから、彼ら自身の利害より組織の利害を優先するとは信頼できない。

a.　アイデア本位主義といえども、実績だけが責任と権限を与える決定要因ではない。既得権も考慮する必要がある。会社のオーナーが既得権を持ち、アイデア本位主義で特権を得た信頼性のある人からすれば奇妙なこと

をする権限を持つこともあろう。その場合、オーナーがそのようなリーダーに経営をただ引き渡すべきではない。オーナーの既得権とリーダーの特権との対立は、何とかうまく解決すべきだ。アイデア本位主義の目的は、最善の結果を生み出すことだ。オーナーは何が最善かを評価する権利と権限がある。オーナーはもちろん何かしらの決定をするだろう。だが、賢く決定を選択するようにと言いたい。

b. **システムより力のある人、あるいは、あまりにも重要で替えられないという人がいないように。**アイデア本位主義では、そのガバナンス・システムが一個人よりも大きな力を持つことがとりわけ重要だ。そして、リーダーを管理し、制限をするように。逆であってはならない。

　中国の指導者、王岐山は、古代ローマでユリウス・カエサルが政府に反乱を起こしたときのことを思い出させてくれた。カエサルは、同僚のポンペイウスを打ち負かし、議会から共和国のコントロールを奪い、自身を終身皇帝とした。カエサルが暗殺され、議会によるガバナンスが回復した後も、ローマがかつての姿に戻ることはなかった。その後に続いた内戦は、外国との戦争以上に国を疲弊させた。

c. **王国に注意。**チームや部が共通の目標で強い絆を持つのは素晴らしいことだが、上司や部長に対する忠誠心が、組織全体に対する忠誠心と利害相反することがあってはならない。王国のようなグループを作ってしまうと、非生産的で、アイデア本位主義の価値観に反することになる。

d. **組織の枠組みとルールはチェック・アンド・バランスがうまく機能するためにデザインされていることを明確にしよう。**どの組織にも、それぞれの方法でこれが実践されていると思う。次ページの図は、ブリッジウォーターではどのように機能しているかを概念化した図だ。ブリッジウォーターには現在1500人ほどの社員が働いている。だが、彼らが従う原則は

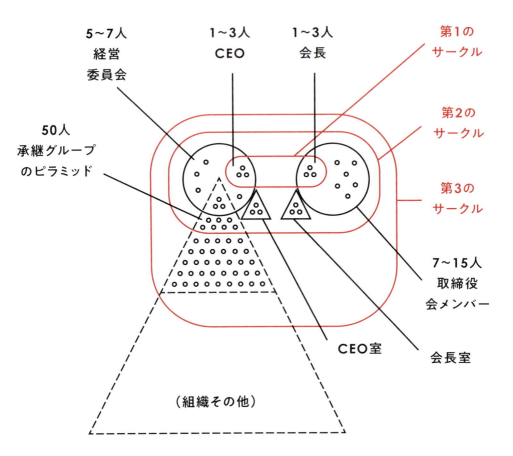

1つだ。すべての組織が何らかの形で同様の基本的な枠組みを持つべきだと思う。

　1人から3人の会長がスタッフのサポートを得ながら、7人から15人の取締役会メンバーと働いている。彼らの目的は主に、1）会社の執行部は有能か？　2）会社は同意された原則とルールに沿って運営されているか、この2点を評価することだ。取締役会はCEOを選択し、交代させる権限を持つ。だが、会社や社員のこまごまとした経営には関与しない。だが、緊急時にはより積極的な役割を果たす（また彼らの望む範囲でCEOの手助けをすることができる）。ブリッジウォーターのアイデア本位主義は、理想的にはすべての人が含まれるべきだが、権威、信頼、情報へのアクセス、意思決定の権限でさまざまなサークルがある。それは図の中の3つの輪で表されている。

e.　**指揮命令系統を明確にする。** これは組織全体で重要なことだが、（監督をする）取締役会への報告関係は、（経営をする）CEOの報告関係とは切り離されていることが重要だ。両者は協力関係にあるべきだが。

f.　**決定権限を明確に。** 各人の投票権限にはどのくらいウエイトがあるのかを明確にしよう。意見の一致が見られず決定をしなければならないとき、どう解決するか疑問の余地がないように。

g.　**評価をする人は、1）彼らが評価する人の仕事ぶりを前もって十分知らされること、2）評価する能力があること、3）監督の有効性を妨げる利益相反がないこと。** 上手に評価するには、ある一定以上の理解を得なくてはならないが、それには時間がかかる。人に責任を持たせる能力とその勇気のある人もいるが、大半の人は違う。そのような能力と勇気を持つことは不可欠だ。評価をする人は、チェックする人の部下であるとかの利益相反があってはならない。それでは責任を持ってすることができない。彼

らを解雇するよう提案することもできない。

h.　**意思決定者は決定に必要な情報にアクセスのあることが必須だ。また、情報を安全に取り扱うと信頼されていなければならない。**だからといって、全員がアクセスを持ち、信頼性がある必要はない。小委員会を作り、そこが機微情報にアクセスを持ち、適切な判断を下すのに十分な情報で裏付けして取締役会に提案することも可能だ。その場合、高度に機微な個別情報は開示しない。

16.2　アイデア本位主義では、素晴らしいリーダーのグループのほうが、CEO 1人よりもよい

　1人の人に依存するとキーマン・リスクが大きくなる。専門性の範囲が制限される（すべてに優れた人はいないからだ）、そして十分なチェック・アンド・バランスができなくなる。やることが多すぎて重荷となる。だからブリッジウォーターでは共同CEOのモデルを使う。これは会社を率いる2人か3人のパートナーシップのようなものだ。

　ブリッジウォーターでは、CEOは取締役会（主に執行役会長あるいは複数の会長）に監督される。アイデア本位主義では、CEOは部下である社員に対して責任を持つ。2人か3人の共同CEOによる運営で困難な点は、互いに息を合わせてやらなくてはならないことだ。それができないなら、そして会長たちとうまく一体となって働けないのなら、執行役会長にそう告げ、変更を求めるべきだ。

　1人以上のCEOが会社経営を見るのと同様の理由から、わが社には1人以上の最高投資責任者がいる（現在は3人いる）。

16.3 原則、ルール、チェック・アンド・バランスの ガバナンス・システムは、 どんなものであっても、 素晴らしいパートナーシップの代替にはならない

　原則、ルール、チェック・アンド・バランスのガバナンスは、同意された原則に基づき組織のために働きたいと本能的に思う有能な人が権限を持つ立場にいなければ、価値を持たない。会社のリーダーは智恵、能力があり、緊密に、協力的に、そして効果的に働く関係を持つ能力が求められる。それは、思慮に富む反対意見を述べること、そしてアイデア本位主義のプロセスで決められたことをやり通す意志の 2 つで特徴付けられるものだ。

私たちは次の3つのことを
得るために人と働く

1）選択した使命を、
1人でするよりも大きく、
よりよく達成するための
レバレッジ

2）素晴らしい組織を築く、
質の高い人間関係

3）自分や他人が必要なもの、
欲しいものを買うためのお金

仕事の原則
まとめ

　これら3つは人によって重要度が違うので、配分はその人次第だ。重要なのは、それらが相互に補完し合うと認識することだ。使命を達成したいのなら、使命にコミットしている人たちと深い関係を持ち、活動を支えるお金を用意したほうがいい。同様に、素晴らしい組織で働きたいのなら、使命を共有し、金銭的裏付けが必要だろう。可能な限り多くのお金を得たいと思うのなら、達成のためには明確な目標と緊密な人間関係が必要だ。私は、幸運なことに、3つすべてで自分の想像をはるかに超えるだけ得ることができた。私は、私にとって有効だったアプローチを伝えようと努めてきた。それがアイデア本位主義であり、目標はやりがいのある仕事とかけがえのない人間関係、それを達成する手段は徹底的に事実に基づき徹底的に隠し立てしないことだ。何が役に立つかはあなたが決めることだ。

　混乱を招きかねないほど山のような原則を提案してしまったから、重要なポイントを理解していただけるようにしよう。それは、すべての意思決定アプローチの中で、アイデア本位主義がベストだという点だ。[*40] 言うまでもないことだが、他の人から期待できること、できないことを知り、最善のアイデアが勝つにはどうすればよいのかを知っておくことが、意思決定

[*40] つねにベストと言うつもりはない。そうでない場合もある。上手に実践されれば、ほとんどの場合ベストだと信じていると言いたかった。

でいちばんよい方法だ。アイデア本位主義による決定方法は、通常の独裁的な、あるいは民主的な意思決定よりもつねによい。

　それはたんなる理論ではない。ユートピアが存在しないように、完璧というものは存在しない。だが、素晴らしいものはある。アイデア本位主義の結果、ブリッジウォーターの40年間が素晴らしいものだったことは間違いない。このアプローチは、たいていの組織でも同じように機能すると思うから、明確に詳細に説明したかった。このアイデア本位主義アプローチを私がしてきたのとそっくり同じにする必要はないが、問うべきことは、アイデア本位主義の組織で働きたいかどうか。もしそうであれば、どうするのが最善の方法か、ということだ。

　アイデア本位主義では3つのことが求められる。1）正直な考えを表に出して、誰もが見られるようにする、2）よく考えたうえで反対意見を言う。質の高い意見の交換があり、そこから可能な限り最高の回答にたどりつくようにみんなの思考を進化させる。そして、3）（信頼性を加味した意思決定などの）アイデア本位主義の方法に従い、意見の不一致を解決する。アイデア本位主義はこうしなければならないというものはないが、おおむねこの3つのステップに従わなくてはならない。本書に挙げた原則をすべて覚えなくちゃと心配することはない。アイデア本位主義を採用し、トレードオフに出くわすたびに、それを取り扱う原則を作り出し、何がうまくいくのかを見つければいい。

　私の場合、やりがいのある仕事、かけがえのない人間関係を望み、それを得るには、徹底的に事実に基づき、徹底的に隠し立てしないことが必要だと信じた。そしてそれを追求していくと、選択を迫られる問題に出くわした。どのように選択をしたか書き留めていったから、原則を具体化することができた。それによって、私はブリッジウォーターのアイデア本位主義を一緒に働く仲間と共に形作り、みんなにとってうまく機能するようにできた。実際に始めて何らかの障害に出くわしたら、これらの原則に立ち戻るとよいだろう。私が経験したのと同じ障害に出会う確率は高いと思

う。どう対処するか苦しんだ末、私は私の考え方を原則に反映した。今度は、あなたが自分自身の原則を書き留めていけばいい。

　もちろん、グループの働き方に影響を与える能力はさまざまだ。私にはあなたがどういう状況にあるかはわからない。だが、もしアイデア本位主義でやっていきたいのなら、自分自身のやり方を間違いなく見つけられるだろう。組織をトップから作っていく。適切な組織を選ぶ。たんにアイデア本位主義の方法で一緒に働く人に対応すればいいだけかもしれない。どのようなポジションにいるとしても、オープンな態度をとりつつ自己主張をすること、そして何をするか決定するときに信頼性を考えながら行うよう練習することは可能だ。

　1）仕事と情熱を一にする、2）人と共有するミッションで上手に奮闘して、以前に述べた見返りを得る、3）奮闘と報酬の両方を楽しむ、4）早く進化し、大きな進化に貢献する。何よりも、私はこうしたことを願っている。

人生に何を求めるか、
何を与えたいかは
あなた次第だ

結論

　冒頭に述べたように、私の目的は私にとってうまく機能した原則を伝えることだ。それをどうするかは、あなた次第だ。
　もちろん、この原則が役に立ってほしいと私は思う。大きな目標を思い描き、辛い過ちを耐え抜き、しっかりと反省をし、あなた自身の原則を作り出し、期待を大幅に上回るような結果を生み出すよう、原則に体系的に従っていってほしいと思う。1人の個人として働くときにも、仲間と一緒に働くときにも、原則がこういったことをするお役に立ってほしい。人生の道のりも進化も、必ずや悪戦苦闘となるだろうから、原則が悪戦苦闘と進化の役に立ってほしいと思う。これに刺激され、仲間と共に原則を書き出し、アイデア本位主義の方法で何がベストかを考えるかもしれない。世界をわずか一度でもその方向に傾けることができたら、大いに興奮することだろう。
　この延長線上にはまだある。したいと思うところから実際に行動するように動かすには、ツールと決められた手順が不可欠だ。だから、私たちが作ったものを間もなくみなさんが使えるように提供するつもりだ。
　「人生の原則」と「仕事の原則」をでき得る限りお伝えしたと思う。もち

ろん、死ぬまで私たちの悪戦苦闘は続く。私の最後の戦いは私の持つ価値あるものを伝えることだったから、これらの原則を発表することである意味ほっとしている。また本書を終えることで満足感を味わっている。さて、「経済と投資の原則」を伝えることに注意を向けることとしよう。

付記

ブリッジウォーターのアイデア本位主義のために作られたツールと手順

　これから記載するのは、現在ブリッジウォーターで利用しているツールと手順のざっくりとした解説だ。間もなく、この多くは、「原則」のアプリとして広く世界に提供し、みなさんが自分で試せるようにするつもりだ。

コーチ

　原則の数が多すぎて、直面している状況に合うものを見つけて適用できるように記憶しておくのは不可能だ。本の中で探すよりもアドバイスを聞くほうが容易だ。そこで、私は「コーチ」を作った。「コーチ」のプラットフォームには「よくあること」（たとえば、誰かが下した評価に反対するとか、誰かが嘘を言ったとか、倫理的に正しくないことを行ったとか）という、よく起きる状況のコレクションがぎっしり詰まっている。それぞれが関連する原則とリンクしていて、対処する人の役に立つようになっている。コーチを使った人は、そのアドバイスの質をフィードバックする。つまりコーチをコーチングして、もっともよいアドバイスを与えられるよ

うにする。時とともに、コーチはますます効果的になってきた。アップルの Siri と同じだ。

ドット・コレクター

　ドット・コレクターは会議で使われるアプリで、リアルタイムで意見を述べ、他の人の考えを知ることができる。これを集計してアイデア本位主義による意思決定に役立てる。みんなが考えていることを表に出すようにさせ、分析し、その情報を使ってリアルタイムに決定する一助とする。これはいくつかの点で優れている。

- 参加者は、数十種類の性格を表現する属性についてプラスでもマイナスでも、「ドット」を与え、絶えず互いの評価を記録する。ドットは格子状の図に描かれ、入力と同時に更新される。だから、会議の進行につれて、会話に参加している誰もが互いの考え方を知るようになる。こうすることで、自分の意見に凝り固まった頭を柔らかくし、みんなの見方を見て他人の視点から考えられるようになる。他の人の視点を通じて見るには、当然ながら高次元で考える必要がある。そして、自分の考えはたんなる1つの考え方でしかないことを認識し、目下の問題を解決するのに最適な基準は何かと自問するようになる。このようにして、オープンなアイデア本位主義の集団意思決定が促進される。
- GPS と同じように、アドバイスを与えて意思決定がうまくいくよう手助けをする。会議の出席者はどういう人かのデータをとって、アプリはそれぞれの人に個別のコーチングをすることができる。その人たちの意見が正しいとは思えない場合には、個別コーチングはとりわけ重要だ。こういうときに、誤った考えをしている人を助けてあげるのは重要なことだと私たちは学んだ。
- ドット・コレクターは私たちの言い方で「ちょっと引っかかる質問」

を際立たせる。反対する側に立つ人の答えのパターンや属性から判断して、解決しなければならない重要な意見の相違があることが示唆される場合だ。たとえば、ある案件で、信頼性を加味した多数派の意見にあなたが反対したとしよう。すると、あなたに自動的に警告が出される。そして、エビデンスに基づいて、意見の相違を解決するのに適切なステップのガイダンスを与えてくれる。

- 信頼性を加味した決議が可能になる。ドット・コレクターはイエスかノーかを投票する（あるいは数字で格付けをする）インターフェイスとなり、信頼性を加味したバックエンド・システムとなる。単純な多数決と信頼性を加味した多数決の両方の投票結果を見ることができるから、たんに多数派は何を考えているのかだけではなく、実績のある人はどちら側に立って投票したかがわかる。複雑に聞こえるかもしれないが、記憶していなくても、誰は何に信頼性があるかを把握するのに役立つ方法だ。

野球カード

　会議で社員の「ドット」を集めることに加え、他のさまざまな方法で社員の人事データを集めている（人事考課、テスト、どういう選択をするかなど）。こういったドットはどのような人かを点描画のように描き出してくれるから、すべてストレステスト済みの論理に基づくコンピュータのアルゴリズムによって分析される。その論理は、客観性と信頼性に資するために、通常は社内の人と共有され、厳しく吟味される。それから、この人物像を**野球カード**に反映する。社員の強みと弱み、それを裏付けるエビデンスをまとめるのに簡単な方法だ（プロ野球選手の野球カードとほぼ同じだ）。

　これはすごく必要とされ、つねに参照している。これがないと、誰が何に強いか弱いかを考慮しないまま互いに接することになってしまう。たと

えば会議である人が意見を述べているとき、野球カードを見ればその人はどういう能力の人かがわかるから、その人の意見のメリットを見定めるのに、とても役に立つ。野球カードを補完するものとして、私たちはプロフィールと呼ぶ別のツールを開発した。これは（時間とともに複雑になってきた）野球カードからすべてのデータを取り込み、各人の人となりを簡潔な文章で要約したものだ。システム化して統合することで、そのうち、ブリッジウォーターにおける社員の評価がもっともよく反映されるものにしていくつもりだ。私たちは、評価を受けた人と一緒に、その人の自己評価と比較しながら話す。そうやって、このプロセスと本人の自己認識とをすり合わせて一貫性を持たせる。このやり方で、このプロセスも本人の自己認識も改善される。

　仕事と人をマッチさせるために、私は**組み合わせ**を開発した。野球カードからデータを取り込み、主な属性を持つ人を選び出し比較するものだ。ある仕事であるタイプの人を探しているとしよう。そのイメージに合う社員の名前をいくつかインプットする。すると、「組み合わせ」は、それらの人が実際どういう人かわかるような詳細なデータを呼び出し、彼らの主だった性質を整理する。そして同様のタイプの人をデータベースで探してくる。「組み合わせ」は（探している人材のタイプに基づき）職務明細書作成にも役立ち、社内外の人材に利用できる。

問題ログ

　問題ログは、発生したミスと、それから何を学んだかを記録するツールだ。これを使ってすべての問題を表面化させる。そうすれば、問題解決者の手にゆだねて体系的な改善をすることができる。それは川のゴミを捉えるしがらみの役割を果たす。なにであれ、うまくいかなかったことは、問題の深刻度合いと問題を引き起こした人を特定して「問題ログ」に記録しなければならない。こうすることで、問題を分類するのが容易になる。「問

題ログ」は、問題とそれに関連する情報を診断する道案内となる。それにより、さらに効果的な業績判断基準を提供してくれる。上がってくる問題の数とタイプを測定できる（そして誰のせいかを特定し、是正することができる）からだ。

　問題ログは習慣や認識を変えるツールの好例だ。最初難しいと思うのは、オープンに問題を指摘することだ。ミスを指摘したらミスを犯した人にダメージを与えると本能的に考えるからだ。いったん慣れてしまえば、その利点を認識するようになり、よい習慣として身につけられる。今では、みんながこれなしではやっていけないようになっている。

苦痛のボタン

　私は**苦痛＋内省＝進歩**と信じている。言い換えれば、苦痛は何か学ぶべきことがあると知らせてくれる重要なシグナルで、自分の苦痛をじっくり振り返って考えれば、つねに何か重要なことを学ぶ。そこで私は**苦痛のボタン**を作ることにした。

　苦痛を味わっているときは、苦痛がどんなものか記録するのに最高のときだ。だが、じっくり考えるのには適切なタイミングではない。頭をすっきりさせておくのが難しいからだ。そこで、このアプリは、感じていること（怒り、失望、フラストレーションなど）を感じるままに記録させるようになっている。後になってから、内省用の質問の手引きに沿ってじっくり考える。このツールは苦痛を経験した人が、将来、苦痛を軽減するためにはその状況にどう対応すればよいかを考えさせる（たとえば苦痛の原因となった相手の人とじっくり話すとか）。アプリには、苦痛の頻度、苦痛の原因、その後フォローする行動がとられたかどうか、それは生産的だったかどうかを記入するところがある。これにより、生じた苦痛、その診断、問題を減少あるいは取り除く計画と改善、その計画の実践、そして結果とつながっていき、一種のバイオフィードバックが得られる。このツールは

改善のループのためのテンプレートとして使われ、誰もが見ることができる。記入事項は他の人と共有することも、自分だけに留めることもできる。苦痛のボタンは、ポケットに精神分析医を入れて持ち歩いているような感じだと誰かが話してくれた。もちろん、いつでも使えるし、ずっと安いという違いはあるが。

論争解決者

　論争には解決のための明確な工程が必要だ。アイデア本位主義では反対意見を述べ、それを解決することが期待されるから、とりわけ重要になる。**論争解決者**は、アイデア本位主義的なやり方で対立意見を解決する方法を提供する。このツールは一連の質問をして、解決のプロセスをたどる手引きとなる。1つの特徴は、対立意見をさらに上の経営陣レベルに上げるかどうかの判断を助けてくれる信頼性の高い人を見つける機能があることだ。人と意見が異なるとき、それを自分の胸に留めるのではなく、表に出し、みんなにそれをはっきり示し、ほかの人と「同期をとり」、考えを一にするのはその人の責任だ。このアプリは、それをみんなにわからせる。「論争解決者」のようなツールがあるかないかにかかわらず、真のアイデア本位主義を確立するには、異なる意見を解決する明確で公平なシステムが必要だ。さもなければ、権限の大きい人が自分の地位を笠に着て力の弱い人に対して好きなように振る舞うことになってしまう。

　他にも、日常業務をうまく回し、監督し、どんな状況かみんなが共通の理解を持つためのツールがいくつかある。

日次アップデートツール

　何年もの間、私は直属の部下に、毎日その日に何をしたか、彼らに関連する問題は何か、そしてそれをどう受け止めたかを10〜15分かけてメ

ールに書くよう頼んでいた。これらのメールを読み、多角的にチェックする（言い換えれば、彼らがしていることを他の人はどう考えるかを見る）ことで、彼らがうまく一緒に働いているか、彼らの気分はどうか、どの糸を引けばうまく動かせるのかを知ることができる。数年前に、このアプリを開発し、日々の更新情報をダッシュボードにまとめた。そのほうが何十ものメールのスレッドを扱うよりもはるかに容易に、事態の進行を追う、業績判断基準値を記録する、反応するといったことができる。それに、モラール、仕事量、エスカレーションしたいと思っている案件など役に立つデータを日々提供してもらうのが容易になる。私も私と一緒に働く人も、この簡単なツールが「同期をとる」のに貴重なツールだと思っている。会社レベルでは、日々どんな感じか（モラール、仕事量、問題、誰が何をしているかなど）を把握するのに貴重な情報を提供してくれる。

「お約束」ツール

　みんなでこうすべきだ、ああすべきだと言いつつ会議を終え、会議室を出る。だが、何も起こらないということがいかに多くあるか。それは何に同意したかがわからなくなってしまうからだ。暗黙の了解はほぼ価値がない。互いにコミットすることは、明確で行動可能でなければならない。そして互いが責任を持つしっかりしたものでなければならない。**「お約束」ツール**は互いにコミットしてそれをモニターする簡単なアプリだ。きちんと取り仕切るために、依頼した人にも依頼された人にも役に立つ。

プロセス・フロー図

　エンジニアは設計するとき業務の流れを把握するためにフローチャートを利用する。マネジャーも組織をマシンとして可視化するのに**プロセス・フロー図**が必要だ。誰が誰に報告するかを示す組織図を参照してもいい

し、組織図がプロセス・フロー図を補完してもいい。理想的には、プロセス・フロー図は高いレベルで見て、必要であれば詳細の低いレベルに下がっていくように使うといい（たとえば、フロー図に書かれた人の詳細を知りたければ、野球カードをクリックしてその人に関連する他の情報を見ればいい）。

　ブリッジウォーターでは、社内の各部署でプロセス・マップを作成し、それぞれの役割と責任、そして意図した成果を得るためのワークフローがどう機能するかを明確にしている。

ポリシーと手続きのマニュアル

　これは操作マニュアルのように、参照するポリシーと手続きの一覧表だ。この文書は随時更新され、組織として学習したことが成文化されていく。

業績判断基準

　格言にあるように、「測定できないものは制御できない」。マシンがどう機能しているかを計測すれば、もっと容易に管理することができる。思考や作業にアルゴリズムの助けを得られるのであれば、なおさらだ。

　喫緊の問題に対応するために何の情報が必要かを考え、それからそれをどう入手するかを考えるとよい業績判断基準ができる。情報を集め、まとめて何がわかるかを見ようとしても、よい基準は出てこない。ブリッジウォーターではよい業績判断基準を作り出すために４つのステップに沿って話し合う。1）達成しようとする目標は何かをはっきりさせる、2）目標に向かうプロセスを理解する（人とデザインからなる「マシン」だ）、3）プロセスの鍵となる部分を測定するのにいちばん適しているのはどこかを決める。そうすれば目標達成に向けてマシンがうまく機能しているか

どうかがわかる、4) 鍵となる業績判断基準と結び付いたレバーをどのように作るかを考える。そのレバーを使ってプロセスを調整し、結果を変える。その目的達成のために、社員には、業績判断基準をプロセス・フロー図と手続きマニュアルと併せて作成するように奨励している。

　業績判断基準が効果的かどうかを判断するには、誰が、何をうまくやっているのか、いないのかを示すかどうかを見ればいい。それを、現場レベルまで落とし込んで使えるかどうかを見なくてはならない。CEOが会社レベルで責任を持つ最重要な事柄から、部署、部署の中のチーム、そしてチームの中で個別の役割を担う責任者に至るまで使える業績判断基準を私たちは目指している。

参考文献

Aamodt, Sandra, and Sam Wang. *Welcome to Your Brain: Why You Lose Your Car Keys but Never Forget How to Drive and Other Puzzles of Everyday Life.* New York: Bloomsbury Publishing, 2009.（サンドラ・アーモット、サム・ワン『最新脳科学で読み解く　脳のしくみ』三橋智子訳、東洋経済新報社、2009年）

Beauregard, Mario, and Denyse O'Leary. *The Spiritual Brain: A Neuroscientist's Case for the Existence of the Soul.* San Francisco: HarperOne, 2007.

Campbell, Joseph. *The Hero with a Thousand Faces.* Princeton: Princeton University Press, 1949.（ジョーゼフ・キャンベル『千の顔をもつ英雄[新訳版]』倉田真木ほか訳、早川書房、2015年）

Dalai Lama XIV. *Beyond Religion: Ethics for a Whole World.* Boston: Houghton Mifflin Harcourt, 2011.（ダライ・ラマ14世『ダライ・ラマ　宗教を越えて』三浦順子訳、サンガ、2012年）

Dawkins, Richard. *River Out of Eden: A Darwinian View of Life.* New York: Basic Books, 1995.（リチャード・ドーキンス『遺伝子の川』垂水雄二訳、早川書房、2014年）

Duhigg, Charles. *The Power of Habit: Why We Do What We Do in Life and Business.* New York: Random House, 2012.（チャールズ・デュヒッグ『習慣の力　The Power of Habit』渡会圭子訳、講談社、2016年）

Durant, Will, and Ariel Durant. *The Lessons of History.* New York: Simon & Schuster, 1968.（ウィル・デュラント、アリエル・デュラント『歴史の大局を見渡す』小巻靖子訳、パンローリング、2017年）

Eagleman, David. *Incognito: The Secret Lives of the Brain.* New York: Pantheon Books, 2011.（デイヴィッド・イーグルマン『あなたの知らない脳』大田直子訳、早川書房、2016年）

Gardner, Howard. *Changing Minds: The Art and Science of Changing Our Own and Other People's Minds*. Cambridge: Harvard Business Review Press, 2006.（ハワード・ガードナー『リーダーなら、人の心を変えなさい。』朝倉和子訳、ランダムハウス講談社、2005 年）

Gazzaniga, Michael S. *Who's in Charge?: Free Will and the Science of the Brain*. New York: Ecco Books, 2011.（マイケル・S・ガザニガ『〈わたし〉はどこにあるのか』藤井留美訳、紀伊國屋書店、2014 年）

Grant, Adam. *Originals: How Non-Conformists Move the World*. New York: Viking, 2016.（アダム・グラント『ORIGINALS　誰もが「人と違うこと」ができる時代』楠木建監訳、三笠書房、2016 年）

Haier, Richard J. *The Intelligent Brain*. Chantilly, VA: The Great Courses Teaching Company, 2013.

Hess, Edward D. *Learn or Die: Using Science to Build a Leading-Edge Learning Organization*. New York: Columbia Business School Publishing, 2014.

Kahneman, Daniel. *Thinking, Fast and Slow*. New York: Farrar, Straus & Giroux, 2011.（ダニエル・カーネマン『ファスト＆スロー』村井章子訳、早川書房、2014 年）

Kegan, Robert. *The Evolving Self: Problem and Process in Human Development*. Cambridge: Harvard University Press, 1982.

Kegan, Robert. *In Over Our Heads: The Mental Demands of Modern Life*. Cambridge: Harvard University Press, 1998.

Kegan, Robert, and Lisa Laskow Lahey. *An Everyone Culture: Becoming a Deliberately Developmental Organization*. Cambridge: Harvard Business Review Press, 2016.（ロバート・キーガン、リサ・ラスコウ・レイヒー『なぜ弱さを見せあえる組織が強いのか』中土井僚監訳、池村千秋訳、英治出版、2017 年）

Lombardo, Michael M., Robert W. Eichinger, and Roger P. Pearman. *You: Being More Effective in Your MBTI Type*. Minneapolis: Lominger Limited, 2005.

Mlodinow, Leonard. *Subliminal: How Your Unconscious Mind Rules Your Behavior*. New York: Pantheon Books, 2012.（レナード・ムロディナウ『し

らずしらず』水谷淳訳、ダイヤモンド社、2013 年)

Newberg, Andrew, MD, and Mark Robert Waldman. *The Spiritual Brain: Science and Religious Experience*. Chantilly, VA: The Great Courses Teaching Company, 2012.

Norden, Jeanette. *Understanding the Brain*. Chantilly, VA: The Great Courses Teaching Company, 2007.

Pink, Daniel H. *A Whole New Mind: Why Right-Brainers Will Rule the Future*. New York: Riverhead Books, 2005.(ダニエル・ピンク『ハイ・コンセプト』大前研一訳、三笠書房、2006 年)

Plekhanov, G. V. *On the Role of the Individual in History*. Honolulu: UniversityPress of the Pacific, 2003. (Original work published 1898)

Reiss, Steven. *Who Am I? The 16 Basic Desires That Motivate Our Actions and Define Our Personalities*. New York: Berkley, 2002.(スティーブン・リース『本当に欲しいものを知りなさい』宮田攝子訳、角川書店、2006 年)

Riso, Don Richard, and Russ Hudson. *Discovering Your Personality Type: The Essential Introduction to the Enneagram, Revised and Expanded*. New York: Mariner Books, 2003.

Rosenthal, Norman E, MD. *The Gift of Adversity: The Unexpected Benefits of Life's Difficulties, Setbacks, and Imperfections*. New York: TarcherPerigee, 2013.

Taylor, Jill Bolte. *My Stroke of Insight: A Brain Scientist's Personal Journey*. New York: Penguin Books, 2009.(ジル・ボルト・テイラー『奇跡の脳』竹内薫訳、新潮社、2012 年)

Thomson, J. Anderson, with Clare Aukofer. *Why We Believe in God(s): A Concise Guide to the Science of Faith*. Charlottesville: Pitchstone Publishing, 2011.

Tokoro, M., and K. Mogi, eds. *Creativity and the Brain*. Singapore: World Scientific Publishing, 2007.

Wilson, Edward O. *The Meaning of Human Existence*. New York: Liveright Publishing Corporation, 2014.(エドワード・O・ウィルソン『ヒトはどこまで進化するのか』小林由香利訳、亜紀書房、2016 年)

謝辞

「人生の原則」と「仕事の原則」は長年現実に相対してきた結果だ。そのときそばにいてくれたのは、ボブ・プリンス、グレッグ・ジェンセン、ジゼル・ワグナー、ダン・バーンステイン、デイビッド・マコーミック、アイリーン・マレー、ジョー・ボブリック、ポール・コールマン、ロブ・フリード、ロス・ウォーカー、ブライアン・ゴールド、ピーター・ラトロニカ、クロード・アマデオ、ランドール・サンドラー、オスマン・ナルバントグル、ブライアン・クリーター、トム・シンチャック、トム・ウォラー、ジャナイン・ラカネリ、フラン・シャナ、リサ・サフィアン。彼らにもっとも感謝したい。

　ボブとグレッグと私は、社会人としての大半を一緒に過ごし、経済と市場における時間を超えた普遍的な法則を見出そうとしてきた。その過程で、私たちは日々思いやりを持ち、ごくたまに残忍に、ときどき有頂天になって接してきた。私たちは主に経済と市場について議論を重ね、貴重な「経済と投資の原則」を見出してきた。同時にそうすることで、私たちについても多くのことを学んだ。そして人は互いにどう接するべきかを学んだ。それらの教訓を「人生の原則」と「仕事の原則」に反映した。それは「経済と投資の原則」よりさらに貴重なものだった。最近では、アイリーン・マレーとデイブ・マコーミックとも同じことをした。2人は私の代わりに共同CEOとなってくれた。デイブ、アイリーン：この素晴らしい原則に貢献し、継承し、面倒を見てくれて、ありがとう。

　ブリッジウォーターを第一世代から第二世代へと移行することを最初に思いついたとき、ブリッジウォーターのみんなの役に立つだろうと思っ

て、あちこちに散らばっていた原則をこのレシピのような本にまとめることを決めた。原則を集めて、乱雑な大量の原則の山をかくもきれいな本に変身させるのはとんでもなく大変な努力だ。他の誰にも増してマーク・カービーが助けてくれたおかげだ。また、原稿全体を引き締め洗練してくれたアーサー・ゴールドワグとマイク・キュービンに感謝したい（マイクは友人として、この作業をしてくれた）。アリアナ・ハフィントン、トニー・ロビンス、ノーム・ロゼンタール、クリスティナ・ニコロバは時間をとって本書を読み、貴重な意見をくれた。彼らにも感謝したい。

　日々の作業で私を助けてくれたのは「レイの天使たち（マリリン・コーフィールド、ペトラオ・ケーゲル、クリスティ・メローラ、クリスティナ・ドロサキス）」。「レバレッジをかけて、レイの力を何倍にもしてくれた人たち（ザック・ウイーダー、デーブ・アルパート、ジェン・ゴニョ、アンドリュー・スタンライト。そして故エリーズ・ワクセンバーグ、デイビッド・マナース＝ウエーバー、ジョン・ウッディ）」。「レイのリサーチャーたち（スティーブン・クライガー、ガードナー・デイビス、ブランドン・ロウリー、そして故マーク・ディナー）」。みなさん、ありがとう。またジェイソン・ローテンバーグ、ノア・イエチリー、カレン・カーニオル＝タンブル、ブルース・スタインバーグ、ラリー・コフスキー、ボブ・エリオット、ラムゼン・ベトファラード、ケビン・ブレナン、ケリー・ライリー、ジェイコブ・クラインにも感謝したい。彼らは、投資の原則の火付け役となり形にしてくれた次世代の人たちだ。ジェフ・ガードナー、ジム・ハスケル、ポール・ポドルスキー、ロブ・ジンク、マイク・コルビー、ライオネル・カリフ、ジョエル・ウイデン、ブライン・ローラー、トム・バクナー、ジム・ホワイト、カイル・デラニー、イアン・ワング、パラグ・シャー、ビル・マホーニー。彼らは原則を顧客のために具現化してくれた。デーブ・フェルッチは誰にも増して仕事の原則をアルゴリズムに変換する手伝いをしてくれた。ジェイ・テイラー、スティーブ・エルファンバウム、スチュアート・フリードマン、ジェン・ヒーリーはそれを多くの人の常識

に合うように変えてくれた。私の関心も方向性も多方面にわたっていたが、このチームは私のミッションを自分のミッションと捉え、私が前進するよう背中を押してくれた。彼らの手助けなしには、ここまで到底達成できなかっただろう。私のことを我慢して、献身的にサポートしてくれて、ありがとう。

　この本の美しいデザインは、フィル・カラバッジョのご厚意と才能のおかげだ。原則の最初のバージョンをPDFでオンラインに載せたとき、彼と初めて会った。彼は芸術的な本のデザイナー、ロドリゴ・コラルに豪華なデザインの本を作ってもらい、プレゼントしてくれた。フィルは、聡明なアントレプレナーなのだが、原則がとても役に立ったことの感謝の気持ちを伝えたかっただけだと言ってくれた。その本の美しさに息をのんだが、原則がフィルにとってどういう意味を持ったかを説明してくれたことは、私にとってもう1つ嬉しいプレゼントだった。そして彼は、本書の出版を実現化するよう私を後押ししてくれた。フィルは倦むことなくロドリゴとともに、今あなたが手にしている美しい本を作り出してくれた。今回も、プレゼントとしてやってくれた。ありがとうフィル！

　6年前、サイモン＆シュスターのエグゼクティブ・エディター、ジョフィー・フェラーリ＝アドラーがオンラインで原則を読み、価値があると認め、他の人の役に立つように、この本を出版すべきだと説明してくれた。彼は実現するにあたり貴重なパートナーとなってくれた。出版の選択を検討するに当たり、私は最高のエージェントを探そうと、さまざまな角度から調べた。そして、ジム・レビーンに出会った。彼は長い時間を割き、スキルを使い、顧客に共感して仕事をするから、彼の顧客から称賛を集めていた。ジムは出版に至るまで私を指導してくれた。そして、サイモン＆シュスターの社長、ジョン・カープに会わせてくれた。最初からジョンは、彼が望む形ではなく、私が望む形で本を作ってほしいと言ってくれた。そしてそれを実現させてくれた。

　最後に、妻のバーバラ、息子のデボン、ポール、マット、マーク。私と

私の原則に耐えてくれてありがとう。そして、この原則と本を作るための時間と空間を与えてくれて、ありがとう。

著者について

　レイ・ダリオはニューヨーク州ロングアイランド出身。典型的中流階級に育った。26歳のとき、彼は投資会社ブリッジウォーター・アソシエイツを2LDKのアパートで始めた。そして42年の間にフォーチュン誌が「アメリカで5番目に重要な非上場企業」と呼ぶほどまで同社を成長させた。同社の成長は、彼がユニークなカルチャーを作り出したからに他ならない。徹底的に事実に基づき、徹底的に隠し立てをせず、信頼性を加味した意思決定をするカルチャーは、多くの人と組織が目標をよりうまく達成するのに利用できると彼は信じている。

　ダリオは「世界でもっとも影響力のある100人の1人」（タイム誌）、「世界でもっとも富裕な100人の1人」（フォーブス誌）となった。彼のユニークな「投資の原則」が業界を変えたことから、CIO誌は彼を「投資の世界におけるスティーブ・ジョブズ」と呼んだ（この原則は次の本「経済と投資の原則」で伝える予定だ）。ダリオは、彼が特別だったために成功したとは考えていない。ミスを犯しては原則を学んでいった結果であり、多くの人の役に立つと彼は信じている。

　68歳となり、ダリオはこれらの原則に人が価値を見出してくれるのではと考え、原則を伝えることを大きな目標としている。

［訳者略歴］

斎藤聖美（さいとう・きよみ）

1950年生まれ。慶應義塾大学経済学部卒。日本経済新聞社、ソニー勤務の後、ハーバード・ビジネス・スクールでMBA取得。モルガン・スタンレー投資銀行のエグゼクティブ・ディレクターなどを経て独立。数々の企業立ち上げに携わり、現在はジェイ・ボンド東短証券代表取締役。鹿島建設、かどや製油の社外取締役、昭和電工の社外監査役も務める。

PRINCIPLES（プリンシプルズ）
──人生と仕事の原則──

2019年3月20日　1版1刷
2024年5月13日　　　8刷

著　者　レイ・ダリオ
訳　者　斎藤聖美
発行者　中川ヒロミ
発　行　株式会社日経BP
　　　　日本経済新聞出版
発　売　株式会社日経BPマーケティング
　　　　〒105-8308　東京都港区虎ノ門4-3-12

装　幀　　　　山口鷹雄
本文DTP　　　アーティザンカンパニー
印刷・製本　　シナノ印刷株式会社

ISBN978-4-532-35797-9
Printed in Japan
本書の無断複写・複製（コピー等）は著作権法上の例外を除き、禁じられています。
購入者以外の第三者による電子データ化および電子書籍化は、私的使用を含め一切認められておりません。
本書籍に関するお問い合わせ、ご連絡は下記にて承ります。
https://nkbp.jp/booksQA